फिलस्तीन और अरब इस्रायली संघर्ष

फिलस्तीन और अरब इस्रायली संघर्ष

महेन्द्र मिश्र

वाणी प्रकाशन

प्रकाशन के उत्कृष्टतम 63 वर्ष

सजिल्द प्रथम संस्करण : 2011
सजिल्द दूसरा संस्करण : 2026

vaniprakashan.com

वाणी प्रकाशन

4695, 21-ए, दरियागंज, नयी दिल्ली-110 002

फ़ोन : + 91 11 23273167, 23275710

शाखाएँ

अशोक राजपथ, पटना-800 004, बिहार

कॉफ़ी हाउस कैम्पस, महात्मा गांधी मार्ग, प्रयागराज-211 001, उत्तर प्रदेश

महात्मा गांधी अन्तरराष्ट्रीय हिन्दी विश्वविद्यालय, वर्धा-442 001, महाराष्ट्र

sales@vaniprakashan.in
vaniprakashan@gmail.com

Philastina Aur Arab Israel Sangharsh

by Mahendra Mishra

ISBN : 978-93-5000-783-9

History

मूल्य : ₹ 650

सिटी प्रेस, दिल्ली-110 095 में मुद्रित

वाणी प्रकाशन का लोगो मक़बूल फ़िदा हुसैन की कूची से

हेम

की

स्मृति को

अनुक्रम

निवेदन

फिलस्तीन से मेरी पहचान सन् 1948 में हुई। तब मेरी उम्र थी दस साल। उन दिनों इलाहाबाद से एक साहित्यिक पत्रिका प्रकाशित होती थी—संगम। संपादक थे प्रसिद्ध उपन्यासकार इलाचन्द्र जोशी। उस वर्ष संगम में इस्रायल की स्थापना और फिलस्तीनियों के विस्थापन के बारे में कई आलेख छपे थे। मुझे याद है कि इन आलेखों में पैदल और ट्रकों-बसों पर चढ़कर भागते हुये हज़ारों फिलस्तीनियों के चित्र भी शामिल थे। आज साठ साल के बाद भी मेरे ज़ेहन में वे तस्वीरें धुंधली नहीं पड़ी हैं। भारत में भी स्वाधीनता प्राप्ति के बाद वह विभाजन का काल था जब पंजाब और सिंध से भगाए गए शरणार्थी हमारे छोटे-से क़स्बे में भी आये थे। रेलवे स्टेशन से होकर शरणार्थियों से भरी ट्रेनें गुज़रती थीं जहाँ शहर से उनकी सहायता के लिये सामान इकट्ठा कर स्वयंसेवी संस्थाऐं पहुँचाती थीं। मैं छठे दर्जे में पढ़ता था और समाचारपत्रों एवं 'संगम' के माध्यम से हिन्दुस्तान-पाकिस्तान की बात मोटे तौर पर मेरी समझ में आने लगी थी।

बचपन की उन यादों की निरन्तरता में मध्यपूर्व में मेरी दिलचस्पी और साम्राज्यवादी देशों की विभाजन की नीति को सम्यक् रूप में समझने की प्रक्रिया बराबर क़ायम रही। जब भी कोई पुस्तक या आलेख इस विषय पर हाथ आया मैं उसे पढ़ता और सहेजता रहा। अस्सी के दशक में जब मैंने डेविड हर्स्ट की पुस्तक 'द गन एंड द ऑलिव ब्रान्च' पढ़ी तो मुझे लगा कि मैं इस विषय पर कुछ लिखूं, अपने नज़रिये से और साम्राज्यवादी विभाजन की नीति के व्यापक परिप्रेक्ष्य में। तभी मेरी प्रतिनियुक्ति इराक़ में रेल-सलाहकार के रूप में हुई और मैं बग़दाद में लगभग ढाई साल रहा। वहाँ बग़दाद विश्वविद्यालय की केन्द्रीय पुस्तकालय की सदस्यता लेकर मैंने फिलस्तीन की समस्या और अरब-इस्रायली संघर्ष का अध्ययन गम्भीरता से शुरू किया। बहुत-सी किताबों से नोट्स लिये। इनमें डेविड बेन गुरियन की पुस्तक भी शामिल थी जो उन दिनों इराक़ में ग़ैर-कानूनी और निषिद्ध पुस्तकों की सूची में थी।

इस्रायल-फिलस्तीन और अरब-इस्रायली संघर्ष पर बहुत-कुछ लिखा गया है। मैंने कुछ सीमित पुस्तकें और प्रबन्ध ही पढ़े हैं। इस प्रसंग में मैं यह बताना ज़रूरी

समझता हूँ कि फिलस्तीनियों की पक्षधरता और इस्रायल को फिलस्तीन की धरती पर एक यहूदी राज्य क़ायम करने की साम्राज्यवादी भूमिका के विरुद्ध तीन सर्वश्रेष्ठ पुस्तकें यहूदी बुद्धिजीवियों द्वारा ही लिखी गई हैं। ये हैं मोशे मेनुहिन की पुस्तक 'द डिकाडेन्स ऑफ जूडाइज़्म इन अवर टाइम', मक्सीम रोदिन्सन की 'इस्रायल एंड द अरब्स' और डेविड हर्स्ट की 'द गन एंड द ऑलिव ब्रान्च'। मोशे मेनुहिन प्रसिद्ध संगीतकार यहूदी मेनुहिन के पिता थे जो आज के इस्रायल में ही पले-बढ़े थे और कालांतर में अमरीका चले गए थे। मक्सीम रोदिन्सन फ्रांस के निवासी थे और उनकी शिक्षा पेरिस में हुई थी। उनके पिता पेरिस में ज्यूइश वर्कर्स ट्रेड यूनियन के संस्थापक थे। रोदिन्सन न केवल अरबी भाषा के जानकार हैं बल्कि इस्लाम के भी प्रमुख विद्वानों में गिने जाते हैं। उनकी दो महत्वपूर्ण पुस्तकें हैं, 'मोहम्मद' और 'इस्लाम एंड कैपिटलिज़्म'। यहाँ एडवर्ड डब्ल्यू सईद का ज़िक्र भी प्रासंगिक होगा जो फिलस्तीनी ईसाई थे और जिन्होंने फिलस्तीन की समस्या पर कई पुस्तकें लिखी हैं। सईद, कोलम्बिया विश्वविद्यालय अमरीका में अंग्रेज़ी और तुलनात्मक साहित्य के प्रोफेसर थे।

फिलस्तीन, इस्रायल और अरबों के विस्थापन पर कुछ लिखने की इच्छा मेरी आधी शताब्दी से अधिक काल की अतृप्त इच्छाओं में शायद सबसे पुरानी और सबसे बलवती रही है। यह पुस्तक उसी को पूरा करने की एक अधूरी-सी कोशिश है। मैं इसे पिछली शताब्दी की एक विराट मानवीय त्रासदी मानता हूँ। सम्भव है मेरा यह दीर्घ आलेख एक पूरी क़ौम की युगव्यापी यन्त्रणा और उसकी नियति को समझने में कुछ मदद करे।

भूमिका से पहले

फिलस्तीन के अनसुलझे सवाल और अरब-इस्रायली संघर्ष पर मेरी यह पुस्तक प्रेस में जाने के बाद मध्यपूर्व की राजनैतिक स्थिति में एक भूचाल जैसा आ गया। फिलस्तीन में यहूदी राज्य इस्रायल की स्थापना और अरबों का वहाँ से विस्थापन, आधी शताब्दी से अधिक काल से मध्यपूर्व में अशांति और युद्ध का मुख्य कारण रहा है। पश्चिम एशिया और अफ्रीका के देशों में, ख़ासकर मिस्र और ट्यूनीशिया में, तानाशाहों के पतन के बाद, इस विषय के संदर्भों को पुनः परिभाषित करना और क्रांति के परिप्रेक्ष्य में उसे नई नज़र से समझना ज़रूरी हो गया है।

यह क्रांतिकारी परिवर्तन मोहम्मद बुअज़ीज़ी के ट्यूनीशिया के शहर सीदी बोज़ीद में 17 दिसम्बर के आत्मदाह से शुरू हुआ। वास्तव में यथार्थ और प्रतीकात्मक रूप से, यह आत्मदाह ऐसी चिन्गारी थी जिसने पूरे मध्यपूर्व में क्रांति की ज्वाला भड़का दी। ट्यूनीशिया में स्वतःस्फूर्त व्यापक क्रांतिकारी आंदोलन ने 23 साल से वहाँ के तानाशाह बेन अली को भागने पर मजबूर कर दिया।

इतिहासकारों के लिये क्रांति और विप्लव के आगाज़ का अनुमान लगाना कठिन होता है। लेकिन अरब जगत में 2011 में जो व्यापक विस्फोट हुआ है, उसमें किसी अनुमान की गुंजाइश नहीं है। हमें मालूम है कि दमनकारी तानाशाही के खिलाफ क्रांति की आग ट्यूनीशिया में भड़की और 23 बरस का दमनचक्र एक मामूली सब्ज़ी बेचने वाले ने आत्मदाह कर एक झटके में तोड़ दिया। मध्यपूर्व में व्यापक क्रांति का यह आगाज़ है। अरब जगत तानाशाहों की दुनिया है। अरब देशों के निवासी एक विशाल जेलखाने में कैद हैं और अपनी नियति के मूकदर्शक बने हुए हैं। 36 करोड़ अरबों में बहुसंख्यक मोहम्मद बूअज़ीज़ी की तरह ही हैं, इसलिये ट्यूनिशिया के विस्फोट के बाद क्रांति का लावा एक महीने से कम समय में मिस्र तक पहुँच गया। वहाँ की खामोश रियाया ने आवाज़ उठाई और वह सड़कों पर निकल पड़ी। मौजूदा परिदृश्य देखकर अन्य अरब देशों के तानाशाह और वंशानुगत शाह डर गये हैं। आज के मिस्र में उन्हें अपना मुस्तक़बिल नज़र आता है। मोरक्को, अलजीरिया, यमन, सीरिया, लीबिया, सूडान और जोर्डन - सभी जगह हलचल है।

एक लम्बे अर्से से मध्यपूर्व - जिसमें पश्चिम एशिया और अफ्रीका के अरब

देश शामिल हैं – एक खामोश दुनिया थी जहाँ तानाशाह कई दशकों से खामोश रियाया पर एक ज़ालिम हुकूमत क़ायम किये हुये थे। दमनचक्र के विरुद्ध भीतर ही भीतर आग सुलगती रही है। आखिर ज्वालामुखी एक दिन में तैयार नहीं होता। बरसों उसके भीतर आग घुमड़ती रहती है और एक दिन वह फट पड़ता है। यह एक घोर आर्थिक विषमता की दुनिया है जहाँ एक तरफ अथाह सम्पत्ति है और दूसरी तरफ आम जनता की बेहद गरीबी। ट्यूनिशिया में ज़िने-अल-अबिदिन-बेन-अली 23 साल से राष्ट्रपति थे तो मिस्र में हुस्नी मुबारक 29 साल से; यमन में अली अब्दुल सालेह 32 साल से हुकूमत कर रहे हैं तो लीबिया में मुअम्मर गद्दाफी 41 साल से। सूडान में उमर-हसन-अल-बशीर की सरकार 21 साल पुरानी है। जोर्डन, मोरक्को, सऊदी अरब और खाड़ी के देशों में वंशानुगत राजशाही है। ऐसे माहौल में – सभी राजनैतिक संगठन, विचार और आंदोलन के दमन की लम्बी अवधि में – एक ही जगह इन देशों में बाकी थी जिसे तानाशाह बन्द नहीं कर सके और वह थी मस्जिद। इसलिये मस्जिद राजनैतिक आंदोलन, विचार-विमर्श और प्रचार का केन्द्र बन गई। ज़ाहिर है कि इस्लाम बन गया विरोध की भाषा – विरोध का संवाहक।

संयुक्त राज्य अमरीका, जो आज की एकध्रुवीय दुनिया में महाशक्ति है, इन तानाशाहियों का संरक्षक और सहायक रहा है। प्रजातंत्र की दुहाई देने वाले इस तथाकथित प्रजातांत्रिक देश के लिये ये तानाशाहियाँ अनुकूल थीं। तानाशाहों के माध्यम से अरब-जगत के इन देशों की प्रजा का दमन अमरीका के अनुकूल रहा है। उसकी दिलचस्पी तो मध्यपूर्व के तेल में है जो उसे सुगमता से प्राप्त होता रहा है।

लेकिन 21वीं सदी के इस पहले दशक में जब संचार साधनों के माध्यम से आम आदमी यह जान सकता है कि बाहर की दुनिया में क्या हो रहा है, दमन और शोषण का शासन अधिक दिनों तक बर्दाश्त नहीं किया जा सकता। ट्यूनीशिया में इंटरनेट का इस्तेमाल करने वाले लोगों का प्रतिशत अफ्रीका में सबसे अधिक है। वहाँ की सरकार ने समाचार और संवाद के ऊपर रोक भी लगानी चाही लेकिन वह सफल नहीं हुई। आखिर वहाँ जो व्यापक क्रांति पूरे देश में फैल गई थी, उसकी ख़बर अन्य देशों को पहुँचने लगी। इस देश में 36 लाख लोग इंटरनेट का इस्तेमाल करते हैं जो वहाँ की जनसंख्या का एक-तिहाई है। 29 दिन के संघर्ष के बाद बेन-अली का 23 वर्ष का एकाधिकारी शासन समाप्त हो गया। उसके संरक्षक फ्रांस ने भी उसे शरण देने से मना कर दिया।

एक महीना भी नहीं बीता था कि क्रांति की यह आग मिस्र तक पहुँच गई। वहाँ भी तीस साल के तानाशाह हुस्नी मुबारक को गद्दी छोड़कर भागने पर विवश होना पड़ा। मिस्र में अगले कुछ दिनों में क्या होगा, कहना मुश्किल है। लेकिन यह तय है कि क्रांति के मूल वृत्तांत में किसी तब्दीली की गुंजाइश नहीं है। इतिहासकार लिखेंगे कि 25 जनवरी 2011 का दिन मुबारक के 30 साल के घोर दमनकारी शासन

के अंत का प्रारम्भ था। सवाल उठता है कि क्या मिस्र में प्रजातंत्र क़ायम होगा या कट्टर इस्लामी राज्य? क्या अरब जगत में प्रजातंत्र कामयाब हो सकता है? मिस्र में 30 साल से आपातकालीन स्थिति थी। होस्नी मुबारक अमरीका को हमेशा डराते रहे कि अगर उन्होंने अमरीका की राय पर राजनैतिक सुधार किये तो इस्लामी कट्टरपंथी शासन पर कब्ज़ा कर लेंगे। आज 'मुस्लिम ब्रदरहुड' नियन्त्रित है, कल वह बेक़ाबू हो जायेगा। जब पहली फरवरी को राष्ट्रपति ओबामा के प्रतिनिधि फ्रैंक विज़्नर मुबारक से मिले तो शायद मुबारक ने उनसे भी यही कहा होगा।

मिस्र में क्रांति सम्भव है, ऐसा कम ही लोग सोचते थे। यहाँ गज़ब की राजनैतिक स्थिरता रही है। पिछली दो शताब्दियों में राज्य के केवल दो स्वरूप रहे। 1805 में राजशाही स्थापित हुई और उसके बाद 1952 में गमाल अब्दल नासिर के नेतृत्व में 'फ्री ऑफिसर्स मूवमेंट' द्वारा सत्ता पर कब्ज़ा। आम धारणा है कि मिस्र के लोग सीधे और सहनशील हैं; और खामोशी से धर्म और वंशानुगत श्रेष्ठता को स्वीकार कर लेते हैं। दूसरे अरब देशों में भी ऐसा ही है। कहीं भी तानाशाहों के ख़िलाफ कोई सशक्त आवाज़ नहीं उठती। मगर जनवरी के अंत में क़ाहिरा और स्कन्दरिया की सड़कों पर जो जनसमूह उमड़ा, वह मुख्तलिफ था। समाज के हर वर्ग के लोग, आदमी और औरतें, दृढ़ इच्छाशक्ति से अनुप्राणित अपनी नियति को अपने हाथों में लेने और अपने समाज का स्वरूप स्वयं निर्धारित करने की दिशा में निकल पड़े।

मिस्र के लोग स्वभाव से खामोश और फरमाबरदार हैं, यह सोचना शायद ग़लत है। वहाँ कट्टर मौलवादी, असहिष्णु धार्मिक आंदोलन भी हुआ और मार्क्सवाद भी पनपा; वहाँ राष्ट्रवादी भी थे और उदारपंथी भी। लेकिन पचास के दशक के उत्तरार्ध में ही दमनचक्र शुरु हो गया था जब राजनैतिक पार्टियों पर निषेधाज्ञाएं जारी हुईं, समाचारपत्र बन्द हुये, राजनैतिक नेताओं को जेल में डाल दिया गया, और न्यायपालिका का मुंह पैसे से और बुद्धिजीवियों का मुंह हिंसा से बन्द कर दिया गया। मुबारक ने पिछले बीस वर्षों से इस्लामी आतंकवादियों पर अंकुश लगाने के नाम पर मिस्र के समाज को बेजुबान ही बना दिया।

लेकिन संचार टेक्नोलॉजी के इस दौर में नई पीढ़ी को बाकी दुनिया से अलग और अछूता रखना मुश्किल है। तानाशाही परिवर्तन की प्रक्रिया को नहीं सम्भाल पाती। एक अंतर्विरोध पैदा होता है जो उसकी गिरफ्त को कमज़ोर कर देता है। जवान लोगों की पूरी पीढ़ी की भयंकर बेकारी और भोजन की ऊँची कीमतें क्रांति का फौरी कारण भले रही हों, लेकिन उसके मूल में है बाहर की दुनिया में आर्थिक और राजनैतिक परिवर्तन की हवा। इंटरनेट सब जगह है, फेसबुक और ट्विट्र भी, और अन्य ऐसे संचार और संवाद के माध्यम। 2009 की संयुक्त राष्ट्र संघ की अरब ह्यूमन डेवलेपमेंट रिपोर्ट अरब जगत के 36 करोड़ अभागों की तस्वीर सामने लाती है। अधिकांश लोग जवान हैं जिनकी औसत आयु 22 साल है और 60 प्रतिशत

आबादी शहरी है। आर्थिक विकास नहीं के बराबर है; 6 से 7 करोड़ लोग गरीबी की रेखा के नीचे हैं। 2020 तक जवान लोगों को संतोषजनक रोज़गार देने के लिये पांच करोड़ जगहों की ज़रूरत होगी।

मुबारक क़ाहिरा की सड़कों पर जनता की घोर नफरत और क्रोध का निशाना बने। शांतिवार्ता में इस्राइल के साथ जो सुलह हुई उसमें मिस्र की जनता शामिल नहीं थी। वह दो सरकारों के बीच की सुलह थी। अमरीका ने भी मुबारक के दमनकारी शासन की बराबर हिमायत की है। यहाँ तक कि मिस्र और अन्य अरब देशों की जनता बखूबी जानती है कि तथाकथित प्रगतिशील ओबामा को भी मुबारक से कोई परहेज़ नहीं है। फिलस्तीनियों पर क्या बीत रही है और आधी शताब्दी से जिस घोर गरीबी और यंत्रणा, अनिश्चय की स्थिति और इस्राइली हमलों की छाया में वे जी रहे हैं, यह मिस्र की जनता या अन्य अरब देशों के सामान्य जन से छिपा नहीं है। इसलिये मुबारक के ख़िलाफ विद्रोह और व्यापक क्रांति केवल तानाशाही के ख़िलाफ ही नहीं है बल्कि इस्राइल और अमरीका के भी ख़िलाफ है। इसलिये इस क्रांति का एक महत्त्वपूर्ण पहलू है अमरीका की गिरफ्त से आज़ाद होना, जैसा 1979 में ईरान में हुआ था। ज़ाहिर है कि इस्राइल और अमरीका इस स्वतःस्फूर्त क्रांति से चिंतित हैं और भविष्यत से डरे हुये हैं। अमरीका को समझ में आने लगा है कि वह मिस्र की जनता के, प्रजातंत्र की तरफ बढ़ते हुये वेगवान आंदोलन को नज़रअंदाज़ नहीं कर सकता। इसलिये उसने मुबारक से गद्दी छोड़ने को कहा। यूरोप के देश भी वैसा ही कर रहे हैं। लेकिन वे चाहते हैं कि मुबारक की जगह कोई ऐसा व्यक्ति नेतृत्व में आये जो दोनों देशों के सम्बन्धों में बुनियादी परिवर्तन न आने दे।

ट्यूनीशिया और मिस्र की तरह, किसने सोचा था कि लीबिया में भी क्रांति की आग भड़क उठेगी। किन्तु हुआ ऐसा ही। आज आधे से ज़्यादा देश विप्लवकारियों के नियन्त्रण में है। मुअम्मर ग़द्दाफी, जो 42 साल से क़बीलों के गठबंधन की एकाधिकारी भ्रष्ट और दमनकारी सरकार के राष्ट्रपति रहे हैं, अब भी, हुस्नी मुबारक की तरह, वक़्त की आवाज़ नहीं सुन पा रहे हैं और भाड़े के सैनिकों की मदद से देश पर कब्ज़ा बनाये रखने की कोशिश कर रहे हैं। लेकिन हक़ीक़त यह है कि क्रांतिकारी परिवर्तन का जो महाभारत आज मध्यपूर्व में चल रहा है, उसमें गद्दाफी के लिये कोई जगह नहीं है। तानाशाहों को दमनचक्र में पिसती सामान्य जनता का समर्थन कभी नहीं मिलता। भाड़े के सैनिक बल पर वह अपने अस्तित्व की रक्षा कितने दिन कर सकते हैं! गद्दाफी की एक मुश्किल यह भी है कि उन्होंने कुरान की कसम खाने वाले मुल्लाओं को भी अपने ख़िलाफ कर लिया है। एक शर्मनाक हार गद्दाफी के सामने खड़ी है। मगर गद्दाफी को वह अब तक नज़र नहीं आती।

मध्यपूर्व में इस व्यापक क्रांति, और इन देशों की राजनैतिक और आर्थिक व्यवस्था के भविष्य, बल्कि पूरी दुनिया में नये शक्ति संतुलन के परिप्रेक्ष्य में गम्भीरता

से सोचना, हमारे समय की अनिवार्यता बन गई है। यह बात स्पष्ट रूप से समझी जानी चाहिये कि विप्लव और परिवर्तन की यह आंधी केवल अपने देश के शासकों के ख़िलाफ ही नहीं है। इसका एक महत्त्वपूर्ण तत्व है संयुक्त राज्य अमरीका और पुराने साम्राज्यवादी यूरोप के देशों का विरोध। यह सबको मालूम है कि लगभग आधी शताब्दी से ये दमनकारी हुकूमतें पश्चिम के संरक्षण में अपने अस्तित्व को बनाये रखने में सफल हुई हैं। इन देशों में प्रजातंत्र आयेगा या कट्टर इस्लामी धर्म पर आधारित राज्य स्थापित होगा – इस समय यह कहना मुश्किल है। लेकिन एक बात तय है कि मध्यपूर्व में अमरीका और यूरोप के देशों को अपने दोस्त मुश्किल से मिलेंगे। एक व्यापक अमरीका विरोधी चेतना इस क्षेत्र में निश्चित रूप से सशक्त होकर उभरेगी।

मिस्र की क्रांति मध्यपूर्व में निर्णायक प्रभाव डाल सकती है। क्रांति तभी सफल मानी जा सकती है अगर उसके फलस्वरूप सामाजिक और आर्थिक न्याय के उद्देश्य से इन देशों में प्रजातांत्रिक व्यवस्था क़ायम हो। मध्यपूर्व में मिस्र, आबादी के लिहाज़ से सबसे बड़ा देश है। 1952 से राजशाहियों के ख़िलाफ परिवर्तन का आगाज़ यहीं से हुआ। उसके बाद मध्यपूर्व के कई देशों में धर्मनिरपेक्ष शासन क़ायम हुये, ख़ासतौर पर सीरिया और इराक़ में। परवर्तीकाल में मिस्र ने, इस्रायल से संधि के द्वारा फिलस्तीन के संघर्ष पर भी ग़लत प्रभाव डाला है। वास्तव में 1979 के बाद मिस्र इस क्षेत्र में इस्रायल की शक्ति और प्रभाव की धुरी बन गया। अमरीका ने इस्रायल की सेना के बाद सबसे ज़्यादा पूंजी मिस्र की सेना को सशक्त बनाने में लगाई है।

प्रश्न उठता है कि क्या अमरीका आसानी से मिस्र को अपनी पकड़ से फिसलने देगा। अमरीका के सामने एक विकल्प है कि वह मिस्र में मध्यमार्गी राजनीतिज्ञों जैसे अल्-बरादी, एवं अमरीका से प्रभावित और वहाँ से शिक्षा पाने वाले मध्यवर्ग के युवा वर्ग को प्रभावित कर, वहाँ एक उदार प्रजातांत्रिक सरकार बनाने में मदद करे जिससे उसका प्रभाव वहाँ बना रहे। हमें भूलना नहीं चाहिये कि जेहाद की शुरूआत मिस्र से ही हुई थी। पहला मुख्यधारा का इस्लामी संगठन इख्वान-अल्-मुस्लमीन – मुस्लिम ब्रदरहुड – 1928 में हसन-अल-बन्ना ने स्थापित किया। वह 20वीं सदी के प्रारम्भ में मिस्र के इस्लामी सुधारक रशीद रिदा का शिष्य था। अल-बन्ना का स्वप्न था समाज को इस्लाम के माध्यम से नैतिक रूप से सुधारना; लेकिन द्वितीय विश्वयुद्ध के अंत तक उसका स्वरूप राजनैतिक हो गया। 1948 के दिसम्बर में मिस्र की सरकार ने मुस्लिम ब्रदरहुड पर प्रतिबन्ध लगा दिया। 12 फरवरी 1949 को अल-बन्ना की गोली मारकर हत्या कर दी गई। लेकिन 1967 के बाद वह फिर शक्ति पकड़ने लगा और 70 के दशक से मुस्लिम ब्रदरहुड राजनीति में सक्रिय है। अल्-क़ायदा और तालिबान मुस्लिम ब्रदरहुड की ही संतान हैं। हुस्नी मुबारक और उससे पहले अनवर सादात मुस्लिम ब्रदरहुड का दमन करते रहे हैं।

अनवर सादात की हत्या भी उसी ने की थी। नये राजनैतिक माहौल में, प्रजातांत्रिक व्यवस्था के अंतर्गत, क्या मुस्लिम ब्रदरहुड यहाँ दोबारा महत्त्वपूर्ण भूमिका अदा करने की कोशिश नहीं करेगा?

इस बात की प्रबल सम्भावना है कि अरब जगत में इस्रायल विरोधी और फिलस्तीनियों की सक्रिय पक्षधरता व्यापक रूप से उभरकर सामने आयेगी। इससे इस्रायल को अरब-जगत में अपना वर्चस्व बनाये रखना कठिन होगा। फिलस्तीनियों के लिये यह अच्छी खबर है। लेकिन भविष्य में क्या होगा इसका सही आकलन आज की संक्रांतिकालीन स्थिति में इतना आसान नहीं है। यदि मिस्र में, और तानाशाहों से आज़ाद होने वाले दूसरे अरब देशों में अमरीका और पश्चिमी यूरोप की सहायता और संरक्षण से उदार पूंजीवादी प्रजातांत्रिक व्यवस्थाएँ क़ायम हुईं तो वे फिलस्तीनियों के अधिकारों का कितना सशक्त समर्थन करेंगी, यह संदेहास्पद है। लेकिन इन देशों में अगर प्रजातांत्रिक व्यवस्था में अमरीका विरोधी और इस्लामी तत्व सशक्त हुये तो उससे फिलस्तीनियों की पक्षधरता की आशा की जा सकती है।

यदि आने वाले समय में मध्यपूर्व में, पचास के दशक की तरह, अरब राष्ट्रवाद के पुनर्जागरण के युग का उदय हुआ तो शायद फिलस्तीनियों की समस्या का कोई उचित समाधान निकले। आगामी नये युग में इस्रायल के लिये मुनासिब है कि वह एक यहूदी राज्य की परिकल्पना को त्याग दे, क्योंकि पश्चिम एशिया और अफ्रीका में, विशाल भूभागों पर फैले अरब जगत में, अमरीका का वरदहस्त होने के बावजूद उसका अस्तित्व खतरे में ही रहेगा। बेहतर है कि वह एक धर्मनिरपेक्ष प्रजातंत्र के बारे में सोचना शुरू कर दे जिससे अरब, और इस्रायल के नागरिक, जो बाहर से आये हुये यहूदी हैं, एक साथ मिलकर शांतिपूर्वक रह सकें और समन्वित विकास के रास्ते पर चल सकें।

यह एक आशावादी धारणा है जो सोच के धरातल पर तो सही है लेकिन व्यावहारिक स्तर पर बहुत मुश्किल। जो देश धर्म और जाति की श्रेष्ठता के आधार पर पुरानी और नई साम्राज्यवादी ताकतों की मदद से बना उसे धर्मनिरपेक्षता और उदार मानवतावाद के इलाके में खींचकर लाना असम्भव नहीं तो मुश्किल ज़रूर है। अमरीका और पश्चिमी यूरोप के तथाकथित मित्र राष्ट्रों द्वारा लीबिया पर सम्मिलित हवाई सेनाओं द्वारा आक्रमण और वहाँ के आकाशमार्ग को 'नो फ्लाई ज़ोन' घोषित कर देना भी ग़लत है। यह कार्रवाई गद्दाफी की सेना द्वारा त्रस्त सामान्य, निरीह नागरिकों और उनके पक्षधर विद्रोहियों की रक्षा के लिये की गई है। मगर यह तो केवल ज़ाहिरा मक़सद है। अमरीका और उसके पिछलग्गुओं को अब समझ में आने लगा है कि तानाशाहों के दिन अरब जगत में भी लद गये। इसलिये अब नई नीति के तहत इन देशों में घुसपैठ और वहाँ की आर्थिक व्यवस्था और शासन पर अपनी पकड़ बनाये रखने के लिये यह दिखावटी मानवतावादी हस्तक्षेप ज़रूरी हो गया है।

निष्पक्ष नज़रिये से देखें तो लीबिया पर पश्चिम की सम्मिलित सेनाओं द्वारा हवाई हमला ग़लत है। इसका पहला उद्देश्य मानवतावादी नहीं बल्कि राजनैतिक और सामरिक है। दूसरे इसकी कानूनी स्थिति भी संदिग्ध है। तीसरी बात यह कि इसने शायद लीबिया का फायदा कम नुकसान ज़्यादा किया है। यह सवाल पूछा जा सकता है कि केवल लीबिया का ही मुद्दा अंतर्राष्ट्रीय क्रिमिनल कोर्ट क्यों भेजा गया? मध्यपूर्व में अगर कोई एक ऐसा देश है जो कई दशक से हवाई और ज़मीनी हमलों से अंतर्राष्ट्रीय शांति और सुरक्षा को खतरे में डालता रहा है तो वह है इस्राइल। और आज भी वह असुरक्षित, असहाय फिलस्तीनियों पर बमबारी करता है। अगर लीबिया के आकाश को उड़ान निषिद्ध क्षेत्र घोषित किया जाता है तो इस्राइल को क्यों नहीं जिससे कि फिलस्तीनियों और लेबनन की जनता को इस्राइल के हवाई हमलों से सुरक्षित किया जा सके। इस क्षेत्र में या दुनिया के कई अन्य क्षेत्रों में भी निरीह जनता की हत्या होती है। वहाँ इस तरह की कार्रवाई क्यों नहीं की जाती? इस परिप्रेक्ष्य में एक प्रबल सम्भावना इस बात की है कि अपनी परिवर्तित और नई नीति के तहत अमरीकी और पश्चिमी नवसाम्राज्यवाद अरब जगत में अपने पैर जमाये रहे।

हम देख रहे हैं कि पूरे अरब जगत में अशांति और क्रांति का माहौल है। कोई देश इससे अछूता नहीं है। यह बात दोहराना गलत नहीं होगा कि आशावाद ही हमें सही रास्ता दिखा सकता है।

भूमिका

मध्यपूर्व में अरब देश भारत के पड़ोसी हैं। ऐतिहासिक परिप्रेक्ष्य में इन देशों से भारत का सदियों पुराना सम्बन्ध है। ज़मीन और समुद्र के रास्ते भारत का सम्बन्ध इन देशों से क़ायम हुआ और ईसवी सदी के प्रारम्भ में ही ईसाई धर्म ने भारत उपमहाद्वीप में प्रवेश किया। सन् 711 ईसवीं में इस्लाम के अनुयायी आक्रान्ताओं ने भारत में प्रवेश किया, उसी वर्ष जब वे स्पेन पहुँचे। दसवीं और ग्यारहवीं सदी से तुर्क, अफगान और कालान्तर में मंगोल आक्रांताओं और व्यापार के माध्यम से इस्लाम धर्म के अनुयायी भारत आये और अगली कुछ सदियों का इतिहास सम्पूर्ण देश में इस्लाम के प्रसार का इतिहास बन गया। इसलिये मध्यपूर्व में जो कुछ होता है वह भारत के लिये न केवल प्रासंगिक है बल्कि महत्वपूर्ण भी है। उपनिवेशों को छोड़ते समय साम्राज्यवादी ताक़तें विभाजन के जो बीज वहाँ की ज़मीन में बो कर गयीं उसके नतीज़े चारों तरफ साफ नज़र आते हैं। वह विभाजन वहाँ भी है और यहाँ भी। धार्मिक कट्टरता और पुनरुत्थानवाद के पिछले कुछ वर्षों में होने वाले घातक प्रसार ने सम्पूर्ण एशिया और अफ्रीका को अपनी गिरफ़्त में ले लिया है। इसलिये अफग़ानिस्तान हो या ईरान, इराक़ हो या फिलस्तीन और इस्रायल; और पाकिस्तान हो या बांग्लादेश, भारत वहाँ के राजनैतिक और सामाजिक घटनाक्रम से अछूता नहीं रह सकता। धर्मनिरपेक्षता और प्रजातंत्र के जिस आदर्श का दावा हम करते हैं वह हमारे आसपास के राजनैतिक और सामाजिक संघर्ष के कारण हमेशा ख़तरे में है। इसलिये अरब जगत को हम निःसंगता और उदासीनता की नज़र से नहीं देख सकते।

यह समझना मुश्किल नहीं है कि इस्रायल पश्चिम के नवसाम्राज्यवाद की चौकी है। वह संयुक्त राष्ट्र संघ की जारज संतान है। उसका निर्माण अस्तंगत पुरातन साम्राज्यवाद की उपलब्धि है और उसका अस्तित्व एवं शक्ति अमरीका के नवसाम्राज्यवाद के संरक्षण में है। भूमंडलीकरण के इस युग में पिछले इतिहास को भूल जाना एक आत्मघाती नासमझी है। इस बात पर भी ध्यान देना ज़रूरी है कि शुद्ध यहूदी जाति और जूडावादी धर्म के आधार पर फिलस्तीन में इस्रायल नामक देश की स्थापना पश्चिम के विकसित जगत द्वारा यहूदियों के प्रति सहानुभूति और मानवीय विशालहृदयता का प्रतीक नहीं है। क्या यहूदियों की व्यापक घृणा और

अलगाव के कारण यह उनसे छुटकारा पाने का एक तरीका नहीं था? यदि ऐसा नहीं था तो पश्चिम के ईसाई धर्मावलम्बी देशों ने राजनैतिक सियोनवाद का समर्थन क्यों किया और प्रथम विश्वयुद्ध के काल में ही उनके लिये फिलस्तीन में एक यहूदी राज्य के निर्माण का निर्णय क्यों लिया? यहूदियों के प्रति ब्रिटेन में भी पूर्वाग्रह थे यह तो वहाँ के इतिहास और साहित्य से भी ज्ञात होता है। शेक्सपियर के 'मर्चेन्ट ऑफ वेनिस' का शाइलॉक और डिकेन्स के 'ऑलिवर ट्विस्ट' का यहूदी जो अपराधियों का सरगना है और बच्चों को चोरी और गिरहकटी सिखाता है, इसी यहूदी विद्वेष के उदाहरण हैं।

अरब पूर्व अथवा मध्यपूर्व-पश्चिम में मिस्र से लेकर पूर्व में इराक़ तक—यहाँ 36 करोड़ लोग रहते हैं और यहीं दुनिया के आधे तेल भंडार हैं। यहाँ के संवेदनशील और प्रतिभावान निवासी एक ही भाषा बोलते हैं—अरबी, और अधिकांश (लगभग 90 प्रतिशत) एक ही धर्म के अनुयायी हैं—इस्लाम। इन देशों की सरकारें कहती हैं कि उनकी अरब एकता में आस्था है और वे एक संगठन के सदस्य हैं जिसका नाम है अरब लीग। अरब लीग का उद्देश्य एकता को बढ़ाना है। इससे एक ही तर्कसम्मत निष्कर्ष निकलता है कि अरब तो बहुत शक्तिशाली होने चाहिए। तब यथार्थ के धरातल पर वे इतने कमज़ोर क्यों हैं?

बाहर की दुनिया के लोगों को यह सवाल परेशान करने वाला और उलझा हुआ लगता होगा। अरब-पूर्व, जिसे हम अब मध्य-पूर्व कहेंगे, आज के युग में एक निरन्तर अस्थिरता का युग है; और गड़बड़ी यह है कि इसके अपने झमेले और कष्टों में विदेशी ताकतें शामिल हो जाती हैं। 1973 में अरब और इस्राइल के युद्ध के दौरान ब्रेज़नेव का रूस और निक्सन का अमरीका एक दूसरे से युद्ध के कगार पर पहुँच गए। उसी साल 'ऑयल शॉक' (तेल-आघात) ने दुनिया के अर्थशास्त्र को सिर के बल खड़ा कर दिया। 1983 में 240 से ज़्यादा अमेरिकन मेरीन सैनिक बेरूत में मारे गए। 1986 में ईरान के साथ इराक़ का युद्ध आठवीं साल में पहुँच चुका था। इस लड़ाई के दौरान पश्चिम के देशों के नौसेना के जहाजों के बेड़े खाड़ी में लग गए थे। आतंकवादियों के गुट, जिनके ठिकाने और जिनके क्रिया-कलापों के कारण मध्य-पूर्व में हैं, लन्दन, म्यूनिख़ और रोम को अपना निशाना बनाते हैं। यह एक ऐसा क्षेत्र है, जहाँ से युद्धों और आर्थिक मन्दी का निर्यात सबसे अधिक है और थमने का नाम ही नहीं लेता। इस सब के बावजूद यहाँ की आन्तरिक स्थिति क्या है, उसे बाहरी दुनिया के लोग कुछ धुंधला-धुंधला ही जानते हैं।

इन देशों का इतिहास इस्लाम के इतिहास से अविभाज्य रूप से जुड़ा है और इतिहास की यह चेतना दिन में पांच बार नमाज़ के साथ तेज़ होती है। अरबों को अपनी पुरानी तबारीख़ की बड़ी समझ है। वह उनके लिए बहुत महत्वपूर्ण है। सातवीं और आठवीं सदी के शानदार इतिहास की स्मृति में डूबकर वे खुश होते हैं और गौरव

महसूस करते हैं। इन दो सदियों में क़ुरान की आयतों और उसकी तलवार ने फारस से फ्रांस और स्पेन तक अपना साम्राज्य स्थापित किया था।

लेकिन इतिहास का प्रभाव अक्सर अनिष्टकर होता है। अरबों की गुज़रे ज़माने की गौरवगाथा उनकी आज की निराशाओं की खिल्ली उड़ाती-सी लगती है। विकासशील दुनिया के अधिकांश देशों में परम्परा और आधुनिकता के बीच टकराव रहा है। लेकिन मध्यपूर्व में इस अन्तर्विरोध और टकराव का एक विशेष अर्थ है। अरबों के ज़ेहन में परम्परा का अर्थ है प्राचीन गौरव और पश्चिम के संदर्भ में आधुनिकता का अर्थ है एक लम्बी हार—वैभवशाली युग से हीनता की तरफ एक लम्बा उतार। जब उनका अपना साम्राज्य धराशायी हुआ तो अरब जगत ने ऑटोमन साम्राज्य की गिरफ़्त और दमनचक्र के अन्दर चार शताब्दियाँ बिताईं। अधिकांश अरब देशों में द्वितीय विश्वयुद्ध के बाद तक अपने स्वतंत्र राज्य नहीं बन पाए। तब से मध्यपूर्व के मुट्ठीभर अरब देश तेल सम्पदा की बाढ़ में उतरा रहे हैं। लेकिन यह सम्पत्ति उनकी राष्ट्रीय विफलता की चेतना में गहरे पैठी हुई हीन भावना को दूर नहीं कर पाई है।

और उनकी इस विफलता में एक ख़ास तरह की कड़ुवाहट और नाराज़गी भर दी है इस्रायल के हाथों उनकी मुसल्सल हार ने। 1930 और 40 के दशकों में अरबों ने दृढ़ निश्चय किया था कि वे फिलस्तीन में यहूदी राज्य कायम नहीं होने देंगे। उन्होंने मिलकर इस्रायल से 1948 से 1973 तक चार युद्ध लड़े। इसके बावजूद इस्रायल ने 1996 में अपनी स्थापना और अस्तित्व की पचासवीं वर्षगांठ बनाई। 1979 में मिस्र के साथ हुए शांति समझौते से सिनाई का प्रायद्वीप तो वापस मिल गया, लेकिन भविष्य में इस्रायल के ख़िलाफ अरबों की किसी सैनिक कार्रवाई की सम्भावना भी खत्म हो गई। आज इतने वर्षों बाद अरबों के प्रमुख उद्देश्य—फिलस्तीनियों के लिए न्याय, तथा वेस्ट बैंक, गाज़ा पट्टी और गोलान पहाड़ियों पर इस्रायल के अधिकार का अंत—उतने ही दूर नज़र आते हैं।

इसी तरह अरब एकता का वह शानदार सपना भी भंग हो गया। पहले विश्वयुद्ध में अरबों ने तुर्की के ख़िलाफ विद्रोह किया तो उनका मक़्सद था अरब-पूर्व में एक संगठित अरब राष्ट्र की स्थापना जिसकी राजधानी होनी थी दमिश्क। इस सामूहिक एकता की आशा के आधार पर गमाल अब्दुल नासिर आगे बढ़े जो मिस्र के राष्ट्रपति होने के साथ-साथ अरब जगत के आधुनिक युग के महानतम चरित्रनायक बन गए। 1950 की पूरी अरब पीढ़ी इसी आशावाद से अनुप्राणित थी। साल दर साल यह सपना धुंधला पड़ रहा है। वे सीमा रेखाऐं जो अरब के रेगिस्तानों में रुख़्सत होने वाली उपनिवेशी शक्तियों ने खींची थीं, न केवल स्थायी हैं बल्कि और भी गहरी हो गई हैं। अजीब विरोधाभास है कि अरबों के ज़ेहन में भले न हो, उनके दिलों में एकता का यह खयाल अब भी अटका हुआ है।

सवाल उठता है कि इतने दिनों से एकता नहीं बन पाई तो न सही, आपस में सहयोग और सहकारिता तो हो सकती है? यूरोप की तुलना में अरबों के बीच बहुत कुछ एक है, साझा है। उनकी समान संस्कृति और भाषा है; उनके पास प्रचुर तेल सम्पदा है। ताज्जुब की बात है, वे दुनिया का सबसे शक्तिशाली संगठन क्यों नहीं बन सके! न उनकी आर्थिक नीतियाँ एक-सी हैं और न विदेश नीति। 1945 में अरब लीग बनी थी। तब से लेकर आज तक उसकी एक भी उच्च आकांक्षा पूरी नहीं हुई। इस्रायल से संघर्ष हो या ईरान से लड़ाई, अरब राज्य आपस में ही विरोध का शिकार होते रहे।

संगठनात्मक एकता बनाने की विफलता में शायद यहाँ के भूगोल की भी कुछ भूमिका है। नक्शे पर नज़र डालें तो यहाँ दो बड़े देशों का वर्चस्व नज़र आता है। पूर्व में सऊदी अरब जो ज़मीन के नीचे बहते तेल के महासागर पर बैठा हुआ है। पश्चिम में मिस्र जो नील नदी के किनारे की ज़मीन पर फसल उगाकर अपना निर्वाह करता है। सऊदी अरब का प्रति व्यक्ति राष्ट्रीय उत्पाद मिस्र की तुलना में सात गुना है जबकि सऊदी अरब में लगभग ढाई करोड़ और मिस्र में आठ-नौ करोड़ लोग रहते हैं। सऊदी अरब में एक प्रतिक्रियावादी राजशाही है। उसकी दक्षिणी सीमा पर एक निहायत गरीब देश है यमन, जो पहले दो देशों में विभक्त था लेकिन अब एक हो गया है। इस देश के पूरब में तेल की सम्पदा के धनी वे छोटे छोटे खाड़ी के देश हैं जो पहले तो बरसों प्रगतिशील इराक़ से डरते रहे और इराक़ के विनाश के बाद अब पश्चिम की दुनिया की गोद में हैं। सीरिया हो या इराक़, जोर्डन हो या लेबनन, न उनके दर्मियान कोई सद्भाव है और न सहअस्तित्व की भावना, बल्कि इन देशों के भीतर आंतरिक फूट, आतंकवाद, इस्लामी कट्टरता और पुनरुत्थानवाद भी पनप रहा है। सबकी राजनीतिक धारणाऐं भी अलग-अलग हैं। अधिकांश देशों में दीर्घकालीन निरंकुश तानाशाहियाँ हैं। मिस्र में तीस साल से हुस्नी मुबारक गद्दी पर बैठे हैं तो लीबिया में मुअम्मर ग़द्दाफी 41 साल से। ट्यूनी शिया में 23 साल से बेन अली हैं और यमन में 31 साल से सालेह। घोर गरीबी और दमनचक से दबी हुई, इन देशों की जनता चुप है। लगता है वह बेज़ुबान है। मिस्र और जोर्डन अमरीका के पिट्ठू हैं। इराक़ में बअथ-समाजवाद था और सीरिया में भी। इराक़ तो नष्ट हो गया और एक तरह से अमरीका के नवसाम्राज्यवाद के चंगुल में है। अगर आतिश तासीर की किताब 'स्ट्रेन्जर टु हिस्टरी' के हवाले से देखें तो सीरिया की आन्तरिक स्थिति अजीब-सी है, जो खुद को कहता है धर्मनिरपेक्ष और प्रगतिशील मगर जहाँ सारी दुनिया से लोग इस्लाम की शिक्षा लेने आते हैं।

आज भी, 21वीं सदी के पहले चरण में, मध्य-पूर्व एक अलग दुनिया है जिसकी व्यापक समझ पश्चिम के देशों में नहीं बन पाई। मिस्र को छोड़कर दूसरे देश क़बीले जैसे लगते हैं जिनके झंडे उनके गणचिन्ह है। अरब राष्ट्रीयता की कोई परिभाषा भी

सम्भव नहीं है। लेबनन की तरफ देखें तो वह न केवल इस्रायल के हमलों से विनाश का शिकार हुआ है बल्कि फिलस्तीनियों और इस्लामी एवं अन्य ईसाई गुटों की आपसी नफरत और संघर्ष से भी नष्ट हो रहा है। जोर्डन का हाशिमी राज्य अपेक्षाकृत शांत इलाका है लेकिन उसका भी इतिहास 1921 से ही शुरू होता है जब पहले विश्वयुद्ध के बाद ब्रिटेन ने अब्दुल्ला को यहाँ की सल्तनत बख़्श दी। जोर्डन में वहाँ के आधे से ज़्यादा निवासी और अम्मान की आबादी के तीन-चौथाई खुद को फिलस्तीनी क़रार देते हैं। वे जोर्डन में रहते हैं; वहाँ की सेना में हैं। मंत्रिमंडल में उनकी हिस्सेदारी है। व्यापार में भी उनकी प्रधानता है। लेकिन वे अपनी फिलस्तीनी पहचान छोड़ने को तैयार नहीं हैं।

सुन्नी और शिया का झगड़ा भी सातवीं सदी से ही चल रहा है। विभाजन और इस्लाम के अनुयायियों के बीच की यह कभी न भरने वाली दरार आज भी अरब राष्ट्रों की बड़ी कमज़ोरी है। एक और विचित्र बात है। सीरिया की 70 फीसदी आबादी सुन्नी है लेकिन वहाँ शासन 12 फीसदी अलावी लोगों के हाथ में है जो एक शिया गुट है और जो आत्मा के पुनर्जन्म या देहांतरण में यकीन करता है। इराक़ में 41 फीसदी सुन्नियों में तीस लाख कुर्द हैं जो बाकी सुन्नी या शिया इराक़ियों के ख़िलाफ हैं। आधे से अधिक इराक़ी शिया हैं। सद्दाम हुसेन के बाद अमरीका की काबिज़ सेनाओं की देखरेख में इनके आपसी संघर्ष चल रहे हैं, लेकिन जो देश नष्ट हो चुका है उसको अब वे विनाश की किन गहराइयों में ले जायेंगे? ऐसी स्थिति में इराक़ के भविष्य के बारे में कोई आशा की किरण नज़र नहीं आती।

इस्रायल और अरब जगत

डॉक्टर कमाल अबू जब्बार के मुताबिक़, जो एक ज़माने में जोर्डन विश्वविद्यालय में राजनीति शास्त्र के प्रोफेसर थे, "अरब पूर्व में इस्रायल की मौजूदगी एक खंजर की तरह है जिसने अरब जगत को काटकर टुकड़ों में बाँट दिया है।" अधिकतर अरब देशों में बुद्धिजीवी और प्रोफेसर इसी से मिलती-जुलती बातें करते हैं। आधी शताब्दी से अधिक समय गुज़र गया इस्रायल को बने; इसलिए इस्रायल के संघर्ष को मध्यपूर्व के इस काल के इतिहास से अलग नहीं किया जा सकता। अलग-अलग अरब राष्ट्रों पर इसका अलग-अलग प्रभाव पड़ा है। अरब देशों ने इस्रायल के ख़िलाफ युद्ध के लिए सेना संगठित करने और हथियारों की ख़रीद में इतना धन नष्ट किया कि तेल सम्पदा के बावजूद वे गरीबी के कगार पर पहुँच गए। सभी देशों में फिलस्तीनी शरणार्थी हैं जिसके दुष्प्रभाव ज़ाहिर हैं। वे एक तरह का बोझ हैं और हर देश के मूल निवासी उनसे छुटकारा पाना चाहते हैं। 1967 के युद्ध ने न केवल अरब एकता का स्वप्न ही तोड़ा बल्कि उसने फिलस्तीन की समस्या को एक ऐसे मुक़ाम पर लाकर छोड़ दिया जहाँ उसका कोई हल आज तक नज़र नहीं आता। इस्रायल के साथ हर

तरह की शांति वार्ताऐं छलना साबित होती रही हैं। वर्तमान की असफलताओं और निराशाओं से तंग आकर इस क्षेत्र के लोग फिर अपने भूतकाल की तरफ देखने लगते हैं और उसकी तरफ लौटने का एक नया सपना पालते हैं। इसी से पैदा होता है इस्लामिक पुनरुत्थानवाद और आतंकवाद।

द्वितीय विश्वयुद्ध के बाद जब यूरोप की दो साम्राज्यवादी शक्तियों को अपना साम्राज्य समाप्त करना पड़ा, मध्यपूर्व में कई स्वतंत्र राष्ट्र उभरकर आए। इनमें अधिकांश सेना के बड़े अधिकारियों के या पारम्परिक अरब नेताओं के नेतृत्व में संगठित हुए। लेकिन सबके लिए फिलस्तीन एक मुख्य मुद्दा था। इन नए शासकों में सबसे ऊपर थे मिस्र के गमाल अब्दल नासिर जिनका जादुई व्यक्तित्व, व्यक्तिगत ईमानदारी और सम्पूर्ण अरब क्षेत्र की एकता और साम्राज्यवाद विरोधी संघर्ष के प्रति असीम समर्पण उस युग में, मध्यपूर्व में सबसे प्रभावशाली था। यह उनकी ही उपलब्धि थी कि अरब देशों की तीसरी दुनिया में उभरती हुई ताक़त अपनी पहचान बनाए। उनके ज़माने में क़ाहिरा गुटनिरपेक्ष आंदोलन के केन्द्रों में एक था। क़ाहिरा अफ्रीकी-एशियाई संयुक्त आंदोलन और विश्वव्यापी साम्राज्यवाद विरोधी स्वाधीनता संग्रामों का भी केन्द्र बना। लेकिन 1967 में केवल छह दिन की लड़ाई के दौरान वह सब कुछ जो नासिर और उनके अनुयायियों ने मध्यपूर्व में स्थापित किया था, एकदम छिन्न-भिन्न हो गया। अरब जगत के लिए यह एक बड़ी हार, गहरा धक्का और किंकर्त्तव्यविमूढ़ अनिश्चय का वक़्त था।

लेकिन इस अरब त्रासदी और व्यापक पराजय के अहसास के साथ आशावाद की भी एक लहर थी। यह वह वक्त था जब कि एक संगठित फिलस्तीनी प्रतिरोध के आंदोलन की शुरूआत हुई, केवल संगठन के धरातल पर ही नहीं बल्कि सांस्कृतिक और विचारात्मक धरातल पर भी। पहली बार फिलस्तीन के लोगों ने, जिनमें औरतें भी शामिल थीं, संघर्ष के लिए हथियार उठा लिए। फिलस्तीन में यह एक नये युग की शुरूआत थी जो आधुनिक अरब चेतना, ईमानदारी और यथार्थ से अनुप्राणित राष्ट्रीयता की चेतना थी। फिलस्तीनी आंदोलन पुराने वक्त की लफ़्फ़ाज़ी, दिखावा और सामंतवादी मिथकों की परम्परा से टूटकर पहली बार पूरे अरब जगत में एक नए आंदोलन के रूप में उभरा। पहली बार इस्रायल को खुले तौर पर इस नाम से पुकारना शुरू हुआ, पहली बार 1948 के बाद आसपास के अरब देशों में बिखरे शरणार्थियों ने उस देश की पहचान को छोड़कर स्वयं को फिलस्तीनी शरणार्थी की संज्ञा दी। यही समय था जब उनके राजनैतिक संगठन फ़तह का नाम लोगों ने सुना।

शुरू से ही सब कुछ सही नहीं था। फिर भी एक बात स्पष्ट थी कि फिलस्तीन के लोग जहाँ भी हों, अपना इतिहास और अपनी राजनीति दोनों की अस्मिता स्थापित करने की कोशिश कर रहे थे। 1971 में पीएलओ का मुख्यालय बेरूत में बनने के

बाद अन्तर्राष्ट्रीय स्तर पर फिलस्तीनी मुक्ति आंदोलन का उदय दुनिया ने स्वीकार किया।

फिलस्तीनी बुद्धिजीवियों, लेखकों और उनके अधिकारों के प्रवक्ता सारी दुनिया के लोगों के सामने सबसे पहला उद्देश्य था यह साबित करना कि फिलस्तीनी थे, कि उनका वजूद था, कि उनका एक देश था, कि उन्हें वहाँ से ज़बरन निष्कासित किया गया था। यह तब की बात है जब कि फिलस्तीनियों में पचास प्रतिशत से अधिक लोग इस्रायल और उसके अधिकृत क्षेत्रों से बाहर रह रहे थे। लेकिन इस्रायल की प्रधानमंत्री गोल्डा मीर ने तो उनका अस्तित्व ही स्वीकार करने से इन्कार कर दिया था। इसलिए उस वक्त सबसे पहला काम था सारी दुनिया को बताना और उसके द्वारा स्वीकार किया जाना कि फिलस्तीनियों का अस्तित्व एक ज़िन्दा हक़ीकत है।

अक्टूबर 1973 के युद्ध और उसके बाद कैम्प डेविड का मिस्र और इस्रायल के बीच हुआ शांति समझौता मध्यपूर्व की बेचैन तबारीख़ की एक दुखद लेकिन महत्वपूर्ण घटना थी। 1970 के बाद पश्चिम के देशों ने, ख़ासतौर पर अमरीका ने, यह तो मान लिया था कि एक नए देश इस्रायल, की फिलस्तीन की ऐतिहासिक भूमि में स्थापना के बाद विभाजन और संघर्ष की समस्या एक ज़मीनी हक़ीकत थी। उसके बाद बहुत से प्लान बने, जैसे रोज़र्स प्लान, किसिंगर प्लान, रीगन प्लान, फहद प्लान और बेकर प्लान वगैरह। 1974 में रबात के अरब लीग सम्मेलन में पीएलओ को फिलस्तीनियों के एकमात्र न्यायसम्मत प्रतिनिधि के रूप में स्वीकार किया गया। उसी बरस, कुछ समय बाद यासिर अराफात की उपस्थिति संयुक्त राष्ट्र संघ में दर्ज हुई। तब फिलस्तीनी संघर्ष लेबनन में तेज़ी से आगे बढ़ा। 1982 तक यानी लिकुड पार्टी के इस्रायली शासन के पांच वर्षों में लेबनन में पीएलओ के बढ़ते हुए खतरे के मद्देनज़र, इस्रायल को लगा कि लेबनन पर हमला करना ज़रूरी है। तो जून 1982 में लेबनन पर हमला हुआ, बेरूत का घेरा पड़ा और पीएलओ को लेबनन से ट्यूनिशिया भागना पड़ा। साबरा और शतीला के शरणार्थी शिविरों का भीषण बमबारी से विनाश और लेबनन का सत्यानाश—सारे अरब राष्ट्र और उनके नेता चुपचाप देखते रहे। 'उम्मः अरबीय वहदः' (सम्पूर्ण अरब जगत एक देश है)—पुराने वक्त का अरब एकता का यह रूमानी नारा कहीं दफ़्न हो गया था। मध्यपूर्व के सभी देश अपनी सुरक्षा और अपने हित साधनों की क़वायद में लगे थे। पीएलओ के 1971 से 1982 तक के ग्यारह साल आक्रोश और पश्चाताप की कहानी बन कर रह गए। पीछे रह गए लेबनन में लगभग चार लाख फिलस्तीनी जिनकी न कोई नागरिकता थी, न सुरक्षा की व्यवस्था। वे केवल इस्रायली दुश्मनी और नफरत का ही शिकार नहीं थे; लेबनन में भी वे अनचाहे मेहमान थे।

मध्यपूर्व में हिंसा की जड़ें कितनी गहरी है—यह समझने के लिए राजनैतिक सियोनवाद की उत्पत्ति, विकास और उसकी क्रूर आक्रामक शक्तिमत्ता को समझना

आवश्यक है। दरअसल फिलस्तीन में बीसवीं शताब्दी के आठ-दशकों का इतिहास सियोनवाद के उद्‌भव और विकास की गाथा है। इस गाथा का दूसरा पहलू है ग़ैर-सियोनवादी अरब जनगण की यातना और उनका स्वदेश से विस्थापन। सियोनवाद जाति और धर्म की श्रेष्ठता पर आधृत एक कट्टर और आक्रामक राजनीतिक दर्शन है जो फ़ासीवाद या नाज़ीवाद से बुनियादी तौर पर भिन्न नहीं है। पश्चिम एशिया में धार्मिक पुनरुत्थानवाद की लहर इस राजनैतिक चिन्ताधारा की विभीषिकाओं को और भी गम्भीर बना देती है। फिलस्तीन की समस्या इतिहास के दर्पण में, अग्रगामी सियोनवाद की परिणति है इसलिए मध्यपूर्व की हिंसा के संदर्भों की धुंधलाहट दूर करना और उसे सही परिप्रेक्ष्य में देखना हमारे काल की अनिवार्यता बन गई है।

फिलस्तीन से विस्थापित अरबों की एक पूरी पीढ़ी निर्वासन में जन्मी और बड़ी हुई है। उनमें से अधिकांश ने अपनी मातृभूमि को कभी देखा भी नहीं है। किन्तु मातृभूमि लौटने का स्वप्न-एक अदम्य स्वप्न वे पाल रहे हैं। उनका यह स्वप्न अब छिन्न-भिन्न होता नज़र आता है। पिछले साठ-सत्तर साल से मुसल्सल चलता हुआ इस्रायली विस्तारवाद उन्हें इतिहास से मिटाने का एक अमानवीय अभियान है। इतिहास के पृष्ठों से एक सम्पूर्ण जाति के अवसान की आसन्न कहानी मानवता के लिए एक शर्मनाक बात है।

द्वितीय विश्वयुद्ध में हिटलर ने यहूदी जाति पर जो अत्याचार किये और जिस नृशंसता एवं बर्बरता से उन्हें नष्ट करने का प्रयत्न किया उसका उदाहरण इतिहास में नहीं है। किन्तु परोक्ष रूप से द्वितीय विश्वयुद्ध की यह अमानवीयता अरबों के दुर्भाग्य का कारण भी बनी। समस्त विश्व में यहूदियों के प्रति जो सहानुभूति की लहर उठी उसने परवर्ती काल में अरबों पर हुए अत्याचार को आच्छन्न कर लिया। इसलिये फिलस्तीन में जो कुछ हुआ उसकी प्रचारित तस्वीर भ्रामक और इकतरफा ही रही। सभी ने कमोबेश यह बात स्वीकार कर ली कि फिलस्तीन में—जो यहूदियों का मूल देश था—नाज़ीवाद द्वारा सताई गई कौम को बसाया जा रहा था। उनके इस पुनर्वास को सभी ने उचित माना और उसका खुलकर समर्थन किया।

इस्रायल के निर्माण की यह कहानी इतनी सीधी-सादी नहीं है और न ही यह द्वितीय विश्वयुद्ध के उत्तरकाल की घटना है। इसकी जड़ें पिछली शताब्दी के अन्तिम दशक में है और इसलिये यह गाथा एक पूरी शताब्दी का इतिहास है। इस्रायल के समर्थक हमेशा यह दलील पेश करते हैं कि फिलस्तीन यहूदियों की मातृभूमि है। अपनी मातृभूमि वापस लौटना और वहां अपनी जातिगत विशिष्टताओं और संस्कृति पर आधारित राष्ट्र का निर्माण उनकी दृष्टि में सर्वथा उचित ही नहीं बल्कि प्रशंसनीय भी है। किन्तु मानव सभ्यताओं के विकास के आदिकाल से यदि हम मानव प्रजातियों के प्रव्रजन के परिप्रेक्ष्य में इस धारणा की जांच करें तो यह मान्यता हास्यप्रद ही नहीं बल्कि शरारतपूर्ण भी लगती है। काल के व्यापक फलक पर विभिन्न

मानव-प्रजातियों के प्रव्रजन से न केवल सभ्यताओं और जातियों का सम्मिलन हुआ बल्कि नई सभ्यताओं और उनकी संस्कृतियों का विकास भी हुआ। तब क्या यह कहना तर्कसंगत होगा कि ये जातियां-प्रजातियां अपने मूल उद्‌गम वाले भूभाग में वापस जा सकती हैं और वहां के मौजूदा निवासियों को विस्थापित कर उस देश को अपनी जाति और धर्म की शुद्धता पर आधारित एक नये राष्ट्र का रूप दे सकती है? यहूदी लगभग 2000 वर्ष पहले वहां से निकल कर यूरोप के देशों एवं अन्य भूभागों में फैल गये थे। अन्य जातियों की तरह वे भी उन देशों के निवासी बन गये थे। इसलिये एक यहूदी राष्ट्र के निर्माण का समर्थन अनुचित और ऐतिहासिक दृष्टि से गलत है।

किन्तु इतना कह देने भर से बात खत्म नहीं हो जाती। फिलस्तीन में यहूदी राज्य इस्रायल की स्थापना उसका विस्तार एवं आक्रामक शक्तिमत्ता एक ऐतिहासिक यथार्थ बन गया है। यह कैसे बना? इसकी पृष्ठभूमि क्या है? इन सवालों के उत्तर पाना आवश्यक है। इस्रायल के वजूद, अरबों के विस्थापन और मध्यपूर्व में हिंसा की जड़ों को सही परिप्रेक्ष्य में तभी समझा जा सकेगा। यह समझ न केवल इसलिये ज़रूरी है कि विस्थापित अरबों की समस्याओं को सम्यक् रूप से समझा जाये और उनके निदान के उपाय किये जायें बल्कि इसलिये भी कि जाति और धर्म की ऐकान्तिक आक्रामकता के खतरे से सावधान हुआ जा सके, नवनाजीवाद जैसी सामाजिक-राजनैतिक चिन्ताधारा का व्यापक विरोध किया जा सके और उसे विश्व के अन्य भूभागों में पनपने से रोका जा सके।

जब हम किसी देश के बारे में बात करते हैं तो यह मानकर चलते हैं कि दुनिया के नक्शे पर उस देश का भोगौलिक स्थान है और वहाँ कोई आबादी है। स्कूल के स्तर की भूगोल की किताबों में किसी देश के बारे में आलेख या वर्णन इसी आधार पर होता है, नक्शे पर उसकी अक्षांश और देशांतर रेखाओं सहित स्थिति, वहाँ की प्रकृति अर्थात् मैदान, पठार, पहाड़, नदियाँ, वन; वहाँ की जलवायु, फसलें और फल, जीविका के साधन आदि। ऐतिहासिक दृष्टिकोण से वहाँ के निवासियों, उनका उद्‌गम, जीवन शैली, भाषा, सभ्यता और संस्कृति का वर्णन होता है।

यह पुस्तक उस देश के बारे में है जिसका भोगौलिक धरातल पर कोई परिभाषित अस्तित्व नहीं है। तबारीख़ के मुताबिक़ फिलस्तीन एक देश था, जैसा कि एडवर्ड सईद ने अपनी पुस्तक 'द क्वेश्चन ऑफ पेलेस्टाइन' में लिखा है, "हक़ीकत यह है कि आज फिलस्तीन का वजूद नहीं है, सिवा एक याद की तरह, या एक विचार या धारणा की तरह; फिलस्तीन एक राजनैतिक और मानवीय अनुभव का नाम है और चेतना के धरातल पर एक जाति की दीर्घकालीन इच्छाशक्ति का नाम है...।" (पृ.5)। मध्यपूर्व में जहाँ बीसवीं सदी के मध्य तक एक छोटा-सा देश था फिलस्तीन, वहाँ आज पश्चिमी साम्राज्यवाद के हाथों गढ़ा यहूदियों का धर्म और

जाति पर आधारित राष्ट्र है इस्रायल। उसके दूसरे हिस्से पर भी, जो 1948 के संयुक्त राष्ट्र संघ के विभाजन के मुताबिक़ फिलस्तीनियों के मूल निवासियों को दिया गया था, 1967 से इस्रायल का ही कब्ज़ा है।

इसी इस्रायल-अधिकृत क्षेत्र में फिलस्तीन के मूल निवासी रहते हैं। यह पुस्तक उन्हीं की आधी-शताब्दी से अधिक विस्थापन और यायावर जीवन की त्रासदी की कहानी है। फिलस्तीन का पिछले सौ बरस से अधिक का इतिहास एक क़ौम की—एक सताई हुई और अन्याय की शिकार क़ौम की-दास्तान है। फिलस्तीन नाम के मुल्क में सैकड़ों बरस से अधिकांश आबादी उन लोगों की थी जो ज़्यादातर खेतिहर थे। लेकिन सामाजिक, सांस्कृतिक, राजनैतिक और आर्थिक धरातल पर उनकी पहचान थी। उनकी ज़बान थी अरबी और धर्म इस्लाम और ईसाईयत। लेकिन धर्म के आधार पर उनमें कोई फ़र्क नहीं था।

फिलस्तीन की भोगौलिक स्थिति ऐसी है कि भूमध्यसागर के तटीय क्षेत्र में, एशिया और अफ्रीका के बीच, नील नदी और फ़ुरात नदी की घाटियों के बीच, यह भूभाग हमेशा किसी न किसी साम्राज्य के कब्ज़े में रहा; उस साम्राज्य के कब्ज़े में, जो इन नदी-घाटियों का भी शासक था। यह एक तरह का पुल था इन दोनों घाटियों के दर्मियान जिससे होकर कारवाओं की सम्पत्ति और युद्ध करने वाली सेनाएं बराबर गुज़रती रहीं। पुराने वक़्त में जिसे 'कनान' कहते थे, वह जैसे दुनिया का चौराहा था।

फिलस्तीन के पुराने इतिहास, वहाँ यहूदियों और दूसरे कबीलों और जातियों के आगमन और दुनिया के तीन प्रमुख धर्मों का इस भूभाग से सम्बन्ध—इन विषयों पर गाथा की पृष्ठभूमि के रूप में इस पुस्तक में संक्षिप्त रूप से लिखा गया है। लेकिन यहाँ मुख्य विषय है यहूदियों के इस क्षेत्र से पलायन के दो हज़ार वर्ष बाद उनके लिए यहाँ 'होमलैंड' की स्थापना और उनकी वापसी। इसका दूसरा पहलू है यहाँ के मूल निवासियों का विस्थापन। एक सदी से अधिक पुरानी हैं इस साम्राज्यवादी कारनामे की जड़ें। इस्रायल के समर्थक हमेशा यह दलील पेश करते हैं कि फिलस्तीन यहूदियों की मातृभूमि है। फिलस्तीन में यहूदी राज्य इस्रायल की उपस्थिति एवं उसकी आक्रामक शक्तिमत्ता आज का यथार्थ है। यह कैसे बना और इसकी पृष्ठभूमि क्या है, इन सवालों के उत्तर पाना आवश्यक है।

यहूदियों का सचेतन राजनैतिक आंदोलन उन्नीसवीं सदी के आख़िरी दशक में शुरू हुआ। इसकी मूल धारणा यह थी कि फिलस्तीन यहूदियों का स्वदेश है जहाँ वापस लौटने का उन्हें पूरा अधिकार है जिससे वे वहाँ जाकर अपने शुद्ध यहूदी राष्ट्र का निर्माण कर सकें। इस आंदोलन के जनक थे थियोडोर हर्ज़्ल जो वियना के एक समाचारपत्र के सम्पादकीय विभाग में काम करते थे। उनका जन्म एक धनी यहूदी परिवार में हुआ था। न उन्हें हिब्रू भाषा का ज्ञान था और न वह यहूदियों के इतिहास

के बारे में पूरी तरह जानते थे। 1895 में उन्होंने अपनी पुस्तक 'द ज्यूइश स्टेट' प्रकाशित की। इस किताब के माध्यम से हर्ज़्ल ने यूरोप के यहूदियों को आवाज़ दी कि वे उठें, संगठित हों और आगे बढ़कर 'प्रोमिज़्ड लैंड' पर कब्ज़ा कर लें, और वहाँ एक यहूदी राज्य की स्थापना करें। हर्ज़्ल ने यहूदियों को सलाह दी कि वे फिलस्तीन में जाकर बसें। उसका खयाल था कि यहूदियों के संत्रास और दमन को केवल राजनैतिक आंदोलन द्वारा ही दूर किया जा सकता है।

यह हक़ीक़त है कि यूरोप के ईसाई देशों में, ख़ासतौर पर पूर्वी यूरोप में, यहूदी घृणा और हिंसा का शिकार थे। उन पर हिंसात्मक हमले और उन्हें झूठे अपराधों के मुकदमों में फँसाकर मृत्युदंड देना एक आम थी। 1894 का फ्रांस का ड्रेफस कांड इसका एक महत्वपूर्ण उदाहरण है। एल्फ्रेड ड्रेफस के ऊपर राजद्रोह का झूठा मुकदमा कायम किया गया था। बाद में इस षड्यंत्र की पोल खुली और ड्रेफस निरपराध साबित हुआ।

हर्ज़्ल ने 'ज्यूइश स्टेट' पुस्तक में फिलस्तीन में एक स्वतंत्र राष्ट्र की स्थापना की योजना प्रस्तुत की। तय हुआ कि यहूदी लाखों की संख्या में फिलस्तीन प्रव्रजन करेंगे। 1901 में बासेल शहर में ज्यूइश नेशनल बैंक और ज्यूइश नेशनल फंड खोले गए। पूरे यूरोप महाद्वीप में एक ही नारा गूंजने लगा—फिलस्तीन चलो, फिलस्तीन चलो। हर्ज़्ल और अन्य सियोनवादियों के प्रचार से यूरोप के यहूदियों को लगा कि उनका 'प्रोमिज़्ड लैंड' को लौटने का सपना साकार हो सकता है।

उन्नीसवीं सदी के अन्त में ही यहूदियों का उत्प्रवास शुरू हो गया था। 1914 में जब पहला विश्वयुद्ध शुरू हुआ तो फिलस्तीन में यहूदियों की संख्या 85,000 हो गई थी। ग़ैर-हाज़िर भूस्वामियों से ज़मीनें खरीदकर और उन पर काम करने वाले किसानों को बेदख़ल कर ये लोग मुस्तकिल तौर पर वहाँ बसने लगे। तभी से फिलस्तीनी अरबों और आप्रवासी यहूदियों के बीच संघर्ष शुरू हो गया। यह काल तुर्की के ऑटोमन साम्राज्य का काल था।

4 नवम्बर 1917 को बॉल्फोर घोषणा अस्तित्व में आई। यह छोटा-सा दस्तावेज़ मध्यपूर्व के इतिहास में एक निर्णायक मोड़ लाने वाला था। यह एक ख़त था ब्रिटेन की सरकार में विदेश-विभाग के राज्य सचिव आर्थर बॉल्फोर का लॉर्ड रॉथ्सचाइल्ड के नाम जिसमें ब्रिटिश सरकार के यहूदियों द्वारा फिलस्तीन में एक स्वराष्ट्र के निर्माण का अनुमोदन किया गया था। चेम वीज़मान के अनुसार यह वह सोने की चाबी थी जिसने यहूदियों के लिये फिलस्तीन के दरवाज़े खोल दिये थे। प्रथम विश्वयुद्ध के समाप्त होने के बाद जब मध्यपूर्व को साम्राज्यवादी शक्तियों ने आपस में बाँट लिया तो फिलस्तीन इंग्लैण्ड के नियंत्रण में आ गया। आप्रवास होता रहा और द्वितीय विश्वयुद्ध के बाद आप्रवासियों की संख्या साढ़े पांच लाख से ऊपर पहुँच गई।

प्रारम्भ की छिटपुट झड़पों के बाद फिलस्तीन में अरबों और इस्रायलियों के बीच हिंसात्मक संघर्ष 1920 से बड़े पैमाने पर शुरू हो गये। 1920 में जेरूसलेम में दंगे हुये, 1921 में जाफा में और 1929 में जेरूसलेम के धार्मिक स्थान को लेकर। 1936 से 1939 तक फिलस्तीन में अरबों द्वारा एक बड़ा विद्रोह हुआ जिसमें 262 ब्रिटिश सुरक्षा सैनिक और 300 यहूदी मारे गये। लेकिन अरबों को भारी क्षति उठानी पड़ी। 5000 अरब मरे, 15000 घायल हुये, 108 को फांसी दी गई और लगभग साढ़े बारह हज़ार बंदी बनाये गये।

1947-48 में संयुक्त राष्ट्र संघ की फिलस्तीन को विभाजित करने की घोषणा और वहाँ एक यहूदी राज्य स्थापित करने के निर्णय के साथ ही साथ 30 नवम्बर 1947 को एक गम्भीर गृहयुद्ध छिड़ गया जो 14 मई 1948 तक फिलस्तीन में ब्रिटिश मेन्डेट के समाप्त होने तक चला। यह वह दौर था जब ब्रिटिश सेनायें फिलस्तीन से वापस लौट रही थीं और आप्रवासी यहूदियों के सशस्त्र आतंकवादी दस्ते एक सेना का रूप ले रहे थे। इस गृहयुद्ध में 2000 से ऊपर लोगों की जानें गईं और लगभग 4000 घायल हुये। लेकिन इसका सबसे बड़ा दुष्परिणाम था हैफा, जाफा और जेरूसलेम के, मध्य एवं उच्चवर्ग की शहरी आबादी के एक लाख अरबों का पलायन। 14 मई 1948 को जब डेविड बेन गुरियन ने एक स्वतंत्र राष्ट्र इस्रायल की स्थापना की घोषणा कर दी तो 1948 का पहला अरब-इस्रायली युद्ध शुरू हो गया। यह युद्ध मार्च 1949 के युद्धविराम तक चला। पहली बार इस्रायल के विरुद्ध इस युद्ध में मिस्र, जोर्डन, सीरिया, लेबनन एवं अन्य अरब देश शामिल हुये। युद्ध में अरबों की करारी हार हुई। 6000 से ऊपर इस्रायली और 8000 से 15000 अरब इस युद्ध में मारे गये।

दूसरा अरब-इस्रायली युद्ध अक्टूबर 29, 1956 में शुरू हुआ और मार्च 1957 तक चला। यद्यपि सैनिक कार्रवाई नवम्बर 1956 में ही समाप्त हो गई थी। यह युद्ध विशेष रूप से मिस्र के साथ सिनाई प्रायद्वीप और सुएज़ नहर के क्षेत्र में हुआ। युद्ध में एक तरफ इस्रायल, ब्रिटेन और फ्रांस थे जबकि दूसरी तरफ मिस्र। युद्ध का विशिष्ट उद्देश्य था इस्राइल, ब्रिटेन और फ्रांस की संयुक्त सेनाओं द्वारा सुएज़ नहर पर नियन्त्रण जिसका राष्ट्रीयकरण मिस्र ने घोषित किया था। युद्ध में संयुक्त कमान की विजय हुई और तिरान जलडमरूमध्य इस्राइली जहाजों के लिये दोबारा खुल गया।

अरब-इस्रायली युद्धों में सबसे महत्वपूर्ण है 5 जून से 10 जून 1967 तक छह दिन का युद्ध जिसमें इस्रायल की निर्णायक विजय हुई। इस युद्ध में मिस्र, सीरिया, जोर्डन और इराक़ की सेनायें मुख्य रूप से शामिल हुईं लेकिन साथ ही सऊदी अरब, मोरक्को, अल्जीरिया, ट्यूनीशिया, सूडान, लीबिया और पीएलओ ने भी हिस्सा लिया। यद्यपि अरबों की संयुक्त सेना 2,40,000 थी लेकिन फिर भी उनकी पराजय हुई। युद्ध के बाद इस्रायल ने गाज़ा पट्टी, सिनाई प्रायद्वीप, वेस्ट बैंक, और गोलान पहाड़ियों

पर कब्ज़ा कर लिया। बाद में एक दोतरफा समझौते में सिनाई तो खाली हो गया लेकिन बाकी भूभाग आज तक इस्रायल के कब्ज़े में है जहाँ इस्रायलियों की बस्तियाँ बसाई गई हैं और फिलस्तीनी जहाँ मुख्य रूप से रहते हैं।

अन्तिम अरब-इस्रायली युद्ध 6 अक्टूबर से 26 अक्टूबर 1973 के बीच हुआ। युद्ध सिनाई प्रायद्वीप, सुएज़ नहर के पश्चिमी तट, गोलान पहाड़ियों और दक्षिण सीरिया के कुछ अन्य इलाकों में हुआ। इसमें युद्ध की दृष्टि से तो इस्रायल की विजय हुई लेकिन सं.रा.सं. द्वारा युद्धविराम और जेनेवा कॉन्फ्रेंस के बाद सिनाई का अन्तरिम समझौता हुआ। मिस्र को भी इससे राजनैतिक और रणनीति सम्बन्धी लाभ हुआ। इस्रायल और अरब देश—दोनों को ही इससे बहुत क्षति हुई। हज़ारों इस्रायली सिपाही मारे गये, अमरीका के दसवर्षी वियतनाम युद्ध के कई गुने, और वे भी केवल तीन हफ़्तों में। अरबों को भी भारी नुकसान हुआ। अरबों के सही आंकड़े उपलब्ध नहीं है, लेकिन 8000 से 18000 तक सैनिकों के मारे जाने का अनुमान है। मध्यपूर्व के वर्तमान इतिहास में यह युद्ध एक भूकम्प के समान था। इससे मध्यपूर्व में शक्ति संतुलन बदल गया और सारी दुनिया में इस्रायल की आक्रामक नीति की आलोचना होने लगी। इस युद्ध के बाद फिलस्तीनियों की समस्या की भी व्यापक समझ पैदा हुई और उनके बीच संगठित आंदोलन की शुरूआत हुई।

लेकिन हिंसा तो थमी नहीं। 1972 से, बेरूत में फिलस्तीनी मुक्ति संगठन का मुख्यालय बनने के बाद वहाँ भी संघर्ष नहीं थमा। इस दर्मियान 1982 में इस्रायल ने लेबनन पर हमला किया और साबरा तथा शतीला के फिलस्तीनी शरणार्थी कैम्पों में जघन्य कत्लेआम हुआ। 1967 के छह दिन के युद्ध में इस्रायल द्वारा अधिकृत क्षेत्रों में बसे हुये फिलस्तीनियों पर निरन्तर होने वाले अत्याचारों के कारण 1987-91 के बीच पहला इन्तिफदा हुआ, और 2000 में शुरू होकर 2008 तक दूसरा इन्तिफदा। 2005 में इस्रायल ने ओस्लो समझौते (1993) के बरसों बाद गाज़ा पट्टी तो खाली कर दी लेकिन हमास द्वारा आतंकवादी कार्रवाइयों की आड़ में इस्रायल ने उसके ख़िलाफ एक तरह का अघोषित युद्ध छेड़ दिया। तब से आज तक इस्रायल और गाज़ा का संघर्ष चल ही रहा है।

सन् 1948 में इस्रायल राज्य की विधिवत् घोषणा हुई थी। यह साम्राज्यवादी ताकतों का एक निर्णय था जो सं.रा.सं. ने लिया था। तब से कितने युद्ध हुये और कितने युद्धविराम और समस्या को सुलझाने के लिये कितनी ही शांति वार्ताऐं हुईं। 1993 का ओस्लो समझौता, सन् 2000 का कैम्प डेविड का शिखर सम्मेलन, ताबा का 2001 का शिखर सम्मेलन, 2002 में यूरोपियन यूनियन, रूस, सं.रा.सं. और अमरीका द्वारा तैयार किया गया शांति का रोड मैप इनमें प्रमुख हैं। इस दर्मियान और भी वार्ताऐं और सम्मेलन होते रहे जिनका उद्देश्य था इस क्षेत्र में शांति स्थापित करना।

फिलस्तीन का मसला पूरी दुनिया में टेलीविज़न के पर्दे से गायब हो गया सा लगता है। वह अन्तर्राष्ट्रीय ताकतों की मानसिक चेतना से भी तिरोहित हो गया है। इतने बड़े अन्तर्राष्ट्रीय संघर्ष और राजनैतिक महत्व वाले विषय के प्रति इतनी उदासीनता! तब इस बात में कुछ दम लगता है कि ध्यान आकर्षित करने का एकमात्र रास्ता हिंसा और विनाश की कार्रवाई ही हो सकती है। आजकल तो सभी प्रचार माध्यमों की नज़र सिर्फ़ अफगानिस्तान पर है। वही दुनिया की बड़ी शक्तियों की नज़र में भी सबसे महत्वपूर्ण अंतर्राष्ट्रीय हिंसा और अशांति का केन्द्र है। यह ग़लत नहीं हैं। लेकिन यह भी ध्यान में रखना ज़रूरी है कि अफगानिस्तान हो या कोई और जगह, आतंकवादियों की अपनी कारगुजारियों के पक्ष में एक ख़ास दलील है फिलस्तीनी जनगण के प्रति युगव्यापी अन्याय। इससे क्या यह समझा जाए कि दुनिया के शक्तिमंत और जिम्मेदार राष्ट्र विश्व में शांति स्थापना के प्रति गम्भीर नहीं हैं; कि आतंकवाद से निपटने की उन्हें चिन्ता नहीं है?

अमीरा हास ने लिखा है, "ओस्लो समझौते के वर्षों की तरह आज भी तीस लाख फिलस्तीनियों की आबादी उसी तरह की तकलीफें उठा रही है जैसी कि युद्ध के दीर्घकालीन घेरे में पड़े हुए लोग उठाते हैं। इस्रायल के द्वारा सेना का घेरा डालकर अपने कब्ज़े में लिये हुए क्षेत्र में रहने वाले फिलस्तीनियों की हालत ऐसी ही है जैसी कि उस क्षेत्र के निवासियों की होती है जो एक मुस्तक़िल जंग के घेरे में आत्मसमर्पण नहीं करते।" वेस्ट बैंक और गाज़ा में इस्रायल का ज़बरन नियन्त्रण एक औपनिवेशिक घेरे की तरह ही है। यह घेरा धीरे-धीरे फिलस्तीनी समाज और उसकी आर्थिक व्यवस्था का गला घोंट रहा है। यहाँ गरीबी का स्तर अब सत्तर से अस्सी प्रतिशत है। हद दर्ज़े की बेकारी है जिससे यहाँ के निवासी ज़्यादातर सहायता के रूप में मिले हुए भोजन पर ज़िन्दा हैं।

यह सही है कि फिलस्तीनी लोगों के जीवनस्तर की ऐसी बेहाली के लिए 1993 से इस्रायल ही मुख्य रूप से ज़िम्मेदार है। लेकिन फिलस्तीन के राष्ट्रवादी धर्मनिरपेक्ष अभिजात वर्ग के लोग भी निर्दोष नहीं हैं। यह जो नई व्यवस्था है और जो आज की हक़ीकत है उसको लाने में उनकी भूमिका बड़ी न सही लेकिन फिर भी ग़ौरतलब है। उन्होंने एक हद तक फिलस्तीन की जनता की ग़रीबी और उनके ऊपर इस्रायल का अंकुश, दोनों को ही मान्यता जैसी दे रखी है। अपने इस रवैये से उन्होंने न केवल फिलस्तीनियों के न्याय और आत्मनिर्णय की राष्ट्रीय आकांक्षाओं को ही दूषित किया है बल्कि धार्मिक कट्टरता को भी परोक्ष रूप से बढ़ावा दिया है। इस्रायली सैनिक घेरे, हिंसा और दबाव ने एक व्यापक प्रतिरोध आंदोलन को जन्म दिया। पहला और दूसरा इन्तिफदा इसी प्रतिरोध और संघर्ष के उदाहरण थे। पर सन् 2000 आते-आते स्थिति बहुत बिगड़ चुकी थी। सुलह और समझौते के शांतिपूर्ण विकल्प अपना अर्थ खो चुके थे। आत्मघाती बमों के हमले और व्यापक निराशा के

फलस्वरूप राजनैतिक जनआंदोलनों की जगह फिलस्तीनियों ने हथियार उठा लिए थे। एक माहौल पैदा हुआ जिसमें हमास और फतह के बीच फूट पड़ गई और इस बिखराव के कारण आंदोलन कमज़ोर हो गया। इस्रायली घेरा किसी साम्राज्यवादी शक्ति के द्वारा नियंत्रण और सज़ा का सबसे गर्हित माध्यम है। पूरे इलाके में 546 चैकप्वाइंट और फिलस्तीनियों के लिए निषिद्ध सड़कों के हिस्से हैं। नतीज़तन हर तरह के आवागमन और यातायात पर रोक है। अब तो वेस्ट बैंक का चालीस प्रतिशत हिस्सा ऐसा है जिसमें फिलस्तीनी प्रवेश ही नहीं कर सकते।

हाल की विश्व बैंक की रिपोर्ट में इस्रायल की इस नीति की ज़बरदस्त निन्दा की गई है। हर तरह के नियंत्रण और रोकटोक के कारण इस क्षेत्र की आर्थिक व्यवस्था चौपट हो गई। रिपोर्ट के मुताबिक़ कोई फिलस्तीनी घर से निकलकर अपने काम करने की जगह, स्कूल, बाज़ार, स्वास्थ्य केन्द्र या खेतों तक पहुँच सकेगा, यह बिलकुल अनिश्चित है। ताज्जुब यह है कि सारी दुनिया को ये सारी बातें एक ज़माने से मालूम हैं। लेकिन उससे क्या हासिल? जनवरी 2006 के चुनाव में हमास की जीत के बाद बनी फिलस्तीनी सरकार का आर्थिक और राजनैतिक बहिष्कार और भी गम्भीर हो गया है। फिलस्तीनियों पर प्रतिबन्ध और भी कड़े और क्रूर हो गए हैं जिनका प्रमुख उद्देश्य नेतृत्व बदलने के लिए इस क्षेत्र के निवासियों पर दबाव डालना है। जॉन डुगर्ड जो अधिकृत क्षेत्रों में मानवाधिकारों के विशेष प्रतिनिधि हैं, के मुताबिक़, "दरहक़ीकत फिलस्तीनी जनता पर आर्थिक प्रतिबन्धों द्वारा जो ज़ुल्म हो रहा है, वैसा आधुनिक युग में अन्तर्राष्ट्रीय सम्बन्धों में विजेता द्वारा ज़बरन दख़ल की गई ज़मीन पर रहने वाले लोगों के साथ कभी नहीं हुआ। (संयुक्त राष्ट्र संघ की मानवाधिकार समिति, जॉन डुगर्ड की रिपोर्ट, 29 जनवरी 2007, पृष्ठ 21)

कई साल पहले जो व्यवस्था यहाँ तदर्थ रूप से सेना और नौकरशाही के माध्यम से क़ायम हुई थी, इस्रायल की रणनीति में उसका स्पष्ट राजनैतिक उद्देश्य था दो राष्ट्रों के निवासियों के बीच एक राजनैतिक विभाजन का प्रदर्शन। लेकिन सरकार एक ही होनी थी—इस्रायल जो प्रभावी रूप से दोनों की नियति का निर्धारण कर सके। पहले इन्तिफदा के पहले इस्रायल की रणनीति थी, फिलस्तीनी वर्किंग क्लास को रोज़न्दारी के घुमन्तू मज़दूरों की शक्ल में इस्रायल की व्यवस्था में शामिल करना। लेकिन 1991 से वह अपनी पुरानी सियोनवादी पूर्ण निष्क्रमण की नीति अपनाने लगा। यह एक प्रकार का उपनिवेशवाद है जो लोगों को विस्थापित करता है, उनकी ज़मीन छीन लेता है और उनकी ज़मीन पर अपनी बस्तियां विकसित करता है। लेकिन ये बस्तियां वहाँ के मूल निवासियों के लिए नहीं होती। नतीजा यह हुआ कि फिलस्तीन की जनता ने अपने देश के ऊपर अपना राजनैतिक नियंत्रण ही नहीं खोया, उसके ऊपर अपना अस्तित्व का अधिकार भी खो दिया।

बरसों से चले आ रहे इस संघर्ष के कारण इस्रायल के अधिकृत क्षेत्र के

फिलस्तीनी अपने नेतृत्व से भी अलगाव महसूस करने लगे, क्योंकि वह नेतृत्व उन्हें स्वाधीनता दिलाने में नाकाम रहा, मगर खुद वी.आई.पी पास लेकर सारी दुनिया में घूमता रहा। वक़्त गुज़रने के साथ यह असंप्रक्तता उनकी सामूहिक शक्ति और सामर्थ्य पर भी असर डालने लगी। अमीरा हास ने कहा है, जो सच लगता है कि, ''इस्रायल ने एक सामूहिक स्थान और समय की चोरी कर ली। सामुदायिक जीवन सम्पूर्ण रूप से विध्वस्त हो गया है और अपने अकेलेपन में यहाँ के निवासी व्यक्तिगत असुरक्षा, अनिश्चितता और शक्तिहीनता के दौर से गुज़र रहे हैं।'' तो हक़ीक़त यह है कि कटे-फटे और अलग-थलग, फिलस्तीनी जनगण इस्रायल की इस घेराबंदी का भारी बोझ अपने व्यक्तिगत या पारिवारिक कन्धों पर उठाए हैं। यह अलगाव, यह विभक्ति जो विरक्ति में बदल रही है शायद मानवीय इतिहास में कभी नहीं हुई। एक सामूहिक गणतंत्रात्मक राष्ट्रीय चेतना ही विलुप्त होती-सी लगती है।

ओस्लो समझौते के ज़रिये इस स्थिति में पहुँचना शायद इस्रायल का सोचा-समझा उद्देश्य था। 2002 में इस्रायल के मानवाधिकार संगठन बी' टीसेलेम ने एक रिपोर्ट प्रकाशित की, लैन्ड ग्रैबः इस्रायल्स सेटलमेंट पॉलिसी इन द वेस्ट बैंक (भूमि हड़पनाः वेस्ट बैंक में इस्रायल की आवास नीति)। इस रिपोर्ट से साफ ज़ाहिर है कि फिलस्तीनी ज़मीन पर कब्ज़ा, उस पर बस्तियाँ बसाना, वहाँ के निवासियों को अलग-अलग बाँटकर उन्हें चारों ओर से यहूदी बस्तियों द्वारा घेर लेना–सभी कुछ सरकार द्वारा आयोजित और उसी के द्वारा संचालित परियोजना थी। इस्रायली सेना इस अभियान में पूरी तरह संलग्न थी। सभी कुछ अन्तर्राष्ट्रीय कानून और संयुक्त राष्ट्र संघ के निर्णयों के खिलाफ़ हो रहा था और कोई उंगली उठाने वाला भी नहीं था। सब कुछ चौथे जेनेवा कन्वेन्शन के अनुच्छेद 49 के ख़िलाफ हो रहा था।

इस मानवाधिकार रिपोर्ट में इस्रायली सरकार के ऊपर साफ अल्फाज़ में इल्ज़ाम लगाया गया है कि वह इस्रायल के हाई कोर्ट ऑफ जस्टिस की साठ-गाँठ में यह सब कर रही है। सीधी बात है कि ये बस्तियाँ सिर्फ़ नाम के वास्ते उस अधिकृत क्षेत्र में हैं जिसका नाम है फिलस्तीन। दरअसल वे इस्रायल राज्य का ही हिस्सा हैं। इस रिपोर्ट के पांच साल बाद 2007 में तो स्थिति बदतर हो गई जब वेस्ट बैंक और पूर्वी जेरूसलेम में यहूदी अधिवासियों की संख्या 450,000 हो गई, यानी 2001 से 100,000 की बढ़ोतरी। इस काल में एक और बड़ा काम हुआ; एक दीवार बनी जो 2007 तक तक़रीबन मुकम्मल हो चुकी थी। यह दीवार 703 किलोमीटर लम्बी है और इसके अन्तर्गत 85 प्रतिशत इस्रायली बस्तियाँ हैं जो वेस्ट बैंक के क्षेत्र में बनी हैं। अन्तर्राष्ट्रीय कोर्ट ऑफ जस्टिस के मुताबि़क, ''अस्सी प्रतिशत यहूदी अधिवासी फिलस्तीनी अधिकृत क्षेत्र में रहेंगे जिनकी संख्या 320,000 है। वहाँ 237,000 फिलस्तीनी भी रहेंगे। इसके अलावा विभाजन की दीवार बनने के कारण 160,000 वे दूसरे फिलस्तीनी हैं जो कि लगभग पूरी तरह इन अधिवासियों से घिरे हुए रहेंगे।

कलकिलिया, 40,000 की आबादी का शहर दीवार से पूरी तरह घिर गया है और यहाँ के वाशिंदे केवल एक सेना के चेक-पोस्ट से आ-जा सकते हैं, जो सुबह सात बजे से शाम के सात बजे तक खुलती है। जब दीवार मुकम्मल हो जायेगी तो 400,000 से ऊपर ऐसे फिलस्तीनी होंगे जो इस दीवार से पूरी तरह या आंशिक रूप से घिर जायेंगे। आश्चर्य की बात नहीं है कि इसलिए कोर्ट ने चेतावनी दी कि ये फिलस्तीनी अपनी रोज़मर्रा की जीविका कैसे कमाऐंगे, कैसे ज़िन्दा रहेंगे? सम्भावना यह भी है कि यहाँ के कुछ क्षेत्रों से सिर्फ़ ज़िन्दा रहने के लिए बहुत से फिलस्तीनी कहीं दूसरी जगह न चले जाऐं।

सब कुछ देखकर फिलस्तीन के अभिजात नेतृत्व की भूमिका पर आश्चर्य होता है। कई सवाल दिमाग़ पर दस्तक देने लगते हैं। सबसे अहम बात तो यह है कि वे लोग जो फिलस्तीन को एक स्वाधीन राष्ट्र का दर्जा हासिल कराने के लिए संघर्ष कर रहे थे, और इस उद्देश्य से फिलस्तीनी जनता का नेतृत्व कर रहे थे, 1993 से उस प्रक्रिया में क्यों शामिल हो गए जिसने यहाँ के निवासियों के जीवन यापन की परिस्थितियों पर इतना घातक प्रभाव डाला है और उसके एक राष्ट्र के रूप में अपना अस्तित्व क़ायम रखने की सम्भावना पर भी प्रश्नचिन्ह लगा दिया है। पीएलओ ने क्यों अन्तर्राष्ट्रीय क़ानूनों और निर्णयों का लाभ नहीं उठाया जिससे यहाँ की जनता के मौलिक अविभाज्य अधिकार और उनकी राष्ट्रीय अस्मिता की रक्षा हो सकती? इसका बहुत छोटा-सा जवाब एडवर्ड सईद ने अपनी पुस्तक, 'द एन्ड ऑफ पीस प्रोसेस' (पृ. 345) में दिया है, "इतिहास में किसी भी स्वाधीनता संग्रामी दल ने शत्रु के हाथों खुद को इस तरह से नहीं बेचा।" ओस्लो समझौता इस बात की जीती जागती मिसाल है कि फिलस्तीन के नेता और प्रतिनिधि अपने देश पर ज़बरन अधिकार करने वाली सियोनवादी ताकत से एक तरह की भागीदारी में शामिल हो गए और फिलस्तीनी जनगण को इस्रायली उपनिवेशवाद के अत्याचार का सामना करने के लिए असहाय छोड़ दिया।

फिलस्तीनी संघर्ष के इस आत्मघाती दौर में पीएलओ और फिलस्तीनी अथॉरिटी की संदिग्ध और पराजय की भूमिका पर नज़र डालना ज़रूरी है। इसके क़ानूनी, विचारधारा सम्बन्धी और राजनैतिक प्रभाव की पड़ताल इसलिए भी आवश्यक है कि उससे इस आधी शताब्दी से चली आ रही अनसुलझी समस्या के भविष्य का अंदाज़ा लगाया जा सकेगा। जहाँ तक क़ानूनी और विचारात्मक धरातल का सवाल है, ओस्लो समझौते ने अंतर्राष्ट्रीय क़ानून के औचित्य को भी जो कि फिलस्तीन-इस्रायल संघर्ष को सुलझाने की आधारभूमि रही है, विवाद के घेरे में डाल दिया। नतीजा यह हुआ कि इस समझौते के परिणामस्वरूप फिलस्तीनियों के राष्ट्रीय आत्मनिर्णय का अधिकार ही व्यावहारिक तौर पर अपना औचित्य खो बैठा। उन्हें अब अपने क्षेत्र पर इस्रायल के ज़बरन कब्ज़े का प्रतिरोध करने का भी अधिकार नहीं रहा। समझौते के

दस्तावेज़ के कागज़ पर कलम पड़ते ही आत्मनिर्णय और प्रतिरोध की प्रक्रियाऐं एक जुर्म में तब्दील हो गईं। राजनैतिक धरातल पर फिलस्तीनी अथॉरिटी ने इस्रायल और ग़ैरकानूनी तरीके से बसी यहूदी बस्तियों की सुरक्षा के लिए बाक़ायदा पुलिस का इन्तज़ाम किया। एक विशिष्ट वर्ग की मुनाफाखोरी और उससे साठ-गाँठ के कारण फिलस्तीनी जनता में पीएलओ और फिलस्तीनी अथॉरिटी के प्रति उदासीनता और मौजूदा हालात से निराशा का जन्म हुआ। अल-अक़्सा या दूसरे इन्तिफदा ने प्रतिरोध आंदोलन को एक नई ज़िन्दगी दी वरना अभिजात शासक वर्ग ने पूरे संघर्ष को ही कहीं का न छोड़ा था।

ओस्लो वार्ता के फलस्वरूप पीएलओ इस्रायल की उपनिवेशवादी नीति को लागू करने का माध्यम बन गया। 9 सितम्बर 1993 को अराफात ने कहा, "पीएलओ के विचार से समझौते के सिद्धांतों की घोषणा पर हस्ताक्षर करना एक ऐतिहासिक घटना है जिससे शांतिपूर्ण सहअस्तित्व के नए युग का उद्घाटन होता है, एक ऐसा युग जो हिंसा और उन सारे क्रियाकलापों से आज़ाद होगा जो शांति और स्थिरता को खतरे में डालते हैं। तदनुसार पीएलओ आतंकवाद और हिंसा का त्याग करता है और भविष्य में पीएलओ के सभी घटकों और सदस्यों की तरफ से यह दायित्व लेता है कि इन सिद्धांतों का पालन होगा और उनका उल्लंघन रोका जाएगा और उल्लंघन करने वालों के ख़िलाफ अनुशासनिक कार्रवाई होगी।" स्पष्ट है कि अराफात ने पहले इन्तिफदा के अन्त का ऐलान कर दिया और इस तरह अपनी जनता के द्वारा इस्रायल के ज़बरन कब्ज़े के प्रतिरोध का अधिकार भी त्याग दिया। ओस्लो समझौते के बाद के घटनाक्रम से और तब से लेकर अब तक के फिलस्तीन के इतिहास में एक ऐसा युग आ गया जिसमें फिलस्तीनी एक याचक की भूमिका में ठेल दिये गए और इस्रायल उस जगह जा बैठा जहाँ फिलस्तीनियों की प्रार्थना को स्वीकार या अस्वीकार करने का अधिकार केन्द्रित था। समझौते का एक दुष्परिणाम यह भी था कि भविष्य में यहाँ के निवासियों को यह अधिकार भी नहीं रहा कि वे इस्रायल को इस क्षेत्र में बस्तियाँ बसाने, उससे सम्बन्धित क़ानून बनाने, ज़मीन और सम्पत्ति पर अधिकार करने और यहाँ के मूल निवासियों के अधिकार और स्वाधीनता का हनन करने से भी रोक सकें। इस तरह गैरक़ानूनी बस्तियों पर इस्रायल की प्रभुसत्ता स्वीकार कर ली गई।

अराफात के नेतृत्व में फिलस्तीन का शासन एक अप्रत्यक्ष उपनिवेशी शासन बन गया, एक तरह की कठपुतली सरकार जिसका अपना कोई स्वतंत्र निर्णय का अधिकार ही न रहा हो। ओस्लो समझौता फिलस्तीनी राष्ट्रीय स्तर पर नैतिक, सांस्कृतिक और राजनैतिक पहचान के संकट का कारण बन गया। यह एक प्रकार का घोर अवसरवाद और आत्मसमर्पण था। नौकरशाही और शक्ति द्वारा दमन फिलस्तीनी अथॉरिटी के शासन का माध्यम बना। एक नए तरह का समाज उभर

रहा था जिसमें वेस्ट बैंक और गाज़ा का अभिजात उच्च वर्ग अपनी स्थिति सुदृढ़ कर रहा था। कुनबों और परिवारों के पुराने पारम्परिक रिश्ते मज़बूत हो रहे थे। सरकार उन्हें संरक्षण दे रही थी। भर्ती और सेवाओं में नियुक्ति के ऊपर इन्हीं का नियंत्रण था। फिलस्तीनी अथॉरिटी उन्हीं से मिलकर व्यवस्था को चला रही थी। अधिकांश फिलस्तीनी अब नौकरी और काम के अवसर के लिए पूरी तरह फिलस्तीनी अथॉरिटी पर निर्भर हो गए। श्रम का आंदोलन दमन का शिकार था, वर्किंग क्लास कमज़ोर हो गया था और कटा-फटा बिखरा हुआ था। इसलिए उसके लिए फिलस्तीनी अथॉरिटी पर कोई असर डालना सम्भव नहीं था। मज़दूर यूनियन के नेता दमनचक्र का शिकार थे। बहुत से मज़दूर नेता वर्किंग क्लास को नेतृत्व देने के क़ाबिल भी नहीं थे। कुल मिलाकर ओस्लो समझौते ने फिलस्तीनी जनगण को कमज़ोर किया और वहाँ के समाज को दो वर्गों में बाँट दिया, एक अभिजात और शासक वर्ग, जिसका काम शासन करना और अपने लिए सम्पत्ति इकट्ठा करना था और दूसरा वर्ग था आम जनता, जिसकी बात सुनने वाला और मदद करने वाला कोई न था।

दूसरे इन्तिफदा से पहले आम फिलस्तीनी जनता के लिए निराशा और शक्तिहीनता का एक ऐसा दौर था जिसमें किसी भी प्रकार का सामूहिक प्रतिरोध सम्भव नहीं था। वैसे भी इस्रायली बस्तियों और सड़कों के जाल, चेक-प्वाइंट और आने-जाने के सीमित गेटों के कारण फिलस्तीनी छोटे-छोटे रिहायशी टुकड़ों में बंट गए थे जिनके लिए मिलकर कोई सामूहिक अभियान सम्भव नहीं था। शांतिपूर्ण मार्च और मुर्दों को दफनाने और मातमपुर्सी के जुलूसों के अलावा बड़ी संख्या में कहीं भी लोग दिखाई नहीं देते थे। इस स्थिति का असर दूसरे इन्तिफदा पर भी पड़ा। वह असंगठित था और नेतृत्व की कमी थी। चालीस हज़ार सशस्त्र पुलिस वाली फिलस्तीनी अथॉरिटी सरकार ने अपनी ही जनता को इस्रायल के हाथों में असुरक्षित छोड़ दिया था। इन्तिफदा के पहले कुछ दिनों में इस्रायली सुरक्षा सेनाओं ने सात लाख गोलियां जूडिया और समारिया (वेस्ट बैंक) में चलाईं और तीन लाख गोलियां गाज़ा में। कुल मिलाकर दस लाख गोलियों का इस्तेमाल हुआ जिनमें दूसरे प्रक्षेपणास्त्र भी शामिल थे। इस्रायली सुरक्षा सेना की केन्द्रीय कमान में किसी ने कहा कि इस अभियान का नाम 'हर बच्चे के लिए एक गोली' रखा जाएगा।

दूसरे इन्तिफदा के भड़कने पर इस्रायल का घोर दमनचक्र और बर्बरता के कारनामों का सीधा राजनैतिक उद्देश्य था फिलस्तीनियों द्वारा पूर्ण आत्मसमर्पण। जुलाई 2000 की कैम्प डेविड वार्ता में इस्रायल को उम्मीद थी कि शायद अराफात खुद ही इस तरह की स्थिति स्वीकार कर लें लेकिन अराफात ने ऐसा किया नहीं। प्रतिशोध में इस्रायल ने अराफात को वार्ता के प्रतिनिधि और शांति के साझेदार के रूप में अस्वीकार करने का एक लम्बा अभियान शुरू किया। कुछ ही महीनों के अन्दर वह अराफात जो एक साहसी जननेता और शांति के नोबल पुरस्कार विजेता

समझे जाते थे, अब विद्रोह और आतंकवाद के सरगना बन गए! सितम्बर 2000 में इस्रायल के विराट शक्ति प्रदर्शन का एक उद्देश्य यह भी था कि फिलस्तीनियों को सशस्त्र लड़ाई की तरफ धकेला जाए। इस स्थिति में अपने नेतृत्व की ग़द्दारी के शिकार और फिलस्तीनी सेना से घिरे हुए असहाय फिलस्तीनियों के लिए सशस्त्र प्रतिरोध और आत्मघाती हमलों के अलावा अपना आक्रोश व्यक्त करने का कोई और तरीक़ा नहीं था। फतह के अन्दर ही तन्ज़ीम और अल-अक्सा शहीद ब्रिगेड उभरकर आए जो सामान्यजन के मोहभंग का परिणाम था।

इस्लामिक जेहाद एक और गुट था जो कि 1980 से गाज़ा में सक्रिय कट्टरपंथियों का दल था। इनमें सबसे ताकतवर प्रतिरोधी दल था हमास जो जेहाद की ही तरह इस्रायल के विरुद्ध संगठित हुआ था और पहले इन्तिफदा के ज़माने से सक्रिय था। हमास स्वयं को पीएलओ का उत्तराधिकारी समझता है और उसका उद्देश्य फिलस्तीन को आज़ाद कराना है। परोक्ष रूप से उसने दो राष्ट्रों के सिद्धांत और इस तरह से संघर्ष को समाप्त करने की बात स्वीकार कर ली है। वह इसका आधार पूरी स्वतंत्रता, प्रभुसत्ता और इस क्षेत्र से सारी यहूदी बस्तियों को ख़त्म करने और इस्रायल द्वारा इस क्षेत्र से पूरी तरह निकल जाने के सिद्धांतों को मानता है। सितम्बर 2000 से 2003 के मध्य तक, एक तख़्मीने के अनुसार इस्रायली ठिकानों पर 96 प्रतिशत हमले वेस्ट बैंक और गाज़ा में हुए, केवल चार प्रतिशत इस्रायल के भीतर। इससे साफ ज़ाहिर हुआ कि अल-अक्सा इन्तिफदा मूल रूप से एक उपनिवेशवाद विरोधी विद्रोह था। इस्रायल ने अपने प्रचार साधनों से और सरकार के वक्तव्यों द्वारा एक आम ग़लतफ़हमी पैदा करने की कोशिश की कि आत्मघाती आतंकवाद ही इस पूरे विद्रोह का सही स्वरूप था। इस तरह इस्रायल ने अपनी जनता से और अन्तर्राष्ट्रीय समुदाय से अनियंत्रित खुली इस्रायली सुरक्षा सेना की ताकत के इस्तेमाल को उचित साबित करने की कोशिश की। आत्मघाती बमों के हमले से नागरिक क्षेत्र में जान-माल को नुकसान होता था। इसलिए इसे बदनाम करना आसान था। आत्मघाती हमले इसलिए फिलस्तीनियों की बदनामी का माध्यम बने।

हिंसा के इन तरीकों से फिलस्तीनी समाज पर भी प्रतिकूल असर पड़ा। यह समझा जाने लगा कि केवल वे ही लोग राजनैतिक भूमिका निभा सकते हैं जो जान हथेली पर लेकर मारने और मरने के लिए तैयार हैं। बाकी जनता बस दर्शक बनकर रह गई है। राजनैतिक संघर्ष के इतिहास पर नज़र डालें तो हम इसी निष्कर्ष पर पहुँचते हैं कि इस तरह की कार्रवाई सामान्य जनता को मूक दर्शक बना देती है। तब वह अपनी शक्तिहीनता को अपनी नियति समझकर स्वीकार कर लेते हैं। यह समझा जाने लगता है कि प्रतिरोध का आंदोलन तो कुछ गिने-चुने लोगों पर छोड़ देना चाहिए जो शहादत के लिए तैयार हैं।

आत्मघाती हमले समाज में विघटन और बिखराव भी पैदा करते हैं और

आंदोलन में सामूहिक हिस्सेदारी पर प्रतिकूल असर डालते हैं। इसीलिए अल-अक्सा के प्रधान ब्रिगेड लीडरों में से एक नासिर जुमा ने 2005 के अपने एक इंटरव्यू में कहा, "फिलस्तीनी प्रतिरोध के लिए हमारी कोई स्पष्ट रणनीति नहीं थी। हमें चाहिए था कि इस्रायल द्वारा अधिकृत क्षेत्र में हम उसे संगठित करते और वहाँ बसे हुए अधिवासी यहूदियों और उनकी रक्षा करने वाले सिपाहियों तक अपने संघर्ष को सीमित रखते। तब शायद इस्रायली समाज में हम अपना समर्थन जुटा सकते। इसलिए अल-अक्सा के ब्रिगेड न तो फतह को सुधार पाए, न भ्रष्टाचार दूर कर पाए और न विभिन्न दलों को एक सूत्र में बाँध पाए। आज हम इस स्थिति से निकलने का रास्ता ढूँढ रहे हैं।"

यह पुस्तक सियोनवाद के एक शताब्दी के इतिहास और फिलस्तीनी अरबों के धीरे-धीरे होते विनाश की गाथा है। ग़ालिब के शब्दों में, "कोई उम्मीद बर नहीं आती/ कोई सूरत नज़र नहीं आती।" इसलिये यथार्थ की ज़मीन पर तथ्यों के अपनी समझ से सही मूल्यांकन और आज की दुनिया के फलक पर उसके भविष्य का अनुमान कोई आशा नहीं जगाता। फिलस्तीनियों का क्या होगा, कोई कुछ कह नहीं सकता लेकिन जैसा नोम चोम्स्की सोचते हैं, मध्यपूर्व एक प्रच्छन्न ज्वालामुखी की तरह है। और जब ज्वालामुखी का विस्फोट होता है तो उसका भूकम्प और लावा यह निर्णय नहीं करता कि वह किसका विनाश कर रहा है। विनाश के भय से मुक्ति का एकमात्र साधन आशावाद है, और इस आशावाद के सहारे हम यह कल्पना कर सकते हैं कि अगर आज का विकसित जगत ईमानदारी से चाहे तो इस अनसुलझे सवाल का हल असम्भव नहीं है।

बात अधूरी ही रह जायेगी अगर हम इस अनसुलझे सवाल पर और संघर्ष के दूरगामी परिणामों पर गम्भीरतापूर्वक विचार न करें। भविष्य में इस क्षेत्र का राजनैतिक और सामाजिक स्वरूप क्या होगा, यह सोचना आशावाद की एक ज़रूरी शर्त है, वर्ना आशावाद एक किस्म की छलना होगी जो हमें कुछ समय के लिये बहला तो सकती है लेकिन आश्वस्त नहीं कर सकती। फिलस्तीन के विभाजन और एक यहूदी जाति और धर्म पर आधारित राष्ट्र इस्रायल के निर्माण का सम्पूर्ण इतिहास दो राष्ट्रों के सिद्धांत की कहानी है। साम्राज्यवादी विभाजन की नीति पीछे छूटे उपनिवेशों में युद्धक्षेत्र से पलायन करती सेना द्वारा विध्वंस की कार्रवाई ही रही है। ब्रिटिश कालीन भारत के विभाजन के द्वारा भी उसी तरह के कभी खत्म न होने वाले संघर्ष की शुरूआत हुई जिसमें पाकिस्तान, इस्रायल की तरह, जाति और धर्म पर आधारित राष्ट्र बना। यह संघर्ष भी थमने का नाम नहीं लेता।

फिलस्तीन का विभाजन और इस्रायल का राष्ट्र के रूप में जन्म सन् 1948 में हुआ था। तब से अब तक का इतिहास इस्रायल के विस्तारवाद, फिलस्तीनियों के विस्थापन और अरब-इस्रायली संघर्ष की मुसल्सल दास्तान के सिवा कुछ भी नहीं

है। शांति-वार्ताओं का छल और प्रवंचना, अमरीका का इस्रायल को हर तरह का समर्थन और इस्रायल द्वारा, अमरीका के संरक्षण में संयुक्त राष्ट्र संघ और विश्व जनमत का खुला उल्लंघन हमें इसी निष्कर्ष पर पहुँचाता है कि दो राष्ट्रों का सिद्धांत न सफल हुआ है और न होगा। दरहक़ीक़त फिलस्तीन का भौगोलिक अस्तित्व तो है भी और नहीं भी। ओस्लो शांतिवार्ता और उसके बाद के पिछले डेढ़ दशक से अधिक काल में इस्रायल और फिलस्तीन—दो राष्ट्रों की धारणा—निरन्तर असम्भव के दायरे में खिसकती जा रही है। वास्तविकता तो यह है कि जो फिलस्तीन होना चाहिये था वह 1967 के छः दिन के युद्ध के बाद अब इस्रायल का ही अधिकृत क्षेत्र है। फिलस्तीनी अथॉरिटी एक कठपुतली संगठन जैसा है। हमास को इस्रायल फिलस्तीनियों के प्रतिनिधि के रूप में स्वीकार नहीं करता, और उसे एक आतंकवादी संगठन मानता है, हालांकि हमास ने पिछले चुनाव में बहुमत हासिल किया था।

इसलिये ऐतिहासिक साक्ष्य, मौजूदा स्थिति और ज़मीनी यथार्थ के परिप्रेक्ष्य में एक नई परिकल्पना जन्म ले रही है। और वह है इस्रायल और अधिकृत क्षेत्रों को मिलाकर एक धर्म और जाति से निरपेक्ष प्रजातांत्रिक राष्ट्र का गठन। इस धारणा को इस बात से बल मिलता है कि इस्रायल अधिकृत क्षेत्रों को किसी भी कीमत पर नहीं छोड़ना चाहता। गाज़ा पट्टी खाली कर देने के बाद भी गाज़ा के ख़िलाफ उसकी आर्थिक नाकेबंदी और उसका सैनिक अभियान बदस्तूर क़ायम है। इस्रायल और तथाकथित फिलस्तीन, यानी इस्रायल द्वारा अधिकृत क्षेत्र, की जनसंख्या पर अगर हम नज़र डालें तो एक सम्मिलित प्रतिनिधि राष्ट्र की निर्मिति सम्भावना के क्षेत्र में नज़र आती है। इस्रायल की जनसंख्या है 74,00,000 जिसमें लगभग 55,00,000 यहूदी हैं। मुसलमानों की संख्या लगभग 12,50,000, ईसाईयों की लगभग 150,000, और ड्रूज मुसलिमों की 120,000। इनके अतिरिक्त लगभग 300,000 ऐसे लोग हैं जो इन धार्मिक वर्गों में शामिल नहीं हैं।

फिलस्तीन की जनसंख्या पर नज़र डालें तो बहुसंख्यक फिलस्तीनी हैं जिनकी आबादी लगभग 40 लाख है लेकिन यह तो केवल वेस्ट बैंक और गाज़ा पट्टी की आबादी है। इसके अतिरिक्त उपलब्ध आंकड़ों के अनुसार जोर्डन में 27 लाख फिलस्तीनी शरणार्थी हैं। इनमें से अधिकांश को वहाँ की नागरिकता मिल गई थी लेकिन 2009 में पीएलओ की पेशकश पर जोर्डन ने हज़ारों फिलस्तीनियों की नागरिकता को निरस्त कर दिया। फिलस्तीनी तो जोर्डन की आबादी का लगभग पचास फीसदी हैं। इसी तरह सीरिया में लगभग 450,000, लेबनन में 400,000, सऊदी अरब में लगभग 325,000 फिलस्तीनी हैं जो बहुलांश अपने देश से विस्थापित शरणार्थी हैं।

फिलस्तीनी तो विस्थापित होने के बाद दुनिया के कई देशों में बिखर गये हैं और आज उनकी स्थिति कमोबेश वैसी ही है जैसी 'डायसपोरा' में यहूदियों की थी।

वे भी अपने देश वापस जाने के सपने देखते रहते हैं। आधिकारिक सूत्रों के मुताबिक चिले में लगभग 500,000 फिलस्तीनी हैं और सम्पूर्ण अमेरिका में 225,000। खाड़ी के देशों में और मिस्र में कुल मिलाकर उनकी संख्या लगभग 200,000 हैं। इसके अलावा अन्य अरब देशों में भी बिखरे हुये फिलस्तीनी लगभग 150,000 हैं। 300,000 फिलस्तीनी ऐसे हैं जो छोटे-छोटे समूहों में उन देशों में रहते हैं जिनक ज़िक्र हमने यहाँ नहीं किया है। पूरी दुनिया में आज एक करोड़ से ऊपर वे लोग हैं जिनकी बुनियादी अस्मिता फिलस्तीनी है।

फिलस्तीनियों का विभिन्न देशों में बिखराव यहाँ प्रासंगिक नहीं है क्योंकि उन्हें आंशिक रूप से भी फिलस्तीन वापस आने की आकांक्षा रखने वाले लोगों में शामिल नहीं किया जा सकता। इसलिये फिलस्तीन देश में, यदि वह कभी मुकम्मल तौर पर एक भौगोलिक हक़ीक़त बना, केवल उन लोगों के बसने की उम्मीद की जा सकती है जो या तो अधिकृत क्षेत्रों में रहते हैं या जो जोर्डन, सीरिया और लेबनन में अपने निर्वासन के दिन काट रहे हैं। वैसे तो सऊदी अरब में भी 325,000 फिलस्तीनी हैं लेकिन उनमें से कितने वापस आने के लिये तैयार होंगे, यह नहीं कहा जा सकता।

मोटे तौर पर इस क्षेत्र में यहूदियों की तुलना में अरबों (फिलस्तीनियों) की संख्या अधिक है। एकीकृत राष्ट्र में, जिसमें विभाजन से पहले का पूरा फिलस्तीन शामिल होगा, सानुपातिक प्रतिनिधित्व के आधार पर एक धर्मनिरपेक्ष प्रजातांत्रिक व्यवस्था की स्थापना हो सकती है। उस स्थिति में फिलस्तीनी शरणार्थियों के अतिरिक्त किसी को कहीं जाना नहीं होगा।

यहूदियों की धार्मिक कट्टरता और शुद्ध यहूदी राज्य की परिकल्पना के साकार-स्वरूप इस्रायल नामक देश क्या कभी ऐसी व्यवस्था स्वीकार करेगा? इस्रायल के फिलस्तीनी कहीं नहीं जायेंगे; और न अधिकृत क्षेत्र में बसे हुये यहूदी भी वहाँ से हटने को तैयार होंगे। इस्रायल ने भी यहूदी बस्तियाँ वहाँ मुस्तकिल तौर पर ही बसाई हैं। ऐसी स्थिति में पूरे क्षेत्र में एक जनतांत्रिक देश के रूप में राजनैतिक पुनर्गठन तर्कसम्मत लगता है। दूसरे देशों में बिखरे हुये फिलस्तीनी विस्थापितों के लौटने और उनके अधिकारों का प्रश्न उस स्थिति में उठेगा। यह निश्चित है कि सभी तो नहीं लौट सकते लेकिन कितने लोग लौटेंगे, या लौटने वालों की अर्हता क्या होगी इस पर विचार किया जा सकता है और एक सर्वमान्य हल भी निकाला जा सकता है।

ऐतिहासिक पृष्ठभूमि

फिलस्तीन मध्य-पूर्व का एक छोटा-सा देश है। इसका आकार इंग्लैण्ड के वेल्स प्रांत के बराबर है। इसकी अधिकांश भूमि अनुर्वर और बंजर है; और निवास के लिए भी बहुत उपयुक्त नहीं है। इसे 'दूध और शहद की धाराओं से भरपूर भूमि' कहना शायद उन भूख के सताये खानाबदोश कबीलों की कल्पना की उपज होगी जो यहाँ ईसवी सदी के प्रारम्भ होने से बहुत पहले आए। इस भूभाग में एक समुद्र के किनारे का मैदान भी है जिसकी अधिकतम चौड़ाई बीस मील और सबसे कम दो-चार सौ मीटर है। यहाँ हल्के चूना-पत्थर की तमाम गोल पहाड़ियाँ हैं। इन पहाड़ियों की पश्चिमी ढलानों पर बारिश होती है लेकिन उनकी पूर्वी सीमाऐं धीरे-धीरे समतल होती जाती हैं और फिर सूखी ज़मीन और रेगिस्तानों में तब्दील हो जाती है। अधिकांश पहाड़ियां आज भी बंजर हैं। उनके पथरीले अस्थि-पंजर हर तरफ नज़र आते हैं।

यहाँ का भोगौलिक स्वरूप सीमित होने के बावजूद विविध और विचित्र है। गैलिली की पहाड़ियों में जबील ज़र्माक की चोटी समुद्रतल से चार हजार फीट ऊँची है। यहाँ से दक्षिण की तरफ यह भूभाग लगभग 480 किलोमीटर नेगेव के रेगिस्तान और मृत सागर (डेड् सी) तक फैला हुआ है जो सामान्य समुद्रतल से 1300 फीट नीचे है। लम्बे समुद्रतटीय मैदानों में भूमध्यसागरीय जलवायु है लेकिन मध्यवर्ती पहाड़ियों में और जेरूसलेम में कभी-कभी बर्फ भी गिरती है। पूरब की तरफ बढ़ें तो ज़मीन तेज़ी से नीची होती जाती है और जोर्डन की घाटी में फैल जाती है। यहाँ की ऊष्मा और नमी से यह इलाका उपजाऊ हो जाता है। इसके विपरीत नेगेव और गाज़ा का मैदान बहुत कम बारिश का क्षेत्र है जहाँ सिंचाई के बगैर खेती नहीं हो सकती। प्राचीनकाल में इस भूभाग के कई क्षेत्र उपजाऊ थे और वहां जंगल भी थे, लेकिन सदी-दर-सदी तेज़ी से ज़मीन कटने और इंसानी तवज्जो न मिलने के कारण सारा इलाका वीरान और बंजर हो गया।

यह सम्भव है कि इस्रायल बनने से पहले फिलस्तीन में रहने वाली अरबीभाषी आबादी के आदिपूर्वज उत्तर-पाषाण काल के बचे-खुचे लोग रहे होंगे। वे ही यहूदियों के भी पूर्वपुरुष थे। 2000 साल पहले लड़े गए किसी युद्ध के चिन्ह मिले हैं। लेकिन यहाँ के इतिहास का प्रारम्भ नव-पाषाण काल माना जा सकता है, वह युग जब यहाँ

के मूल निवासी गुफाओं या मिट्टी से बने घरों में रहते होंगे और आदिम खेती और चरागाह से ताल्लुक रखने वाले जीविका के साधनों पर निर्भर होंगे। लेकिन इतिहास के दस्तावेज केवल ईसा पूर्व 2000 वर्ष पहले के ही मिलते हैं, उस समय से जब बाहर के क़बीले और आक्रांता यहाँ प्रवासी बनकर आए। हक़ीक़त यह है कि इस क्षेत्र की कहानी, जिसे कनान कहा जाता है, मनुष्य जाति के केवल उन लोगों की कहानी नहीं है जो मानवीय पर्यावास के प्रारम्भ से ही यहाँ रहते थे।

ईसा पूर्व 2000 वर्ष पहले यहाँ उत्तर और उत्तर-पश्चिम से बहुत से लोग आए। इनमें पहले थे हिकसॉस, जिनके उद्‌गम का पता नहीं है और जो वास्तव में नील नदी की घाटी में घुसने में सफल हो गए, और घाटी के निचले क्षेत्र में कई शताब्दियों तक शासन करते रहे। वे मिस्र से 1600-1500 ई.पू. निष्कासित हुए और इतिहास से ही गायब हो गए। उनका स्थान लिया हित्ती लोगों ने जो उत्तर से आए। लगभग उसी काल में एब्राहम के वंशज देश के पूर्वी सीमांतों पर प्रकट हुए। पहले उनका घर एशिया माइनर में था। ऐतिहासिक सबूतों से लगता है कि प्रकृति से वे खानाबदोश जाति के नहीं थे। भूमध्य सागर के पूर्वी तट पर ये लोग बस गए। उनके रंग और शारीरिक स्वरूप वाले लोग इस क्षेत्र में अब भी नज़र आते हैं। अपने हित्ती (हिटाइट) पूर्वजों से ही आज के बहुत से तुर्कों, यहूदियों और सीरियायियों ने अपनी मोटी नाक, भरे होंठ और विशाल शरीर पाए हैं। शरीर के ये स्वरूप सेमाइट जाति के लोगों से भिन्न हैं क्योंकि उनके नाक-नक्श नुकीले होते हैं और उनका शरीर स्थूल नहीं होता।

उत्तर से दूसरे आप्रवासी भी आए। वे फिलस्तीन थे। वे ज़रा देरी से आए और उनका इस क्षेत्र पर नियंत्रण कुछ दशकों तक ही रहा। लेकिन इस क्षेत्र को नाम उन्हीं से मिला। यह फिलस्तीन इजियन जाति के लोग थे जो ईसा पूर्व 1300 में यूनान और इजियन द्वीपों से भगा दिये गए थे। वे एशिया के समुद्र तट के किनारे-किनारे दक्षिण की ओर बढ़े और ई.पू. 1200 में उन्होंने मिस्र पर आक्रमण करने की कोशिश की। पीछे खदेड़ दिये जाने के बाद वे लौटे और दक्षिणी फिलस्तीन में बस गए।

आने वाली शताब्दियों के ऐतिहासिक घटनाक्रम पर नज़र डालने से पहले यह उचित होगा कि इस देश में यहूदियों के प्राचीन वंशजों के आगमन की जानकारी हासिल की जाए। ऐसा विश्वास है कि ई.पू. 21वीं से 19वीं शताब्दी तक, यानी आज से लगभग चार हज़ार वर्ष पहले एब्राहम, जो बाइबल के मुताबिक यहूदी जाति के पहले पूर्व पुरुष थे, अपनी मातृभूमि से, जो तत्कालीन कालडिया या आज का ईराक है, भटककर कनान के देश में आ गए थे जिसे जेनेसिस, अध्याय 12 के अनुसार 'प्रोमिज़्ड लैन्ड' कहा जाता है। ई.पू. तेरहवीं शताब्दी में मोज़ेज़ ने सिनाई के रेगिस्तान में 'टेन कमांडमैन्ट्स' (दस ईश्वरीय धर्मादेश) की घोषणा की। उसकी मृत्यु के बाद जोशुआ ने 'प्रोमिज़्ड लैन्ड' को जीत लिया। इसी समय दस धर्मादेश और अन्य

कानूनों के अनुसार जूडावाद या यहूदी धर्म की नैतिक आधारशिला रखी गई। इस घोषणा के कुछ दिन बाद पैगम्बर मोज़ेज़ (मूसा) की रेगिस्तान में मृत्यु हो गई। यहूदियों का पहला आगमन जोशुआ के समय में हुआ। मिस्र के अठारहवें राजवंश के राजा तुतमोस-3 ने 1479 ई.पू. में इस देश पर कब्ज़ा किया और कई शताब्दियों तक अपना अधिकार बनाए रहा। इतिहासकारों के मुताबि़क इस्राइलियों या यहूदियों की मुस्तकि़ल तौर से इस भूभाग में बसने की प्रक्रिया 1150 से 850 ई.पू. के बीच में हुई। सर लियोनार्ड वूले, जिन्होंने इराक में 'उर' नाम के ऐतिहासिक स्थान की खोज की, का कहना है कि एब्राहम उसी शहर से आए थे और वहाँ से अपने पारिवारिक देवता को साथ लेकर गए जिस आस्था से आगे चलकर सम्भवतः ऐकेश्वरवादी जूडा, हिब्रू या यहूदी धर्म का जन्म हुआ।

पितृसत्तात्मक और यायावरी का युग कई शताब्दियों तक रहा। जो आप्रवासी पहले आए थे वे जोर्डन नदी के पूरब के क्षेत्र में बस गए जो दमिश्क तक फैला था। उनमें से कुछ सम्भवतः जोर्डन के पश्चिमी किनारे के पार बसे और बाइबल में कैनेनाइट कहलाए। मोशे मेनुहिन ने अपनी पुस्तक 'द डिकाडेन्स ऑफ जूडाइज़्म इन अवर टाइम' में लिखा है कि ये कैनेनाइट ही आज के फिलस्तीन के अरबों के पूर्वज थे और वे इस क्षेत्र में ईसा से 2000 वर्ष से पहले से ही रहते आ रहे थे। उनकी धारणा है कि ये प्राचीन कैनेनाइट पूर्वी सेमाइट, भारतीय आर्य और हिटाइट विजेताओं और निवासियों की एक मिश्रित जाति थी। उन्होंने शहर बनाए और महल, मंदिर और पूजा के स्थल जिन्हें उन्होंने मूर्तियों से सजाया। वे घोड़े और रथ का प्रयोग करते थे और प्रकृति के उपासक थे। झंझावात का देवता उनके देवताओं का प्रधान था और उनकी आस्था के मुताबिक, उसने ही मनुष्य जाति की सृष्टि की थी। उनके घर मजबूत और सुन्दर थे जिनमें पानी की निकासी का सही इन्तज़ाम था जो उस ज़माने के लिए एक विचित्र बात थी।

यहाँ बसने वाले और खानाबदोश लोगों ने खुद को कब अरब कहना शुरू किया, यह नहीं पता। लेकिन यह निश्चित है कि यह भूभाग दुनिया के तीन सबसे महत्वपूर्ण ऐकेश्वरवादी धर्मों का जन्म स्थान है। अधिकांश मानवजाति ने अपना भगवान इसी क्षेत्र से चुना, अपने विचार और सिद्धांत यहीं से ग्रहण किए, और वह सब कुछ हासिल किया जो जीवन को, रीति-रिवाज़ को, यहाँ तक कि प्रेम और घृणा को भी निर्धारित करता है। ये तीन धर्म हैं, जूडावाद या यहूदी धर्म, ईसाई धर्म और इस्लाम। ईसाई धर्म और इस्लाम, जूडावाद की पुत्रियों के रूप में भी वर्णित होते हैं।

फिलस्तीनियों के ख़िलाफ इस्रायल का शक्ति प्रदर्शन और हिंसा ताज्जुब की बात नहीं है क्योंकि यहूदियों के इतिहास में दूसरों को मारकर उनकी ज़मीन और सम्पत्ति पर कब्ज़ा कर लेने की परम्परा ईसा पूर्व 1490 से चली आ रही है। ओल्ड टैस्टामेंट में लिखा है, ''जोशुआ ने पूरे क्षेत्र की जनता का कत्लेआम कर दिया—पहाड़ी

क्षेत्र, नेगेव, शेफेला और जलीय क्षेत्र—और सभी राजाओं को मार डाला। उसने किसी को भी जीवित नहीं छोड़ा और उन सभी को नष्ट कर दिया जो सांस लेते थे।" (जोशुआ 10: 40-41)। जोशुआ ने अपनी कहानी अपनी आदिम बर्बरता के शब्दों में सुनाई है। उसके मुताबिक, 'अगर तुम उन्हें ज़िन्दा छोड़ोगे तो वे तुम्हारी आंखों में सुई की तरह और तुम्हारे शरीर में कांटे की तरह चुभेंगे। और जहाँ तुम रहोगे, वहाँ तुम्हें तकलीफ देंगे।' डेविड और सोलोमन के काल में (1000 से 927 ईसा पूर्व) विभिन्न यहूदी कबीले संगठित हुए और एक राज्य बनाया। करीब 73 साल तक वह एक स्वतंत्र और शक्तिशाली देश था। 927 ईसा पूर्व में सोलोमन की मृत्यु हो गई। हम उन्हें हिब्रू कहें, इस्रायली कहें या यहूदी कहकर पुकारें, वे कहीं बाहर से आए और फिलस्तीन के मूल निवासियों को वहाँ से निकाला।

इस्रायली लोग पहले विश्वयुद्ध के काल से ब्रिटेन और अमरिका के प्रोत्साहन से जो कुछ भी कर रहे हैं, वह हिंसा की उसी परम्परा में है जो कि हिब्रू कबीलों ने ईसा पूर्व तेरहवीं सदी में शुरू की थी। उनकी यह मानसिकता हज़ारों वर्ष पुरानी है। आज उनमें से बहुत से अनास्थावादी और नास्तिक भी हैं। इसलिए वे लोग अपने पुरखों एब्राहम और जेहोआ के देश के लिए संघर्ष की बात नहीं करते। अब तो फिलस्तीनी भूमि पर कब्ज़े का कारण वे भौगोलिक राजनैतिक और सुरक्षा की स्थिति बताते हैं। प्राचीनकाल में कनान के निवासी जो आज का फिलस्तीन है, इस्रायली कबीलों को हिब्रू, हाबिरू या आपिरू कहकर पुकारते थे जिसका मतलब था, 'वे जो जोर्डन के उस पार से आए'। अमरना के ख़त जो बेबिलोन की भाषा में 296 मिट्टी की बड़ी-बड़ी टिक्कियों पर 1887 में अमरना में मिले, उस काल का प्रमाण पेश करते हैं। इन ख़तों में मिस्र के फारोआ एमिनोफिस-3 और एमिनोफिस-4 से कनान के आश्रित राजाओं से हिंसक हमलावर हबीरू कबीलों से रक्षा की गुहार की गई है। यह मदद उन्हें नहीं मिली और एशिया के इस हिस्से पर मिस्र का प्रभुत्व खत्म हो गया। लेकिन ये ख़त इस बात का सबूत हैं कि आज के इस्राइलियों के पूर्व-पुरुष कैसे थे। मिस्र जिस समय हिकसॉस फारोआ शासकों के नियन्त्रण में था, उस वक्त 70 सदस्यों का एक बड़ा परिवार जो मूल रूप से मेसोपोटामिया से आया था, मिस्र में प्रविष्ट हुआ। ये लोग लगभग 1750 ईसा पूर्व कनान के अकाल से बचकर भागे थे। 1250 ईसा पूर्व में भी फारोआ के शासन काल में दासों की एक फौज के रूप में इस्रायली मिस्र से निकले। मिस्र से यह सामूहिक प्रव्रजन मोजिज़ के नेतृत्व में इस्रायल के जन्म का काल माना जाता है।

उन्हें कनान क्षेत्र पर नियंत्रण करने में 200 वर्ष लगे। अमरना के ख़तों में और ओल्ड टेस्टामेंट के विभिन्न हिस्सों में उस ज़माने के संघर्ष और हिंसा का हवाला मिलता है। 20वीं और 21वीं सदी में इस्राइलियों द्वारा यहाँ के निवासियों को विस्थापित करने की नीति और व्यापक हिंसा का इतिहास उस काल की पुनरावृत्ति

जैसा लगता है। ओल्ड टेस्टामेंट में कनान के मूल निवासियों के अनेक संदर्भ हैं। बुक ऑफ जेनेसिस 15:12 में उनका ज़िक्र है जिनमें से कई जातियाँ या कबीले ईसा पूर्व 23वीं और 19वीं शताब्दियों के बीच आए थे। ऐक्सोडस 17:8,9 के मुताबिक मोज़िज के नेतृत्व में इस्राइलियों ने कनान के शहरों को नष्ट कर दिया और वहाँ के राजा को मार डाला। आगे के संदर्भों में दूसरे राजाओं की हार और उसके बाद जोर्डन के पार के क्षेत्र में इस्रायली कबीलों की बस्तियाँ बसने का ज़िक्र है। इसके बाद उन्होंने मीडियन पर हमला किया और युद्ध में लोगों को मारने के अलावा उन्होंने मीडियन की स्त्रियों और उनके आश्रितों को कब्ज़े में ले लिया। उनके जानवर अपने अधिकार में ले लिए और उनकी सम्पत्ति भी। उनके सारे शहर भी जला डाले। मोज़िज़ की मृत्यु के बाद जोशुआ उनका नेता बना। ज़ेरिको पर हमले में उन्होंने सब कुछ नष्ट कर डाला। सबको तलवार से मौत के घाट उतार दिया, आदमी, औरतें, जवान और बुड्ढे, जानवर, भेड़ें और गधे। (जोशुआ 6:21)। इसी तरह जोशुआ के अन्य संदर्भों के मुताबिक दूसरे शहर और बस्तियाँ नष्ट की गईं जिनमें जेरूसलेम और हेब्रॉन भी शामिल थे। जोशुआ 11:2-6 के मुताबिक जोशुआ ने एमोराइट, हिटाइट, पेरिज़ाइट आदि राजाओं को हराया। उनके घोड़ों और रथों को नष्ट कर डाला और माउंट हरमॉन के नीचे लेबनन की घाटी में बालगर तक यह अभियान चलता रहा।

इसी बीच फिलस्तीनी आए और उन्होंने समुद्र के किनारे के क्षेत्र पर कब्ज़ा कर लिया। उनके पांच शहर थे गाज़ा, ऐशेलोन, अश्दॉद, गाथ और ऐक्रॉन। इन दिनों कई सेनानायक भी इस्राइलियों को तकलीफ पहुँचा रहे थे जिनमें एहुद, बराक, डेबोरा और गिडियन शामिल थे। ईसा पूर्व 1002 में किंग डेविड ने इस्रायल के सारे शत्रुओं को पराजित कर दिया जिनमें फिलस्तीनी भी शामिल थे। बाइबल के अनुसार सोलोमन की मृत्यु के बाद लगभग 1925 ईसा पूर्व इस्राइलियों में गृहयुद्ध छिड़ गया और राज्य दो हिस्सों में विभाजित हो गया, उत्तरी हिस्सा इस्रायल और दक्षिणी जूडा कहलाया। उत्तर वाला राज्य धनसम्पन्न था, राजनैतिक रूप से भी प्रभावशाली था लेकिन भीतरी षड्यंत्रों और बार-बार राजवंश बदलने के कारण अस्थिर था। अपेक्षाकृत शान्त जूडा के दक्षिणी राज्य में डेविड के राजवंश का शासन था जो कई शताब्दियों तक बना रहा। धीरे-धीरे राजाओं ने धार्मिक अधिकार राजधानी जेरूसलेम में केन्द्रित कर दिए, उस यहूदी मंदिर में जो राजा के राजमहल के करीब था। उनके ऊपर मिस्र, असीरिया, बेबिलॉन, फारस, यूनान और रोम के हमले भी हुए। जब असीरिया ने इस्रायल पर ईसा पूर्व 732 में कब्ज़ा कर लिया तो वहाँ से बहुत बड़ी जनसंख्या का निर्वासन हुआ जो समारिया में जाकर बस गई। तब से यहूदी बराबर आक्रमणों के कारण सारी दुनिया में भागते रहे और आज हम जब यहूदियों के डायस्पोरा (प्रव्रजन) की बात करते हैं तो उसका अर्थ होता है कि यहूदी दुनिया के

सारे राष्ट्रों के निवासी हैं। तब यूरोप के यहूदी होमलेंड लौटने की बात क्यों करते हैं? वे हिटलर के द्वारा होलोकास्ट या यूरोप के एंटी सेमिटिस्म की बात क्यों करते हैं? वे इस्रायल और जूडा के संयुक्त राज्य की बात क्यों करते हैं जबकि वे इतने लम्बे प्राचीन विराट इतिहास की पृष्ठभूमि में एक शताब्दी तक भी मुस्तकिल तौर पर किसी एक जगह, विशेष रूप से कनान में भी जीवित नहीं रह पाए?

727 ईसा पूर्व में इस्रायली असीरियन आक्रांताओं से युद्ध में हार गए। विजेता कौम ने उच्च वर्ग के कुलीन लोगों एवम् धर्म-गुरूओं और पुरोहित पादरियों को देशनिकाला दे दिया। 586 ईसा पूर्व में जूडिया को भी बेबिलॉन के आक्रांताओं से उसी तरह हार माननी पड़ी। उन्होंने भी बहुत से यहूदियों को बेबिलॉनिया भेज दिया जहाँ अधिकांश देश से निकाले हुए लोग हमेशा के लिए बस गए। 539 ईसा पूर्व में फारस के राजा साइरस-2 ने बेबिलॉन के साम्राज्य पर विजय प्राप्त की तथा जूडा और इस्रायल को फारस के साम्राज्य में शामिल कर लिया। साथ ही उसने यहूदियों को उन क्षेत्रों में लौटने की अनुमति दे दी जहाँ से बेबिलॉन के शासकों ने उन्हें निष्कासित कर दिया था। उन्हें अपना मंदिर दुबारा बनाने और अपना सिक्का एहुद ढालने की भी इजाज़त दे दी। निष्कासित यहूदी जब लौटकर आए तो उन्होंने देखा कि इस क्षेत्र में बचे-खुचे यहूदी अल्पसंख्यक थे और वहाँ अधिकांश गैर-यहूदी लोग रह रहे थे। लेकिन निष्कासित यहूदियों के लौटने से उनकी संख्या बढ़ी और कालांतर में उन्होंने प्रधानता प्राप्त कर ली। इस तरह 538 ईसा पूर्व में यहूदियों की दूसरी वापसी का सम्मिलन (सेकिंड इनगैदरिंग) हुआ। मोशे मेनुहिन के मुताबिक इस समय 43,360 लोग वापस आने के लिए चले थे लेकिन ज़्यादातर बेबिलॉन में ही बने रहे। मिस्र में भी यहूदियों का समुदाय काफी सम्पन्न हो गया और ईसा की पहली सदी तक उनकी संख्या दस लाख हो गई। इस तरह मिस्र यहूदी जीवन का केन्द्र बन गया जो बेबिलॉनिया तक फैला हुआ था।

ई.पू. 330 में सिकन्दर महान् ने इस क्षेत्र पर विजय प्राप्त की और तब से यूनानी सभ्यता के प्रभाव में एक नया युग शुरू हुआ। 323 ई.पू. सिकन्दर की मृत्यु के बाद उसके साम्राज्य का बंटवारा हुआ और पूरा क्षेत्र कई हिस्सों में बंट गया। भूमध्यसागर के पूरब में ये राज्य स्थित थे, उसी क्षेत्र में जहाँ आज का दक्षिणी सीरिया, लेबनन और इस्रायल है। ईसा पूर्व दूसरी सदी में जूडिया का राज्य उस समस्त क्षेत्र में फैला था जहाँ कि आज का इस्रायल और पश्चिमी जोर्डन के कुछ हिस्से हैं। 70 और 63 ई.पू. के बीच रोम के शासन के विरुद्ध विद्रोह के बाद यहूदियों को एक बार फिर विनाश का सामना करना पड़ा। टाइटस ने जेरूसलेम के यहूदी मंदिर में आग लगा दी और वह नष्ट हो गया। विद्रोही यहूदियों को रोम की सेना ने मार डाला और उनके घरों को नष्ट कर दिया। कहा जाता है कि इस कत्लेआम में लगभग दस लाख यहूदी मरे। इसके बाद 132 और 135 ई. के बीच एक और यहूदी विद्रोह हुआ,

बार-कोछाब के नेतृत्व में। बहादुरी से वे दो बरस तक रोम की सेनाओं से लड़ते रहे। यही वह समय है जिसे 'ज्यूइश डायस्पोरा' (यहूदियों के बिखराव) का युग माना जाता है। इस क्षेत्र के अधिकांश यहूदी एशिया और यूरोप में फैले विस्तृत रोम के साम्राज्य में अनेक देशों में प्रव्रजन कर गए। जो यहूदी फिलस्तीन में बच गए थे उनका महत्व बहुत घट गया। उनकी तुलना में बेबिलॉन में रहने वाले यहूदियों ने अनेक उपलब्धियाँ प्राप्त कीं और वे प्रभुसत्तात्मक स्थिति में आ गए। लेकिन वे लोग अधिकतर धर्म के प्रति समर्पित थे। वहाँ के अध्ययन और आलेख बाद में संग्रहीत होकर 'ताल्मुद' ग्रन्थ बने। ताल्मुद यहूदियों के अध्ययन, विद्वता और बाइबल और उसकी टीकाओं का एक महत्वपूर्ण संग्रह बन गया।

135 से 220 ई. के काल में रोमन साम्राज्य ने समारिया, जूडिया और गेलिली को मिलाकर एक नया प्रांत पेलेस्तीना बनाया। इतिहास के अनुसार न केवल अधिकांश यहूदी इस क्षेत्र से अन्य स्थानों को चले गए बल्कि बहुत से युद्ध-बंदियों को भी रोम के शासन ने दासों के रूप में बेच दिया। बाइज़ेन्टाइन या पूर्वी रोमन साम्राज्य के काल में कई शताब्दियों तक इस्रायल के उत्तर में यहूदियों की खासी आबादी रही, खासतौर पर पूर्वी गेलिली में। गेलिली का पश्चिमी भाग ईसाई धर्म की तरफ झुका। इस तरह आज का फिलस्तीन पूर्वी रोमन साम्राज्य का हिस्सा बन गया। सन् 390 में फिलस्तीन की सीमाऐं दुबारा निर्धारित की गईं।

613 ई. में फारस के सम्राट खोसरो-2 ने पेलेस्तिना पर हमला किया। 614 में उसने जेरूसलेम पर कब्ज़ा कर लिया, वहाँ के अधिकतर गिरजे नष्ट कर दिए और 37,000 ईसाईयों को देश से निकाल दिया। लेकिन 617 में बाइज़ेन्टाइन शासन से फारस की संधि हो गई। कुल मिलाकर यहूदियों के लिए यह बड़ा संकट का काल था। पहले तो फारसी विजेताओं ने यहूदियों को जेरूसलेम से निष्कासित किया फिर 625 ई. में बाइज़ेन्टाइन की सेना इस क्षेत्र में लौटी। उसने यहूदियों को अभयदान दिया। अजीब बात है कि बाइज़ेंटाइन सम्राट हेराक्लिटस, 629 ई. में यहूदी जनता के समर्थन से जेरूसलेम में अपनी सेना के साथ घुसा। लेकिन आने के बाद जेरूसलेम के ईसाई पुरोहितों ने सम्राट को समझा दिया कि ईश्वर का आदेश था कि वह यहूदियों को मार डाले। इसलिए उसका अभयदान अनुचित था। तब बाइज़ेंटाइन की सेना ने यहूदियों को एक बार फिर तलवार के घाट उतारा और हज़ारों यहूदी शरणार्थी फिलस्तीन से मिस्र भाग गए। यह बड़ा उथल-पुथल का काल था। 634 ई. आते-आते बाइज़ेंटाइन साम्राज्य पूरे मध्य-पूर्व पर अपना नियंत्रण खो बैठा। ख़लीफा उमर का अरब-इस्लामी साम्राज्य पूरे क्षेत्र में फैल गया। उसने जेरूसलेम, मेसोपोटामिया, सीरिया, पेलेस्तिना और मिस्र पर विजय प्राप्त कर ली। इस तरह इस्लाम युग का उदय हुआ जो 1099 तक चला। इस युग में जो खलीफाओं का युग कहा जा सकता है, 638 से 750 ई. तक जेरूसलेम के ईसाईयों पर विजय पाने के

बाद ख़लीफा उमर का इस्लामी साम्राज्य शुरू हुआ। 661 में उम्मयाद राजवंश का शासन शुरू हुआ। 750 से 1099 तक अब्बासीद फातिमिद और सेलजुक शासन रहे।

1135 में यूरोप के ईसाईयों ने मिलकर धर्मयुद्ध या क्रुसेड शुरू किए। 1244 से 1517 तक का काल मामलुक युग कहलाता है जबकि 12वीं सदी के मध्य में मंगोलों ने बगदाद और दमिश्क पर हमला कर उन्हें नष्ट कर दिया और इस्लामिक शक्ति का केन्द्र मिस्र में क़ाहिरा पहुँच गया जहाँ मिस्र के दास योद्धा मामलुक का शासन था। उन्होंने समुद्र के तटीय क्षेत्र के सभी शहरों और कस्बों को बर्बाद कर दिया जिससे कि यूरोप के ईसाई क्रूसेडर योद्धाओं से छुटकारा पाया जा सके और वे कभी लौटकर न आ सकें। अपवाद थे तो केवल जाफा, गाज़ा, लिड्डा और रामले। क्रूसेडर योद्धाओं का आख़िरी बड़ा गढ़ एकर में था जो घेराबंदी के बाद 1291 में खत्म हो गया। 16वीं सदी के प्रारम्भ में तुर्की का ऑटोमन (उथ्मान) साम्राज्य जब इस क्षेत्र में फैला तो मामलुक सल्तनत उसके अधीन हो गई। ऑटोमन साम्राज्य पहले विश्वयुद्ध तक कायम रहा।

इस पूरे उथल-पुथल भरे ऐतिहासिक काल में यहाँ के निवासी यहूदियों की स्थिति भी बदलती रही। कभी उनका कत्ल होता, कभी उन्हें निष्कासित किया जाता और कभी-कभी उनके साथ बेहतर व्यवहार होता और वे बाहर से बुलाकर बसाए भी जाते। ऑटोमन साम्राज्य के वक्त में भी फिलस्तीन में यहूदियों की आबादी, जो बहुत कम रह गई थी, 25 प्रतिशत बढ़ी। इस बात का ज़िक्र यहाँ प्रासंगिक होगा कि नेपोलियन ने, जिसने उस समय ग्रेट ब्रिटेन से मिलकर ऑटोमन साम्राज्य के विरुद्ध युद्ध किया, 1799 में एक योजना का ऐलान किया जिसके मुताबिक वह फिलस्तीन में यहूदी राज्य दुबारा कायम करना चाहता था। युद्ध के दौरान कुछ समय के लिए नेपोलियन की सेनाओं ने विजय प्राप्त की और फिलस्तीन के शहरों को कब्ज़े में ले लिया। लेकिन 1801 में उसकी हार हो गई और उसकी सेनाऐं और समर्थक वहाँ से खदेड़ दिए गए। ऑटोमन साम्राज्य के अन्तिम दिनों में फिलस्तीन में यहूदियों का आप्रवास बढ़ा ख़ासतौर पर जेरूसलेम, साफेद, टाइबेरियास और हेब्रॉन के पवित्र शहरों में। यहाँ पहले से ही काफी यहूदी रहते थे। ऑटोमन शासकों ने 19वीं सदी के प्रारम्भ में बोसनिया के बहुत से मुसलमानों को भी फिलस्तीन के उत्तर में बसाया। प्रथम विश्वयुद्ध के प्रारम्भिक काल में (1914 ई.) मध्य जूडिया के अंचल में यहूदियों का लगभग बहुमत हो गया था।

फिलस्तीन की भौगोलिक स्थिति ऐसी है कि भूमध्यसागर के तटीय क्षेत्र में एशिया और अफ्रीका के बीच, और नील नदी और फुरात नदी की घाटियों के बीच, यह भूभाग हमेशा किसी न किसी साम्राज्य के कब्ज़े में रहा है, उस साम्राज्य के कब्ज़े में जो इन नदी-घाटियों का भी शासक था। यह एक तरह का पुल था इन दोनों

घाटियों के दर्मियान जिससे होकर सांस्कृतिक प्रभाव, कारवाओं की सम्पत्ति और युद्ध करने वाली सेनाऐं बराबर गुज़रती रहीं। हक़ीकत यह है कि मोज़ेज़ के ज़माने के पहले से ही कनान का देश दुनिया का चौराहा था। शक्तिमंत लड़ाकू कबीले और साम्राज्यों की सेनाऐं ईश्वर के नाम पर या तलवार के ज़ोर पर यहाँ आए और इस क्षेत्र को पददलित किया। इस तरह एक के बाद एक शक्तिशाली आक्रांता आते ही रहे।

इस ऐतिहासिक पृष्ठभूमि से यह बात स्पष्ट साबित होती है कि कोई भी विशिष्ट जाति या धार्मिक समुदाय इस देश को अपना देश कहने का दावा नहीं कर सकता। मनुष्य जाति के इतिहास के कई हज़ार वर्षों में विभिन्न जातियों, कबीलों और समुदायों के लोग एक क्षेत्र से दूसरे क्षेत्र में बराबर प्रव्रजन करते रहे। यहूदी जो कभी यहाँ रहते थे और जिनमें से अधिकांश लगभग दो हज़ार वर्ष पहले रोम के साम्राज्य-काल में, यूरोप और एशिया के दूसरे देशों में चले गए और वहीं बस गए, उनका यह दावा तर्कसंगत नहीं है कि यह उनकी मातृभूमि या पितृदेश है और वे इस पर दुबारा कब्ज़ा करने के हकदार हैं। क्या आर्य जाति के लोग, जो मध्य-एशिया से भारतीय उपमहाद्वीप एवम् अन्य देशों में कई हज़ार वर्ष पहले चले गए, आज यह दावा कर सकते हैं कि मध्य एशिया का क्षेत्र जहाँ से वे निकले थे, उनका पितृदेश है और वे जाकर वहाँ दुबारा उस देश में जाकर उस पर अधिकार कर लेंगे? अगर सारी दुनिया में बिखरे हुए यहूदियों ने अपने मन में बाइबल (ओल्ड टेस्टामेंट) का यह विश्वास कायम रखा है कि फिलस्तीन उनका ईश्वर द्वारा 'प्रोमिज़्ड लैन्ड' है और वह उन्हें वापस मिलना चाहिए तो यह उनकी धार्मिक आस्था का एक तत्व ज़रूर है, लेकिन वह इस क्षेत्र के इतिहास का हिस्सा नहीं है जहाँ विभिन्न जातियों के लोग विभिन्न कालखंडों में आए और बस गए। इसलिए इस्रायल का एक देश के रूप में फिलस्तीन की भूमि पर बनाया जाना एक राजनैतिक जातिवादी और धार्मिक कृत्य है। इस घोर विघटनकारी साम्राज्यवादी कारनामे के फलस्वरूप यहाँ बसने के लिए विभिन्न देशों से जो यहूदी आए उनकी भाषाऐं, उनकी संस्कृति और उनकी जीवनशैली कई प्रकार की थी। वे जुड़े थे तो केवल एक सूत्र से जिसे हम 'राजनैतिक जूडावाद' कह सकते हैं।

राजनैतिक सियोनवाद का उदय

सियोनवाद उन्नीसवीं शताब्दी के अन्तिम चरण में यूरोप के मध्यवर्ग में एक राजनैतिक आन्दोलन के रूप में उभरा। इस आंदोलन का जनक था थियोडोर हर्ज़्ल जो वियना के एक समाचारपत्र के सम्पादकीय विभाग में काम करता था। उसका जन्म एक धनी यहूदी परिवार में हुआ था। न उसे हिब्रू भाषा का ज्ञान था और न वह यहूदियों के इतिहास के बारे में पूरी तरह जानता था। 1895 में उसने अपनी पुस्तक 'यहूदी राज्य' (ज्यूइश स्टेट) प्रकाशित की। इस किताब के माध्यम से हर्ज़्ल ने एक स्पष्ट संदेश यूरोप के यहूदियों को दिया कि वे बैठे न रहें और किसी फ़रिश्ते का इन्तज़ार न करें। उन्हें चाहिए कि वे उठें, संगठित हों, आगे बढ़ें और प्रोमिज़्ड लैंड पर कब्ज़ा कर लें, जहाँ वे यहूदी राष्ट्रीय राज्य की स्थापना करें।

डॉ. थियोडोर हर्ज़्ल का जन्म हंगरी के बुडापेस्ट शहर में हुआ जो उस समय ऑस्ट्रिया-हंगरी के साम्राज्य का एक अंग था। उस समय हंगरी एक पिछड़ा हुआ देश था, पोलैंड, रोमानिया और बालकन क्षेत्र के दूसरे देशों की तरह। वहाँ की मूल आबादियों के दिमाग़ में बाहर से आए हुए यहूदियों के लिए नफरत की भावना थी और अक्सर यहूदियों के कत्ल की ख़बरें आती थीं। जीवन के प्रारम्भिक दिनों में उसके दिमाग़ पर इस वातावरण का निर्णायक असर पड़ा। सेमिटिक जाति विरोधी यंत्रणा ने, जिसके शिकार यहूदी थे, हर्ज़्ल के मस्तिष्क पर गहरा प्रभाव छोड़ा। 1878 में अपनी बहन की मृत्यु के बाद उसका परिवार वियना चला गया। 1884 में उसने कानून की परीक्षा पास की और कुछ दिनों तक वकालत भी करता रहा। प्रकृति से वह स्वप्नदर्शी था। उसके ऊपर फर्दीनन्द दे लेसेप्स का बहुत प्रभाव पड़ा जिसने 1889 में सुऐज़ नहर बनाई थी। कालांतर में वह पत्रकारिता की तरफ झुका। वह वियना के सबसे महत्वपूर्ण समाचारपत्र 'न्यू फ्री प्रेस' का पेरिस संवाददाता बन गया।

हर्ज़्ल ने यहूदियों को आवाज़ दी कि वे फिलस्तीन में जाकर बसें। उसका विचार था कि यहूदियों के संत्रास और दमन, ख़ासतौर पर पूर्वी यूरोप में, केवल राजनैतिक सियोनवाद के दर्शन से दूर किया जा सकता है। हर्ज़्ल को अपने व्यक्तिगत अनुभव से मालूम था, उस घृणा और हिंसा के बारे में जिसके शिकार यूरोप

के ईसाई देशों के यहूदी थे। हंगरी में उसने इसके कई जघन्य कृत्य देखे थे। वहाँ ईसाईयों द्वारा यहूदियों पर हिंसात्मक हमले और उन्हें झूठे अपराधों के मुकदमों में फँसाकर मृत्युदंड एक आम बात थी। 1894 में अल्फ्रेड ड्रेफस पर, जो फ्रांस की सेना के जनरल स्टाफ में एक कैप्टन था, एक झूठा अपराध कायम किया गया कि वह जर्मनी का गुप्तचर था। दरअसल 1894 के दिसम्बर महीने में जनरल स्टाफ की फाइलों से कुछ दस्तावेज गायब थे। समझा जाता था कि वे जर्मनी के हाथों बेच दिए गए हैं। सरेआम उसकी वर्दी के बटन और सेना के चिन्ह तोड़कर एक भीड़ ने उसको अपमानित किया जो चिल्ला रही थी 'देशद्रोही को सज़ा-ए-मौत, यहूदियों को सज़ा-ए-मौत'। उसे आजीवन निर्वासन की सज़ा दी गई।

हज़्र्ल ने अपने समाचारपत्र में इस मुकदमे की रिपोर्ट प्रकाशित की। इस घटना ने उसे कट्टर राष्ट्रवादी बना दिया। 6 जुलाई 1895 को उसने अपनी डायरी में लिखा, "नॉरडू और मैं इस बात पर सहमत हैं कि यहूदी विरोध ने ही हमें असली यहूदी बना दिया है।" इसलिए उसने निश्चय किया कि वह अपनी जाति के लोगों को इस मुस्तकिल दुश्मनों के क्षेत्र अर्थात यूरोप के देशों से बाहर ले जाएगा। एक पत्रकार के नाते उसे उपनिवेशवाद और साम्राज्यवाद की तत्कालीन अन्तर्राष्ट्रीय स्थिति और दांव-पेच को जानने का सुयोग प्राप्त था और योरोप के लोग जो बाकी तथाकथित बर्बर दुनिया को सुधारने का दावा करते थे, उनके पाखंड की भी असलियत उसे मालूम थी। हज़्र्ल का सम्पर्क कुलीन वर्ग से था जो कि कट्टर यहूदी विरोधी थे। हज़्र्ल को सामान्यजन, उनके दुख-दर्द, जीवन-संघर्ष और यहूदियों के प्रति उनके रुख़ के बारे में कुछ पता नहीं था।

अल्फ्रेड ड्रेफस के प्रकरण के बाद हज़्र्ल को लगा कि फ्रांस में भी, उस देश में भी जिसने कि सारी दुनिया को स्वाधीनता समानता और भाईचारे का संदेश दिया था, यहूदियों के प्रति घृणा और पूर्वाग्रहों की जड़ें बहुत गहरी थीं। इस जानकारी से उसकी इस धारणा को बल मिला कि वह राजनैतिक सियोनवाद का प्रवक्ता बन जाए और एक व्यापक जन आंदोलन संगठित करे। यहाँ इस बात का ज़िक्र करना ज़रूरी है कि ड्रेफस के ख़िलाफ इल्ज़ामों में धोखाधड़ी थी और वे फर्ज़ी कागज़ों के आधार पर कायम किये गए थे। बाद में इस षड्यंत्र का भंडाफोड़ हुआ और प्रसिद्ध फ्रांसीसी लेखक एमिलि ज़ोला ने अपने लेखन में ड्रेफस को निरापराध ठहराया। 1902 में फ्रांस के प्रधानमंत्री ने भी स्वीकार किया कि ड्रेफस मासूम था। फ्रांस के मंत्रिमंडल ने कैथोलिक ईसाई समुदायों के अधिकारों पर पाबंदियां लगाईं; और राज्यतंत्र और चर्च को एक-दूसरे से अलग कर दिया गया जिससे कि इस प्रकार की घटनाऐं दुबारा न हों। पेरिस में अपनी डायरी में हर्ज्ल ने 1895 में लिखा, "दो साल पहले मैं यहूदियों की समस्या के समाधान के बारे में सोच रहा था, कम से कम ऑस्ट्रिया में, जिसमें मैं कैथोलिक चर्च की मदद लेना चाहता था। मैं पोप से मिलना चाहता

था, यहूदी विरोध के सिलसिले में उनकी मदद मांगने के लिए। मैं उन्हें बताना चाहता था कि अगर ऐसा हुआ तो मैं यहूदियों के द्वारा स्वेच्छा से ईसाई धर्म स्वीकार करने के लिए एक व्यापक आंदोलन करूंगा।'' उसने चर्च के सामने प्रस्ताव रखा कि एक इतवार को दोपहर के बारह बजे सेंट स्टीफेन्स के गिरजाघर में विधिवत परेड और गिरजाघर के घंटे के बजने के साथ यह धर्म-परिवर्तन होगा।

'ज्यूइश स्टेट' पुस्तक में हर्ज़्ल ने फिलस्तीन में एक स्वतंत्र राष्ट्रमंडल की स्थापना की योजना प्रस्तुत की जो तुर्की के सुलतान के संरक्षण में होगी। लाखों यहूदी सारी दुनिया से फिलस्तीन प्रव्रजन करेंगे और यहूदी फंड जिसमें प्रधान दाता रॉथ्सचाइल्ड होंगे, उनके लिए धन की व्यवस्था करेगा। 1898 में बासेल शहर में ज्यूइश नेशनल बैंक और ज्यूइश नेशनल फंड खोले गए। पूरे यूरोप महाद्वीप में एक ही नारा गूंजने लगा—फिलस्तीन चलो, फिलस्तीन चलो। इन नारों की आवाज़ अतिरंजित होकर प्रशांत महासागर के उस पार अमेरिका तक पहुँची। फिलस्तीन उनके पूर्वजों की भूमि थी। दूसरे देशों में सदियों से बसने के बावजूद यहूदी सपना देखते रहे थे कि एक दिन वे सियोन पहाड़ पर स्थित अपने पूजा-स्थल पहुँच जायेंगे। हर्ज़्ल और दूसरे सियोनवादियों के संदेश से पूरे यूरोप के यहूदियों को लगा कि 'प्रोमिज़्ड लैंड' वापस लौटने का उनका सपना साकार हो सकता था।

हर्ज़्ल पश्चिमी देशों के सभी शासकों से मिलकर उनसे कहना चाहता था, ''हमें जाने दो। हम तो यहाँ विदेशी हैं''। रविवार, 27 अगस्त 1897, वियना में पहली सियोनवादी कान्फ्रेंस, दूर-दूर से यहूदी समुदायों के प्रतिनिधिमंडल इस सम्मेलन में हिस्सा लेने आए। एक प्रस्ताव पास हुआ, ''सियोनवाद का उद्देश्य है यहूदी जनगण के लिए सभी के द्वारा स्वीकृत कानूनी रूप से सुरक्षित मातृभूमि फिलस्तीन में स्थापित की जाए।'' तय हुआ कि इस प्रोग्राम को प्रोत्साहन देने के लिए:—

(1) यहूदी खेतिहर मज़दूर और किसान, श्रमिक और दस्तकार, फिलस्तीन में बसाए जाऐं।

(2) समस्त देशों के यहूदियों को एकता के सूत्र में बांधकर एक संगठन बनाया जाए।

(3) यहूदी अस्मिता और यहूदी राष्ट्र चेतना को सशक्त बनाया जाए।

12 मई 1898 को हर्ज़्ल ने अपनी डायरी में लिखा, ''शोर ही सब कुछ है। सच तो यह है कि शोर मचाने का बड़ा महत्व है। लगातार कुछ समय तक अगर शोर मचाया जाए तो वह एक गौरतलब तथ्य बन जाता है। विश्व का इतिहास शोर है और कुछ नहीं, अस्त्र-शस्त्र और नए विचारों का शोर। आदमी को चाहिए कि वह शोर का जमकर उपयोग करे।'' वियना की कान्फ्रेंस में एक विश्व सियोनवादी संगठन स्थापित करने का निर्णय भी लिया गया।

अपनी पुस्तक में हर्ज़्ल ने दलील दी है जो एक तरह से यहूदी विरोधियों की

धारणाओं का समर्थन करती है। उसके मुताबिक यूरोप के यहूदी एक विदेशी तत्व थे, वे यूरोप के देशों के मूल निवासियों में समन्वित नहीं हुए क्योंकि वे समन्वित होने के काबिल ही नहीं थे। वे एक अलग जाति, एक अलग राष्ट्र थे। इसलिए इस स्थिति का हल यही था कि सारे यहूदी यूरोप के देशों से चले जाएं और अपना एक देश हासिल करें, ठीक उसी तरह जैसे अन्य जातियों के अपने-अपने देश हैं। यह यहूदी राज्य जो शुद्ध यहूदी होगा, कहीं न कहीं तो बनाना ही पड़ेगा। लेकिन कहाँ? कई विकल्पों पर विचार हुआ जिनमें अर्जेन्टाइना भी शामिल था। लेकिन अन्त में सभी ने फिलस्तीन को चुना, वह फिलस्तीन जो अधिकांश यहूदी लगभग 2000 वर्ष पहले छोड़ आए थे। (रोदिन्सन, 1972, पृ. 13)। उस ज़माने में एक नारा बहुत लोकप्रिय हो गया था, "जिनका कोई देश नहीं है वे लोग उस भूमि पर लौटें जहाँ कोई नहीं रहता।" यह बड़ी हास्यास्पद लेकिन क्रूर धारणा है कि फिलस्तीन उस वक्त एक ऐसा भूभाग था जहाँ कोई आबादी नहीं थी!

यहूदियों के उत्प्रवास के पक्ष में हर्ज़्ल का प्रमुख तर्क यही था कि जिन लोगों के बीच वे बसे हुये थे वे सभी उनकी जाति और धर्म के विरोधी थे। इस धारणा के मूल में सम्भवतः हर्ज़्ल का अपना वैयक्तिक अनुभव और उसकी अपनी आकांक्षाऐं भी थीं। इसी तरह के कुछ असंतुष्ट महत्वकांक्षी यहूदी अन्य भी थे जिन्होंने हर्ज़्ल की इस दलील का समर्थन किया। इनमें प्रमुख थे चेम वीज़मान। वीज़मान उन दिनों ब्रिटेन के एक विश्वविद्यालय में रसायनशास्त्र के प्रोफेसर थे। सन् 1897 में स्विट्ज़रलैण्ड के शहर बासेल में पहली अन्तर्राष्ट्रीय सियोनवादी कांग्रेस ने विश्व सियोनवादी संगठन की स्थापना की। ज़ायोनिज़्म यानी सियोनवाद—इस राजनैतिक दर्शन का नाम जेरुसलेम के छोर पर स्थित पहाड़ी सियोन के नाम पर रखा गया। बाइबल के अनुसार सियोन पहाड़ पर जूडा के आख्यानों में वर्णित शासक डेविड का निवास था। जेरुसलेम का प्रख्यात मंदिर जो जूडावाद का केन्द्र बना, डेविड के पुत्र राजा सोलोमन के शासनकाल में निर्मित हुआ था।

वह यूरोपीय साम्राज्यवाद का स्वर्णयुग था। सभ्यता, अर्थात् साम्राज्य के प्रसार के लिये शक्ति प्रयोग ऐसी कोई बुरी बात नहीं समझी जाती थी। हर्ज़्ल के अनुसार फिलस्तीन 'पूरब का महामारियों से पीड़ित एक अभिशप्त कोना; यहूदी-पाश्चात्य सभ्यता के संवाहक-वहां पहुंचायेंगे—सफाई, व्यवस्था और पश्चिम के सुधरे रंग-ढंग।' फिलस्तीन एक 'पुरातन नवीन देश'—यह परिकल्पना पश्चिम के वर्द्धमान साम्राज्यवाद का एक अंग भी हो सकती थी। युसुफ ज़िया अलखलीदी (1899 में जेरुसलेम के महापौर) का खयाल था कि निर्मम यथार्थ 'पुरातन नवीन देश' की कांच की तस्वीर तोड़ डालेगा और उसकी किरचें बिखर कर आगामी दशाब्दियों के पैरों को लोहूलोहान करती रहेंगी।

एक जनसंख्या-बहुल देश में उत्प्रवास का सीधा अर्थ था मूल निवासियों और

नवागन्तुकों की शत्रुता। यह बात हर्ज़्ल को भी मालूम थी। तभी तो उसने यह बात स्पष्ट की कि उत्प्रवास यहूदियों की कानूनी और पक्की बेहतरी पर आधारित हो। यह यहूदी राज्य की प्रभुसत्ता द्वारा ही संभव हो सकता था। स्पष्ट है कि सियोनवादी फिलस्तीन की परिकल्पना में हिंसा प्रारम्भ से ही अन्तर्निहित थी। उसके मसीहाओं की पूर्वदृष्टि में दमन, बल प्रयोग और जबरदस्ती अनिवार्य थे। सैन्यशक्ति इस योजना का अभिन्न अंग था। हर्ज़्ल की मृत्यु के 26 वर्ष बाद 1930 में प्रकाशित उसकी डायरियों में ये बातें स्पष्ट रूप से कही गई हैं।

हर्ज़्ल का विचार था कि सियोनवादियों को चाहिये कि वे सैनिक विजय द्वारा फिलस्तीन पर कब्ज़ा कर लें। किन्तु यहूदियों के पास न तो संगठित सेना थी और न बल प्रयोग के अन्य साधन। उसने साम्राज्यवादी शक्तियों को अपना समर्थक बनाने का एक अनूठा ढंग अपनाया। उसने गैर यहूदियों में यह प्रचार शुरू किया कि यहूदी क्रांतिकारी प्रवृत्ति रखते हैं जो बड़ी खतरनाक है। एक करोड़ यहूदी सामान्य सीधे-सादे नागरिक नहीं बल्कि भेदिये हैं। यहूदियों के प्रति जन्मा अविश्वास परोक्ष रूप से सियोनवादियों का सहायक सिद्ध हुआ। गैर-यहूदी देशों के सामने दो विकल्प थेः या तो यहूदियों द्वारा भड़काये विप्लव का सामना करें या सियोनवादी राज्य की स्थापना में सहायता करें जिससे यहूदी उनका देश छोड़कर चले जायें। कोई ताज़ा युद्ध भी इस दिशा में परोक्ष रूप से सहायक साबित हो सकता था।

सियोनवाद के सन्दर्भ में विश्व सियोनवादी संगठन (वर्ल्ड ज़ायनिस्ट ऑर्गनाइज़ेशन) की संरचना और उसके वर्गचरित्र पर एक नज़र डालना ज़रूरी है। इस सन्दर्भ में संगठन के पहले दौर में इस संगठन की फासीवादियों और नाज़ी पार्टियों और संगठनों से साठ-गांठ और गैस चैम्बरों में लाखों यहूदियों के क़त्लेआम में इसकी भूमिका का खुलासा भी ज़रूरी है। प्रचार द्वारा दुनिया के सामने एक तस्वीर पेश की गई है जो यह धारणा पैदा करती है कि फासीवाद और पूर्वी यूरोप के देशों में सामूहिक हत्या से पीड़ित यहूदी फिलस्तीन में बसने के लिये भागे, जो उनकी धार्मिक आस्था के मुताबिक उनका अपना देश था और जिसे वापस देने का वचन, बाइबल के मुताबिक, ईश्वर ने उन्हें दिया था।

लेकिन हक़ीक़त कुछ और है। विश्व सियोनवादी संगठन ने व्यक्तिगत सदस्य बनाने पर प्रतिबन्ध लगा रखा था। स्थापना के बाद उसने कई राजनैतिक समुदायों और पार्टियों को सदस्य बनाना शुरू किया। फासिस्ट विचारधारा की हेरूत पार्टी से लेकर मज़दूर संगठन और समाजवादी दल—मपाई और मपाम—इसमें शामिल हुये। परवर्ती काल में समय-समय पर होने वाले सियोनवादी अधिवेशनों में वे प्रतिनिधि ही शामिल हो सकते थे जिन्हें विभिन्न देशों के सियोनवादी संगठन मनोनीत और नामित करते थे। प्रारम्भ में ये अधिवेशन हर साल होते थे। सत्तर के दशक तक

वे चार साल की अवधि में होने लगे। इन अधिवेशनों में कांग्रेस विश्व सियोनवादी काउन्सिल का चुनाव करती थी जो कार्यकारिणी समिति के रूप में काम करती थी। उसमें न्यूयॉर्क से लेकर जेरूसलेम तक के प्रतिनिधि शामिल रहते थे। आज भी साठ से अधिक देशों में इसकी शाखायें हैं।

शुरू से ही उसने जूडावादी धर्म को अपनी विचारधारा बनाया। इस विचारधारा में मुख्य थी यहूदी जाति की मिथकीय प्रधानता जिसे ईश्वर की विशिष्ट सन्तान के रूप में परिभाषित किया गया था। धार्मिक विश्वासों को राजनीति के सांचे में ढालकर विभिन्न देशों के मज़दूर और कामगार वर्गों में विभाजन की प्रक्रिया शुरू हुई। जूडावादी धारणा के मुताबिक ईश्वर द्वारा चुनी गई यहूदी जाति एक 'सम्भ्रान्त जाति और दुनिया के सभ्य राष्ट्रों में सर्वाधिक शुद्ध जाति है'। चौदहवीं सदी में संग्रहीत धार्मिक पुस्तक 'ताल्मुद' में ज़रूरी फेरबदल कर उसकी शिक्षा स्कूलों में दी जाती है। उसके माध्यम से विद्यार्थियों को शिक्षा दी गई कि यहूदी 'मनुष्य जाति के सर्वोत्तम कुलीन' लोग हैं और 'दूसरे देशों के लोगों को यहूदियों का दास होना चाहिये।' प्रचार के अनुसार औसत यूरोपवासियों की तुलना में भी यहूदी अधिक समर्थ और प्रतिभावान होते हैं; एशिया और अफ्रीका के लोगों से उनकी तुलना करने का सवाल ही नहीं उठता।

सियोनवादियों ने जातिगत शुद्धता का मिथक इसलिये ईजाद किया कि वे दुनिया को बता सकें कि यहूदी जाति, जिसे वे राष्ट्र कहते हैं, में वर्ग विभेद या विभाजन नहीं होता। सम्पत्ति के आधार पर उनमें कोई अन्तर नहीं होता। पूरी जाति ही एक विश्वव्यापी परिवार है। बाकी देश और जातियां उनकी दुश्मन हैं जिनसे वे ऐक्यबद्ध होकर संघर्ष करते हैं। लेकिन उनकी पार्टी की संरचना में तो रॉथ्यचाइल्ड और ब्राड्स्की जैसे उद्योगपति और पूंजीपति ही थे, कामगारों, मज़दूरों के प्रतिनिधि नहीं। सामान्यजन को बरगलाने का यह प्रोपेगण्डा फासीवादियों को भी अनुकूल लगा। हिटलर ने भी जाति की शुद्धता और उच्चता को अपनी नाज़ी पार्टी का आधारभूत तत्व बनाया था।

सियोनवादियों ने यहूदियों के सन्दर्भ में 'राष्ट्र' की एक नई विचित्र और तर्कहीन परिभाषा गढ़ी। उन्होंने घोषणा की कि सारी दुनिया के यहूदी एक 'राष्ट्र' हैं। इस परिभाषा के अनुसार राष्ट्र एक मानव समुदाय है जो देशकाल से मुक्त है। मोशे गिल की इस विषय पर एक महत्वपूर्ण पुस्तक है 'ए हिस्ट्री ऑफ पेलेस्टाइन 634-1099', जो मूल रूप से हिब्रू भाषा में लिखी गई थी। मोशे गिल के अनुसार, ''आजकल एक सवाल जो अमूमन उठाया जाता है, ज़्यादातर उन तत्वों के द्वारा जो यहूदियों के विरोधी हैं, कि क्या यहूदी एक राष्ट्र हैं या केवल एक धार्मिक समुदाय? मध्ययुग के यहूदियों को इस सवाल ने कभी परेशान नहीं किया क्योंकि वे स्वयं को यथार्थतः एक राष्ट्र ही मानते थे...। दरअसल यह स्पष्ट है और समझदार लोग जानते

हैं कि यहूदी अनेक पीढ़ियों तक, और आज भी दूसरे राष्ट्रों जैसे राष्ट्र नहीं है क्योंकि वे किसी एक निश्चित भूभाग में केन्द्रित नहीं है। मगर इसके बावजूद वे हमेशा दूसरे राष्ट्रों की तुलना में उनसे अधिक एक राष्ट्र ही रहे हैं। इसका कारण उनकी यह सचेतन अभिज्ञता है कि उनकी नियति, आंतरिक एकता, सम्मिलित इतिहास और गहरी सांस्कृतिक जड़ें उन्हें एक राष्ट्र की अस्मिता प्रदान करती हैं। ये सभी लक्षण पीढ़ी-दर-पीढ़ी यहूदियों की विशिष्टता बने रहे, दूसरे राष्ट्रों की तुलना में कहीं अधिक। एक सशक्त सामुदायिक संगठन और केन्द्रीय संस्थाओं तथा नेतृत्व ने उनकी इस राष्ट्ररूपी एकता को उसी तरह सुरक्षित रखा जितना कि उनका किसी एक निश्चित भूभाग में रहने से होता, शायद कहीं अधिक।'' (मोशे गिल, 490) अगर इस परिभाषा के उदाहरण स्वरूप हम यह कहें कि फ्रांस के नेपोलियन या नाज़ी जर्मनी से संघर्ष में मुब्तिला सभी लोग एक राष्ट्र माने जायेंगे तो बात हास्यास्पद लगेगी। तब तो द्वितीय विश्वयुद्ध में संघर्षरत मित्र देशों की परिभाषा भी एक राष्ट्र रूप में की जा सकती है! धर्म के आधार पर सारी दुनिया में बिखरे हुये यहूदियों को एक राष्ट्र के रूप में परिभाषित करना और भी असंगत है। यदि धार्मिक आस्था और विश्वास को राष्ट्र की परिभाषा की कसौटी माना जाये तो संसार के सभी कैथोलिक या बौद्ध या इस्लाम के धर्मावलम्बी भी एक राष्ट्र माने जायेंगे। दो हज़ार साल पहले जब अधिकांश यहूदी फिलस्तीन या 'कनान' देश में रहते थे तब भी वे कोई राष्ट्र तो नहीं थे। तब क्या राष्ट्र की अवधारणा भी थी? आर्थिक और सामाजिक धरातल पर श्रेणीविभक्त समाज में यहूदी भी विभिन्न वर्गों के प्रतिनिधि थे और आज भी हैं। भूगोल, भाषा, संस्कृति और रीति-रिवाज़ों की भिन्नता के कारण भी किसी विशिष्ट जाति या धर्म के लोगों को एक राष्ट्र की संज्ञा नहीं दी जा सकती।

सियोनवादियों की इस स्थापना का खण्डन करते हुये लेनिन ने कहा था, ''यहूदियों में मज़दूर और कामगार लोगों का बहुमत है—उन्हीं की संख्या ज़्यादा है। वे हमारे भाई हैं क्योंकि वे भी हमारी तरह पूंजी के शोषण और दमनचक्र के शिकार हैं; वे समाजवाद के संघर्ष में हमारे कामरेड हैं। यहूदियों में भी कुलक (धनी भूस्वामी किसान) हैं, शोषक हैं, पूंजीपति हैं जैसे कि अन्य रूसवासियों और अन्य देशों के निवासियों में हैं। पूंजीपति विभिन्न धर्मों के अनुयायी वर्किंग क्लास और मज़दूर वर्ग को विभाजित करने के लिये आपसी घृणा और द्वेष फैलाते हैं। अन्य धनी रूसियों की तरह, यहूदी धनपति भी, और दुनिया के सभी धनपति वर्किंग क्लास को विभक्त और विश्रंखल करने के लिये एकजुट हैं, उन्हें लूटने और उनका दमन करने के लिये एक साथ हैं''। (वी. आई. लेनिन संग्रहीत ग्रन्थ, भाग 29, पृ. 252-253, 1973-74, रूस से प्रकाशित, संस्करण के आधार पर)

सियोनवादियों ने ग़रीब यहूदी जनगण का समर्थन प्राप्त करने के लिये जो हथकण्डे अपनाये उनमें और नाज़ियों की रणनीति में कोई बुनियादी अंतर नहीं था।

धनिकतंत्र के हितों की रक्षा करते हुए भड़काऊ पाखण्डपूर्ण भाषणों, धोखेबाजी और अतिरंजित राष्ट्रीय भावना के प्रसारण और प्रचार द्वारा उन्होंने निम्न मध्यवर्ग और वर्किंग क्लास का समर्थन हासिल किया। नाज़ियों और सियोनवादियों—दोनों ने ही अपने ढंग से यूरोप और खासकर जर्मनी में फैले यहूदी-विद्वेष और एन्टी-सेमेटिक प्रचार का भरपूर इस्तेमाल किया। फ़र्क इतना था कि नाज़ियों ने उसे भड़काया और सियोनवादियों ने उसके प्रसार का लाभ उठाया। पवित्र भूमि में पृथ्वी पर स्वर्ग की तस्वीर दिखाकर और एन्टीसेमिटिज़्म का भय फैलाकर उन्होंने मासूम धर्मभीरु यहूदियों को बरगलाया। यहूदी विरोध उनके प्रोपेगण्डा का मुख्य तत्व था; जहाँ कहीं भी वह उभरा वह उनके लिये बेहद फायदेमन्द साबित हुआ। थियोडोर हर्ज्ल ने अपनी डायरी में लिखा, "मैं एन्टीसेमिटिज़्म को व्यापक नज़रिये से देखता हूँ। ऐतिहासिक परिप्रेक्ष्य में मैं अब समझने लगा हूं और उसे क्षमा भी करता हूं। मैं उससे लड़ने की निरर्थकता को समझने लगा हूं। एक वेगवती और लगभग अवचेतन यह शक्ति यहूदियों को नुकसान पहुंचाने वाली नहीं है। मैं इसे यहूदी व्यक्तिवादिता के विकास के लिये उपयोगी मानता हूँ।" ब्लादीमीर जेबोतिन्स्की ने 1905 में लिखा, "सियोनवादी प्रचार में सेमाइट-विरोध दरअसल एक सुविधाजनक और उपयोगी तत्व है, ख़ासतौर पर एक सिद्धान्त के तौर पर।"

यहूदियों में सेमाइट-विरोध की भावना फैलाने के लिये सियोनवादी एजेन्टों ने भड़काऊ कारनामे भी किये जिससे उनके दिमाग़ में यह धारणा पुख़्ता हो जाये कि यूरोप के लोग और अरब उनके विरोधी हैं। उदाहरण के लिये डेविड बेन-गुरियन ने इराक़ में यहूदी विरोध की विश्वसनीयता क़ायम करने के लिये बग़दाद में एक यहूदी सानागॉग (यहूदियों का पूजास्थल, मंदिर) अपने एजेंटों को भेजकर विस्फोट द्वारा नष्ट करवा दिया। 1950 में बगदाद में ही पास्का के त्यौहार पर दजला नदी के किनारे हजारों यहूदियों के जमा होने के समय सियोनवादी षड्यंत्रकारियों ने एक कार बम का विस्फोट किया जिससे यहूदियों के मन में दहशत पैदा हो और वे इस्रायल की तरफ पलायन करें। और ऐसा हुआ भी। लेकिन हम इस विरोधी सत्य पर ध्यान क्यों नहीं देते कि अरब भी तो एक सेमाइट जाति के वंशधर हैं?

लेकिन प्रचार के बावजूद प्रारंभिक वर्षों में फिलस्तीन में यहूदियों का आप्रवास सीमित ही रहा। 1897 और 1918 यानी प्रथम विश्वयुद्ध के समाप्त होने के समय तक बहुत कम लोग आये। 1930 के दशक की शुरूआत में फिलस्तीन में यहूदी वहां की जनसंख्या का केवल 19 प्रतिशत थे। लेकिन नाज़ी आतंक के कारण, 9 नवम्बर 1938 को जर्मनी में यहूदियों का व्यापक क़त्लेआम प्रारम्भ होने के बाद, यानी नाज़ी आतंक और दमनचक्र के कारण, आप्रवास तेज़ी से हुआ। हिटलर के शासनकाल के पहले तीन वर्षों में यानी 1933 से 1936 तक फिलस्तीन में यहूदी समुदाय में 50 प्रतिशत की वृद्धि हुई। द्वितीय विश्वयुद्ध के प्रारम्भ होने पर तो

फिलस्तीन में यहूदी आप्रवासियों की विराट लहर आई। जैसे-जैसे नाज़ी अन्य देशों पर विजय प्राप्त करते गये यहूदी शरणार्थियों के दल के दल 'पृथ्वी के स्वर्ग' की तरफ पलायन करने लगे।

यहाँ इस बात को रेखांकित करना बहुत ज़रूरी है कि इस पलायन और आप्रवास के दौरान सियोनवादी संगठन, नाज़ियों के साथ मिलकर काम कर रहे थे जिससे अधिक से अधिक यहूदी फिलस्तीन ही जायें। लेवी एश्कोल ने, जो बाद में इस्रायल का प्रधानमंत्री बना, बर्लिन में फिलस्तीन ऑफिस खोलने में सक्रिय भूमिका निभाई। यह शख्स लेव श्कोल्निक था जब उसके मां-बाप 1913 में रूस से फिलस्तीन चले गये थे। इस ऑफिस में उन यहूदियों का चयन होता था और सूचियां बनाई जाती थीं जिन्हें अपनी 'प्राचीन मातृभूमि'—फिलस्तीन भेजा जाना था। ये होते थे सियोनवादी कार्यकर्ता, धनी, समर्थ लोग और जवान। बूढ़े लोग, और तो और, ग़रीबों का प्रव्रजन किसी न किसी बहाने रोक कर रखा जाता था। चयन करने वालों की यह अमानवीयता विश्व-सियोनवादी संगठन के प्रमुख चेम वीज़मान के एक ब्रिटिश एम.पी. को दिये गये उत्तर से साफ ज़ाहिर होती हैं। उनसे जब पूछा गया कि क्या पश्चिमी यूरोप के सभी यहूदियों को फिलस्तीन ले जाना सम्भव है, तो उनका उत्तर था, "नहीं, बूढ़े लोगों को कोई जगह नहीं है...वे मिट्टी हैं, बृहत्तर दुनिया का आर्थिक और नैतिक कचरा..."। तो यह है सियोनवादी नेताओं की एकता, भाईचारे और यहूदी समुदाय के हितों की हक़ीक़त जिसके बारे में सियोनवादी झूठी पाखंडपूर्ण बातें करने में बिलकुल नहीं हिचकिचाते थे! यह बात ध्यान देने लायक है कि इन्हीं सियोनवादी नेताओं ने अमेरिका की सरकार पर इस बात के लिये ज़ोर डाला कि वह यूरोप के शरणार्थी यहूदियों को अलास्का में न बसने दे। उन्होंने ब्रिटिश सरकार को भी इस बात के लिये राज़ी कर लिया कि वह यूरोप से उखड़े हुये यहूदियों को पश्चिम ऑस्ट्रेलिया न जाने दे।

हक़ीक़त यह है कि यहूदियों के ये स्वयंभू रक्षक जर्मनी में सभी यहूदियों के मृत्यु के मुंह में चले जाने की विभीषिका से चिन्तित नहीं थे; उन्हें जर्मनी के यहूदियों की जान बचाने की परवाह नहीं थी। वे तो सिर्फ़ फिलस्तीन में यहूदियों का उपनिवेश बनाने के लिये वहाँ उनकी संख्या बढ़ाने में ही दिलचस्पी रखते थे। जब अमेरिका के राष्ट्रपति फ्रैंकलिन डी. रूज़वेल्ट ने यूरोप के पांच लाख यहूदियों को शरण देने का प्रस्ताव किया, और तत्परता दिखाई तो सियोनवादी नेतृत्व ने उनका ज़ोरदार विरोध किया। उन्होंने इस बात पर ज़ोर दिया कि यहूदियों के लिये प्रव्रजन और आप्रवास का एक ही रास्ता खुला था—फिलस्तीन। उन्होंने पूरी ताकत लगाकर बड़े मनोयोग से अपनी इस योजना को मुकम्मल किया जिसके मुताबिक नाज़ी आतंक और अत्याचार के शिकार यहूदी फिलस्तीन की जगह और कहीं भागकर न जा सकें।

द्वितीय विश्वयुद्ध के बाद भी सियोनवादी एजेंटों ने यहूदियों के फिलस्तीन के

अतिरिक्त कहीं और जाने पर तरह-तरह की रुकावटें लगाई। उन्होंने अमेरिका और ब्रिटेन के अधिकारियों से एक समझौता किया, जिसके मुताबिक विस्थापित परिभाषा में आने वाले यहूदी केवल 'प्रोमिज़्ड लैंड' यानी फिलस्तीन ही जा सकते थे। इसके फलस्वरूप 1948 में फिलस्तीन में यहूदियों की संख्या लगभग 6 लाख हो गई जो कि वहाँ की आबादी का एक-तिहाई थी। पीछे की तरफ नज़र डालें तो सियोनवाद का पिछली एक शताब्दी का इतिहास कहीं भी ऐसा कोई प्रकरण नहीं पेश करता जब इसके प्रवर्तकों और नेताओं ने यहूदी पूंजीपतियों के विरुद्ध यहूदी मज़दूर कामगारों के संघर्ष की हिमायत की हो, अथवा मज़दूरों और वर्किंग क्लास के समर्थन में और यहूदी बैंकों के मालिक व्यापारी और उत्पादक पूंजीपतियों के ख़िलाफ कभी आवाज़ उठाई हो। उन्होंने वर्ग-संघर्ष की बात ही नहीं की। यह इतिहास का तथ्य है कि ज़ार की तानाशाही के ख़िलाफ रूस के जनवादी संघर्ष में सियोनवादियों ने अक्टूबर 1917 की समाजवादी क्रांति का विरोध किया और व्हाइट गार्ड्स् का समर्थन किया।

सियोनवादियों ने पोलैंड के फासीवादी पिल्सुड्स्की से, इटली में मुसोलिनी से और रोमानिया में एन्तोनेस्कू से घनिष्ठ सम्बन्ध स्थापित किये। जर्मन पत्रकार जुलियस मेडर ने नाज़ियों से सांठ-गांठ करने वाले सियोनवादियों की एक सूची बनाई जो 16 पृष्ठ लम्बी थी। बहुत दिनों बाद इस ऐतिहासिक सच्चाई का पर्दाफाश हुआ कि इस्राइल के पहले राष्ट्रपति चेम वीज़मान और उनके उत्तराधिकारी मोशे शारेत, डेविड बेन गुरियन—परवर्तीकाल में इस्राइल के प्रधानमंत्री, और हंगरी के सियोनवादी नेता रुडोल्फ कास्टनर, नाज़ियों के साथ गुप्त समझौतों और कारगुज़ारियों में शामिल थे। उन्होंने एडोल्फ आइख़मान और कुर्ट बेशर जैसे हिटलर के गुर्गों से भी सहयोग किया जो यहूदियों की सामूहिक हत्या के लिये जिम्मेदार थे। 1939 के शुरु में, यानी हिटलर के यहूदियों के सवाल के 'अन्तिम हल' की योजना से बहुत पहले सियोनवादी नेताओं ने आइख़मान से सौदा किया जिसके मुताबिक़ नाज़ी यहूदियों से भरी एक ट्रेन को फिलस्तीन जाने देंगे। इस ट्रेन के यात्रियों को बड़े जतन से चुना गया था। वे सब सियोनवादी कार्यकर्ता और यहूदी पूंजीपति थे। इस सौदे के बदले में सियोनवादी नेताओं ने 40,000 गरीब और मज़दूर यहूदियों को आइख़मान के हाथ सौंपने का काम किया जिससे वे सामूहिक कत्ल के कैम्पों में भेजे जा सकें। जर्मन पत्रिका देअर स्पीगल के मुताबिक नाज़ी गुप्तचर सेवा में यहूदी मामलों के विभाग के प्रमुख वॉन मिन्डलस्टीन ने ऐसे कैम्प खोलने में सियोनवादियों की मदद की जहाँ जवान लोगों को, फिलस्तीन भेजने से पहले, खेतों में काम करने की ट्रेनिंग दी जाती थी।

सियोनवादियों और नाज़ियों के दर्मियान साठ-गांठ, सौदेबाज़ी और सहयोग की एक शर्मनाक मिसाल यहूदी एजेंसी की हंगरी शाखा के प्रधान, और अन्तर्राष्ट्रीय

सियोनवादी कांग्रेस के स्थायी सदस्य रुडोल्फ कास्टनर के कारनामे हैं जिनका ज़िक्र प्रासंगिक होगा। कास्टनर और उसके सहायक ग्रोज़ बेन्डी ग्योर्गी, मोशे क्रॉस, जॉयल ब्रांट और उसकी पत्नी ने आइख़मान और बेशर से साथ मिलकर एक हज़ार डॉलर प्रति व्यक्ति देकर सियोनवादी कार्यकर्ताओं और धनी यहूदियों को छुड़ाया जो बन्दी बनाकर रखे गये थे। यह सौदा गुप्त था। कास्टनर ने बाद में स्वीकार किया कि ट्रेन में सबसे पहले उन्हें जगह दी गई थी जो अधिक से अधिक पैसा या मूल्यवान वस्तुऐं फिरौती के तौर पर दे सकते थे। इस सौदे से नाज़ियों को दो लाख डॉलर, दो सौ किलोग्राम सोना और सात सौ पचास ग्राम प्लेटिनम मिला। लेकिन इस सौदे की असली कीमत तो उन हंगरी के यहूदियों की जान थी जो कन्सेन्ट्रेशन कैम्पों में कैद थे और जिन्हें मारने के लिये बाद में आउश्विट्स भेजा गया। ये कैम्प रूमानिया की सीमा से कुछ ही मील दूर थे। उस समय तक रूमानिया ने बढ़ती हुई रूसी सेनाओं के सामने घुटने टेक दिये थे। अगर बंदियों को मालूम होता कि उन्हें मौत के मुंह में ढकेला जाना है तो वे भागने की कोशिश करते और निश्चय ही वहाँ पर लगे हुये थोड़े से गार्ड उन्हें नहीं रोक पाते। एक हंगरी के इतिहासकार एनो लिवाई ने लिखा है:

''अगर इन लाखों यहूदियों को पता होता कि उनकी क्या नियति है तो निश्चित रूप से नाज़ी उन्हें जानवरों की तरह रेवड़ बनाकर और ट्रेनों में ठूंसकर मरने के लिये नहीं भेज पाते। उन्हें किसी ने बताया नहीं था; बल्कि यहूदी संगठन उनको निरन्तर आश्वस्त करते रहे और उन पर ज़ोर डालते रहे कि बड़ी विपदा से बचने के लिये उन्हें वैसा ही करना चाहिये जो उनसे कहा गया था।''

जब इस्राइल राज्य अस्तित्व में आया तो कास्टनर को उद्योग और व्यापार मंत्रालय सौंपा गया। वह 'इस्राइल की आवाज़' विभाग का भी प्रधान बनाया गया जहाँ से हंगरी और रूमानिया के लिये रेडियो प्रसारण होता था। 1953 में कास्टनर ने एम. ग्रीनवॉल्ड नाम के पत्रकार पर बदनाम करने का मुकदमा दायर किया। ग्रीनवॉल्ड ने अपने एक लेख में, हंगरी में कास्टनर के यहूदियों के साथ धोखेबाज़ी के गुप्त कारनामों का पर्दाफाश किया था। जेरूसलेम के एक न्यायालय में मुकदमा कास्टनर के विरुद्ध ही साबित हुआ। गवाहों और प्रमाणिक दस्तावेज़ों के आधार पर यह साबित हुआ कि उसने नाज़ियों से गुप्त सौदेबाज़ी की थी। मई 1955 में बुडापेस्ट में एक मुकदमे में यह निर्णायक रूप से साबित हो गया कि कास्टनर नाज़ियों से मिला हुआ था। दबाव पड़ने पर उसने स्वीकार किया कि उसने आइख़मान और बेशर एवम् यहूदियों के अन्य हत्यारों से सहयोग किया था। उसकी इस साफगोई की कीमत उसे चुकानी पड़ी। 3 मई 1957 को दिनदहाड़े उसे किसी ने गोली मार दी और कुछ संदिग्ध परिस्थितियों में वह इस्रायल के एक अस्पताल में मरा। छानबीन करने पर पता लगा कि उस पर गोली चलाने वालों में तीन इस्रायली

गुप्तचर पुलिस के एजेंट थे। उनमें से एक ने कोर्ट में इकबाल किया कि उसने यह काम इस्रायल की गुप्तचर सेवा के आदेशों पर किया था। इस तरह सियोनवादियों ने ही उसकी हत्या करवा दी।

ऐसे कई सियोनवादी थे जिनके कारनामे उजागर हुये या उन पर पर्दा पड़ा रहा। उनमें से कितने ही ऐसे थे जिन्होंने नाज़ी हत्यारों की अपने आदेश यहूदी बस्तियों में लागू करने में मदद की। उन्होंने मृत्युदंड के लिये चुने गये लोगों की सूचियाँ बनाईं। उनके जूडेनराट नामक संगठन ने यहूदी बस्तियों से लोगों को पकड़कर गाड़ियों में बैठाकर गोली से मार देने के लिये रवाना करने में भी मदद की। बाद में नाज़ियों ने इस संगठन को बर्खास्त कर दिया। एक डॉक्टर एल्फ्रेड नॉसिग था जो कई बरस तक गेस्टेपो को यहूदियों की सब ज़रूरी ख़बर पहुँचाता रहा। अस्सी साल की उम्र में वारसॉ के उग्रवादियों ने उसे पकड़कर और उस पर विश्वासघात का मुकदमा चलाकर मौत की सज़ा दी। बाद में भी सियोनवादियों ने अपने कुछ दोस्त नाज़ी नेताओं की मदद की और न्यूरेम्बर्ग के नाज़ियों के ख़िलाफ अंतर्राष्ट्रीय मुकदमे में अपने बयानों से कई अपराधियों को बचा लिया।

सियोनवादियों ने नाज़ियों और फासीवादियों के सम्पर्क से बहुत-कुछ सीखा। उन्होंने इस्रायल में वहाँ के मूल निवासियों के साथ जो विस्थापन और हिंसा का खेल खेला वह हिटलर के शासनकाल में और द्वितीय विश्वयुद्ध के समय नाज़ियों के यहूदियों पर होने वाले अत्याचार की हूबहू नकल थी। यहूदी फिलस्तीन में जाकर क्या करें? हर्ज़्ल और उसके अनुयायियों के सामने स्पष्ट योजना थी। इस योजना को इस्राइल में सियोनवादी नेतृत्व ने और आगे बढ़ाया। मूल योजना थी कि प्रवासी लोग धीरे-धीरे मूल-निवासियों की सम्पत्ति पर कब्जा कर लें। उसके बाद निर्धन जनगण को देश से बाहर भगाने की कोशिश करें। अपने देश में उन्हें काम न दें बल्कि उन्हें काम की खोज में सीमापार के देशों में भटकने दें। इन सभी योजनाओं से यही निष्कर्ष निकलता है कि सियोनवादी मौलिक रूप से आक्रामक थे और मध्यपूर्व में हिंसा के जन्मदाता थे। अरब हिंसा अपनी समस्त धर्मान्धता के बावजूद यहूदी हिंसा की प्रतिक्रिया मात्र थी। आक्रामक जूडावाद एक आदर्श बन गया। वह कवियों की वाणी में प्रतिध्वनित हो उठा। दरअसल यह अठारह शताब्दियों के जूडाई शान्तिवाद के विरुद्ध बगावत थी।

मध्यपूर्व में यहूदियों के जाति और धर्म पर आधारित राज्य के निर्माण की साम्राज्यवादी योजना के बारे में सामान्य धारणा यह है कि नाज़ी जर्मनी की यहूदी-विरोधी हिंसा के अभियान से प्रभावित हुए यहूदियों को बसाना एक मानवतावादी कदम था। नाज़ी शासनकाल में जर्मनी में यहूदियों को यातना दी जाती थी, उनके विरुद्ध पक्षपातपूर्ण और जातिगत घृणा के कृत्य होते थे। इसकी परिणति हिटलर के कन्सेन्ट्रेशन कैम्पों में हुई जहाँ लाखों यहूदी गैस चैम्बरों में मार डाले गए।

फिलस्तीन में यहूदियों के अधिनायकत्व की यह भ्रामक और सतही तस्वीर है और यह झूठ दुनियाभर में यहूदियों के प्रति नाज़ियों द्वारा उनके कत्लेआम के कारण व्यापक सहानुभूति से विश्वसनीय बन गया।

इसलिए यह ज़रूरी है कि राजनैतिक सियोनवाद के इतिहास पर नज़र डाली जाए जिससे कि मध्यपूर्व में हिंसा की जड़ों की गहराई तक पहुँचा जा सके। इस संदर्भ में 19वीं सदी में शुरू होने वाले सियोनवादी आंदोलन की हिंसात्मक प्रवृत्ति पर भी नज़र डालना आवश्यक है। सियोनवाद एक आक्रामक राजनैतिक विचारधारा है जिसका आधार है यहूदी जाति और उसके धर्म की सर्वोपरि श्रेष्ठता। यह राजनैतिक दर्शन इसलिए फासीवाद या नाज़ीवाद से मौलिक रूप से भिन्न नहीं है।

थियोडोर हर्ज़्ल की किताब और उसके बाद का आंदोलन उसे राजनैतिक सियोनवाद के पिता का दर्जा तो देते हैं लेकिन यह धारणा पुरानी है। उससे पहले कई लोग थे जो यहूदियों के राजनैतिक सियोनवाद के पक्षधर थे। मोज़ेज़ हेस (1812-75) वास्तव में इस राष्ट्रवाद के जनक थे। वह जर्मन थे और स्पाइनोज़ा हीगल और कार्ल मार्क्स से प्रभावित थे। इटली, हंगरी और बालकन देशों में यहूदियों की दुर्दशा से वह दुखी थे। 1862 में उन्होंने एक किताब लिखी, 'रोम एंड जेरूसलेम', जिसमें उन्होंने यहूदी राष्ट्रवाद और इस्रायल के पुनर्जन्म की बात कही। उनका एक मशहूर कथन है, 'पहले यहूदी और बाद में मानव', हमारा यही आदर्श होना चाहिए। सियोनवाद में जो समाजवाद का पुट है वह भी उन्हीं की देन है।

पेरेट्ज़ स्मोलेंस्किन (1842-85) और डॉ. लियो पिन्स्कर (1821-91) दो और प्रमुख सियोनवादी थे जिनके बारे में मोशे मेनुहिन ने कहा है कि वे, "यहूदी राष्ट्रवाद की विकृत मानसिकता और पागलपन" का शिकार थे। उनकी यह मानसिकता रूस में यहूदियों के संत्रास और उनके प्रति भेदभाव के कारण बनी थी। पिन्स्कर ओडेसा में एक चिकित्सक थे जिनके ऊपर रूस में 1881-82 के यहूदियों के नरसंहार का गम्भीर प्रभाव पड़ा था। उनका खयाल था कि यहूदियों के प्रति घृणा एक अफलातूनी घृणा थी, एक वंशानुगत दिमागी बीमारी, जो पिछले 2000 साल में इतनी बढ़ गई थी कि अब लाइलाज थी। यह एक अन्तर्राष्ट्रीय समस्या थी जिसके शिकार पश्चिमी देशों में बिखरे हुए यहूदी थे। इसका एकमात्र हल यहूदी राष्ट्रवाद था।

एक बार कोशिश हुई कि संयुक्त राज्य अमेरिका के ऑरेगॉन में न्यू ओडेसा नाम की यहूदी बस्ती बसाई जाए लेकिन यह योजना सफल नहीं हुई क्योंकि अधिकांश यहूदी फिलस्तीन ही जाना चाहते थे। दरअसल हर्ज़्ल के आंदोलन से बहुत पहले 1884 में कैटोविट्ज़, जर्मनी में एक यहूदी अन्तर्राष्ट्रीय सम्मेलन में यह निर्णय लिया गया था कि फिलस्तीन में खेतिहर यहूदियों का एक उपनिवेश बनाया जाए। यह प्रयोग पूरी तरह असफल हुआ क्योंकि यूरोप के यहूदी शहरी लोग थे। उनमें से जो लोग वहाँ किसान बनने गए उनकी बड़ी दुर्गति हुई।

एक और व्यक्ति जिसने राजनैतिक सियोनवाद के प्रचार में महत्वपूर्ण भूमिका निभाई वह था नाहुम सुकोलोव (1860-1936)। उसका दृढ़ विश्वास था कि यहूदी जो एक सेमेटिक जाति है, के प्रति पश्चिम के निवासियों की घृणा दूर नहीं की जा सकती। मोशे मेनुहिन ने अपनी पुस्तक में यह भी लिखा है कि फिलस्तीन में यहूदी राष्ट्र बनाने का विचार जिस व्यक्ति ने थियोडोर हर्ज़्ल के ज़ेहन में डाला, वह थे सम्मानीय मिस्टर हेक्लर, वियना में ब्रिटिश राजदूतावास के पादरी। हर्ज़्ल ने लिखा है कि एक बार वे दोनों ट्रेन में साथ यात्रा कर रहे थे तो रास्ते में पादरी महोदय ने हर्ज़्ल को फिलस्तीन का नक्शा दिखाया जिसमें दक्षिण में सुएज़ नहर तक यहूदी राज्य की परिकल्पना थी। नाम होगा डेविड और सोलोमन का फिलस्तीन। हेक्लर शायद जर्मनी के शासक कैसर से भी मिले जो फिलस्तीन में जर्मनी के संरक्षण में एक उपनिवेश यहूदियों के लिए बनाना चाहते थे। अपने समाचारपत्र के संवाददाता के रूप में हर्ज़्ल भी कैसर से मिला।

24 जनवरी 1904, हर्ज़्ल ने इटली के राजा से मुलाकात की और यह अनुरोध किया कि वह त्रिपोली में यहूदियों के लिए एक संरक्षित उपनिवेश कायम करें। हर्ज़्ल की मृत्यु के बाद जाफा में उनके नाम से एक प्रशिक्षण संस्था बनाई गई। मोशे मेनुहिन भी इसके सदस्य थे। उनके शब्दों में, "मैं जो कह रहा हूँ वह मेरी खुद की जानकारी है क्योंकि मैं इस संस्था हिब्रू जिम्नेसिया हर्ज़्लिया का सदस्य था। यहूदी राष्ट्रवाद के इस विचित्र स्कूल का मैं पहला ग्रेजुएट था। और मुझे बहुत समय लगा अपने दिमाग को उस घृणा भरे दमघोंटू कट्टर जातिवाद की धारणा से मुक्त करने में, जिसमें फिलस्तीन के अरबों के प्रति हमारे जवान दिलों में घोर नफरत पैदा की जाती थी।" (मेनुहिन, पृ. 50)।

फिलस्तीन उस समय ऑटोमन साम्राज्य का एक अरब प्रांत था। उसे एक यहूदी देश बनाना था। यही आम धारणा थी। 19वीं सदी के अन्त और 20वीं सदी के प्रारम्भ में साम्राज्यवादी देशों द्वारा अपने अधीनस्थ उपनिवेश बनाना ऐसी ख़राब बात नहीं समझी जाती थी। वह साम्राज्यवाद का स्वर्णयुग था। समझा जाता था कि उपनिवेश बनाने से अविकसित, गरीब भूभागों की पिछड़ी आबादियों को प्रगति और सभ्यता के सम्पर्क में लाया जा सकेगा। उन्हें विस्थापित किया जा सकता था। उन्हें अधीनस्थ बनाया जा सकता था क्योंकि प्रगति की कीमत तो चुकानी पड़ती है। वैसे भी यूरोप के लोगों को क्या पड़ी थी कि यहाँ के मूल निवासियों की नियति के बारे में सोचें। प्रचार का एक नारा यह भी था कि फिलस्तीन में बनने वाला यहूदी राष्ट्र यूरोप और एशिया के बीच में एक विशाल बांध का काम करेगा; वह पाश्चात्य सभ्यता का सीमान्त द्वार होगा।

उस समय भी फिलस्तीन में छोटी-छोटी यहूदी बस्तियां थीं जिनमें धार्मिक उद्देश्य से अपनी पवित्र भूमि में आए हुए यहूदी रहते थे। 1880 में पांच लाख की

आबादी में यहूदियों की संख्या चौबीस हज़ार थी। ये अधिकतर बूढ़े लोग थे जो जीवन के अंतिम दिनों में जेरूसलेम, हेब्रॉन, साफेद और टाइबेरियास जैसे पवित्र स्थानों में रहने आए थे। वे बूढ़े गरीब और अत्यन्त धार्मिक लोग थे जो अपना ज़्यादातर समय पवित्र पुस्तक 'ताल्मुद' पढ़ने में बिताते थे। 1881 में रूस के संत्रास से पीड़ित बहुत से यहूदी पश्चिमी यूरोप और संयुक्त राज्य अमेरिका भाग गए। लेकिन उनमें से कुछ इधर भी आए जिनका मक़्सद फिलस्तीन और सीरिया में कृषि-प्रधान बस्तियां बसाना था। ये नए आगंतुक किसी भी राष्ट्रवादी धारणा के शिकार नहीं थे।

इस पूरे काल में फिलस्तीन के मूल निवासियों को सभी ने नज़रअंदाज़ किया, वे हर तरह से उपेक्षित रहे। यूरोप के लोग उस वक्त शायद समझते थे कि यूरोप के बाहर के सारे क्षेत्र खाली हैं। खाली इस अर्थ में कि वैसे तो वहाँ कुछ आबादियाँ थीं लेकिन वहाँ न कोई सभ्यता थी और न सांस्कृतिक विकास। इसलिए दुनिया के इन हिस्सों को उपनिवेश बनाने के काबिल समझा जाता था।

प्रथम विश्वयुद्ध और उसके बाद

प्रथम विश्वयुद्ध (1914-18) अरब और यहूदी दोनों की नियति में एक संक्रान्तिकाल—युग परिवर्तन का काल—था। धार्मिक कारण हो या राजनैतिक, दुनिया के दूसरे देशों से, ख़ासकर यूरोप से, यहूदी मूल के लोग फिलस्तीन आप्रवास कर रहे थे। यह सिलसिला उन्नीसवीं सदी के आख़िरी दो दशकों में प्रारम्भ हुआ था। वह ऑटोमन साम्राज्य का युग था। फिलस्तीन में आने वाले आप्रवासी यहूदियों की कार्यप्रणाली थी फिलस्तीन में गैरहाज़िर भूस्वामियों से ज़मीन खरीदना। ये भूस्वामी शहरों में रहते थे जबकि उनके आसामी किसान ज़मीन जोतते और फसलें उगाते थे। वे अच्छे किसान थे जो राजनैतिक एवं सामाजिक दमन तथा अविकसित संसाधनों के बावजूद अच्छी फसलें पैदा करते थे। जाफा के संतरे सारे यूरोप में मशहूर थे।

मूल निवासियों की प्रतिक्रिया स्वाभाविक थी। उच्च और राजनैतिक वर्ग इस से असंपृक्त रहे। किन्तु किसान जो जनसंख्या का 75 प्रतिशत थे इसके प्रति चौकन्ने हुये। यहूदियों के द्वारा ज़मीन खरीद लेने के बाद किसान बड़ी संख्या में अपनी ज़मीन और अपनी जीविका से हाथ धो बैठे। इससे उनमें असंतोष और क्रोध ने जन्म लिया और वे नवागन्तुकों की ख़िलाफत करने लगे जो कभी-कभी हिंसा में भी बदल जाती थी। वास्तविकता यह थी कि किसानों को ज़मीन की बिक्री या खरीद के बारे में पता भी नहीं लगता था। उन्हें तो यह बात तभी मालूम होती जब यहूदी, जो कि उस ज़मीन के नए मालिक थे, उन्हें वहाँ से बेदखल करने के.लिए आते। 1901 में इस तरह की घटनाऐं हुई थीं। कभी-कभी उन पर नियन्त्रण करने के लिए सेना को भी बुलाना पड़ता था। इसी बीच यहूदियों की बस्तियाँ बसना शुरू हो गया था। अपनी भूमि से निष्कासित किसान कभी-कभी दल बांधकर इन विदेशी घुसपैठियों की बस्तियों पर हमला भी करते। वे उनके जानवर चुरा ले जाते, उनके सामान छीन लेते और कभी-कभी हत्या भी कर देते। लेकिन ऐसी घटनाऐं उस ज़माने में बहुत कम हुईं। यहूदियों को अपनी बस्तियों में कठिन शारीरिक श्रम करने के लिए कामगारों की ज़रूरत थी जिसके लिए वह स्थानीय अरबों को काम में लगा लेते।

यहूदियों के यूरोप से फिलस्तीन के प्रवास और वहाँ अपनी बस्तियाँ बसाने का

प्रारम्भिक काल सामान्य रूप से शान्तिपूर्ण और समझौता-सुलह का था। लेकिन आप्रवासी यहूदी साम्राज्यवादी देशों से आए थे। समय गुज़रने के साथ उनका रवैया सख़्त होने लगा। पहले से ही वे ज़मीनों को हथिया रहे थे जहाँ से अरबों का निष्कासन हो रहा था। यह प्रक्रिया बाद में किबुत्ज़िम के निर्माण में परिणत हुई। किबुत्ज़िम एक प्रकार के यहूदियों के कृषि के कम्यून थे जो सिर्फ यहूदियों तक ही सीमित थे। यह उस प्रक्रिया की शुरुआत थी जिसने कालांतर में आर्थिक, राजनैतिक, सांस्कृतिक और यहाँ तक कि मनोवैज्ञानिक धरातल पर अरबों और यहूदियों के बीच एक विभाजन रेखा खींच दी। समय गुज़रने के साथ यह खाई बढ़ती ही गई। यहूदियों ने अपनी निजी सुरक्षा व्यवस्था कायम करना शुरू कर दिया। एक तत्कालीन यहूदी कवि सॉल चर्निकोवस्की ने लिखा, 'हम अपने हाथ मेहनत में लगाऐंगे लेकिन हाथ में तलवार लेकर/ ओ जूडा के योद्धाओ, ऊंचा उठाओ अपना परचम'। 1907 में हशोमर नाम का एक संगठन बना। शब्द का अर्थ है—रक्षा करने वाला—रक्षक। इसका उद्देश्य यहूदियों की सम्पत्ति की रक्षा करने के लिए यहूदी गार्ड या सुरक्षा सैनिक तैयार करना था। 1909 में एक गुप्त सैन्य संगठन, इत्ज़ाक बेन ज़ुई और डेविड बेन गुरियन ने स्थापित किया। इस प्रकार प्रथम विश्वयुद्ध के अन्त तक फिलस्तीन के लाखों किसान ज़मीन और जीविका के साधन खो बैठे। नतीज़तन यहूदियों की बढ़ती हुई ताक़त के ख़िलाफ मूल निवासियों के संगठित होने के युग की भी यह शुरूआत थी।

प्रथम विश्वयुद्ध में ऑटोमन साम्राज्य केन्द्रीय शक्तियों का सहयोगी बन गया। इसके कारण ग्रेट ब्रिटेन, फ्रांस और ज़ारशाही वाला रूस ऑटोमन साम्राज्य के अरब क्षेत्र को आपस में बांटने की योजना बनाने लगे। अप्रैल और मई 1916 में इन तीन देशों ने ऑटोमन साम्राज्य के एक बहुत बड़े भाग के विभाजन की योजना बनाई जो एक गुप्त साइक्स-पिकोट समझौता नाम से जानी जाती है। यह वह युग था जब विशाल अरब क्षेत्र में राष्ट्रवाद की भावना सिर उठा रही थी। इस उभरती राष्ट्रीय भावना का फायदा उठाकर ग्रेट ब्रिटेन ने मक्का के हुसेन शरीफ को भड़काया कि वह तुर्कों के ख़िलाफ बग़ावत कर दे और एक धर्मयुद्ध (जेहाद) की घोषणा कर दे। 5 जून 1916 को हुसेन ने विद्रोह कर दिया और 29 अक्टूबर को स्वयं को अरबों का राजा घोषित कर दिया। ब्रिटेन की सेनाऐं हुसेन के बेटे फैसल के साथ टी.ई. लॉरेन्स के नेतृत्व में शामिल हो गईं। यह व्यक्ति बाद में लॉरेन्स ऑफ अरेबिया नाम से मशहूर हुआ।

ऑटोमन साम्राज्य का पतन अब निश्चित था। यह एक विशाल साम्राज्य था और यूरोप की साम्राज्यवादी ताकतें लालच भरी निगाहों से इसके जो हिस्से हाथ में आ जाऐं, उन्हें हथियाने की कोशिश कर रही थी। ''यह एक विशाल कभी खत्म न होने वाली केक थी, और उस पर हक़ जताने वाले उन सब को इस केक के हिस्से

देने का वादा कर रहे थे जिन्हें वे अपने अभियान में शामिल करना चाहते थे। ग्रेट ब्रिटेन ने यहूदियों को फुसलाया, जिनमें से अधिकांश जर्मनी के प्रति सहानुभूति की भावना रखते थे। यहूदी विरोधी रूस के प्रति घृणा के कारण'' (रोदिन्सन, पृ. 22-23)। दूसरी तरफ अमेरिका के यहूदी अपेक्षाकृत शांतिप्रेमी थे। अमेरिका के उद्योगों में उन्होंने महत्वपूर्ण भूमिका अदा की थी। इन यहूदियों को भी साथ लेना ज़रूरी था। रूस के क्रांतिकारी आंदोलन में वहाँ के यहूदियों ने महत्वपूर्ण अंशदान किया था। प्रोमिज़्ड लैंड को दुबारा हासिल करने की सम्भावनाओं के मद्देनज़र उदीयमान यहूदी राष्ट्रवाद की धारणा को प्रोत्साहन देकर उनके सामने भी एक प्रलोभन की गाजर लटकानी थी। संक्षेप में, दुनिया के सारे यहूदियों को मित्र राष्ट्र अपने उद्देश्य में शामिल होने के लिए प्रेरित कर रहे थे। ज़ाहिरा तौर पर इन मित्र राष्ट्रों ने अरब देशों यानी फिलस्तीन, जोर्डन, सीरिया और इराक, से वादा किया कि अगर वह युद्ध में साथ और सहायता दें तो उसके बदले मित्र राष्ट्र अरब देशों की स्वाधीनता की प्राप्ति में उनकी सहायता और समर्थन करेंगे।

तुर्की के ऑटोमन साम्राज्य से युद्ध करने के लिए अरब ग्रेट ब्रिटेन के साथ शामिल हो गए। उनका उद्देश्य था साम्राज्य के पतन पर आत्मनिर्णय का अधिकार हासिल करना। साम्राज्यवादी देशों ने उन्हें इसका आश्वासन भी दिया था। मैक्मेहोन ने हुसेन को लिखा, ''अरब विद्रोह करेंगे और अपने दमनकर्ताओं से लड़ेंगे। ब्रिटेन सम्पूर्ण अरब क्षेत्र में अरबों की स्वाधीनता को मान्यता देगा। इसकी पूर्व स्वीकृति के प्रमाण के तौर पर हम लॉर्ड किचनर की घोषणा की पुष्टि करते हैं, वह घोषणा जो हमने अली इफेंदी के माध्यम से आप तक पहुँचाई थी और जिसमें अरब देश और उनके निवासियों को स्वाधीनता देने की हमारी इच्छा स्पष्ट रूप से व्यक्त की गई थी।'' लेकिन हक़ीकत यह थी कि इस गुप्त साइक्स-पिकोट समझौते ने एशिया माइनर के कुछ भाग और सीरिया फ्रांस को देने का वचन दिया गया था। यह समझौता इस बात का प्रमाण है कि ब्रिटेन ने जो वचन दिये उनमें शर्मनाक धोखेबाज़ी और छल-कपट था।

एक समानांतर घटनाक्रम में ब्रिटेन के सियोनवादियों ने चेम वीज़मान के नेतृत्व में ब्रिटिश मंत्रिमंडल को राज़ी कर लिया कि अगर ब्रिटेन सियोनवादी आंदोलन का पक्षधर है तो उसे यहूदियों का समर्थन मिलेगा जो कि मित्र राष्ट्रों के लिए काफी लाभप्रद होगा। उन्होंने इस बात पर ज़ोर डाला कि सुएज़ नहर के किनारे, भारत के रास्ते के क्षेत्र में, ब्रिटेन से घनिष्ठ रूप से संयुक्त एक अड्डा बनाया जाए। ब्रिटेन के ऊपर इसका अपेक्षित असर पड़ा। अरबों से ब्रिटेन ने कुछ भी कहा हो, हक़ीक़त यह थी कि अरबों को स्वाधीनता देने का उसका इरादा कतई नहीं था। साइक्स-पिकोट समझौते के मुताबिक़, ''फ्रांस नीले क्षेत्र (लेबनन और सीरिया) में और ग्रेट ब्रिटेन लाल क्षेत्र (जोर्डन और इराक) में स्वेच्छा से एक सीधा प्रशासन और

नियंत्रण स्थापित करने के लिए स्वतंत्र होंगे। यदि वे उचित समझें तो वे अरब राज्यों या अरब राज्यों के महासंघ के साथ इस विषय में समझौता भी कर सकते हैं।'' समझौते में आगे कहा गया था, ''फिलस्तीन में एक अन्तर्राष्ट्रीय शासन स्थापित किया जाएगा जिसके स्वरूप के बारे में निर्णय रूस की सलाह से और दूसरे मित्रों और मक्का के शेरिफ के प्रतिनिधियों के साथ समझौते के बाद लिया जाएगा।'' ज़ारशाही रूस भी इस समझौते में शामिल था। किन्तु रूस की नई बोल्शेविक सरकार ने इसका भंडाफोड़ कर दिया। ज़ाहिरा तौर पर मित्र राष्ट्रों ने यह वादा किया था कि युद्ध में सहायता देने के एवज़ में वे अरब प्रायद्वीप में (फिलस्तीन, जोर्डन, सीरिया और इराक में) अरब स्वतंत्रता का समर्थन करेंगे। समझौते में हैफा और एकर के बंदरगाह ब्रिटेन को देने की बात थी। यह दस्तावेज़, साफ ज़ाहिर है, केवल लालच की चरम परिणति का ही परिणाम नहीं है, बल्कि छल-कपट और दोहरी नीति का एक चौंकाने वाला उदाहरण है।

यहूदी उत्प्रवास का सिलसिला 1882 में प्रारम्भ हुआ था। स्पष्ट है कि यह संगठित आन्दोलन से पहले की बात है। उस समय भी फिलस्तीन में 24000 यहूदी थे। वे लोग जेरुसलेम, हेब्रोन, साफेद या टाइबेरियास जैसे पवित्र शहरों में धार्मिक भावना से जिन्दगी के आखिरी दिन बिताने आये थे। वे बूढ़े गरीब और धर्मभीरु लोग थे जो अपना अधिकांश समय ताल्मुद पढ़ने में बिताते थे। नवागन्तुक उनसे भिन्न थे, वे फिलस्तीन में खेतिहर बस्तियां क़ायम करने आये थे। किन्तु उनकी राजनीतिक समझ भी धुंधली थी। उनके दिमाग में यहूदी राज्य की कोई परिकल्पना नहीं थी। वे पूर्वी यूरोप के संत्रास से पीड़ित होकर भागे थे और ऐसी जगह की तलाश में थे जहां शरण लेकर वे मेहनत के बल पर अपना आर्थिक और सांस्कृतिक पुनरुत्थान कर सकें। 1914 में उनकी संख्या 85000 हो गई। 1918 तक उन्होंने 1,62,500 एकड़ भूमि पर जो क्षेत्रफल का 2 प्रतिशत थी, अधिकार कर लिया था।

तथापि इस प्रारम्भिक काल में अरब और यहूदी काफी मिलजुलकर रहते। यहूदी बस्तियों में मजदूरों की आवश्यकता थी क्योंकि यहूदी स्वयं श्रम करने में सक्षम नहीं थे। अरब मज़दूर पड़ोस के गांवों से इन बस्तियों में काम करने आते और शाम ढले अपने घर लौट जाते थे। नवागन्तुकों और अरब भूस्वामियों के भी पारस्परिक संबंध अच्छे थे। अक्सर वे शामिलात तौर पर घोड़े और जानवर खरीदते तथा पालते थे। इस काल में अरबों का रुख समझौतापूर्ण ही था। किन्तु यहूदियों के रुख में धीरे-धीरे कड़ापन आता गया। 1901 में यहूदी राष्ट्रफंड की स्थापना हुई। इसमें प्रावधान था अधिकृत भूमि न अरबों को बेची जा सकती थी न ही उसका पट्टा किया जा सकता था। यूरोपीय उपनिवेशवाद का विरोध करने वाले इन उत्प्रवासी यहूदियों की मानसिकता अरबों के प्रति घोर उपनिवेशवादी थी। उन्होंने न केवल अरबों की भूमि छीनी बल्कि उन्हें देश से निष्कासित करना भी शुरू कर दिया। इसी तरीके से

किबुत्जिम बने। यह उस प्रक्रिया की शुरूआत थी जिससे परवर्ती काल में आर्थिक, राजनीतिक, सांस्कृतिक और मनोवैज्ञानिक धरातल पर अरबों और यहूदियों के बीच मुस्तक़िल दरार पड़ गई।

यह काल तुर्की के ओटोमन साम्राज्य का था। गैर-हाज़िर भूस्वामी, जो शहरों में रहकर विलासिता का जीवन जीते थे, अपनी ज़मीन ऊँची कीमत पर यहूदियों के हाथ बेच रहे थे। 1920 तक हजारों किसान बेदख़ल हो गये। अरब अब व्यापक रूप से समझने लगे कि सियोनवादी उनके दुश्मन थे। प्रथम विश्वयुद्ध की पूर्व संध्या में सियोनवाद विरोध गैर-राजनीतिक और स्वतःस्फूर्त विरोध से बढ़कर फिलस्तीनी राजनीति का केन्द्रीय मुद्दा बन गया। कस्बों के छोटे व्यापारी और नौकर-पेशा लोग भी किसानों में शामिल होने लगे। इनमें अरब मुस्लिम और ईसाई दोनों थे। फिलस्तीनी संघर्ष में मुसलमानों और ईसाईयों की संगठित भूमिका अत्यन्त महत्वपूर्ण रही है। नजीब नासिर ईसाई था। उसने हैफा से प्रकाशित पत्र कार्मेल में सियोनवाद के विरुद्ध धारावाहिक रूप में लिखा। बाद में ये लेख पुस्तकाकार प्रकाशित हुए।

4 नवम्बर 1917, यह वह दिन था जब बाल्फोर घोषणा अस्तित्व में आई। मित्र राष्ट्रों के बीच गुप्त समझौतों और षड्यंत्रों की यह चरम परिणति थी। दुनिया के इतिहास में कोई इतना छोटा दस्तावेज मिलना मुश्किल है जो इतिहास की धारा ही बदल दे। यह मासूम-सा खत अरब-इस्रायली संघर्ष का संदेशवाहक था, वह संघर्ष जो आगे चलकर फिलस्तीन के निवासियों के विनाश का कारण बन गया।

बाल्फोर घोषणा

बाल्फोर घोषणा उन दो दस्तावेजों में से है जिनकी भूमिका मध्यपूर्व के आधुनिक इतिहास को मोड़ देने में निर्णायक रही है। दूसरा दस्तावेज है साइक्स-पिकोट समझौता जिसका ज़िक्र हम पहले कर चुके हैं। बाल्फोर घोषणा इसी समझौते की परिणति थी। अरब-इस्रायली संघर्ष एक दिन सर्वग्राही विनाश में परिवर्तित हो सकता है, यह शायद उसके सर्जकों को भी मालूम नहीं था। उन्होंने सोचा भी नहीं होगा कि भविष्यत् के इतिहास लेखक यह अवश्य लिखेंगे कि यह लड़ाई उस 117 शब्दों वाले खत से प्रारम्भ हुई जिसे ब्रिटिश विदेश विभाग के राज्य सचिव आर्थर बाल्फोर ने लार्ड रॉथ्सचाइल्ड के नाम 2 नवम्बर 1917 को लिखा था। खत की इबारत इस प्रकार थीः—

प्रिय लार्ड रॉथ्सचाइल्ड,

मैं महामहिम सम्राट् के शासन की ओर से आपको यहूदी सियोनवादी आकांक्षाओं के प्रति निम्नलिखित सहानुभूति की घोषणा प्रेषित करता हूं। इसे काबीना की स्वीकृति प्राप्त हैः

ब्रिटिश सरकार फिलस्तीन में यहूदियों के लिये एक स्वराष्ट्र की स्थापना का समर्थन करती है। वह इस उद्देश्य की प्राप्ति के प्रयत्नों में यथाशक्ति योगदान करेगी। हां, यह बात स्पष्ट रूप से समझ ली जानी चाहिये कि ब्रिटिश सरकार ऐसा कोई कार्य नहीं करेगी जिससे फिलस्तीन में रहने वाले ग़ैरयहूदी लोगों के नागरिक और धार्मिक अधिकारों पर कोई प्रतिकूल असर पड़े अथवा दूसरे देशों में रहने वाले यहूदियों के अधिकारों और उनकी राजनैतिक स्थिति पर कोई आंच आये।

यदि आप इस घोषणा की जानकारी सियोनवादी संघ को दें तो मैं आपका अनुग्रह मानूंगा।

भवदीय

आर्थर बाल्फोर

वीज़मान ने दो वर्ष बाद लन्दन में अपने एक सार्वजनिक भाषण में कहा कि, ''बाल्फोर घोषणा वह सोने की चाबी है जो हमारे लिये फिलस्तीन के दरवाज़े खोलती है...फिलस्तीन तब उतना ही यहूदी होगा जितना कि इंग्लैण्ड अंग्रेज़ है।'' वीज़मान को शायद बाल्फोर द्वारा काबीना को प्रस्तुत किये गये उस गुप्त दस्तावेज़ के बारे में जानकारी होगी जिसमें कहा गया थाः-

''फिलस्तीन में हम वहां के निवासियों की इच्छायें-और आकांक्षायें जानने की औपचारिकता भी नहीं बरतना चाहते। चारों बड़ी शक्तियां सियोनवाद के प्रति प्रतिबद्ध हैं। वह चाहे सही हो या ग़लत, भला हो या बुरा-वह पुरातन परम्पराओं, वर्तमान अनिवार्यताओं और भविष्यत् की आशाओं में बद्धमूल है। उसका महत्व फिलस्तीन में रहने वाले सात लाख अरबों के विचारों और आकांक्षाओं से कहीं अधिक है।''

5 मई को सान रेमो की एक कांफ्रेंस में बाल्फोर घोषणा की पुष्टि हुई और ग्रेट ब्रिटेन को फिलस्तीन के ऊपर शासन का आदेश दे दिया गया। ब्रिटेन को शासन का यह अधिकार, 'सभ्यता के एक पवित्र विश्वास के रूप में दिया गया जिससे कि वह यहाँ के लोगों को प्रगति के रास्ते पर डालकर अन्त में आत्मनिर्णय की स्थिति में पहुँचा सके।' ऑटोमन साम्राज्य तो ध्वस्त हो गया लेकिन उसके अरब क्षेत्र का संगठन बहुत मुश्किल काम था। सान रेमो की कांफ्रेंस इस संदर्भ में महत्वपूर्ण है। कांफ्रेंस में ऐलान किया गया कि लीग ऑफ नेशन्स की बैठक का इन्तज़ार किये बगैर उपनिवेशीकरण का यह फार्मूला, जिसे कृपापूर्ण मदद के जामे में पेश किया गया था, लागू कर दिया जाए।

अरबों ने इस घोषणा को मित्र राष्ट्रों द्वारा किये गए वादों से मुकरने और विश्वासघात के रूप में लिया। अपने वादों में मित्र राष्ट्रों ने अरबों की स्वाधीनता की गारन्टी दी थी, और यह भी कहा था कि वे अपने भाग्य का निर्णय स्वयं करें और अपने-अपने क्षेत्र में अपने राज्यों को स्थापित करें। लेकिन ऐसा कुछ नहीं हुआ।

मेन्डेट या शासनादेश बड़ी शक्तियों द्वारा इस क्षेत्र के नियन्त्रण का माध्यम बन गया। 1920 का साल अरब लोग आम-अन्-नक़्बा यानी महाविपत्ति और विध्वंस का वर्ष कहकर पुकारते हैं। साम्राज्यवादी शक्तियाँ आगे बढ़ रही थीं। फ्रांस की सेनाओं ने मार्च किया और दमिश्क पर कब्ज़ा कर लिया। सीरिया के शाह फैसल वहाँ से भाग गए। फिलस्तीन में सियोनवादियों के विरुद्ध दंगे होने लगे, और ऐसा लगा कि इराक में विद्रोह हो जाएगा। ग्रेट ब्रिटेन ने अरबों को शान्त करने की कोशिश की। उसने इराक का सिंहासन फैसल को दे दिया और उसके भाई अब्दुल्ला को ट्रांसजोर्डन का अमीर घोषित कर दिया। यह हिस्सा फिलस्तीन से अलग हो गया। उधर फ्रांस ने लेबनन राज्य की स्थापना की जिसमें मेरोनाइट ईसाई फ्रांस के प्रति सहानुभूति रखते थे। इसको उत्तर और दक्षिण एवं पूर्व की तरफ कुछ मुस्लिम क्षेत्रों को जोड़कर बढ़ाया गया। इस तरह पहली सितम्बर 1920 को ग्रेटर लेबनन की नींव पड़ी जो 1926 में लेबनन की रिपब्लिक बन गया।

1924 में अरबिया में शरीफ हुसेन को हटाकर इब्न-सऊद गद्दी पर बैठ गए। हुसेन के दो बेटे पहले से ही इराक और ट्रांसजोर्डन पर हुकूमत कर रहे थे। इब्न-सऊद ने खुद को हेजाज़ और नेजद का शासक घोषित कर दिया। 1930 में इस क्षेत्र का नाम पड़ा सऊदी अरब। इस क्षेत्र में ज़्यादातर घुमन्तू क़बीले रहते थे जो बाहरी दुनिया के बारे में कुछ नहीं जानते थे। एक बड़ा अरब देश था मिस्र, जो अफ्रीका महाद्वीप में पड़ता था। यह देश ब्रिटिश संरक्षण में था लेकिन 1919 में वहाँ क्रांति भड़क उठी। 28 फरवरी 1922 को ब्रिटेन ने मिस्र को एक प्रभुतासम्पन्न स्वतंत्र राष्ट्र घोषित कर दिया।

बाल्फोर घोषणा के समय फिलस्तीन में यहूदियों की अनुमानित जनसंख्या 56,000 थी। वह तेज़ी से बढ़ रही थी। 1922 में बढ़कर वह 83,790 हो गई, 1931 में 1,94,606 और 1939 में 4,45,457। द्वितीय विश्वयुद्ध के काल में, 1944 में, आप्रवासी यहूदियों की संख्या 5,53,600 हो गई और 1948 में 7,00,000। संयुक्त राष्ट्र संघ के विभाजन के और इस्रायल के विधिवत स्थापित होने के बाद यहूदियों के फिलस्तीन में आने की रफ़्तार तेज़ हो गई। अगले दस वर्ष में यानी 1958 में यहूदियों की आबादी 18,10,148 हो गई। 1963 के अन्त तक इस्रायल में 21,85,500 यहूदी थे।

1918 में फिलस्तीन की मुस्लिम आबादी 5,74,000 थी और ईसाई थे 70,000; 1944 तक उसमें कोई ख़ास परिवर्तन नहीं हुआ। लेकिन सन् 1944 में मुसलमानों की संख्या हो गई 10,61,277; ईसाई भी बढ़कर 1,35,547 तक पहुँच गए। 1948 में, यानी विभाजन के समय, मुसलमानों और ईसाईयों की सम्मिलित आबादी 13,80,000 थी। विभाजन से इस अनुपात में तेज़ी से परिवर्तन हुआ। इसलिए 1961 में जब पूरी आबादी 21,83,200 थी तो उसमें गैर-यहूदी केवल

2,43,800 ही रह गए थे। मई 1948 से पहले ज़मीन की मिल्कियत और विभाजन के बाद उसके स्वामित्व का फ़र्क इस बात का सबूत है कि किस तरह से अरबों की ज़मीनें छीनी गईं। 1948 से पहले अरबों की व्यक्तिगत ज़मीन 31,43,693 एकड़ थी, यानी पूरी ज़मीन का 48 प्रतिशत। उस समय राज्य के कब्जे की ज़मीन 30,28,625 एकड़ थी। तब यहूदियों के पास केवल 3,72,925 एकड़ ज़मीन थी।

1948 तक यहूदी आप्रवासियों के निरन्तर आकर बसने के बाद भी अरब आबादी का बहुमत था। ये लोग अरबी बोलते थे और ज़्यादातर सुन्नी मुसलमान थे। कुछ शिया और ड्रूज़ मुसलमान अल्पसंख्यक भी थे। फिलस्तीनी अरबों की 65 प्रतिशत आबादी कृषि पर निर्भर रहने वाले खेतिहर लोगों की थी। ये लोग 500 गांवों में रहते थे जहाँ फलों और सब्जियों की फसलें उगाई जाती थी। फिलस्तीन के मुख्य शहर थे नब्लूस, जेरूसलेम, नज़ारेथ, एकड़, जाफा, जेरिको, रामल्ला, हेब्रॉन और हैफा। इन शहरों का निर्माण अरबों ने ही किया था और वहाँ पर अतिक्रमण करने वाली सियोनवादी बस्तियां बसने के बाद भी अरब वहीं रहते रहे। इसलिए यह भ्रामक धारणा थी कि इस्रायल देश का निर्माण एक ऐसे क्षेत्र में होगा जो कि कमोबेश खाली है। यह धोखेबाज़ी और गुस्ताख़ी का भ्रामक प्रचार था। थियोडोर हर्ज़्ल को पता था इन आबादियों के बारे में। इसीलिए उसने 1895 में अपनी डायरी में लिखा, "हमें इस निर्धन, कंगाल आबादी को सीमा के पार भगाना होगा। यह काम उन देशों में जहाँ वे धकेले जाऐंगे, उनके लिए रोज़ी रोटी का बंदोबस्त करने से सम्भव होगा। लेकिन हमारे अपने देश में उन्हें कोई भी रोज़गार नहीं दिया जाएगा।" लॉर्ड रॉथ्सचाइल्ड ने भी फिलस्तीन को यहूदियों के राष्ट्रीय देश के रूप में पुर्नगठित करने की बात की। चेम वीज़मान को भी पूरा यकीन था कि यहूदी फिलस्तीन का पुर्ननिर्माण करेंगे और उसे आधुनिक राष्ट्रों के परिवार में उचित जगह दिलवायेंगे।

इस तरह फिलस्तीन का पुनर्निर्माण हुआ। उसकी दुबारा स्थापना हुई, इस्रायल के रूप में। यह कैसे सम्भव हुआ इसका कुछ प्रमाण हमें मोशे दयान के अप्रैल 1969 के निम्नलिखित कथन में मिलता है।

"हम इस देश में आए जिसमें पहले से अरब आबाद थे, और हम यहाँ एक हिब्रू यानी यहूदी राज्य की स्थापना कर रहे हैं। इस देश के बहुत बड़े क्षेत्र में हमने अरबों से ज़मीन खरीदी। अरब गांवों की जगह यहूदी गांव बसाये गए। तुम लोग उन अरब गांवों के नाम तक नहीं जानते, और मैं तुम्हें दोष नहीं देता, क्योंकि भूगोल की उन किताबों का अब अस्तित्व ही नहीं है; केवल किताबें ही नहीं, वे अरब गांव भी वहां नहीं हैं। नाहलूल की जगह पर नहलाल गांव बना। ज़िब्ता और केफार की जगह बना जेवाट और तेल शामन की जगह ऐहोशुआ। इस देश में एक भी ऐसी जगह की तामीर नहीं हुई जहाँ पहले अरब आबादी नहीं थी।" (हारेट्ज़, अप्रैल 4, 1969)

एक इस्रायली प्रोफेसर इस्रायल शाहाक जो विवेकवान और न्यायप्रिय यहूदियों में थे, इस बात से बहुत दुखी हुए। उनके आकलन के अनुसार इस तरह से 400 गांव नेस्तनाबूद कर दिए गए। उन्होंने कहा है कि ये गांव पूरी तरह से ध्वस्त किये गए, उनके घर, बगीचों की दीवारें और यहाँ तक कि कब्रें और उनके पत्थर भी, जिससे कि एक पत्थर भी वहां मौजूद न रहे। तब यहाँ आने वालों को बताया जाता, 'यहाँ रेगिस्तान था।' एक तकरीबन सही तख़्मीने के अनुसार लगभग 7,80,000 फिलस्तीनी 1948 में अपनी सम्पत्ति और घर से बेदख़ल और विस्थापित किये गए जिससे कि वहाँ फिलस्तीन का 'पुनर्निर्माण' हो सके।

बाल्फोर घोषणा का अर्थ और उसकी व्याख्या जून 1922 में चर्चिल मेमोरेन्डम के शीर्षक से प्रकाशित हुई। इसके अनुसार इस घोषणा का तात्पर्य एक यहूदी राष्ट्र का निर्माण नहीं था। इसका मक़सद इस तरह परिभाषित किया गया, "मौजूदा यहूदी वर्ग का विकास, जिससे दुनिया के दूसरे हिस्सों के यहूदियों को सहायता दी जाएगी इस उद्देश्य से कि वे धर्म का पालन करते हुए स्वयं पर गौरव महसूस कर सके। इसलिए फिलस्तीन में सिर्फ़ उतने ही लोगों के प्रव्रजन का इरादा था जितने कि वहाँ आसानी से समा जाते।" यह भी एक भ्रामक वक्तव्य था।

हिंसा का प्रारम्भ

1920 के अप्रैल के महीने में फिलस्तीन में दंगे भड़क उठे। ये दंगे नबी-मूसा के नाम से भी जाने जाते हैं क्योंकि ये मुसलमानों के एक पवित्र दिन नबी-मूसा को हुये। कई वर्षों से सियोनवादियों के फिलस्तीन में आप्रवास के कारण अरबों और यहूदियों के सम्बन्धों में तनाव निरन्तर बढ़ रहा था। इसी दर्मियान गैलिली में यहूदियों की बस्तियों पर हमला हुआ। इस मौके पर फिलस्तीन के धार्मिक नेताओं ने जश्न के वक्त जब जुलूस निकल रहा था, कुछ उत्तेजित करने वाले भाषण दिये। ब्रिटेन का सैनिक प्रशासन दंगों को नहीं सँभाल पाया जो, 4 अप्रैल से 7 अप्रैल तक, चार दिन तक चलते रहे। इन दंगों के फलस्वरूप ब्रिटिश प्रशासन, यहूदी और अरबों के बीच दरार बढ़ने लगी। इसका एक नतीज़ा तो यह हुआ कि यहूदियों ने अपनी स्वतंत्र सुरक्षा की व्यवस्था कायम करना शुरू कर दिया। 5 दिसम्बर 1918 में बाल्फोर घोषणा के बाद ब्रिटिश मंत्रिमंडल की ईस्टर्न कमेटी की बैठक हुई जिसकी अध्यक्षता लॉर्ड कर्ज़न ने की। इस महत्वपूर्ण बैठक में जनरल स्मट्स, लॉर्ड बाल्फोर और ब्रिटिश सेना के अध्यक्ष टी.ई.लॉरेन्स भी शामिल थे। बैठक में फिलस्तीन की स्थिति पर विचार-विमर्श हुआ। लॉर्ड कर्ज़न ने कहा कि, "बाल्फोर घोषणा के बाद सियोनवादियों ने बड़े पैमाने पर फिलस्तीन में प्रव्रजन शुरू कर दिया। समाचारपत्र-पत्रिकाओं और अन्य सूत्रों से पता चलता है कि वे अपना प्रोग्राम आगे बढ़ा रहे हैं रोज़-बरोज़; और अब तो वे ज्यूइश स्टेट की बात करने लगे हैं। वे न

केवल पुराने फिलस्तीन की सीमाओं पर अपना अधिकार जता रहे हैं बल्कि जोर्डन नदी के पार पूर्वी क्षेत्र पर भी कब्ज़ा करने का हक़ ज़ाहिर कर रहे हैं। इससे अरबों के दिमाग़ में गहरी चिन्ता और संदेह पैदा हो रहा है। दोनों समुदायों के बीच टकराव बढ़ रहा है और अरब यह समझते हैं कि हम सियोनवादियों के पक्षधर हैं और अरबों के नहीं।''

इन तथ्यों के परिप्रेक्ष्य में जनवरी 1920 से ही फिलस्तीन में जो घटित हो रहा था उसका ज़िक्र ज़रूरी है। सियोनवादी नेताओं और ब्रिटिश सैन्य प्रशासन के बीच सम्बन्ध बिगड़ रहे थे। सियोनवादी चेम वीज़मान के नेतृत्व में यहूदियों के बिना शर्त प्रव्रजन पर ज़ोर डाल रहे थे। वे चाहते थे कि ज़मीन की खरीद पर से भी प्रथम विश्वयुद्ध के समय के प्रतिबन्ध हटा लिये जाएं। अरबों में इसकी प्रतिक्रिया हो रही थी। उन्होंने सीरिया के साथ फिलस्तीन को शामिल करने की आवाज़ उठाई और अरब मुसलमानों और ईसाईयों ने मिलकर पूरे फिलस्तीन में रैलियां भी कीं। 1919 में बेका की घाटी और गैलिली से ब्रिटिश सेनाओं के हटने के बाद स्थानीय किसानों के हथियारबंद दस्ते मुश्किलें पैदा कर रहे थे। फरवरी 1920 में इन दलों ने गैलिली में यहूदियों की बस्तियों पर हमला करना शुरू कर दिया। पहली मार्च को यहूदियों के एक नेता की हत्या भी हो गई। हिंसा और झगड़े की वारदातों पर नियंत्रण करने में ब्रिटिश सरकार पूरी तरह असमर्थ थी। जहाँ ऑटोमन शासक हज़ारों सिपाहियों को तैनात करते थे, वहीं नबी-मूसा के जुलूस के समय अंग्रेज़ों ने सिर्फ़ 188 पुलिसवाले ड्यूटी पर लगाए थे। यहूदियों ने अपनी आत्म-रक्षा के वॉलन्टियर दल तैयार किये थे जिनको सैनिक प्रशिक्षण भी दिया गया था।

4 अप्रैल 1920 को नबी-मूसा के दिन लगभग साढ़े दस बजे, साठ से सत्तर हज़ार अरब शहर के केन्द्रीय मैदान में इकट्ठे हुए। उनमें से कुछ टुकड़ियाँ पुराने शहर की गलियों में यहूदियों पर हमले भी कर रही थीं। उन्होंने राहगीरों पर हमला किया, दुकानें लूटी और घरों पर भी टूट पड़े। उन्हें नियन्त्रण में लाना मुश्किल था। दो दिन बाद पुराने शहर पर कर्फ़्यू लगा दिया गया और मार्शल लॉ की घोषणा कर दी गई। लेकिन लूटपाट, बलात्कार और कत्ल की घटनाऐं थमी नहीं। झगड़ों में चार अरब और पांच यहूदी मारे गए। घायलों में 216 यहूदी थे और 23 अरब। अधिकांश यहूदियों का सियोनवाद से कुछ लेना-देना नहीं था। पालिन कमीशन ने मई 1920 में इस घटनाक्रम की जांच की। कमीशन ने दंगों का कारण युद्ध के बाद दिये गये आश्वासनों से मुकरना, बाल्फोर घोषणा और बाहरी प्रोपेगेंडा बताया। कमीशन ने दंगे का दोष सियोनवादियों पर लगाया जो अपना अंतिम उद्देश्य प्राप्त करने के लिये बहुत जल्दी में थे और कुछ भी करना चाहते थे।

दंगों का सबसे महत्वपूर्ण नतीज़ा था फिलस्तीन में ब्रिटिश शासन द्वारा यहूदियों के प्रव्रजन पर रोक। फिलस्तीनी अरबों की भी यही मांग थी। दंगों के बाद

यहूदियों ने आत्म-रक्षा के लिये सशस्त्र दल हगाना को संगठित करने का निर्णय लिया। अरबों में स्वयं को फिलस्तीनी अरब के रूप में पहचानने की अस्मिता ने भी जन्म लिया।

मई 1921 में ब्रिटेन द्वारा नियंत्रित फिलस्तीन में एक बार फिर दंगे हुये—1 मई से 7 मई तक। 1920 के दंगों के साथ-साथ अरब-यहूदी टकराव और हिंसा का यह अध्याय भी सामान्य रूप से उस संघर्ष की शुरूआत माना जाता है जिसने भविष्य की घटनाओं पर गहरा असर डाला। राज्य के रूप में इस्रायल तो इसके 27 वर्ष बाद अस्तित्व में आया। लेकिन यहूदियों की तरफ से उस राज्य के निर्माण के स्पष्ट संकेत इस दौर में मिलने लगे थे, और यह बात अरबों की समझ में आ गई थी कि दूसरे देशों से आये हुये यहूदियों का उद्देश्य यहाँ मुस्तक़िल तौर से बसना था। उनकी ज़ेहन में यह बात स्पष्ट हो गई थी कि आक्रामक और हिंसात्मक तरीकों से वे न केवल अरबों की ज़मीन और उनके रिहायशी इलाकों पर कब्ज़ा करना चाहते थे बल्कि उन्हें खदेड़कर विस्थापित भी करना चाहते थे।

घटनाक्रम को गौर से देखने पर इन दंगों की सम्भावनाओं का कोई कारण नज़र नहीं आता। पहली तारीख़ को मई दिवस-श्रम का अंतर्राष्ट्रीय दिवस—मनाने के लिये यहूदी कम्युनिस्ट पार्टी के सदस्यों ने अरबी और यिद्दिश भाषा में पर्चे बाँटे। वे एक 'सोवियत फिलस्तीन' बनाना चाहते थे। जाफ़ा भूमध्य सागर के पूर्वी तट पर स्थित एक बन्दरगाह था। पिछले कई वर्षों में पूर्वी यूरोप के देशों से ग़रीब यहूदी यहाँ आप्रवासी होकर आए थे। इसके समीप भविष्य का एक बड़ा यहूदी शहर तेल अवीव विकसित हो रहा था। ये यहूदी रूस की समाजवादी उन्नति से प्रभावित थे। पार्टी ने पर्चों में अपना यह इरादा ज़ाहिर किया कि वे जाफ़ा से तेल अवीव तक मई दिवस के उपलक्ष्य में एक जुलूस निकालना चाहते हैं। मई दिवस मनाने के लिए उन्होंने लगभग 300 लोगों का एक जुलूस निकाला। उन्होंने अरब और यहूदी मज़दूरों का आह्वानान किया था। यह जुलूस उस इलाके से होकर निकला जहाँ यहूदी और अरब दोनों रहते थे। एक दूसरी मई दिवस की परेड तेल अवीव में प्रतिद्वन्द्वी सोशलिस्ट पार्टी ने भी आयोजित की थी। इस पार्टी को सरकार से आज्ञा प्राप्त हो गई थी। जब दोनों जुलूस मिले तो आपस में धक्का-मुक्की और लड़ाई होने लगी। पुलिस ने पचास कम्युनिस्ट आंदोलनकारियों को घटनास्थल से हटाने की कोशिश की। दोनों जुलूसों की टकराहट शीघ्र ही दंगों में तब्दील हो गई। दर्जनों ब्रिटिश-अरब और यहूदी प्रत्यक्षदर्शियों ने बताया कि अरबों ने चाकू, तलवार और कुछ पिस्तौलें लेकर यहूदियों की इमारतों पर हमला किया और वहाँ रहने वाले लोगों को मार डाला। उन्होंने यहूदी राहगीरों पर भी हमले किये। हिंसा की इन क्रूर घटनाओं में कई बच्चे भी मारे गये। पास ही बाहर से आने वाले यहूदियों के लिये एक आवास बनाया गया था जिसे सियोनवादी कमीशन चलाता था। पिछले कई हफ़्तों में वहाँ सैंकड़ों लोग आये थे।

भीड़ ने उन पर भी हमला किया और गेट तोड़कर अन्दर घुस गये। पहले तो पथराव हुआ और उसके बाद बम और बंदूकों के धमाके। कुछ गवाहों का कहना था कि पुलिस भी इस हमले में शामिल हो गई। हिंसा की आग बढ़कर अबू-कबीर के बाहरी इलाके तक फैल गई। वहाँ एक डेयरी फार्म था। दंगों के वक़्त यूसिफ हैम ब्रैनर जो आधुनिक हिब्रू साहित्य के पुरोधा माने जाते हैं, वहाँ मौजूद थे। डेयरी के मालिक इट्ज़किर के साथ वह भी मारे गये। दंगाइयों ने इट्ज़किर के किशोर लड़के और उनके दामाद को भी नहीं छोड़ा। जब दंगा खत्म हुआ तो लगभग 200 यहूदी और 120 अरब या तो मारे गये थे या गम्भीर रूप से घायल हो गये थे। दूसरे दिन यहूदी दस्ते प्रतिशोध के लिए निकले। क्रूरता के कृत्यों में दोनों ही वर्गों के दर्जनों लोग मारे गये और घायल हुये। यह हत्याकांड पारस्परिक घृणा की अभिव्यक्ति का प्रतीक बन गया।

मौके की गम्भीरता देखकर हाई कमिश्नर हर्बर्ट सैमुएल ने आपातकाल की घोषणा कर दी और प्रेस पर सेंसर लगा दिया। उन्होंने मिस्र से स्थिति पर काबू पाने के लिये सैन्य सहायता भेजने का आदेश दिया। जनरल एलेनवी ने दो विध्वंसक जहाज़ जाफ़ा और हैफ़ा के बंदरगाहों पर भेजे। सैमुएल ने अरब प्रतिनिधियों को समझा-बुझाकर शान्त भी करना चाहा। अरबों के प्रतिनिधि मूसा काज़िम अल हुसेनी ने माँग की कि यहूदियों का आप्रवास बन्द किया जाये। सैमुएल ने उनकी बात मान ली और दो या तीन छोटी नौकाओं को, जिनमें तीन सौ फिलस्तीन आने वाले यहूदी यात्रा कर रहे थे, बंदरगाह पर लगने से रोक दिया। लड़ाई कई दिन चलती रही और आसपास के इलाकों में फैल गई। यहूदी बस्तियों की रक्षा के लिये ब्रिटिश विमानों ने बम भी गिराये।

दंगों के बाद बहुत से यहूदी जाफा से तेल अवीव भाग गये। तेल अवीव कुछ समय बाद एक स्वतंत्र शहर बन गया हालांकि वह भोजन, ज़रूरी सामान और सेवाओं के लिये जाफ़ा पर निर्भर था। नये शहर के बहुत-से निवासी जाफ़ा में काम भी करते थे।

सर टामस हेक्राट ने अपनी जांच रिपोर्ट में नवागन्तुकों के व्यवहार और जीवनचर्या से उद्‌भूत घृणा को हिंसा का मुख्य कारण ठहराया। अरबों के विचार से आप्रवासी यहूदी उनकी संस्कृति को नष्ट करने पर तुले थे और अपने लिए जनसंख्यात्मक एवं राजनैतिक तथा आर्थिक प्रभुता हासिल करना चाहते थे। उनको विश्वास था कि फिलस्तीन की सरकार सियोनवादी प्रभाव में थी और, बहुसंख्यक अरब जनगण के विरुद्ध अल्पसंख्यक आप्रवासी वर्ग की पक्षधर थी। दूसरी ओर यहूदियों ने इसे दूसरे ही परिप्रेक्ष्य में देखा। उनके विचार से यह अरब आंदोलन की शुरूआत थी। इसके 40 वर्ष बाद बेन गुरियन ने लिखा कि 1921 का कत्लेआम आगामी रक्तपातों की भूमिकामात्र थी।

अरब-यहूदी संघर्ष में 1929 के फिलस्तीनी दंगे और आपसी हिंसात्मक टकराव एक धार्मिक मुद्दे को लेकर शुरू हुआ। यहूदी ब्रिटिश सहायता और संरक्षण में यहूदी फिलस्तीन को एक उपनिवेश में परिवर्तित कर रहे थे। उनकी जनसंख्या बढ़कर चौगुनी हो गयी थी; ज़मीन और श्रम पर उनका अधिकार बढ़ रहा था। वे हिब्रू भाषा, स्कूल और अस्पताल, अलग रिहायशी बस्तियां और अपनी संस्कृति विकसित करने में व्यस्त थे। अरब विरोध का बढ़ना स्वाभाविक था। अगस्त की इस हिंसा की घटना का फौरी कारण यहूदियों द्वारा विलाप दीवार (वेलिंग वॉल) पर कब्ज़ा करने की कोशिश थी। इसी से मिली हुई अलअक्सा की प्रसिद्ध मस्जिद है जो मुसलमानों का पवित्र धार्मिक स्थल है। एक हफ़्ते तक चलने वाले हिंसा के दौर में 116 अरब और 133 यहूदी मारे गये; 232 अरब और 198 यहूदी घायल हुये।

जेरूसलेम में पश्चिमी दीवार जिसे यहूदी संदर्भ में वेलिंग वॉल भी कहते हैं, एक लम्बे अर्से से दोनों के बीच झगड़े का कारण बनी हुई थी। सितम्बर 1928 में योम किप्पूर के पवित्र धार्मिक उत्सव की प्रार्थना के वक़्त यहूदियों ने दीवार के किनारे कुर्सियाँ लगाईं और पुरुषों और स्त्रियों के बीच रिवायती तौर पर पर्दे लगा दिये। जेरूसलेम के कमिश्नर एडवर्ड कीथ-रोच ने इस पर्दे पर ऐतराज़ ज़ाहिर किया क्योंकि दूसरी तरफ मुसलमानों की इबादत की जगह थी और वहाँ पर जमा हुये शेखों को इस पर्दे पर ऐतराज़ था। उनका कहना था कि ऑटोमन साम्राज्य के वक़्त किसी भी तरह के निर्माण पर प्रतिबन्ध था और मैन्डेट के अनुसार अंग्रेज़ों को यथास्थिति कायम रखना था। पुलिस के हस्तक्षेप से प्रार्थना में हिस्सा लेने वालों से हाथापाई होने लगी। जेरूसलेम के मुफ़्ती हई अमीन अल-हुसेनी ने मौके का फ़ायदा उठाकर अरबों के बीच पर्चे बाँटे और दूसरे अरब देशों तक यह प्रचार किया कि यहूदी अल-अक्सा मस्जिद पर कब्ज़ा करना चाहते हैं। 15 अगस्त 1929 को यहूदियों के विभिन्न दल जिनमें कि ब्लादिमीर जेबोतिन्सकी के समर्थक भी शामिल थे, दीवार के पास इकट्ठे हुये और नारे लगाने लगे, 'यह दीवार हमारी है'। यह यहूदियों के धार्मिक उपवास का तिशा ब-आव का समय था। इन दलों ने यहूदी राष्ट्रीय ध्वज फहराया और इस्रायली राष्ट्रीय गान हतिक्वह भी गाया। प्रशासन ने, जिसे इस मार्च के बारे में सूचना दी गई थी, पुलिस संरक्षण का ज़बरदस्त बंदोबस्त किया जिससे कि कोई वारदात होने से रोका जा सके। इस बीच अफवाहें फैलीं कि यहूदी जवानों की टोली ने रिहायशी बस्ती पर हमला किया और मोहम्मद को गाली दी। फिर क्या था! 16 अगस्त को जुमे के रोज़ एक बड़े प्रदर्शन का आयोजन हुआ जिसमें शरीक़ मुसलमानों ने यहूदी भक्तों पर हमला किया और उनकी प्रार्थना की पुस्तकों को जला डाला। झगड़े चलते रहे और सुलह की सारी कोशिशें नाकाम होती रहीं। 20 अगस्त को हगाना के नेताओं ने 600 यहूदियों के लिये सुरक्षा-व्यवस्था करने का प्रस्ताव किया। कुछ हुआ नहीं और अगले शुक्रवार 23 अगस्त को गाँवों में रहने वाले हज़ारों अरब

जेरूसलेम में घुस आये इस मक़सद से कि वे वहाँ नमाज़ अदा करेंगे। टेम्पल माउंट पर जहाँ उन्हें नमाज़ अदा करनी थी, गोलियां चलने की आवाज़ सुनाई दी। दो अरब यहूदियों के हाथ मारे गये हैं—इस तरह की अफवाह से अरब गुस्से में आ गये और उन्होंने जेरूसलेम के पुराने शहर के यहूदियों पर हमला कर दिया। हिंसा पलक झपकते ही फिलस्तीन के दूसरे हिस्सों में भी फैल गई। अंग्रेज़ अधिकारियों के पास 100 सिपाही भी नहीं थे, हाँ 6 बख़्तरबंद गाड़ियाँ ज़रूर थीं और 5-6 विमान। फिलस्तीन की पुलिस में 1500 सिपाही थे, अधिकांश अरब, कुछ यहूदी और 175 अंग्रेज़ अफसर। पुलिस हिंसा रोकने में असमर्थ थी। ब्रिटिश अधिकारी खुद डरे हुये थे। इस हिंसा में हेब्रॉन का कत्लेआम भी शामिल है जिसमें 65 यहूदी मारे गये। लेकिन यह भी हक़ीक़त है कि सैकड़ों यहूदियों की जान उनके अरब पड़ोसियों ने बचाई। उन्होंने इन यहूदियों को अपने घरों में छिपा लिया था।

जेरूसलेम का यह रक्तपात यहूदी आक्रामकता, अरब विरोध और ब्रिटिश सरकार की सियोनवाद-समर्थक नीति का परिणाम था। सर वाल्टर शा और सर जॉन होप-सिम्प्सन की रिपोर्टों में स्पष्ट कहा गया कि यहूदी ही इस हिंसा को भड़काने के लिए जिम्मेदार थे। रिपोर्ट के मुताबिक़ 1929 की हिंसात्मक घटनाऐं उन सभी छिटपुट घटनाओं की परिणति ही थीं जो काफी समय से होती आ रही थी। 15 अगस्त के दिन यहूदियों के प्रदर्शन से बहुत दिनों से सुलगती आग भड़क उठी। एक बार जब हिंसा भड़क उठे तो किसी एक दल या वर्ग पर दोषारोपण मुश्किल हो जाता है। यहूदियों के दैनिक और साप्ताहिक समाचारपत्रों और अरबी के अख़बारों में छपने वाले भड़काऊ लेखों ने भी आग में घी का काम किया। अरबों के असंतोष की जड़ में यहूदी एजेंसी का विस्तार और यहूदियों का बढ़ता हुआ आप्रवास था। कमीशन ने यह भी सिफ़ारिश की कि सरकार को यहूदी आप्रवास और यहूदियों के हाथों ज़मीन की बिक्री की नीति पर पुनर्विचार करना चाहिये। 1930 में होप सिम्प्सन रॉयल कमीशन ने भी सिफ़ारिश की कि यहूदियों का फिलस्तीन में आप्रवास नियंत्रित किया जाना चाहिये क्योंकि वहाँ खेती के क़ाबिल ज़मीन की सख़्त कमी है। लेकिन अरब विरोध और बायकॉट तथा अंग्रेज़ों की कोशिश के बावजूद भी यहूदियों का आप्रवास होता रहा और फिलस्तीन में सियोनवाद की जड़ें मजबूत होती गयीं।

अरब विचित्र उलझन में पड़ गये थे। वे असंगठित थे और उन्हें सरकार का समर्थन प्राप्त नहीं था। वे संघर्ष करने की स्थिति में कतई नहीं थे। लिहाज़ा उन्होंने समझौते का रास्ता ही चुना। वे अपनी अर्द्ध-उपनिवेशी स्थिति से उबरना चाहते थे। उन्होंने ब्रिटिश सरकार पर उम्मीद लगाई। किन्तु तत्कालीन उपनिवेश सचिव विन्स्टन चर्चिल ने उनकी आशाओं पर पानी फेर दिया। उन्होंने अरबों को विश्वास दिलाया कि बाल्फोर घोषणा तो यहूदी और अरब दोनों को समान दृष्टि से देखती

है; इसलिए ब्रिटिश सरकार दोनों की आकांक्षाओं की पूर्ति करेगी। स्वायत्त शासन के ब्रिटिश प्रस्ताव का विरोध यहूदियों ने जोर शोर से किया। वे फिलस्तीन में शुद्ध यहूदी राज्य चाहते थे। 1935 में उन्होंने स्वायत्र शासन का प्रस्ताव बिल्कुल अस्वीकार कर दिया। सियोनवादियों का रुख आक्रामक था और सहअस्तित्व के लिए वहां बिल्कुल जगह न थी।

1936-1939

फिलस्तीन में ब्रिटिश शासन के अठारह वर्ष हो चुके थे। हर साल 60,000 यहूदी पहुँच रहे थे। ज़मीन की खरीद जारी थी। हज़ारों अरब किसान भूमिहीन हो गये थे। वे तेज़ी से बढ़ रहे शहरों की तरफ काम की खोज में भाग रहे थे। उनमें से बहुत से आप्रवासियों की इमारतें बनाने में मज़दूर बन गये थे। अकेले हैफा में उनकी संख्या 11000 थी। शहर के छोर पर वे सुअर के बाड़े जैसी झोपड़ियों वाली गन्दी बस्तियों में रहते थे। यहूदी ऐकान्तिकता के कारण हज़ारों बेकार हो गये थे। विद्रोह के लिए इन भूखे किसानों के यायावर गिरोहों से अधिक उपयुक्त कौन हो सकता था! शेख कस्साम ने उनके अन्दर क्रांति की भावनाएं जगाईं। कस्साम और उसके चुनिन्दा साथियों ने अपनी पत्नियों के जेवर और घर का सामान बेचकर राइफलें खरीदी और वे जानिन के घने जंगलों वाली पहाड़ियों में छिप गये। दिन के वक्त वे गुफाओं में बैठकर कुरान का पाठ करते और रात को यहूदी और ब्रितानी ठिकानों पर हमला करते। शीघ्र ही सेना ने उन्हें घेर लिया। कस्साम ने आत्मसमर्पण से इन्कार कर दिया। वह और उसके चार साथी मारे गये; बाकी गिरतार हो गये। यह छोटा-सा असफल विद्रोह था किन्तु इसने फिलस्तीनी जनता को जगा दिया और आनेवाली व्यापक क्रान्ति का प्रतीक बन गया। शेख कस्साम फिलस्तीनी संघर्ष का पहला 'फिदायी' (बलिदानी) था। आज चौहत्तर वर्ष के अन्तराल की दूरी से कस्साम एक जुझारू कौम का पहला अलमबरदार दिखाई देता है–एक दीर्घकालीन संघर्ष का जनक। हज़ारों लोग हैफा में उसकी अन्तिम क्रिया में शामिल हुये। काहिरा के पत्र अलअहराम ने लिखा, 'प्यारे दोस्त और बलिदानी। मैंने तुम्हें धर्मोपदेश देते सुना, तुम्हारी हथियार उठाने की क्रान्ति की आवाज़ सुनी। किन्तु आज खुदा के सीने से तुम जो संदेश हमें दे रहे हो वह हम कैसे भूलेंगे? तुम्हारी मृत्यु में तुम्हारा संदेश कहीं अधिक मुखर हो उठा है।'

मूलतः यह किसान-मज़दूरों का विद्रोह था। उच्च वर्ग के अरब अलग-थलग अपनी ज़मीन यहूदियों के हाथ बेचने में लगे हुये थे। आत्महनन की क्रिया में संलग्न ये लोग राष्ट्रीय आंदोलन में फूट का सबसे बड़ा कारण बने। उन्होंने अपना देश कौड़ियों के मोल यहूदियों के हाथ बेच दिया।

सियोनवादियों ने इस विद्रोह को एक दूसरे ही परिप्रेक्ष्य में देखा। उन्होंने इसे

असंख्य लोगों की रेगिस्तानी बर्बरता का ख़िताब दिया। उनके विचार से यह आदिम लोगों की डाका, खून और लूटपाट की राजनीति थी जिसे कट्टर धर्मावलम्बी और गैर जिम्मेदार राजनीतिज्ञ भड़का रहे थे। सही ऐतिहासिक दृष्टि से यह संघर्ष एक विदेशी हमलावर क़ौम के ख़िलाफ़ था जो उन्हें अपने देश से निष्कासित कर उसे अपने कब्ज़े में लेना चाहती थी। ब्रिटिश इतिहासकार जॉन मार्लोव के अनुसार यह एक किसान विद्रोह था जिसकी प्रेरणा के स्रोत अभी तक ठीक तरह से समझे नहीं गये। इतिहासकार जी.एम. ट्रवेल्यन के शब्दों में, 'ग्रामीण जनता का अपनी आस्थाओं के लिये लड़ने निकल पड़ना....एक नई चीज़ थी, जैसे रंगमंच पर अचानक पर्दा उठे और सामने दिखाई दे किसानों का एक नया रूप....आस्था, आदर्शवाद, शक्ति, स्वतंत्रता प्रेम और मौत के प्रति हिकारत से भरा।'

यह स्वतःस्फूर्त आन्दोलन मूलतः साधारण जनगण और किसानों के बीच जन्मा था। सीमित होते हुये भी यह उद्देश्यपूर्ण और संगठित था—न केवल यहूदियों के खिलाफ़ बल्कि ब्रिटिश सरकार के ख़िलाफ भी जो उन्हें यहाँ लाई थी। इस आन्दोलन का एक अहिंसात्मक पहलू भी था जो छः महीने की देशव्यापी हड़ताल के रूप में सामने आया था। उन्हें पड़ोसी अरब देशों से धन और हथियार मिलने लगे थे और लड़ने वाले सेनानी भी। आन्दोलन एक व्यापक अरब रूप लेकर नये आयामों में विकसित हो रहा था। 20 अप्रैल 1936 को नबलूस में एक राष्ट्रीय समिति का गठन हुआ। समस्त गैर यहूदी जनता—मुसलमान और ईसाई—और सभी प्रकार की राजनैतिक विचारधारा के लोग अप्रत्याशित रूप से ऐक्यबद्ध हो गये। उन्होंने ब्रिटिश सरकार से मांग की कि यहूदी आप्रवास पर पूरी पाबन्दी लगनी चाहिये। किन्तु आप्रवास नहीं रुका। उल्टे सरकार ने आप्रवास में 10 प्रतिशत बढ़ोतरी के आदेश दे दिये। प्रतिक्रिया में आन्दोलन भी ज़ोर पकड़ता गया। कुछ हथियारबन्द दस्ते संगठित होकर पहाड़ी हिस्सों को अपनी गतिविधियों का केन्द्र बनाने लगे।

1936 की हड़ताल के बाद सरकार ने जांच कमीशन बिठाया था। जुलाई 1937 में अपनी रिपोर्ट में कमीशन ने सुझाव दिया कि फिलस्तीन की समस्या का समाधान था उसका यहूदी और अरबों के बीच विभाजन। अरब विभाजन के विरुद्ध थे। इस बीच एक और घटना घटी। एल.वाई. एन्ड्रूज गैलिली के जिला कमिश्नर थे। सितम्बर के अन्त में एक दिन नजारेथ के गिरजाघर से निकलते समय कुछ हथियारबन्द लोगों ने उन्हें गोली मार दी। सैकड़ों फिलस्तीनी गिरफ़्तार कर लिये गये। अरब उच्च समिति भंग कर दी गई और उसके सदस्यों को सेचिलीस द्वीपसमूह पर निर्वासित कर दिया गया। सरकार के इस रवैये ने अरबों को उत्तेजित कर दिया। 14 अक्टूबर 1937 की रात को शुरू होकर 1938 के मध्य तक यह विद्रोह कई गुना बढ़ गया। विद्रोहियों की संख्या 15000 तक पहुंच गई और मध्यवर्ती पहाड़ी

इलाके—गैलिली, हेब्रान, बीरशेवा और गाज़ा में उन्होंने अपनी क्रांतिकारी सरकार क़ायम कर ली। छापामार युद्ध अब लगभग संगठित रूप से होने लगा।

ब्रिटिश सरकार ने भी फिलस्तीन की पुनर्विजय का अभियान शुरू कर दिया। 1938 के मध्य तक लगभग 20,000 सैनिक फिलस्तीन में उतार दिये गये। 'दि टाइम्स' की अक्टूबर 1938 की एक रिपोर्ट के अनुसार रायल एयरफोर्स के पांच विमानों ने देर-ग़ासना गांव के पास विद्रोहियों पर हमला कर 150 लोगों को मौत के घाट उतार दिया। सैन्य अदालतों में उल्टे-सीधे अभियोग लगाकर लोगों को फांसी पर लटकाया जाने लगा। शेख फरहान अल-सादी को 75 साल की उम्र में रमजान के महीने में फांसी दे दी गई। यद्यपि यहूदियों द्वारा हिंसा की घटनायें अरबों से कहीं अधिक और क्रूरतर थीं, फिर भी जबकि 112 अरबों को फांसी दी गई, दिखाने के लिये केवल एक यहूदी को। प्रतिशोध से अंधे ब्रिटिश सैनिकों ने इगज़िम नामक एक पूरा गांव ही नष्ट कर डाला। फिलस्तीनी विद्वान वालिद खलीदी के अनुसार इस विद्रोह में 5000 से अधिक लोग मारे गये और लगभग 14000 घायल हुये। शक्तिशाली ब्रिटिश साम्राज्य की सेनाओं ने विद्रोह को कुचल दिया।

फिलस्तीनियों पर इसका प्रतिकूल और दूरगामी प्रभाव पड़ा। ब्रिटिश सरकार के दमनचक्र, व्यापक हिंसा और विनाश के फलस्वरूप फिलस्तीन के अरब लगभग शक्तिहीन हो गये थे। विद्रोह के दौरान उनके हथियार भी छीन लिये गये थे। इसलिए 1947-1948 के गृहयुद्ध में सफलता हासिल करने लायक ताकत उनमें नहीं रह गई थी। ब्रिटिश सरकार ने उनके प्रमुख राजनैतिक नेताओं को भी या तो मार डाला था या देशनिकाला दे दिया था। आर्थिक और सामाजिक धरातल पर भी अरब समाज कमज़ोर होकर बिखर गया था। हज़ारों फिलस्तीनियों के घर नष्ट हो गये थे। खेतों की फसल और फलों के बागान नष्ट होने से उनकी आर्थिक स्थिति शोचनीय हो गई थी। चारों तरफ हद दर्ज़े की बेकारी थी। ज़ाहिर है कि व्रिदोह केवल अपने उद्देश्य को हासिल करने में ही नाकाम नहीं रहा बल्कि भविष्य में होने वाले युद्ध और संघर्ष में भी उसने अरबों की सक्रिय भूमिका अदा करने की शक्ति को भी कमज़ोर कर दिया।

किन्तु उन घटनाओं ने राजनीतिज्ञों को सोचने पर विवश किया। द्वितीय विश्वयुद्ध के बादल यूरोप पर मंडरा रहे थे। ब्रिटेन के लिए सम्भव नहीं था कि इस स्थिति में वह समस्त अरब और मुस्लिम देशों से दुश्मनी बांधे। सरकार ने एक घोषणापत्र जारी किया जिसमें कहा गया कि ब्रिटेन का इरादा फिलस्तीन को यहूदी राज्य बनाना नहीं है; अगले पांच वर्ष में 75 हजार यहूदी आप्रवास करेंगे और उसके बाद अरबों की सहमति के बिना एक भी नहीं; भूमि के क्रय-विक्रय पर समुचित प्रतिबन्ध लगाये जायेंगे; अगले दस वर्षों में स्वाधीन फिलस्तीन राज्य स्थापित करने के लिए कदम उठाये जायेंगे। सरकार के ये कूटनीतिक प्रयत्न अरबों को शान्त करने

में सफल हुये।

इस व्यापक अरब-विद्रोह का सही मूल्यांकन अभी तक नहीं हुआ है। पश्चिम के इतिहासकारों और इस्रायल के इतिहासविदों ने इसे इतिहास के हाशिये पर ही छोड़ दिया है। सही अर्थ में यह एक उपनिवेशविरोधी संघर्ष था और इसका सही विश्लेषण और मूल्यांकन करना इतिहास की दृष्टि से बहुत ज़रूरी है। डेविड बेन गुरियन ने साफ अल्फाज़ में कहा है कि, "अरब तो अपनी बेदख़ली, वंचना और निष्कासन के ख़िलाफ़ लड़ रहे थे... उन्हें अपनी ज़मीन खोने का ही डर नहीं था बल्कि अपनी उस मातृभूमि के छूट जाने का डर भी था जिसे दूसरे लोग यहूदियों का स्वदेश बनाने में लगे हुये थे।"

इस घोषणापत्र का दस्तावेज़ अरबों को स्वीकार था किन्तु सियोनवादियों की प्रतिक्रिया बिलकुल उल्टी हुई। दूसरे दिन ही जेरूसलम के मुख्य रब्बी डा. हरजोग ने सैकड़ों लोगों की उपस्थिति में इस दस्तावेज को टुकड़े-टुकड़े कर डाला। आप्रवास विभाग के प्रधान कार्यालय में यहूदियों ने आग लगा दी, हैफा और तेल अवीव के सरकारी दफ़्तरों पर उन्होंने हमले किये, जेरूसलेम की अरब दुकानों को लूटा और एक ब्रिटिश सिपाही को गोली मार दी। जेरूसलेम में रेक्स सिनेमाघर जला डाला गया। कई अरब मारे गये और घायल हुये। डेविड बेन गुरियन ने प्रदर्शनों के एक दिन बाद लिखा, यह तो यहूदी विरोध की शुरूआत भर है, वे अपना खून बहा देंगे किन्तु सरकार की गलत नीति के सामने आत्मसमर्पण नहीं करेंगे।

बन्दूकधारी सियोनवाद

पिछली सदी के तीस के दशक में जिसका उदय हुआ वह था बन्दूकधारी सियोनवाद। यहूदियों की उग्रता और हिंसात्मक प्रवृत्ति बढ़ रही थी। 1938 के जुलाई महीने में ही उन्होंने हैफा, जाफा और जेरूसलेम में लगभग 100 अरब मार डाले। मस्जिदों से नमाज़ के बाद वापस आ रहे निहत्थे लोगों और सब्जी बाजार में सीधे सादे किसानों पर बम फेंकने और गोली मारने की घटनायें आम हो गईं। उन्होंने संगठित और वैज्ञानिक तरीकों से इस हिंसा की राजनीति को विकसित किया। आकस्मिक अप्रत्याशित आक्रमण, गतिशीलता और भीतर घुसकर मार करने की युद्ध कला का विकास इसी काल में हुआ। मोशे दयान जैसे प्रसिद्ध योद्धाओं का यौद्धिक प्रशिक्षण भी इसी काल में एक ब्रिटिश कप्तान आर्ड विनगेट की देखरेख में हुआ।

यह यहूदी आन्दोलन का नया दौर था अब आन्दोलन की असली शक्ति डेविड बेन गुरियन के हाथ में थी। राजनैतिक आंदोलन और अधिकारों के लिए शान्तिपूर्ण संघर्ष केवल सतही था। वास्तविक था हिंसक सियोनवाद—उसके नेता थे डेविड बेन गुरियन और मेनाकिम बेगिन जैसे लोग। 22 जुलाई 1946ः जेरूसलेम का किंगडेविड होटल ब्रिटिश शासन का सैन्य और नगर मुख्यालय, दोपहर से कुछ पहले का समय—एक ट्रक होटल के रसोईघर के प्रवेशद्वार पर आकर रुका। अरबों की वेशभूषा में कुछ लोग उतरे, उन्होंने दूध मथने वाले बड़े-बड़े बर्तन उतारे और उन्हें रीजेन्स कैफे में रख दिया। किसी को पता नहीं था कि उनमें भयंकर विस्फोटक बारूद भरा था। ये अरब वेशधारी यहूदी बेगिन द्वारा संगठित यहूदी आक्रामक दस्ते 'इर्गुन' के लोग थे। बेगिन के शब्दों मेंः '12:15 का समय था। गिडियन मिनट गिन रहा था। अब तक सभी कुछ योजना के अनुसार हुआ था। .....केवल एक प्रश्न उसे परेशान किये था—यदि विस्फोट न हुआ तो? ...एक मिनट एक दिन के बराबर हो रहा था। 12:31, 12:32, गिडियन बैचेन हो उठा। आधा घंटा लगभग बीत चुका था। 12:37, सहसा सारा शहर कांप उठा। कोई गलती नहीं हुई थी। तहमंजिल से विस्फोटक ड्रम छठी मंजिल तक पहुँच गये थे। जैसा कि बीबीसी ने बाद में कहा, इमारत का एक हिस्सा इस तरह अलग हो गया था जैसे चाकू से काट दिया गया हो।' 88 लोग मरे जिनमें 15 यहूदी भी थे।

इरा विस्फोट ने सारी दुनिया को सूचित कर दिया—फिलस्तीन में एक नया राष्ट्र उभरा है और उस राष्ट्र की भित्ति हिंसा पर है। सियोनवादी बंदूकें अब अंग्रेज़ शासकों के विरुद्ध भी तन गई थीं। इस बीच द्वितीय विश्वयुद्ध भड़क उठा। सियोनवादियों ने मित्र राष्ट्रों की सहायता करने का निर्णय लिया। युद्ध समाप्त होते ही उन्होंने यहूदी राज्य की मांग दोहराना आरम्भ कर दिया। इस बीच चर्चिल की सरकार हार गई और लेबर पार्टी चुनाव में विजयी हुई। लेबर पार्टी ने भी यहूदी और अरब समानता वाले स्वतंत्र फिलस्तीन का समर्थन किया। किन्तु यहूदी हठधर्मिता के कारण सरकार कोई निर्णय नहीं ले सकी। हारकर 1947 में ब्रिटिश सरकार ने निर्णय संयुक्त राष्ट्र संघ के ऊपर छोड़ दिया।

ऐतिहासिक स्थिति बदल चुकी थी। विश्वयुद्ध में विजयी होकर भी ब्रिटेन कमज़ोर हो चुका था और फिलस्तीन का भार उठाने में असमर्थ था। यहूदी इस स्थिति से वाक़िफ़ थे। इसलिये उन्होंने दूसरा ही रास्ता अपनाया। युद्धोत्तर काल में अमेरिका का बड़ी शक्ति के रूप में उभरना एक ऐतिहासिक यथार्थ था। वहां यहूदियों को एक निर्णायक स्थान प्राप्त था। उनके वोट जरूरी थे। राष्ट्रपति ट्रूमन ने निर्लज्जतापूर्वक कहा, "मेरे देश में लाखों यहूदी हैं जो सियोनवाद की सफलता के पक्षधर हैं। कई लाख अरब हमारे मतदाताओं में नहीं हैं।"

एक अन्य क्रूर ऐतिहासिक सत्य था हिटलर के यातना शिविर और उनसे बचे हुये लगभग तीन लाख यहूदी। यदि स्वेच्छा से उन्हें कहीं जाने दिया जाता तो वे पश्चिमी यूरोप और अमेरिका में शरण लेते। किन्तु अमेरिका ने अपने दरवाज़े बन्द कर दिये। उसने फिलस्तीन से अपेक्षा की कि वह कम से कम एक लाख आप्रवासियों को स्वीकार करे। आप्रवासियों के फिलस्तीन पहुंचने के संघर्ष को नाटकीय रूप देकर खूब प्रचार किया गया। 'एक्सोडस' जलपोत की कहानी का इतना प्रचार हुआ कि अब बहुत लोग इसके बारे में जानते हैं। 1947 में जब यह जहाज हैफा पहुंचा तो ब्रिटिश अधिकारियों ने उसके 4500 शरणार्थियों को उतरने की आज्ञा नहीं दी। अमेरिका में निरन्तर इस जहाज की दुखपूर्ण दास्तान का प्रचार होता रहा।

इसी बीच सियोनवादी आन्दोलन जोर पकड़ता जा रहा था। हैफा का रडार केन्द्र, रेलवे लाइनें—ब्रिटिश शासन से संघर्ष के नाम पर सभी कुछ नष्ट किया जा रहा था। अमेरिका में प्रचार किया जा रहा था कि फिलस्तीन में हिब्रू योद्धा उसी क्रूर दमनकारी शक्ति के खिलाफ हथियार उठा रहे हैं जिससे लड़कर 170 वर्ष पहले अमेरिकन क्रांतिकारियों ने स्वतंत्रता हासिल की थी। ब्रिटिश सरकार को 'पाशविक साम्राज्यवाद' की संज्ञा दी जा रही थी। यह भुला दिया गया कि कुछ वर्ष पहले ही ब्रिटिश सिपाहियों ने सियोनवाद की रक्षा के लिये अरब विद्रोह को कुचला था। हॉलीवुड के पटकथा-लेखक बेन हेख़्त ने नाटक लिखा 'एक पताका जन्मी है' (ए

फ्लैग इज़ वॉर्न)। इसके प्रत्येक मंचन में हजारों डालर चन्दा इकट्ठा हो रहा था। अमेरिका, फ्रांस और अन्य 64 देशों में प्रचार और धनसंग्रह जोरशोर से चल रहा था।

एक दिन यहूदी आतंकवादियों ने अप्रत्याशित हमले से 16 बख्तरबन्द गाड़ियाँ नष्ट कर दीं और 80 ब्रिटिश सैनिक मार डाले। फिलस्तीन में एक लाख ब्रिटिश सैनिक थे। इसलिए सरकार की स्वाभाविक प्रतिक्रिया थी—दमन। किन्तु मौजूदा स्थिति में एक और दृष्टिकोण भी उभर रहा था—'शासन करो या भागो'। विरोधी दल के नेता चर्चिल ने पार्लियामेंट में कहा कि ब्रिटेन के लिए यही उचित था कि वह फिलस्तीन को संयुक्त राष्ट्र संघ के हाथों में सौंप दे। उस देश से ब्रिटेन का न कोई पारस्परिक संबंध था, न भारत जैसी प्रभुसत्ता और न मिस्र जैसी सन्धि। एक सुदूर देश के घिनौने युद्ध में तीन-चार करोड़ पौण्ड सालाना खर्च पर एक लाख सिपाहियों को रखना कोई समझदारी नहीं थी। ब्रिटिश जनता और वहां की सरकार क्रूर और कृतघ्न शत्रु के खिलाफ़ एक नये औपनिवेशिक युद्ध में अपने जवान बेटों को कुर्बान करने के पक्ष में नहीं थी।

इस बीच यहूदी आतंकवादियों ने अपनी गतिविधियां तेज़ कर दी थीं। वे पुल उड़ा देते, सड़कों पर सुरंगें बिछाते, रेलगाड़ियाँ पटरियों से उतारते और प्रहरी नावों को डुबो देते। एक ही रात में उन्होंने बीस लड़ाकू विमानों को हवाई पट्टियों पर ही नष्ट कर डाला। रोम में उन्होंने ब्रिटिश दूतावास जला डाला। फिलस्तीन में उन्होंने ब्रिटिश सेना के सिपाहियों को सोते में मारना शुरू कर दिया। वे अफ़सरों को पकड़कर बांध देते और उन्हें कोड़े लगाते। एक बार दो सार्जेन्टों को उन्होंने पेड़ पर लटका कर फांसी दे दी। यह सभी ब्रिटेन की मौजूदा स्थिति के कारण था। दस वर्ष पहले 20,000 सिपाहियों ने दस लाख अरबों के विद्रोह को कुचल डाला था, उसी सेना के एक लाख सिपाही आज यहूदी आतंकवादियों द्वारा अपमानित होकर देश वापस जाने के लिये विवश थे।

2 अप्रैल, 1947, ब्रिटेन के प्रतिनिधि ने अनुरोध किया कि फिलस्तीन का प्रश्न संयुक्त राष्ट्र संघ की आमसभा के सम्मुख रखा जाय और इसके भविष्य के बारे में निर्णय लिया जाय। 29 नवम्बर 1947 को आम सभा ने बहुमत से निर्णय लिया कि फिलस्तीन का विभाजन हो और वहां यहूदी राज्य कायम किया जाए। ब्रिटेन ने घोषणा कर दी कि वह 15 मई 1948 तक फिलस्तीन में अपना शासन समाप्त कर देगा और अपनी सेनायें वापस बुला लेगा।

1947-48, फिलस्तीन का गृहयुद्ध

फिलस्तीन के इतिहास में 30 नवम्बर 1947 और 14 मई 1948—ये दोनों दिन अत्यन्त महत्वपूर्ण हैं। 30 नवम्बर को औपचारिक रूप से सं.रा.सं. के फिलस्तीन में ब्रिटिश मैन्डेट समाप्त करने और देश को विभाजित करने के निर्णय की घोषणा

हुई। 14 मई 1948 को ब्रिटिश नियंत्रण औपचारिक रूप से समाप्त हो गया। तब देश में एक गृहयुद्ध भड़क उठा जो दरअसल 1948 के नियोजित अरब-इस्रायली युद्ध का पहला सर्ग था—एक संक्रांतिकाल जब आप्रवासी यहूदी और मूल निवासी अरब आपसी संघर्ष में एक युद्ध के पैमाने पर मुब्तिला हुये। कानून और व्यवस्था बनाए रखने की जिम्मेदारी ब्रिटिश सरकार की थी। लेकिन यह निर्णय हो जाने के बाद कि कुछ महीनों के अन्दर ही उसे देश छोड़कर जाना ही है, ब्रिटिश प्रशासन ने अपनी सेना वापस भेजना आरम्भ कर दिया। फिलस्तीन में ब्रिटेन की दिलचस्पी पहले भी नहीं थी, अब तो उसका औपचारिक दायित्व भी समाप्त होने वाला था। इन परिस्थितियों में इस गृहयुद्ध में ब्रिटिश शासन ने बस नाम के वास्ते ही हस्तक्षेप किया।

दिसम्बर 1947 में यहूदियों और अरबों के बीच सशस्त्र युद्ध छिड़ा। विशेषज्ञों का विचार है कि यह युद्ध अमेरिका और ब्रिटेन ने भड़काया था जिससे कि बनने वाले राज्यों पर उनका प्रभुत्व कायम रह सके। युद्ध की स्थिति जब गम्भीर हो गई तो अमेरिका ने शान्ति स्थापित करने के फर्जी उद्देश्य से हस्तक्षेप किया। ब्रिटेन का शासनादेश 15 मई 1948 को समाप्त होने वाला था। उससे कुछ दिन पहले ही राष्ट्रपति ट्रूमन ने इस्रायल को हथियार और अन्य सैन्य सहायता देने का आश्वासन दिया था। यह युद्ध 1949 के ग्रीष्म तक चलता रहा। युद्ध विराम के बाद इस्रायली नेताओं ने कई दिलचस्प बातें कहीं। बेन गुरियन का खयाल था कि यदि इस युद्ध में इस्रायली सेना के प्रमुख मोशे दयान होते तो अधिकृत इलाका कहीं अधिक बड़ा होता। इगाल एलान का विचार था कि दोष बेन गुरियन का ही था। वह अन्तर्राष्ट्रीय दबाव के सामने झुक गये थे। बेन गुरियन के दिमाग में भी यह शीघ्र ही स्पष्ट हो गया कि 'मुक्ति संग्राम' का अर्थ था विस्तारवाद। इसलिये अरबों से सुलह का कोई प्रश्न ही नहीं उठता।

इस्राइलियों की दृष्टि में सुलह, शान्ति की स्थापना और सहअस्तित्व अवांछनीय थे। यहूदी राज्य की स्थापना का स्वप्न तब शायद सपना ही रह जाता। अरब देशों से आये यहूदी स्वयं को एक विरोधी संस्कृति के वातावरण में पाते। वे सम्भवतः अपनी भोजन शैली और अपनी पुरानी संस्कृति को अविच्छिन्न रखते। तब हिब्रू और अरबी भाषाओं का झगड़ा भी खड़ा होता। इसलिए इस्रायल ने आक्रान्ता की भूमिका नये राष्ट्र की स्थायी नीति ही बना ली। संयुक्त राष्ट्र संघ की आम सभा और सुरक्षा परिषद् दोनों ने ही इस्रायल की आक्रामक प्रकृति की बार-बार निन्दा की है। इस्रायल ने प्रत्युत्तर में हर बार उस संस्था के अस्तित्व को ही नकारा जिसने उसे जन्म दिया। मध्यपूर्व में काम करने वाले संयुक्त राष्ट्र संघ के प्रेक्षकों और प्रतिनिधियों का अनुभव भी इसका गवाह है। इनमें अमेरिकन कमाण्डर हचिन्सन, कनाडियन जनरल बर्न्स और स्वीडन निवासी जनरल वान हार्न प्रमुख हैं। उन्होंने एक स्वर में इस्रायल को

मुजरिम करार दिया है। सैन्यशक्ति से नये भूभागों पर जबरन अधिकार करने के हर नये अभियान से वह कभी संतुष्ट नहीं हुआ—उसकी विस्तारवाद की प्यास नहीं बुझी। हर बार उसने स्वयं स्वीकार की हुई वैधताओं को जानबूझ कर भंग किया। इस्रायल ने अब तक चार विस्तारवादी युद्ध लड़े। इन घोर हिंसात्मक युद्धों को उसने आत्मरक्षा और शान्ति के युद्धों की संज्ञा दी।

सं.रा.सं. की विभाजन की योजना के अनुमोदन के साथ ही यहूदी ख़ुशी से उछल पड़े। मगर उनकी ख़ुशी ज़्यादा देर नहीं टिकी क्योंकि अरब समुदाय में घोर असंतोष और आक्रोश व्याप्त था। हिंसा भड़क उठी और तेज़ी से जंगल की आग की तरह चारों तरफ फैल गई। किसी बड़ी ताकत ने हस्तक्षेप भी नहीं किया। इस गृहयुद्ध के पहले दो महीनों में 1000 लोग मारे गये और 2000 घायल हुये। मार्च 1948 तक मरने वालों की संख्या 2000 और घायलों की संख्या 4000 तक पहुँच गई। जनवरी 1948 के बाद इस युद्ध में संगठित लड़ाकू दल शामिल हो गये। अरब लड़ाकू दलों ने गैलिली और समारिया में अपनी स्थिति सुदृढ़ कर ली। अब्द-अल-क़ादिर अल-हुसैनी मिस्र से आया और उसने कई हज़ार लड़ाकुओं के दल तैयार किये। इन दलों ने जेरूसलेम में बसे हुये एक लाख यहूदियों को घेर लिया। यिशूब ने सशस्त्र सैनिक दल मुकाबला करने के लिये भेजे जिनके साथ बख़्तरबन्द गाड़ियाँ भी थीं। मगर हगाना के सदस्य अरब नाकेबंदी तोड़ने में सफल नहीं हुये। बख़्तरबन्द गाड़ियाँ तबाह हो गईं और उस क्षेत्र में ज़रूरी सामान की सप्लाई की कोशिश में बहुत से लोग मारे गये। नेगेव और गैलिली के उत्तर के यहूदियों की हालत तो और भी ख़राब थी।

अरब जनता पर भी असुरक्षा की स्थिति के कारण प्रतिकूल असर पड़ा। उच्च और मध्यवर्ग के लगभग एक लाख अरब हैफा, जाफा, जेरूसलेम एवम् अन्य यहूदीबहुल इलाकों से पश्चिम के देशों और पूरब के अरब देशों की तरफ भाग गये। अरबों का पलायन तो बहुत पहले से ही हो रहा था। उसमें एक कड़ी यह भी जुड़ गई। गृहयुद्ध के कारण जो अव्यवस्था और अनिश्चय की स्थिति पैदा हुई उससे संयुक्त राज्य अमेरिका और ब्रिटेन ने विभाजन के निर्णय पर पुनर्विचार की बात सोची। अंग्रज़ों ने तो 7 फरवरी 1948 को निर्णय भी ले लिया कि विभाजित फिलस्तीन का अरब हिस्सा ट्रांसजोर्डन को दे दिया जायेगा। उधर यहूदी नेतृत्व ने स्थिति से निबटने के लिये कड़ा और आक्रामक रुख़ अपनाया। बेन गुरियन ने हगाना को पुनगर्ठित किया और हर यहूदी पुरुष और स्त्री के लिये सेना में शामिल होना अनिवार्य कर दिया। उन्हें अमेरिका और विभिन्न देशों के यहूदी संगठनों से पर्याप्त मदद भी मिल गई जिससे उन्होंने हथियार और सेना का अन्य साज-सामान इकट्ठा किया। 5 अप्रैल से 20 अप्रैल के बीच सशस्त्र हमलों द्वारा उन्होंने जेरूसलेम का घेरा तोड़ दिया और सड़क का रास्ता साफ कर लिया। खाने-पीने और जरूरत

का सामान घिरी हुई यहूदी जनता को पहुँचाया गया। यही वह वक़्त था कि इरगुन और लेही के दस्तों ने दैर यासीन का कत्लेआम किया जिससे अरबों का मनोबल बुरी तरह टूटा। यहाँ से यहूदियों की विजय का सिलसिला शुरू हुआ। हगाना, पालमाच और इरगुन के दस्तों ने एकजुट होकर अरबों पर हमले किये जिससे टाइबेरियास, हैफा, साफेद, बीसान, जाफा और एकर पर उनका प्रभुत्व कायम हो गया और लगभग 2,50,000 फिलस्तीनी अरब अपनी जान बचाकर भाग निकले।

पड़ोस के अरब देशों ने हस्तक्षेप तो ज़रूर किया लेकिन वे यहूदियों की तरह, जो अपने अस्तित्व की लड़ाई लड़ रहे थे, संगठित नहीं थे और कई मोर्चों पर किसी बड़ी लड़ाई के लिये न उनके पास पर्याप्त सैनिक थे और न गोला-बारूद। फिलस्तीनी अरबों को ट्रांस-जोर्डन के शाह अब्दुल्ला-1 से कुछ उम्मीद थी, लेकिन अब्दुल्ला का इरादा उनकी मदद करने का कतई नहीं था क्योंकि वह ब्रिटिश मैन्डेट खत्म होने के बाद उस क्षेत्र पर खुद कब्ज़ा करना चाहता था। इस उद्देश्य से वह एक दोहरा खेल खेल रहा था; एक तरफ तो वह यहूदी नेतृत्व से सम्पर्क बनाये हुये था; दूसरी ओर अरब लीग को भी आश्वस्त कर रहा था कि वह उसके साथ है।

14 मई 1948 को डेविड बेन गुरियन ने इस्रायल राज्य की स्वाधीनता की घोषणा कर दी। उसी दिन यह गृहयुद्ध एक पूर्ण युद्ध में परिवर्तित हो गया। इस गृहयुद्ध के दौरान अरबों के पलायन का जो सिलसिला शुरू हुआ तो वह थमा ही नहीं। दिसम्बर 1947 से जनवरी 1948 के दर्मियान ही लगभग दो महीनों में तक़रीबन 70,000 अरब देश छोड़कर चले गये। मार्च के अन्त तक उनकी संख्या 1,00,000 से ऊपर पहुँच गई। पलायन के दूसरे दौर में लगभग 3,00,000 शरणार्थी फिलस्तीन से भागकर पास के अरब देशों में शरण लेने पहुँच गये थे। कुछ इतिहासकारों ने जो ज़ाहिरा तौर पर इस्रायल और अमेरिका के समर्थक हैं, यह साबित करने की कोशिश की है कि अरब इसलिये भागे क्योंकि उनके नेतृत्व ने उनसे अपनी जान बचाकर निकल जाने के लिये कहा था। मगर हक़ीकत यह है कि यहूदी आप्रवास के प्रारम्भ से ही फिलस्तीनी किसानों और मज़दूरों को बेदख़ल करना और उनकी ज़मीन हड़प लेने का सिलसिला शुरू हो गया था। गृहयुद्ध के दौरान उनका पलायन इसी प्रक्रिया की परिणति थी।

लेकिन एक बात स्पष्ट है। साढ़े पांच महीने की यह लड़ाई निश्चित रूप से यहूदियों की विजय की लड़ाई थी। फिलस्तीनी अरबों को पूरी तरह कुचलकर उन्हें देश से भगाने के काम में अपनी क्रूरता और शक्तिमत्ता के द्वारा यहूदियों ने अभूतपूर्व सफलता हासिल की। बिखरे हुये यहूदी आतंकवादी और लड़ाकू दस्ते मिलकर एक सशक्त सेना बन गये। इस्रायल ने न केवल अपनी स्थिति मज़बूत की बल्कि उसने समुद्रतटीय मैदान जज़रील की घाटी और जोर्डन की घाटी पर अपना प्रभुत्व क़ायम कर लिया।

किन्तु अंग्रेज़ों को भगाने भर से ही सियोनवादी राज्य की स्थापना नहीं हो जाती। फिलस्तीन के अधिकांश मूल निवासी—मुसलमान और ईसाई बाकी थे। उनके रहते शुद्ध जाति और धर्म पर आधारित यहूदी राष्ट्र का स्वप्न भला कैसे पूरा हो सकता था। इसलिए हिंसक सियोनवाद का दूसरा चरण था अरबों को निर्वासित करने का अभियान। कफ़्फ़र-शाउल आधुनिक जेरूसलम की उपनगरीय बस्ती है—तटवर्ती विस्तृत मैदानों से होकर गुज़रने वाले तेल अवीव राजमार्ग के पास ही। आज वहां मानसिक रोगियों का सरकारी अस्पताल है। 1948 तक पथरीली पहाड़ी उठान पर एक गांव था—दैर यासीन। वह गांव अब नहीं है—किसी भी नक्शे में उसका नामोनिशान नहीं है। वह एक खामोश गांव था जिसे अरब आन्दोलन से कोई वास्ता ही नहीं था। 9 अप्रैल 1948 की रात रोज़ की तरह गांव के लोग सो गये। सुबह साढ़े चार बजे 132 सदस्यों वाला यहूदी आतंकवादियों का खूनी दस्ता सोते हुए गांव पर टूट पड़ा। दोपहर तक उन्होंने गांव के दो तिहाई लोगों को निर्ममतापूर्वक कत्ल कर दिया। यह कत्लेआम फिलस्तीन के सबसे बड़े शहर के छोर पर ही हुआ था; किन्तु बचे हुये लोगों और क़ातिलों के अतिरिक्त बहुत कम लोगों को इसके बारे में पता था। बाद में बेगिन ने इसका बिल्कुल झूठा भ्रामक और शरारतपूर्ण रूप पेश किया। उसके अनुसार यहूदी दस्ते के लोग गांव के लोगों के आक्रमण के प्रतिरोध में बचाव की लड़ाई लड़े। बेगिन ने यह भी कहा कि बेकार रक्तपात बचाने की दृष्टि से लाउडस्पीकरों पर सभी को सावधान कर दिया गया था जिससे औरतें, बच्चे और बूढ़े लोग पास की पहाड़ियों में शरण ले लेते।

किन्तु वास्तविकता कुछ और थी। 12 वर्षीया फहीमी ज़ीदन ने ब्रिटिश पुलिस को बताया 'उन लोगों ने हमारे परिवार के सभी सदस्यों को दीवार के किनारे खड़े होने का हुक्म दिया और हम पर गोली चलाना शुरू कर दिया। हम बच्चों में से कुछ इसलिये बच गये कि हम अपने मां-बाप के पीछे छिप गये थे। मेरी चार साल की बहिन कादरी के सिर में गोली लगी, मेरी आठ साला बहिन सामेह के गाल में और सात साल के भाई मोहम्मद के सीने में। दीवार के किनारे खड़े बाकी सभी लोग—मेरा बाप, मेरी मां, मेरे दादा-दादी और चाचा-चाचियां, और कई बच्चे गोलियां खाकर वहीं ढेर हो गये।' हलील आयद ने एक आदमी को अपनी गर्भवती बहिन सलहिया की गर्दन में गोली मारते देखा। उसके बाद उस आदमी ने कसाई के चाकू से उसका पेट फाड़ डाला। आयशा रादवान नाम की एक औरत ने मृत माता के गर्भ से जब अजन्मे बच्चे को बचाने की कोशिश की तो कातिलों ने उसे भी मार डाला। हमलावरों ने कत्ल किये, लूटा और बलात्कार भी किये। उन्होंने घरों को डायनामाइट से उड़ा दिया और बचे-खुचे घरों को हथगोलों से तोड़ डाला। दोपहर तक उन्होंने 254 लोगों को मौत के घाट उतार दिया।

दैर यासीन का कत्लेआम 9 अप्रैल 1948 को हुआ। वहाँ 271 आदमी, औरतें

और बच्चे निर्दयता से मार डाले गए थे। यह कत्लेआम यहूदियों ने किया था। यह बड़ा भयानक बर्बरता का काम था, जो उस दौर में नृशंस यहूदी आतंकवादी दस्तों का कारनामा था। ये सारे लोग मासूम थे। उनका अपराध सिर्फ़ इतना था कि वे उस गाँव में रहते थे। उस वक्त यह समझा गया था कि हिंसा का यह बर्बर कारनामा मैनाकिम बेगिन के इरगुन नाम के आतंकवादी दस्ते ने किया था। उसकी कोई लम्बी पूर्व योजना नहीं थी। लेकिन इसकी हक़ीक़त समझते कुछ देर लगी। डेनी मॉरिस के मुताबिक दैर यासीन की कार्रवाई में हगाना की भी शिरकत थी और यह एक पूर्वनियोजित सियोनवादी कार्यक्रम का हिस्सा था। इस कत्लेआम का उद्देश्य फिलस्तीनियों में डर पैदा करना था जिससे वे अपने गाँवों को छोड़कर भाग निकलें। इसका इतना व्यापक प्रभाव पड़ा कि सिर्फ़ गाँव ही नहीं बल्कि फिलस्तीनी आबादी के दो-तिहाई लोग अपना घर छोड़कर भाग निकले। यहूदियों का मुख्य उद्देश्य था फिलस्तीन के मूल निवासियों को वहाँ से हर सूरत में भगाना। इस उद्देश्य की प्राप्ति के लिए इस्रायल के राजनीतिज्ञ, सेना के कमांडर और बुद्धिजीवी तक हर सम्भव प्रयत्न करते रहे। इसका एक और उदाहरण है कफ्र-कासिम का कत्लेआम।

सवाल उठता है इतनी बर्बरता की करतूत को लोग भूल क्यों गए हैं। आज उसका ज़िक्र न फिलस्तीन के नेता करते हैं और न वहाँ के बुद्धिजीवी। वास्तविकता यह है कि अरबों और फिलस्तीनियों का इतिहास बाहर के लोग लिखते हैं। और शांति समझौतों पर अगर नज़र डालें तो लगता है कि मौजूदा वक्त में फिलस्तीनियों ने युद्ध से पहले ही हार स्वीकार कर ली है। एजेंडा तो अमेरिका और इस्रायल का है और उस एजेंडे के मुताबिक जो भी शर्तें लगाई जाती हैं, उन्हें स्वीकार किया जा रहा है। और यह स्वीकृति केवल वर्तमान की ही नहीं है बल्कि पुराने इतिहास को भी मिटाने या नए सिरे से लिखे जाने से भी ताल्लुक रखती है। दैर यासीन को याद रखना और सबको उसकी याद दिलाना निहायत ज़रूरी है क्योंकि यह इस्रायली विस्तारवाद अमानुषिकता और व्यापक हिंसा का प्रतीक है, और उसका होना इस्रायल और उसके समर्थक पश्चिम के देशों की अमानुषिकता, और तीसरी दुनिया के ख़िलाफ नवसाम्राज्यवाद की सदियों से चली आ रही ऐतिहासिक हक़ीकत का एक खून में सना उदाहरण है।

काउन्ट बर्नादोत की हत्या

गृहयुद्ध के अन्तिम दिनों में, और पहले अरब-इस्राइली युद्ध की पूर्वसंध्या में सं.रा. सं. के प्रतिनिधि काउन्ट बर्नादोत की हत्या इस्रायल के निर्माता यहूदियों की बर्बरता और ऐकांतिक अंधराष्ट्रवाद का एक ज्वलन्त उदाहरण है। इस्रायल दरअसल संयुक्त राष्ट्र संघ की संतान है। विभाजन के निर्णय द्वारा ही एक वैध यहूदी राज्य का जन्म हुआ। काउन्ट बर्नादोत की हत्या का ज़िक्र इसलिये आवश्यक है कि उसी संयुक्त

राष्ट्र संघ के साथ नवजात राज्य ने कैसा सलूक किया। इससे सिद्ध होता है कि इस्रायल की उद्दंडता और अन्तर्राष्ट्रीय कानून और संयुक्त राष्ट्र संघ के निर्णयों की खुल्लम-खुल्ला अवहेलना कोई नई चीज़ नहीं है। वे उसकी नीति में प्रारम्भ से ही बद्धमूल हैं। काउन्ट फोक बर्नादोत स्वीडन के राजा के चचेरे भाई थे। 1918 में वह स्वीडन की सेना में लेफ़्टिनेंट के पद पर नियुक्त हुये और बाद में तरक्की पाकर मेजर के पद पर पहुँचे। द्वितीय विश्वयुद्ध के शुरू के दिनों में बर्नादोत ने स्काउटों को स्वीडन की सुरक्षा-व्यवस्था में समन्वित करने का महत्वपूर्ण काम किया। उन्होंने स्काउटों को विमानभेदी तोपों के चलाने और चिकित्सा के काम में फायदा देने के लिये प्रशिक्षण भी दिलाया। 1943 में वह स्वीडन के रेडक्रास के उपाध्यक्ष बने। रेडक्रास के उपाध्यक्ष की हैसियत से द्वितीय विश्वयुद्ध में उन्होंने रेडक्रास की सहायता सेवा संगठित करने के साथ-साथ कई समझौतों-संधियों में भी सक्रिय भूमिका निभाई। 1943-44 में उन्होंने 11,000 बंदियों की अदला-बदली की। वह मानवतावादी दृष्टिकोण वाले धीर और आस्थावान व्यक्ति थे, तथा द्वितीय विश्वयुद्ध में अन्तर्राष्ट्रीय रेडक्रास के प्रतिनिधि के रूप में उन्होंने अक्षुण्ण यश कमाया था।

20 मई 1948 को संयुक्त राष्ट्र संघ ने उन्हें अपना पर्यवेक्षक और मध्यस्थ बनाकर फिलस्तीन भेजा। विभाजन का कार्यान्वयन उनका प्रधान दायित्व था। इस भूमिका में उन्होंने न केवल मध्यस्थता की बल्कि सं.रा.सं. की राहत और कार्य एजेंसी द्वारा अरब देशों के फिलस्तीनी शरणार्थियों की सहायता का सफलतापूर्वक संचालन किया। उन्होंने 28 जून 1948 को फिलस्तीन के विभाजन का एक प्रस्ताव सं.रा. सं. के सामने पेश किया था जिसमें इस्रायल और अरब-फिलस्तीन के क्षेत्र को निर्धारित करने की योजना थी। इस योजना में नेगेव और जेरूसलेम शहर को अरब क्षेत्र में शामिल करने के साथ-साथ जाफा और हैफा बंदरगाह तथा लिड्डा के एयरपोर्ट को दोनों क्षेत्रों से स्वतंत्र, और सबके उपयोग के लिये उपलब्ध कराने की सिफारिश भी शामिल थी। जब यह प्रस्ताव स्वीकार नहीं हुआ तो उन्होंने फेरबदल के साथ एक नया प्रस्ताव 16 सितम्बर 1948 को पेश किया जिसमें ख़ासतौर पर अपने घरों से उखड़े हुये लोगों के अधिकारों और उनके पुनर्वास तथा उनकी सम्पत्ति को लौटाने की सिफारिश भी शामिल थी। ये प्रस्ताव उन्होंने ब्रिटिश और अमेरिकन प्रतिनिधियों से सलाह-मशविरे के बाद स्वीकार किये थे। ज़ाहिर है कि ये प्रस्ताव सियोनवादी यहूदी शासकों को नापसन्द थे। इस्रायली सरकार ने बर्नादोत के सुलह की बातचीत में शामिल होने की आलोचना की। बर्नादोत ने सं.रा.सं. को जो रिपोर्टें भेजी, उनमें यहूदियों द्वारा आतंकवादी और हिंसक गतिविधियों के साथ-साथ अरबों द्वारा भी होने वाली इस प्रकार की घटनाओं का ज़िक्र किया।

बर्नादोत फिलस्तीन में निष्पक्षता का आदर्श लेकर आए थे, किन्तु द्वितीय विश्वयुद्ध के व्यापक अनुभव के कारण उनके मन में यहूदियों के प्रति स्वाभाविक

सहानुभूति थी। उन्होंने अपने प्रयत्नों से लगभग 30,000 यहूदियों को यातना शिविरों से बचाया था। 17 सितम्बर 1948–यहूदी कातिल दस्ते 'स्टर्न गैंग' के सदस्यों ने योजनाबद्ध तरीके से उन्हें घेरकर दिन दहाड़े मार डाला। उन्होंने उन्हीं काउन्ट बर्नादोत की हत्या कर दी जो यहूदियों की खातिर ही फिलस्तीन गये थे। वे लगभग चार महीने वहां थे। उन जैसे ईमानदार व्यक्ति के लिये यथार्थ की तस्वीर बहुत दुखप्रद थी। यहूदियों के अत्याचार, उनका दम्भ, न्याय की अवहेलना और संयुक्त राष्ट्र संघ के निर्देशों का उद्दण्ड उल्लंघन–यही सब कुछ उन्होंने देखा।

काउन्ट बर्नादोत की हत्या कोई आकस्मिक या अनियोजित घटना नहीं थी। उनकी हत्या का प्लान इस तरह बनाया गया था कि वह बच न पाएं। आँखोदेखी घटना का वर्णन जनरल एज लुन्डस्ट्रोम ने इस प्रकार किया है। वह सं.रा.सं. की गाड़ी में मौजूद थे। "कैटेमोन इलाके में एक यहूदी आर्मी टाइप की जीप ने हमारा रास्ता रोक लिया। वहाँ यहूदी सेना की यूनिफॉर्म में बहुत से लोग मौजूद थे। उसी वक़्त मैंने देखा कि एक हथियारबन्द आदमी जीप से उतरकर हमारी तरफ आया। मैंने इस पर ज़्यादा ध्यान नहीं दिया, क्योंकि मैंने सोचा कि शायद यह एक और सुरक्षा का चैकप्वाइंट है। मगर उसने आगे बढ़कर कार की मेरी तरफ से खुली खिड़की पर एक टॉमी गन रख दी और बहुत नज़दीक से काउन्ट बर्नादोत और कर्नल सेरोत पर फायर कर दिया। मैंने कई दूसरे ठिकानों से भी फायर करने की आवाज़ सुनी। चारों तरफ अफरा-तफरी का माहौल था। कर्नल सेरोत मेरे पीछे की सीट पर गिर गये और मैंने देखा कि वह मर चुके हैं। काउन्ट बर्नादोत आगे को झुके थे और उस वक़्त मुझे लगा कि शायद वह बचने की एक कोशिश है। मैंने पूछा, क्या आपको गोली लगी है? उन्होंने सिर हिलाया और पीछे की तरफ लुढ़क गए। हदासा अस्पलात पहुँचने पर मैं उन्हें भीतर ले गया और बेड पर लिटा दिया। मैंने उनका जैकेट उतारा और उनकी कमीज़ और बनियान फाड़ दी। मैंने देखा कि उन्हें दिल के पास गोली लगी है और बहुत खून बह गया है। जब डॉक्टर आया तो मैंने उनसे पूछा कि क्या कुछ किया जा सकता है। डॉक्टर ने उत्तर दिया कि बहुत देर हो चुकी है।"

हत्या के बाद लेही यानी 'स्टर्न गैंग' ने पहले तो जिम्मेदारी लेने से इन्कार किया। बाद में उसने दायित्व स्वीकार किया और कहा कि बर्नादोत ब्रिटिश और उनके अरब मित्रों के एजेन्ट थे। इसलिए वह उदीयमान इस्रायली राष्ट्र के लिये बहुत बड़ा खतरा थे। इस गैंग का विचार था कि सं.रा.सं. बर्नादोत के शांति प्रस्ताव को स्वीकार कर लेगा। लेकिन हक़ीकत यह थी कि इस्रायली नेता उनके प्रस्ताव को पहले ही नामंज़ूर कर चुके थे। इस आतंकवादी दल को गैर-कानूनी करार देने का ड्रामा इस्रायली नेताओं ने किया। उसे दोषी ज़रूर ठहराया गया लेकिन उसके सदस्यों को तुरन्त रिहा और क्षमा भी कर दिया गया। स्वीडन की सरकार को पूरा विश्वास था कि बर्नादोत की हत्या इस्रायली सरकार के एजेन्टों द्वारा की गई थी। उसने

खुलकर इस्रायल की आलोचना की, और हत्या के बाद की जांच को भी लीपापोती बताया। 1950 में स्वीडन ने इस्रायल को मान्यता तो दे दी लेकिन एक लम्बे अर्से तक उनके सम्बन्ध दूरी के ही रहे। 1958 में बर्नादोत को मृत्योपरान्त डैग हैमरशोल्ड मेडल प्रदान किया गया।

दैर यासीन का भयावह हत्याकांड या काउंट बर्नादोत की हत्या आकस्मिक और अप्रत्याशित घटनाऐं नहीं हैं। थियोडोर हर्ज्ल ने तो शुरू में ही कहा था कि अरबों की समस्या उन्हें फिलस्तीन से निकाल कर ही हल की जा सकती है। एक छोटे-से देश में यहूदी और अरब साथ नहीं रह सकते थे। सियोनवादियों और उनकी समर्थक शक्तियों ने उन्हें पड़ोसी अरब देशों में 'स्थानांतरित' करने का निर्णय लिया था। संयुक्त राष्ट्र संघ के विभाजन के निर्णय में भी प्रधान भूमिका अमेरिका की थी। राष्ट्रपति ट्रुमन ने सभी राष्ट्रों को चेतावनी दी कि विभाजन के मसले पर अमेरिका से संबंध रखने वाले राष्ट्रों को विभाजन का समर्थन करना ही होगा। फलस्वरूप विभाजन यहूदियों के पक्ष में ही हुआ। फिलस्तीन का क्षेत्रफल 10,000 वर्गमील था। इसमें से 5700 वर्गमील यहूदियों को दिया गया जो जनसंख्या का केवल एक तिहाई थे। अरबों को बाकी 4300 वर्गमील मिला। यहूदियों को तटवर्ती उर्वर भूमि मिली और अरबों को अधिकांश पहाड़ी इलाका।

यहूदियों को यह विभाजन भी मंजूर नहीं था। उन्हें तो पूरा देश चाहिये था। इसलिए दैर-यासीन की दुखद घटना उस संगठित हिंसात्मक प्रक्रिया का प्रतीक थी जिसके द्वारा यहूदियों ने निर्दयतापूर्वक अरब मुसलमान और ईसाइयों को उनकी जन्मभूमि से निष्कासित किया, और समस्त सम्पत्ति से वंचित कर आने वाली दशाब्दियों के लिये पराये देशों में भटकने के लिए खदेड़ दिया।

नये फिलस्तीन में यहूदी शक्तिशाली थे और अरब कमज़ोर। अरबों के पास न तो संगठित सेना थी और न हथियार, जबकि यहूदियों के पास 30,000 प्रथम पंक्ति के सैनिक थे, 15000 पुलिस के सिपाही थे और तीस हज़ार से ऊपर होमगार्ड। वे अच्छी तरह प्रशिक्षित थे और आधुनिक हथियारों से लैस। पड़ोसी अरब देश भी सैन्य संगठन की दृष्टि से काफी कमज़ोर थे। वे आपस में विभक्त थे, और उदासीनता की एक ऐसी स्थिति में थे जिसमें वे यह भी अन्दाज़ नहीं लगा पाये कि फिलस्तीन की नई सियोनवादी सरकार अरबों को वहां से भागने पर मज़बूर करेगी।

अरब कैसे भगाये गये—दैर यासीन का कत्लेआम इसका ज्वलन्त उदाहरण है। यह 'दालित योजना' का एक हिस्सा था जिसका उद्देश्य था समस्त फिलस्तीन पर अधिकार कर लेना। इसके उद्देश्य थे—संयुक्त राष्ट्र संघ द्वारा प्रदत्त यहूदी क्षेत्र की रक्षा, कब्जे में लिये गये अतिरिक्त क्षेत्रों की रक्षा और वहां से अरबों की 'सफाई', तथा अरब सेनाओं के प्रत्याशित हमलों का मुकाबला। इसके तहत दैर-यासीन जैसे 12 अभियानों का आयोजन था। इस्रायली इतिहासकार इत्ज़की के अनुसार एक

महीने के अन्दर ही 'दर्जनों' अभियान हुये।

शहरों से अरबों को भगाने की युक्तियां भिन्न प्रकार की थीं। एक तरीका तो बहुत आसान था। आतंकवादी एक बड़े बैरल या धातु के बड़े ड्रम में विस्फोटक पदार्थ और पेट्रोल मिलाकर भर देते। विस्फोटक फ़्यूज़ सहित दो रबर टायर लगाकर वे उसे अरब मोहल्ले की ढालू और सीढ़ीदार गलियों में लुढका देते। दीवारों और दरवाज़ों से टकराकर वह फट पड़ता और उसमें से एक के बाद एक तमाम विस्फोट होते। आग की लपटें चारों ओर फैल जाती। इस बीच गैर-कानूनी रेडियो और लाउडस्पीकरों पर अरबी भाषा में ऐलान किया जाता, "तुम लोग इस बस्ती को सुबह सवा पांच बजे तक छोड़ दो। अपनी स्त्रियों और बच्चों पर रहम करो और कत्लेआम से बचो—ज़ेरिको सड़क से होकर निकल जाओ, वह तुम्हारे लिये अब तक खुली है।"

बस्ती में अनियन्त्रित भय और संत्रास की भावना फैल जाती। एक मनहूस विषादमयी आवाज़ अरबी में आगाह करती, अपनी रूह की हिफाज़त करो, 'ऐ खुदा के बंदों! यहूदी जहरीली गैस और एटम बम का इस्तेमाल कर रहे हैं। अल्लाह की खातिर अपनी जान बचाकर भागो।' एक एक कर प्रधान शहर हिंसक सियोनवाद के शिकार हो गये। टाइबेरियस, हैफा, जाफा, और जेरूसलम का अधिकांश—सभी खाली हो गये। तीन-चार लाख शरणार्थी पड़ोसी अरब देशों की तरफ भाग चले। यहूदी हमलावर उन पर रास्ते में भी हमला करते और उनका रहा-सहा सामान लूट लेते। जो अरब इस तरह रेगिस्तानों में नहीं ढकेले गये उनकी और भी बुरी हालत हुई। तटवर्त्ती कस्बों के निवासी समुद्र की तरफ हाँक दिये गये। उनमें अनेक तो नाव की छीना-झपटी में ही डूब गये।

अरब देश थोड़ी देर में जागे। उन्होंने अपनी सेनायें संगठित की और जो कुछ बचा था उसी को बचाने के लिये अपनी सेनायें भेजी। युद्ध हुआ। इस युद्ध का गुणात्मक परिणाम तो केवल इतना ही रहा कि शुद्ध यहूदी राज्य की कल्पना साकार नहीं हो पाई। युद्ध के दौरान कई युद्ध विराम हुए। इन अन्तरालों का लाभ यहूदियों ने अपनी स्थिति सुदृढ़ करने के लिये उठाया। 1953 में मोशे दयान का निम्नलिखित कथन इस संदर्भ में प्रासंगिक लगता है:—

'हमें (अरब) आक्रामकों पर दोषारोपण नहीं करना चाहिये। उनकी घृणा के विरुद्ध विवाद करने का हमें क्या हक है? आठ बरस से वे गाजा के शरणार्थी कैम्पों में पड़े हैं, उनकी नज़रों के सामने उनकी ज़मीन और उनके गांव हमने अपनी रिहायश में तब्दील कर लिये हैं। हम तो उपनिवेशियों की वह पीढ़ी हैं जो इस्पाती हैल्मेट और तोपों के बिना न एक भी पेड़ लगा सकती है और न घर बना सकती है। घृणा उफन रही है, और हमारे चारों ओर बैठे अरबों की जिन्दगी में उतर रही है। हमें इससे पलायन नहीं करना चाहिये। हमें नज़र नहीं फेरनी चाहिये, नहीं तो हमारा हाथ फिसल सकता है। हमारी पीढ़ी की नियति यही है—तैयार और हथियारबंद, सशक्त

और मज़बूत–नहीं तो तलवार हमारे हाथ से फिसल जायेगी और हमारे अस्तित्व की शमा बुझा दी जायेगी'।

(अरब छापामारों द्वारा निहत एक यहूदी के दफ़्न के समय मोशे दयान के उद्‌गार 1953)

यहूदी राज्य की स्थापना का स्वप्न साकार हो चुका था। वीज़मान के शब्दों में खाके में रंग भरने का–निर्माण का युग आ गया था। लोगों को बसाना, खेत मज़दूर और श्रमिकों का संगठन, और सबसे अधिक महत्वपूर्ण काम–आक्रामक सेना का संगठन–ये काम अब सामने थे। नये राज्य का निर्माण जितना महत्वपूर्ण था, उसकी रक्षा कहीं उससे भी अधिक। विकल्प दो ही थे–सहअस्तित्व अथवा युद्ध-शान्तिपूर्ण समझौता या स्थायी शत्रुता। बेनगुरियन और उसके उत्तराधिकारियों ने युद्ध का रास्ता चुना। ज़ाहिरा तौर पर इस्रायल ने शान्ति प्रस्ताव रखे किन्तु विजेता की मुश्किल शर्तों पर। पहली, निष्कासित अरबों का वापस आना न्यायसंगत नहीं हैः दूसरी, अधिकृत भूभाग वापस नहीं दिये जायेंगे।

एक हद तक यह अप्रत्याशित नहीं था। अस्वाभाविक और हिंसात्मक तरीकों से जन्मे राष्ट्र की रक्षा अस्वाभाविक और हिंसात्मक तरीकों से ही की जा सकती थी। उद्देश्य स्पष्ट था–इस धारणा को हमेशा के लिये मिटा देना कि अरब कभी फिलस्तीन लौट भी सकते हैं। 1953 तक अरब छापामार छोटे-मोटे हमले करने लगे थे। ये हमले आत्मघाती ही थे क्योंकि उन्हें ही अधिक क्षति उठानी पड़ती थी। पड़ोसी अरब देशों का रवैया भी सहानुभूतिपूर्ण नहीं था। विस्थापित उनके लिये सिरदर्द बन गए थे। जोर्डन ने तो इस्रायल से घुसपैठियों के विरुद्ध सम्मिलित नाकेबन्दी का प्रस्ताव भी किया। इधर घुसपैठियों से निबटने के लिये बनाये गये यहूदी विशेष दस्ते प्रतिशोधस्वरूप उनका पूरा गांव ही नष्ट कर डालते थे। कीबिया गांव में उन्होंने घरों के अन्दर घेरकर 66 लोगों को मार डाला–इनमें औरतें और बच्चे भी थे। चाकू से कत्ल कर 'पौरुष की आनन्ददायी और उदात्त' भावना का अनुभव करने वाला क्रूर मीर हरज़ामन इन्हीं में से था जिसे कौकाब पहाड़ पर, गैलिली झील के ऊपर भूमि का एक विशाल टुकड़ा दिया गया, जो बाद में यहूदी सिपाहियों के लिये तीर्थ स्थान जैसा बन गया।

लेकिन सभी अरब तो फिलस्तीन नहीं छोड़ गये थे। सारी जोखिमों के बावजूद जो वहीं रह गये थे वे सियोनवादियों के लिये एक बड़ी समस्या बन गये थे। उनके ऊपर सीधी हथियारबन्द हिंसा का इस्तेमाल नहीं हो सकता था। वे कानूनी दमन और जबरदस्ती का शिकार बने। 'प्रजातंत्र के संवाहक' इस्रायल में धर्म, जाति और लिंग के आधार पर भेदभाव न बरतने की घोषणा की गई थी। हक़ीक़त किन्तु बिल्कुल विपरीत थी। यहूदी नागरिक अरबों की अपेक्षा बेहतर समानता के हकदार

थे। इस्रायली सरकार ने 1945 में ब्रिटिश सरकार द्वारा बनाई गई सैन्य नियमावली का अरबों के विरुद्ध खुलकर प्रयोग किया। सैन्य शासन के इस ब्रिटिश बन्दोबस्त की तुलना उस समय यहूदियों ने नाज़ी जर्मनी से की थी। इस कानून के तहत सेना को असीमित अधिकार थे। वह सम्पूर्ण सम्प्रदायों का उन्मूलन कर सकती थी, क़ानूनन। वह अनिश्चित कालीन कर्फ़्यू लगा सकती थी, प्रतिबन्धित क्षेत्र बना सकती थी, ज़मीन और सम्पत्ति पर अधिकार कर सकती थी—उसे ज़ब्त या नष्ट कर सकती थी। वह लोगों को नज़रबन्द कर सकती थी, उन्हें निष्कासित कर सकती थी। सैन्य अदालतों से ही न्याय मांगा जा सकता था, जो एक निरर्थक प्रयत्न था। दरअसल सेना ने 'दैर यासीन' गाँव जैसे हत्याकांडों को कालांतर में वैधता की आड़ में दोहराया। सीमा सुरक्षा बल किसी क्षेत्र में कर्फ़्यू लगाने की ख़बर थोडी देर पहले देता। काम से लौटने वाले लोग कर्फ़्यू तोड़ने के जुर्म में मार डाले जाते। जोर्डन के सीमावर्ती गांव 'कफ्र क़ासिम' में आधा घंटा पहले कर्फ़्यू की सूचना देकर सीमा सुरक्षा बल ने गोधूली के वक्त काम से वापस आने वाले 47 आदमी मार डाले। भंडाफोड़ होने पर फर्जी मुकदमा चलाया; किन्तु मुकदमे के दौरान ही मुजरिम सिपाहियों को वेतन में 50 प्रतिशत की वृद्धि मिली, जो 'पास्का' के त्यौहार से पहले जेरूसलम से ख़ासतौर पर चेक मंगा कर अदा की गई।

निर्माण का युग विस्तारवादी सियोनवाद का युग था। ज़मीन पर कब्ज़ा प्रमुख उद्देश्य था। नये राज्य ने बाहर गये हुये लोगों की भूमि पर तो सीधा अधिकार कर लिया। लेकिन अधिकृत भूभाग में भी अरबों की जमीन छीनना शुरू कर दिया। 1967 के युद्ध के बाद जब फिलस्तीन का बाकी 20 प्रतिशत भी इस्रायल के अधिकार में आ गया, तो अरब स्वामित्ववाली भूमि केवल एक प्रतिशत रह गई। प्रारम्भ में भूमि पर अधिकार करने के तरीके सीधे थे। सेना भेजकर इच्छित इलाका 'साफ' कर लिया जाता था। 1950 में अश्केलन गांव पर इसी तरह कब्जा किया, गया और गांव के लोगों को गाज़ा की तरफ हांक दिया गया। किन्तु इस तरह के कृत्यों से 'कानून और न्याय के पोषक, प्रजातान्त्रिक' देश की छवि बिगड़ने लगी। इसलिये जबरन अधिकार को कानूनी जामा पहनाने के लिये नियम बनाये गये। गैरहाज़िरों की सम्पत्ति पर अधिकार का कानून—1950 में बना। इन गैरहाज़िरों में, खदेड़कर बाहर निकाले गये अरबों के अतिरिक्त, वे भी शामिल थे जो 29 नवम्बर 1947 और 1 सितम्बर 1948 के दर्मियान फिलस्तीन से बाहर या फिलस्तीन में ही इस्रायली नियंत्रण से बाहर किसी जगह गये हों। अधिकार करने के लिये एक दिन की अनुपस्थिति काफी थी। युद्ध के समय बहुत से अरब अपना घर छोड़कर अस्थायी तौर पर अपेक्षाकृत सुरक्षित स्थानों पर चले गये थे। वापस लौटने पर उन्होंने देखा कि उनके घर में अब अजनबी रह रहे हैं, और जमीन भी उन्हीं के अधिकार में है। अब उन्हें जमीन पर खेत मजदूर का ही काम मिल सकता था।

क़स्बातियों की दशा भी कुछ भिन्न न थी। विस्फोट या अन्य तोड़फोड़ की घटनाओं से डर कर पूरे परिवार ही शहर के किसी अन्य भाग में या सड़क के पार वाले मोहल्ले में कुछ दिनों के लिये चले जाते। इस बीच 'कस्टोडियन' उन्हें 'उपस्थित-अनुपस्थित' की जॉर्ज आर्वेल वाली परिभाषा के अन्तर्गत अपनी सम्पत्ति से वंचित कर देता। बंजर भूमि के आपातकालीन नियम द्वारा भी भूमि पर अधिकार किया गया। इस्रायल के गांवों से बचे हुये अरब बमुश्किल तमाम खेती करने की कोशिश करते रहे। किन्तु धीरे-धीरे उनके लिये ज़मीन पर काबिज़ रहना असंभव हो गया। साठ के दशक तक हज़ारों की संख्या में वे अपनी ही भूमि पर खेत मजदूर बन कर रह गये। हिब्रू श्रमिक ही संगठित थे। जॉर्ज आर्वेल के 'दोहरे-सोच' के अनुसार अरब श्रमिक संगठित नहीं थे, वे कभी-भी नौकरी से निकाले जा सकते थे। कालान्तर में ये घुमन्तू मजदूरों के गिरोहों में बदल गये।

अरब अल्पसंख्यकों को नये इस्रायल के 'प्रजातांत्रिक' ढाँचे में कोई प्रतिनिधित्व प्राप्त न था। नाज़ीवाद के समान इस सियोनवादी देश में वे दूसरे दर्जे के नागरिक थे जिन्हें प्रजातांत्रिक अधिकार नहीं के बराबर प्राप्त थे। वे स्वेच्छापूर्वक न तो वोट दे सकते थे और न खुलकर अपनी बात कह सकते थे। अरब लेखक बुद्धिजीवी या सामुदायिक नेता यदि जरा-सा भी स्वतन्त्र चिन्तन व्यक्त करते तो या तो उन्हें घरों में नज़रबन्द कर दिया जाता था या देश के किसी दूरदराज़ कोने में निर्वासित कर दिया जाता। सियोनवाद जातिभेद और अरब घृणा के मूल स्रोत जो भी रहे हों, वह शीघ्र ही दक्षिण अफ्रीका की रंगभेद की नीति के समकक्ष हो गई।

अरब-इस्रायली संघर्ष
चार युद्धों की दास्तान

1948 का अरब-इस्रायली युद्ध

इस्रायल और अरबों के बीच पहला युद्ध फिलस्तीन में ब्रिटिश मेन्डेट की समाप्ति और सं.रा.सं. के विभाजन की योजना (सं.रा.सं. आमसभा का रिज़ोल्यूशन 181) तथा इस्रायल के विधिवत् एक नये राज्य की घोषणा के साथ ही शुरू हुआ। 1947-48 से ही जो गृहयुद्ध अरबों और यहूदियों के बीच तत्कालीन फिलस्तीन में चल रहा था, यह उसी की परिणति थी। युद्ध मई 1948 के मध्य में भड़का और मार्च 1949 तक चला जब औपचारिक सुलह हुई। लेकिन संघर्ष तो खत्म नहीं हुआ।

वैसे तो इस युद्ध में कई अरब राष्ट्रों और दलों की शिरकत थी, लेकिन मुख्य रूप से यह मिस्र, इराक़, जोर्डन, लेबनन और सीरिया द्वारा सम्मिलित अभियान था, जो कमोबेश उसी भूमि पर लड़ा गया जिस पर पहले ब्रिटिश मैन्डेट के मुताबिक अंग्रेज़ों का कब्ज़ा था, हालांकि कुछ समय के लिये वह सिनाई प्रायद्वीप और दक्षिणी लेबनन तक फैल गया। पहली बार इस्रायल की संगठित सुरक्षा सेना सामने आई। शुरुआती कुछ दिनों तक यहूदियों के अर्द्ध-सैनिक दल हगाना, इर्गुन, लेही, पाल्माश और कुछ विदेशी वालण्टियर इसे चलाते रहे। इनमें प्रमुख थे हगाना और इर्गुन जिन्हें आतंकवादी दस्तों के रूप में मेनाकिम बेगिन और डेविड बेन गुरियन ने संगठित किया था, और जो दैर-यासीन के कत्ले आम के अलावा दर्जनों आतंकवादी और हिंसात्मक कारनामों के सरगना थे। युद्ध का संचालन भी बेन गुरियन, चेम वीज़मान और मोशे दयान ने किया।

इस युद्ध ने साबित किया कि यहूदी कितने संगठित थे, और इस युद्ध की तैयारी एक अर्से से कर रहे थे। प्रारम्भ में तो 29,677 सैनिक थे लेकिन धीरे-धीरे उनकी संख्या 115000 तक पहुंच गई। मार्के की बात यह है कि उस समय इस नये राष्ट्र में यहूदियों की आबादी कुल 806000 थी। अरबों की तरफ से लड़ाकू दल विभिन्न देशों से आये थे। उनके पास न नये हथियार थे और न उन्हें युद्ध का अनुभव था। ज़्यादातर लड़ाकू मिस्र और इराक़ से आये थे। मिस्र के सैनिकों की संख्या शुरू में 10,000 थी जो आगे चल कर 20,000 तक पहुंच गई। इराक़ से आये थे 3000

सैनिक, मगर जैसे-जैसे लड़ाई तेज़ हुई, उनकी संख्या 15000 से 18000 तक हो गई। जोर्डन के सैनिकों की संख्या 8000-12000 और सीरिया की 2500 से 5000 तक थी। लेबनन और सऊदी अरब के बहुत कम सैनिक थे। एक अरब लिबरेशन आर्मी भी बनी थी जिसके 3500 से 6000 सैनिकों ने इस युद्ध में हिस्सा लिया।

जहां तक फिलस्तीनियों का सवाल है, उनके कोई संगठित और युद्ध की कला में शिक्षित दल ही नहीं थे। दो युवा संगठन थे फतवा और नज़्दा जिनके कुल 11000-12000 सदस्य थे। यह संख्या भी अनिश्चित है, और कई जानकारों के मुताबिक नज़्दा में 2000 से 3000 सदस्य थे, जिनका ख़ात्मा तो यहूदियों के शिक्षित सशस्त्र दलों ने 1948 के युद्ध के पहले ही कर दिया था; और फतवा में तो दो चार सौ लोग ही थे।

फिलस्तीनियों के पास हथियार भी कहां थे? 1936-39 के विद्रोह के समय ब्रिटिश शासकों ने उनका सारा अस्लाह ज़ब्त कर लिया था। बचे खुचे हथियार द्वितीय विश्वयुद्ध के दौरान छीन लिये गये थे। वे एक अर्थ में निहत्थे थे।

सबसे सशक्त और प्रभावी सेना जोर्डन की थी जिसे ब्रिटिश अफसरों ने हथियारों से लैस और प्रशिक्षित किया था। इस 8000 से 12000 के सैन्य दल का नेतृत्व और संचालन भी ब्रिटिश अफसर ही कर रहे थे। वे चार इन्फैन्ट्री डिविज़नों में बंटे थे, उनके पास अच्छे हथियार थे, चालीस तोपें और 75 बख़्तरबंद गाड़ियां थीं। बाद में 3000 जोर्डन सीमा सुरक्षा बल के सिपाही भी इन योद्धाओं में शामिल हो गये। जोर्डन की सेना में तकरीबन 48 ब्रिटिश अफसर थे। इनमें शीर्ष कमाण्डर थे मेजर जनरल जॉन बैर्गेट ग्लब जो सेन्ट्रल कमाण्ड का नेतृत्व कर रहे थे। यह सेना नबलूस, जेरूसलेम, रामल्ला, लतरून, लीद और रामला के क्षेत्र में प्रधान रूप से लड़ी, क्योंकि जोर्डन के अब्दुल्ला वेस्ट बैंक और पूर्वी जेरूसलेम पर कब्ज़ा करना चाहते थे।

1948 में इराक़ी सेना में 21000 सिपाही थे जो 12 ब्रिगेड़ों में संगठित थे, उनके पास 100 लड़ाकू एवं अन्य विमान थे। इराक़ी सेना जोर्डन के दिशा निर्देश के मुताबिक लड़ी। उसके कमाण्डर थे जनरल नूर-अद्-दीन महमूद। 15 मई को इराक़ी इंजीनियरों ने पॉन्टून (नावों का) पुल बनाकर जोर्डन नदी पार की और गेशेर की इस्रायली बस्ती पर हमला किया। वहां सफलता नहीं मिली तो सेना नब्लूस-जेनिन और तुल्काराम की तरफ बढ़ गई। वहां इस्रायली सेना के आक्रमण से उसे भारी क्षति पहुँची। जून महीने में ही इराकी सेना की कार्रवाई लगभग यहीं खत्म हो गई।

1948 में मिस्र की सेना में कुल 40,000 सिपाही थे क्योंकि वहां के अस्सी प्रतिशत सेना में भर्ती होने की उम्र वाले मर्द मिलिटरी सर्विस के नाक़ाबिल थे। मिस्र ने मेजर जनरल अहमद अली अल्-अवावी के नेतृत्व में शुरू में 10000 सिपाही फिलस्तीन भेजे जिनमें एक टैंक बटालियन, एक तोपखाने की बटालियन और एक

मध्यम मशीनगन बटालियन थी। उसकी वायुसेना में 54 लड़ाकू एवं अन्य विमान थे। युद्ध के निर्णायक दौर तक पहुंचते पहुंचते मिस्र के 20,000 सैनिक मैदान में थे और उसके पास 135 टैंक तथा 90 तोपें थीं। सीरिया की सेना में तो कुल 12000 सिपाही थे और पचास विमान। उसका अंशदान भी इस युद्ध में सीमित था।

इस्रायल की सेना संगठित थी और आधुनिक हथियारों से लैस थी। 26 मई 1948 को इस्रायल सुरक्षा सेना की विधिवत् घोषणा हुई और उसमें हगाना, पाल्माश और इर्गुन के आतंकवादी अर्द्धसैनिक दलों का विलय हो गया। शुरू में इस सेना के 29677 सैनिक मैदान में उतरे। लेकिन जैसे जैसे युद्ध आगे बढ़ा और बड़े क्षेत्र में फैला वैसे वैसे सैनिकों की संख्या बढ़ती गई। 4 जून 1948 को 40825 सैनिक युद्धरत थे जो तेज़ी से बढ़ते हुए 30 दिसम्बर 1948 को 108300 तक पहुंच गये। तब संयुक्त अरब सेनाओं में लगभग 55000 सिपाही थे।

वायुसेना के मामले में इस्रायल लड़ाई के शुरूआती दिनों में कुछ कमज़ोर था। लेकिन 22 मई को आरएएफ के रामड डेविड हवाई अड्डे पर मिस्र के विमानों के हमले की जवाबी कार्रवाई में जब आरएएफ ने मिस्र के पांच स्पिटफायर विमान तोपों से नष्ट कर दिये तो युद्ध का रुख़ पलट गया। इस बीच इस्रायल ने चेकोस्लोवाकिया से 25 विमान खरीदे जो नाज़ी जर्मनी में डिज़ाइन हुए थे। 31 मई की रात को इस्रायली विमानों ने अम्मान पर हमला किया। आईडीएफ के अफसर और हवाई सेना के दस्ते द्वितीय विश्वयुद्ध में लड़ चुके थे और तजरबेकार थे। बाद में इस्रायल ने गाज़ा, दमिश्क और क़ाहिरा पर भी हवाई हमले किये।

इस लड़ाई में 6373 इस्रायली मारे गये जिनमें 4000 सैनिक थे। अरबों के बाबत आंकड़े उपलब्ध नहीं हैं। लेकिन अनुमान के मुताबिक 8000 से 15000 लोगों की जानें गईं। 1948 के युद्ध में 10,000 यहूदियों को अपने घर छोड़ने पड़े थे। लेकिन युद्ध के बाद तीन साल के दौरान ही 700,000 यहूदी इस्रायल में आकर बसे। इनमें 136,000 तो द्वितीय विश्वयुद्ध के विस्थापितों में से थे और लगभग 270,000 पूर्वी यूरोप से।

सुएज़ 1956

1956 के युद्ध के बारे में बहुत-सी भ्रामक धारणाऐं हैं जिनमें से अधिकतर पश्चिम के देशों की इस्रायली पक्षधरता के कारण बनी हैं। मिसाल के तौर पर यह एक आम धारणा है कि 1956 का युद्ध मिस्र के राष्ट्रपति गमाल अब्दल नासिर के, सुएज़ नहर के राष्ट्रीयकरण के फैसले की प्रतिक्रिया स्वरूप हुआ। यह प्रचार किया गया कि इस राष्ट्रीयकरण के निर्णय का कारण थी नासिर की नाराज़गी, क्योंकि ब्रिटेन और अमरीका, दोनों ने ही मिस्र को आस्वान बाँध बनाने की घोषित सहायता से हाथ खींच लिया था। उधर ब्रिटेन और अमरीका ने अपनी सहायता का वादा इसलिए तोड़ दिया

कि मिस्र ने चीन के समाजवादी गणतंत्र को मान्यता दे दी थी। यह वह वक्त था जब चीन और ताइवान के बीच सम्बन्धों का तनाव चोटी पर था। युद्ध तो 29 अक्टूबर को शुरू हुआ जब इस्रायल, ब्रिटेन और फ्रांस की संयुक्त सेनाओं ने आक्रमण की शुरूआत की।

लेकिन बेनगुरियन ने तो 1955 में ही तय कर लिया था कि मिस्र से युद्ध होना चाहिए। मिस्र एक बड़ी अरब शक्ति के रूप में उभर रहा था और कालान्तर में मध्यपूर्व में शान्ति या युद्ध के लिए निर्णायक भूमिका निभा सकता था। इसलिए बेनगुरियन, मोशे दयान और उनके साथी राजनैतिक रूप से मिस्र पर आक्रमण करने के किसी अनुकूल अवसर की तलाश में थे। फरवरी 1955 में ही इस्रायली सेना ने ग़ाज़ा से मिस्र की सेना पर हमला कर दिया। इस पूर्व-नियोजित हमले का उद्देश्य नासिर को बदनाम करना तथा मिस्र की सेना और गाज़ा में बसे विस्थापितों को भड़काना था। थोड़े दिन पहले ही अपने एक दौरे में नासिर ने उन्हें आश्वस्त किया था कि युद्ध का कोई खतरा नहीं है। उन्हें कैसा लगा होगा जब अप्रत्याशित हमले में अनेक सिपाही सोते में ही मारे गये। सिपाही बौखला उठे। उनके अतिरिक्त फिलस्तीनी विस्थापित भी थे—तीन लाख से अधिक—बेकारी गरीबी और घृणा में पलते हुए। समन्दर, रेगिस्तान और सुलह की रेखा से बँधे वे देखते थे पूरब की ओर फैले विशाल खेत जो कभी उनके अपने थे। इसके अलावा फिलस्तीन से निष्कासित बद्दू क़बीले के लोग भी थे। वे बरसों से हथियार मांग रहे थे। गाज़ा पर इस्रायली हमले ने तस्वीर ही पलट दी। अगस्त 1955 में दुनिया ने एक नया शब्द सुना 'फिदायीन'—बलिदानी। वे इस्रायल पर छिटपुट हमला करने वाले पहले दल थे। इस बार वे शत्रु की सीमा में 27 मील भीतर तक घुस गये और एक सप्ताह तक तोड़-फोड़, सुरंगे बिछाने और गोरिल्ला आक्रमणों की कार्रवाई करते रहे।

बेन गुरियन को तो इसी की प्रतीक्षा थी। अक्टूबर 1955 में बेन गुरियन ने मोशे दयान को आदेश दिया कि तिरान के जलडमरूमध्य पर कब्ज़ा कर लिया जाए। जून 1956 तक इस्रायल पूरे पैमाने के युद्ध के लिए सन्नद्ध था। इसलिए 27 जुलाई को जब नासिर ने सिकन्दरिया में सुएज़ नहर के राष्ट्रीयकरण की घोषणा की तो इस्रायल को वह मौका मिल गया जिसकी उसे तलाश थी, और जिसके लिए वह कई साल से तैयारी में लगा हुआ था। नहर के राष्ट्रीयकरण के कारण ब्रिटेन और फ्रांस भी इस्रायल के साथ हो लिये। 29 अक्टूबर को उनकी मदद से इस्रायल ने सिनाई पर आक्रमण किया और अक़ाबा की खाड़ी के तिरान द्वीप सहित सम्पूर्ण इलाके पर कब्ज़ा कर लिया। ब्रिटेन और फ्रांस की सरकारों ने दोनों पक्षों को सुएज़ के किनारों से हट जाने की पाखंडपूर्ण चेतावनी दी, और साथ ही अन्तर्राष्ट्रीय जहाजरानी की हिफाज़त के ज़ाहिरा उद्देश्य की आड़ में सुएज़ नहर पर अधिकार करने के लिए अपनी सेनायें भेज दीं। जब संयुक्त राष्ट्र संघ ने इस्रायल से पीछे हटने को कहा तो

बेनगुरियन की नाराज़ी का ठिकाना न रहा, 'छठी शताब्दी के मध्य तक तिरान में यहूदी स्वाधीन रहे थे। कल इस्रायली सेना ने उसे मुक्त कर लिया। इस्रायल ग़ाज़ा पट्टी को राष्ट्र का अविभाज्य अंग मानता है। कोई भी शक्ति उसे सिनाई का इलाका खाली करने पर मजबूर नहीं कर सकती।' आइज़नहावर के प्रयत्नों से इस्रायल को मिस्र का अधिकृत क्षेत्र खाली करने में छह महीने लग गये। किन्तु इस्रायली जहाजों के तिरान जलडमरूमध्य से गुजरने पर मिस्र द्वारा लगाया गया प्रतिबन्ध हट गया। इस रियायत द्वारा इस्रायल ने अगले युद्ध की सम्भावनाओं का द्वार खुला रखा।

सुएज़ नहर की पृष्ठभूमि पर एक नज़र डालें तो द्वितीय विश्वयुद्ध के बाद और ख़ासतौर पर 1948 में ब्रिटिश साम्राज्य के कई उपनिवेशों के आज़ाद होने से पहले और उसके बाद, व्यापारिक और सामरिक दृष्टि से इस नहर के महत्व और उसमें अमरीका और पश्चिम की अन्य साम्राज्यवादी ताक़तों की दिलचस्पी स्पष्ट हो जाती है।

फ्रांस और मिस्र की तत्कालीन सरकारों के दस साल के काम और पूंजीनिवेश के बाद सुएज़ नहर 1869 में खुली थी। इसे मिस्र की एक चार्टर्ड कम्पनी चलाती थी, और इसके आसपास का क्षेत्र मिस्र की प्रभुसत्ता के अन्तर्गत था। तब अफ्रीका और एशिया के बीच यही एक ज़मीनी कड़ी थी। नहर बनते ही सामरिक दृष्टि से महत्वपूर्ण हो गई, क्योंकि भूमध्य सागर और हिन्द महासागर के बीच यह एक सीधी सामुद्रिक कड़ी बनी। नहर बनने से व्यापार बढ़ा और उससे यूरोप की साम्राज्यवादी ताकतों को अपने उपनिवेशों पर शासन करने में सुविधा भी बढ़ी।

लेकिन आर्थिक कठिनाइयों के कारण 1875 में मिस्र के शासकों ने अपने शेयर बेंजामिन डिज़्रेली की ब्रिटिश सरकार के हाथों बेच दिये। 1882 में मिस्र पर आक्रमण और उसे अपने अधिकार में लेने के बाद ब्रिटेन ने नहर पर भी पूरा कब्ज़ा कर लिया। 1888 में कुस्तुन्तुनिया के समझौते के बाद नहर को ब्रिटेन के संरक्षण में एक न्यूट्रल क्षेत्र घोषित कर दिया गया। इसके अनुसार ऑटोमन साम्राज्य युद्ध और शांति दोनों समय अंतर्राष्ट्रीय जहाज कम्पनियों को यहाँ से गुज़रने की इजाजत देने के लिए राज़ी हो गया। 1904 में यह व्यवस्था लागू हुई। यह वही बरस था जब फ्रांस और ब्रिटेन के बीच भी आपसी सुलह हो गई।

सुएज़ नहर के सामरिक महत्व का सबूत रूस और जापान के 1904-1905 के युद्ध से मिला। इस युद्ध के दौरान जापान ने ब्रिटेन के साथ एक द्विपक्षीय समझौता किया। पोर्ट आर्थर पर रूस के प्रशांत महासागरीय बेड़े पर जब जापान ने अचानक अप्रत्याशित हमला किया, तो रूस ने बाल्टिक सागर से अपने युद्धपोत इस तरफ भेजे। लेकिन ब्रिटेन ने रूस के जहाजी बेड़े को सुएज़ नहर से होकर गुज़रने की इजाज़त नहीं दी। नतीज़तन रूसी बेड़े को पूरे अफ्रीका महाद्वीप का चक्कर लगाकर आना पड़ा जिससे जापानी सेनाओं को सुदूरपूर्व में अपनी स्थिति मज़बूत

करने का मौका मिल गया। द्वितीय विश्वयुद्ध में एक बार फिर सुएज़ का सामरिक महत्व साबित हुआ, जब ब्रिटेन और फ्रांस ने मित्र-राष्ट्रों के अतिरिक्त अन्य देशों के जहाजों के लिए इसे बन्द कर दिया। द्वितीय विश्वयुद्ध के बाद भी, सामरिक और व्यापारिक दृष्टि से, सुएज़ का महत्व बना ही रहा। यों तो भारत के आज़ाद होने और ब्रिटिश साम्राज्य के पतन के साथ नहर, एक हद तक युद्ध के नज़रिये से, और नौसेना के बेड़ों और रसद की आमदरफ़्त के लिए इतनी महत्वपूर्ण नहीं रही; लेकिन ऐन उसी वक्त इसकी एक नई भूमिका शुरू हुई। अब यह तेल यानी पेट्रोलियम उत्पादों के परिवहन का मुख्य रास्ता बन गई। 1955 तक सुएज़ से गुज़रने वाले यातायात का पचास प्रतिशत पेट्रोलियम पदार्थ थे। दरअसल यूरोप का दो-तिहाई तेल इधर से ही होकर गुज़रा।

अगस्त 1956 में रॉयल इंस्टीट्यूट ऑफ इंटरनेशनल अफेयर्स ने एक रिपोर्ट प्रकाशित की, "ब्रिटेन और सुएज़ नहर"। रिपोर्ट में एक बार फिर इसके सामरिक महत्व को रेखांकित किया गया। उसके मुताबिक ग्रेट ब्रिटेन के लिये सुएज़ अब और महत्वपूर्ण सामुद्रिक मार्ग बन गया था, ख़ासतौर पर सुदूरपूर्व में मनीला समझौते और इरान और इराक़ में बगदाद समझौते के संदर्भ में।

1956 के युद्ध और सुएज़ के संकट की पृष्ठभूमि समझने के लिए उससे पहले की कुछ घटनाओं पर नज़र डालना ज़रूरी है। दूसरे विश्वयुद्ध के बाद ब्रिटेन, अपनी आर्थिक कठिनाइयों के कारण, इस क्षेत्र में, अपने औपनिवेशिक इतिहास के परिप्रेक्ष्य में, अपनी भूमिका का पुनर्मूल्यांकन कर रहा था। आर्थिक दृष्टि से प्रचुर तेल भंडारों के कारण मध्यपूर्व अब एक महत्वपूर्ण क्षेत्र था। ब्रिटेन को उम्मीद थी कि मिस्र और इराक़ दोनों ही इस क्षेत्र में ब्रिटिश प्रभाव को क़ायम रखने में मददगार साबित होंगे। यह वह वक़्त था जब यहाँ ब्रिटेन के 80,000 सैनिक थे। वास्तव में सुएज़ का संकुल उस वक्त दुनिया का सबसे बड़ा सैन्य ठिकाना था। लेकिन हालात तेज़ी से बदले। इंग्लैण्ड और मिस्र के सम्बन्धों में तनाव पैदा होने लगा। मिस्र में भी आर्थिक अस्थिरता थी, मुद्रा-स्फीति थी और बेरोज़गारी बढ़ रही थी। अशांति चारों तरफ नज़र आ रही थी; नये राजनैतिक दल संगठित हो रहे थे जिनमें 'मुस्लिम ब्रदरहुड' प्रधान था। पूरे देश में ब्रिटेन के प्रति दुश्मनी की भावना बढ़ रही थी और उनकी उपस्थिति के ख़िलाफ आवाज़ें उठने लगी थीं। इसका नतीज़ा यह हुआ कि मिस्र की सरकार ने अपनी जनता की भावनाओं के अनुरूप ब्रिटेन की सरकार के ख़िलाफ अपनी नीति में परिवर्तन शुरू कर दिया। अक्टूबर 1951 में सरकार ने अंग्रेजों के साथ 1936 की संधि को इकतरफ़ा फैसले द्वारा निरस्त कर दिया। इस संधि के मुताबिक ब्रिटेन को अगले बीस साल तक सुएज़ के सैन्य ठिकाने का पट्टा मिला हुआ था। इसलिए ब्रिटेन ने सुएज़ क्षेत्र से हटने से इन्कार कर दिया। इस बीच एक घटना घटी। 25 जनवरी 1952 के दिन ब्रिटेन की सशस्त्र सेना ने इस्लामिया में मिस्र की सहायक

पुलिस से हथियार डलवाने चाहे। उसकी इस कोशिश में 41 मिस्र के सैनिक मारे गए। फिर तो क़ाहिरा में ब्रिटेन और पश्चिम के देशों के ख़िलाफ दंगे भड़क उठे जिनमें कई विदेशी मारे गए। इनमें 11 ब्रिटेन के नागरिक भी शामिल थे। 23 जुलाई 1952, मिस्र के इतिहास में ख़ास दिन था जब मोहम्मद नग़ीब और गमाल अब्दुल नासिर के नेतृत्व में सैन्य विद्रोह हुआ और वहाँ के शासक फारुख़ की सरकार का तख़्ता पलट गया। मिस्र में एक प्रजातंत्र की घोषणा हुई।

जहाँ तक इस्रायल का सवाल है, 1948 से ही सुएज़ से गुज़रने वाले उसके जहाजों पर हमले होते थे या उन्हें बन्धक बना लिया जाता था। 1 सितम्बर 1951 को संयुक्त राष्ट्र सुरक्षा परिषद् ने मिस्र से कहा कि वह इस तरह की घटनाऐं न होने दे, और सभी जहाजों के सुएज़ के रास्ते आने जाने पर अपने प्रतिबन्ध हटा ले। मिस्र की क्रांति के बाद तो इस तरह की घटनाऐं और भी बढ़ गईं। ब्रिटेन अपनी तरफ से तो सम्बन्ध सुधारना चाहता था लेकिन उसे सफलता नहीं मिली। अक्टूबर 1954 में मिस्र और ब्रिटेन के बीच समझौता हुआ, जिसके मुताबिक सुएज़ के ठिकाने से अगले बीस महीने में अंग्रेज़ी सेना के चले जाने की बात थी। इसके बावजूद अपने मुल्क में और अरब जगत में भी नासिर की स्थिति सुदृढ़ नहीं थी। इस दर्मियान उनके क़त्ल की भी कोशिश हुई। ब्रिटेन का विरोध मिस्र तक ही सीमित नहीं था बल्कि पूरे मध्यपूर्व में वह फैल रहा था। अरब जगत में नेतृत्व का प्रश्न भी था। इराक और जोर्डन से ब्रिटेन के अच्छे सम्बन्धों के कारण नासिर को इस बात का डर था कि अरब जगत् में मिस्र अपना वर्चस्व क़ायम नहीं कर पाएगा। 1955 के बग़दाद समझौते से यह डर और भी बढ़ गया।

1955 और 56 के वर्ष अरब जगत में वहाँ के देशों के आपसी सम्बन्धों के परिवर्तन और एक व्यापक अरब चेतना के उदय के कारण बहुत महत्वपूर्ण हैं। मिस्र ने साम्यवादी देशों—चेकोस्लोवाकिया और सोवियत यूनियन से-हथियार खरीदना शुरू कर दिया था। सोवियत यूनियन ने सभी कम्युनिस्ट देशों को छूट दे रखी थी कि वे मध्यपूर्व के देशों के हाथ हथियार बेचें जिससे उस इलाके में साम्यवादी देशों का प्रभाव बढ़े। फलस्वरूप वारसॉ समझौते के सदस्य देशों की उपस्थिति और प्रभाव मध्यपूर्व में बढ़ने लगा जिससे संयुक्त राज्य अमरीका के कान खड़े हो गए। ब्रिटेन ने तो नासिर को एक तानाशाह की संज्ञा भी दे दी और उनकी तुलना बेनितो मुसोलिनी से की।

इस घटनाक्रम में 1956 में नासिर ने एक ऐसा कदम उठाया जिससे सुएज़ का संकट गहराया और खुलकर सामने आ गया। 16 मई 1956 को नासिर ने चीन के जनवादी गणतंत्र को मान्यता प्रदान कर दी। यह एक ऐसा क़दम था जिससे अमरीका भी सख़्त नाराज़ हो गया। तत्कालीन राष्ट्रपति आइज़नहोवर ने आस्वान बांध के लिये आर्थिक सहायता बंद कर दी। प्रत्युत्तर में नासिर ने सुएज़ नहर के

राष्ट्रीयकरण की घोषणा कर दी। ब्रिटेन और फ्रांस ने एक संयुक्त कमान बनाई और अमरीका से सहयोग भी मांगा। राष्ट्रीयकरण के तीन महीने बाद ब्रिटेन और फ्रांस ने इस्रायल को भी मिस्र के ख़िलाफ अपने गठबंधन में शामिल कर लिया। तय हुआ कि इस्रायल सिनाई पर हमला करेगा। तब ब्रिटेन और फ्रांस मध्यस्थता के बहाने इस संघर्ष में शामिल हो जायेंगे। इस मध्यस्थता में मुख्य शर्त थी कि दोनों देशों की सेनाऐं सुएज़ नहर से 16 किलोमीटर दूर हट जाऐं। उसके बाद ब्रिटेन और फ्रांस की दलील थी कि इतना महत्वपूर्ण सामुद्रिक रास्ता मिस्र के नियंत्रण में रखना ग़लत था और उसका नियंत्रण और प्रबंध इंग्लैन्ड और फ्रांस को संयुक्त रूप से करना चाहिए।

सिनाई पर इस्रायली आक्रमण का मक़सद शर्म-अल-शेख, अल-आरिश, अबू-ओबाउला और गाज़ा पट्टी पर कब्ज़ा करना था, जो कि सामरिक दृष्टि से महत्वपूर्ण थे। तिरान के जलडमरू मध्य पर मिस्र ने नाकेबंदी कर रखी थी। शर्म-अल-शेख पर कब्ज़ा करने से इस्रायल, 1953 के बाद, पहली बार लाल सागर पहुँच सकता था जिससे वह हिन्द महासागर में अपने जहाजी बेड़े भेज सके। इस्रायल गाज़ा पट्टी से फिलस्तीनी फिदायीन दलों का भी सफाया करना चाहता था। उसे डर था कि वहाँ से मिस्र इस्रायल की आगे बढ़ती हुई सेनाओं पर हमला कर सकता था। संघर्ष के पहले दिन इस्रायल ने जोर्डन की सीमा पर अपने सिपाही तैनात कर दिये। युद्ध के पहले कुछ घंटों में ही 48 अरब नागरिक मारे गए जिसे कफ्र-क़ासिम का कत्लेआम कहते हैं। इस्रायली सेना के कमांडर मेजर जनरल मोशे दयान थे और उनके प्रमुख सैन्य अधिकारी कर्नल एरियल शेरोन थे। इस्रायल की थल-सेना और वायु-सेना के सम्मिलित चौतरफा अप्रत्याशित हमलों से मिस्र की सेना ने हथियार डाल दिये क्योंकि वह इस आक्रमण के लिये बिलकुल तैयार नहीं थी। यह लड़ाई 29 और 30 अक्टूबर 1956 को हुई।

इस बीच फ्रांस और ब्रिटेन की सम्मिलित वायुसेना और नेवी ने भी हमला बोल दिया। अब इस्रायल के आगे बढ़ने में कोई रुकावट न थी क्योंकि नासिर ने अपने पायलटों को अपने लड़ाकू विमान दक्षिणी मिस्र ले जाने का आदेश दे दिया था। ब्रिटेन और फ्रांस की सेना ने 31 अक्टूबर को हवाई हमला किया। नासिर ने सुएज़ नहर में 40 जहाज़ डुबाकर उस रास्ते को बन्द कर दिया। 3 नवम्बर को इस वायु सेना ने मिस्र के एयरपोर्ट पर हमला किया। सम्मिलित हमलों में मिस्र के तोपखाने और मिलिटरी सामान को भारी नुकसान पहुँचा। पोर्ट सईद का शहर बुरी तरह ध्वस्त हो गया और उसमें जगह-जगह आग लग गई। कई दिनों तक फ्रांस और ब्रिटेन की हवाई बमबारी से पोर्ट सईद के ऊपर गहरे धुंए का बादल छाया रहा। इस लड़ाई में ब्रिटेन के 16 सैनिक मारे गए और 96 घायल हुए। फ्रांस की सेना के दस लोग मरे और इस्रायल के 189; मिस्र की सेना के कितने लोग मारे गए इसका सही

आकलन उपलब्ध नहीं है। पर उपलब्ध जानकारी के अनुसार 650 लोग मरे, इंग्लैण्ड और फ्रांस के संयुक्त अभियान में और 1000 इस्रायली हमलों में। सुएज़ नहर तथा गाज़ा और सिनाई के कुछ हिस्से पर इस युद्ध में इस्रायल और ब्रिटेन-फ्रांस ने कब्ज़ा तो कर लिया, लेकिन अंतर्राष्ट्रीय स्तर पर इसकी निन्दा हुई और कूटनीतिक दबाव भी बढ़ा। सुएज़ के संकट के समय ही हंगरी में भी कम्युनिस्ट शासन के ख़िलाफ विद्रोह फूट पड़ा था। इसलिए अमरीका यह निर्णय नहीं ले पा रहा था कि वह किसका समर्थन करे और किसका विरोध।

30 अक्टूबर को लड़ाई के दौरान ही सुरक्षा परिषद् ने एक मीटिंग की जो अमरीका की पहल पर बुलाई गई थी, और जिसमें उसने एक मसौदा पेश किया था कि इस्रायल को अपनी सेनाऐं तुरन्त हटा लेनी चाहिए। यह प्रस्ताव पास नहीं हो सका क्योंकि इंग्लैंड और फ्रांस ने इसे 'वीटो' किया। इसी तरह का एक मसौदा सोवियत यूनियन ने पेश किया था, वह भी नामंज़ूर हो गया।

2 नवम्बर को संयुक्त राष्ट्र संघ की आम सभा ने अमरीका का एक प्रस्ताव स्वीकार किया, और उसे रेज़ोल्यूशन 997 के अंतर्गत पास किया, जिसके अनुसार तुरन्त युद्ध विराम और सेनाओं की वापसी के निर्देश थे। प्रस्ताव में सुएज़ नहर खोलने का भी निर्णय था। बाद में कई दिन इसी विषय पर, संयुक्त राष्ट्र संघ के निर्णय को अमली जामा पहनाने के लिये कई प्रस्ताव पास हुये। पंडित नेहरू ने मिस्र की प्रभुसत्ता की रक्षा करने की पहल की जिसमें वह सफल हुये। सुएज़ की लड़ाई ख़त्म तो हुई लेकिन उसमें ब्रिटेन को काफी अपमान सहना पड़ा। प्रधानमंत्री ईडन का तो पद ही चला गया। दोनों देश एक सप्ताह के अन्दर मिस्र से अपनी सेनाऐं वापस लेने के लिए राज़ी हो गए; लेकिन इस्रायल ने साफ मना कर दिया।

7 नवम्बर को डेविड बेन गुरियन ने अपने मंत्रिमंडल में विजय का भाषण दिया। उन्होंने घोषणा की कि इस विजय के साथ मिस्र के साथ 1949 की युद्धविराम की संधि निरस्त हो गई। लेकिन चार महीने बाद राजनीतिक उठापटक और कूटनीतिक संघर्ष के बाद इस्रायल को इस क्षेत्र से पीछे हटना ही पड़ा। लेकिन यह सब कुछ आसानी से नहीं हुआ। बेन गुरियन के भाषण की प्रतिक्रिया में इस्रायल पर अंतर्राष्ट्रीय दबाव बढ़ा। 7 नवम्बर को ही न्यूयार्क में एक आपात्कालीन बैठक में प्रस्ताव 1002 पास किया गया जिसमें यह मांग की गई कि इस्रायली सेनाऐं युद्धविराम रेखा से तुरन्त पीछे हटें और इंग्लैण्ड एवम् फ्रांस की सेनाऐं मिस्र के क्षेत्र को तुरन्त खाली कर दें। सोवियत यूनियन ने भी दबाव डाला, और धमकी दी कि वह मिस्र की तरफ से हस्तक्षेप करेगा और ब्रिटेन, फ्रांस और इस्रायल पर रॉकेटों की मार करेगा। तब 8 नवम्बर को, इस्रायल की कैबिनेट मीटिंग में, बेन गुरियन ने आइज़नहोवर को आश्वासन दिया कि इस्रायल सिनाई से अपनी सेनाऐं वापस हटाने को तैयार है, बशर्ते अंतर्राष्ट्रीय सैन्य दल जो सुएज़ के क्षेत्र में प्रवेश करने वाला है,

सेना के लौटने की संतोषजनक व्यवस्था करे।

अमरीका ने इंग्लैण्ड पर आर्थिक दबाव भी डाला। उधर सऊदी अरब ने इंग्लैण्ड और फ्रांस को पेट्रोलियम उत्पादों की सप्लाई बन्द करना शुरू कर दिया। नाटो संधि के अन्य सदस्यों ने अरब देशों से मिलने वाला तेल ब्रिटेन और फ्रांस को देने से इन्कार कर दिया। दोनों को 22 दिसम्बर 1956 तक उस क्षेत्र को खाली कर देना था। इस्रायल ने मार्च 1957 में सिनाई से अपनी सेनाऐं वापस बुला ली। 22 अप्रैल 1957 तक सुएज़ नहर जहाजों के आवागमन के लिए पूरी तरह खुल गई।

सुएज़ संकट और 1956 के युद्ध का ब्रिटेन की राजनीति पर दूरगामी और बुनियादी प्रभाव पड़ा। एंथनी ईडन जो उन दिनों ब्रिटेन के प्रधानमंत्री थे, और जो फॉसिस्टों के विरोध और द्वितीय विश्वयुद्ध में विन्स्टन चर्चिल के निःस्वार्थ और मेहनती सहायक थे, मानसिक अस्वस्थता के शिकार हो गए और उन्हें तुरन्त अपने पद से हटना पड़ा। उनके बाद आए हैरॉल्ड मैकमिलन, जो ब्रिटेन के साम्राज्य की रक्षा के आश्वासनों के बावजूद तेज़ी से उपनिवेशों को आज़ाद करने लगे। उनकी विदेश नीति का झुकाव यूरोप की सहकारिता और सहयोग की तरफ था न कि ब्रिटेन के एक विराट साम्राज्यवादी शक्ति के भविष्य में। परोक्ष रूप से अब दुनिया में दो महाशक्तियों का वर्चस्व क़ायम हुआ—संयुक्त राज्य अमरीका और सोवियत यूनियन। 1956 के युद्ध से नाटो की कमज़ोरी, उसके सदस्यों में सहयोग और सम्मिलित रणनीति बनाने की असमर्थता भी खुलकर सामने आई। फ्रांस की समझ में भी आ गया कि वह अपने मित्र राष्ट्रों पर भरोसा नहीं कर सकता। दरअसल ब्रिटेन ने, फ्रांस से बिना पूछे, ऐन युद्ध के दौरान युद्धविराम की कार्रवाई शुरू कर दी थी। उधर अमरीका भी अपने स्वार्थों के मद्देनज़र ख़िलाफ था। जनरल देगॉल ने अपनी आत्मनिर्भरता और ताक़त ज़ाहिर करने के लिये सहारा में स्वतंत्र एटमी प्रोग्राम शुरू कर दिया। 1966 तक आते-आते दिगॉल ने नाटो की सैन्य कमान से भी सम्बन्ध तोड़ लिया। यही नहीं, फ्रांस ने अपनी एटमी प्रौद्योगिकी इस्रायल को देना भी शुरू कर दिया।

उधर इस्रायल को चाहे सेनाऐं वापस बुलानी पड़ी हों, लेकिन इस युद्ध से सैनिक कार्रवाई के मामले में उसका आत्मविश्वास बढ़ा। वायुसेना के प्रयोग का भी उसे अच्छा-ख़ासा तजुर्बा हासिल हुआ। अरब जगत में नासिर का रुतबा बढ़ा और एक नई सामूहिक अरब चेतना का विकास हुआ। यूरोपीय साम्राज्यों का पतन और उपनिवेशों की आज़ादी की प्रक्रिया तेज़ हो गई। उल्लेखनीय है कि लेस्टर बी. पियर्सन, जो बाद में कनाडा के प्रधानमंत्री बने, 1957 में नोबल शांति पुरस्कार से सम्मानित हुए। पियर्सन ने संयुक्त राष्ट्र संघ की शांति सेना के गठन में प्रभूत योगदान किया था। आधुनिक युग में वह शांति की अंतर्राष्ट्रीय नीति के जनक माने जाते हैं। सुएज़ संकट के बाद साइप्रस, अदन और इराक, अंग्रेज़ों के मुख्य सैनिक

अड्डे बन गए।

संक्षेप में, सुएज़ संकट के बाद 1956 का युद्ध 29 अक्टूबर को शुरू हुआ, 6 नवम्बर 1956 को सैन्य कार्रवाई बन्द हुई, और मार्च 1957 में इस्रायल, इंग्लैण्ड और फ्रांस की काबिज़ सेनाऐं युद्ध क्षेत्र से वापिस हुईं। लड़ाई मुख्यतः मिस्र के सिनाई और सुएज़ नहर के क्षेत्रों में हुई। इसके परिणामस्वरूप मिस्र को एक प्रकार की राजनैतिक विजय हासिल हुई। संयुक्त राष्ट्र संघ अपेक्षाकृत सशक्त संगठन के रूप में सामने आया; और तिरान का जलडमरूमध्य इस्रायली जहाजरानी के लिये खुल गया। लड़ाई में इस्रायल, इंग्लैण्ड और फ्रांस एक तरफ थे और मिस्र दूसरी तरफ। मिस्र की सेना के सिर्फ़ 70,000 सैनिक लड़ाई में शामिल हुये जबकि दूसरी तरफ संयुक्त सेनाओं में इस्रायल के 1,75,000, इंग्लैण्ड के 45,000 और फ्रांस के 34,000 सैनिक थे। इस युद्ध में इस्रायल के 177 सैनिक मारे गए, 899 घायल हुये और 4 युद्धबंदी बने। इंग्लैण्ड के 16 सिपाही मरे और 96 घायल हुये। फ्रांस के मरने वाले सिपाहियों की संख्या 10 थी और घायलों की 33। उधर मिस्र के 650 सैनिक मारे गए, 4900 घायल हुये और 6185 सैनिक युद्धबंदी बने।

6 दिन का युद्ध 1967

1956 के युद्ध के बाद यद्यपि इस्रायल अधिकृत क्षेत्र से हट तो गया लेकिन उसने अपने विस्तारवादी इरादे नहीं छोड़े। परिणामस्वरूप इस्रायल और अरब देशों की सीमा पर, ख़ासकर सीरिया के साथ झड़पें होती ही रहीं। संयुक्त राष्ट्र संघ की आपातकालीन सेना, ज़ाहिर है कि या तो वह परोक्ष रूप से इस्रायल की हिंसात्मक कार्रवाईयों की अनदेखी कर रही थी या बेअसर हो चुकी थी। आर्थिक कारणों या सैनिक भेजने वाले देशों की उदासीनता के कारण वहाँ पर नियुक्त सैनिकों की संख्या बराबर घट रही थी। 1967 आते-आते वहाँ इस सेना के केवल 3378 सिपाही रह गये थे। उनके लिये आक्रामकों पर नियंत्रण रखना और युद्धविराम की स्थिति की रक्षा करना लगभग असम्भव हो गया था। जब ग़माल अब्दुल नासिर ने देखा कि अंतर्राष्ट्रीय शांति सुरक्षा सेना बेअसर और नाकाम हो गई थी, और उसकी वजह से अरब देश ही शांति की स्थिति क़ायम रखने का कर्त्तव्य निभा रहे थे, तो मई 1967 में उन्होंने संयुक्त राष्ट्र संघ की आपातकालीन सेना को सिनाई प्रायद्वीप से निष्कासित कर दिया।

इस्रायल ने जिस दिन यह जाना कि उसे अधिकृत क्षेत्र से हटना पड़ेगा, उसने सिनाई को एक ऐसे सैन्य अभियान का रूप दिया जिसे अन्ततोगत्वा जीतना ही था। नये युद्ध की तैयारियां तुरन्त शुरू कर दी गयी। 23 मई 1967 को अनुकूल स्थिति भी पैदा हो गयी। अंतर्राष्ट्रीय शांति सैनिकों के निष्कासन के साथ ही नासिर ने अकाबा की खाड़ी और तिरान जलडमरूमध्य को उन सभी जहाजों के लिये बन्द कर दिया जिनपर इस्रायली झंडे लगे थे और जो युद्ध की सामग्री ले जा रहे थे। दूसरे

अरब देशों ने इस निर्णय का खुलकर समर्थन किया। इस्रायल ने 1956 के युद्ध के तुरन्त बाद ही साफ ऐलान कर दिया था कि संयुक्त राष्ट्र का निर्णय जो भी हो, इस्रायल के लिये 1949 की युद्धविराम संधि ठीक वैसी ही थी जैसे ज़मीन में दफ़न की हुई कोई लाश। उसे तो संयुक्त राष्ट्र संघ के सैनिकों की नियुक्ति भी स्वीकार नहीं थी।

और भी कई वजूहात थीं जिनका 1967 के युद्ध की पृष्ठभूमि में काफी महत्व है। मिसाल के तौर पर 1964 में इस्रायल ने जोर्डन नदी से नैशनल वाटर कैरियर द्वारा अपने इस्तेमाल के लिये पानी लेना शुरू कर दिया। फलस्वरूप, नदी का बहाव जोर्डन की तरफ कम हो गया। दूसरे बरस 1965 में अरब देशों ने नदी की धारा के ऊपरी हिस्से की तरफ़ मोड़ने का प्लान बनाया। इस योजना के पूरा होने से बनियास का पानी इस्रायल की तरफ बहकर गैलिली के समुद्र जाने से पहले ही अरब दिशा में मुड़ जाता। तब वह पानी मुख़ाइबा के बांध की तरफ बहता जिसे जोर्डन और सीरिया इस्तेमाल करते। उसी तरह हस्मानी के पानी को लेबनन में लितानी नदी की तरफ मोड़ने की योजना भी थी। इसके फलस्वरूप इन स्रोतों से इस्रायल को मिलने वाले पानी की मात्र 35 प्रतिशत घट जाती, और इस्रायल के कुल उपयोग में आने वाले पानी में 11 प्रतिशत कमी आ जाती। इन प्रयत्नों को नाकाम करने के लिये इस्रायल की सुरक्षा सेना ने इस बांध के काम पर तीन बार हमला किया, 1965 के मार्च, मई और अगस्त के महीनों में। 1967 की लड़ाई के कारणों में पानी की लड़ाई भी थी।

जोर्डन और वेस्ट बैंक में फिलस्तीनियों की मौजूदगी भी एक बड़ा कारण थी। जोर्डन और इस्रायल के बीच की लम्बी सीमा पर अल्-फतह के गोरिल्ला दस्तों की कार्रवाई जनवरी 1965 में ही शुरू हुई थी। इस्रायल जोर्डन के शाह हुसेन को इसके लिये जिम्मेदार ठहराता था। हुसेन चाहकर भी इस्रायल के पक्ष में कोई कदम नहीं उठा सकते थे क्योंकि उनके देश में फिलस्तीनी शरणार्थी, जो 1948 से पहले और आज के इस्रायल से भगाये गये थे, बड़ी संख्या में मौजूद थे। नवम्बर 1964 में कई ऐसी वारदातें हुईं जिनसे तनाव बढ़ा। 11 नवम्बर 1966 को इस्रायली सीमा का एक गश्ती दल एक बारूदी सुरंग के फटने का शिकार हुआ जिसमें तीन सिपाही मारे गये और छह घायल हुये। प्रतिक्रिया में इस्रायल के मंत्रिमंडल ने जवाबी कार्रवाई करने का निर्णय लिया। 13 नवम्बर को इस्रायल की सुरक्षा सेनाऐं सीमापार कर वेस्ट बैंक में घुस आईं और उन्होंने अल्-सामू गाँव पर हमला किया जहाँ, उनके मुताबिक, अल्-फतह के गोरिल्ला दस्तों का अड्डा था। तीन हज़ार से चार हज़ार सिपाही जिनके पीछे टैंक और ऊपर लड़ाकू विमान थे, अल्-सामू पर टूट पड़े। उन्होंने दो छोटे गाँव किरबत-अल्-मर्कस और किरबत-जिम्बा पर भी हमला किया। हमले में पचास घर नष्ट हो गए। इस हमले में जोर्डन की सेना इस्रायल के विरुद्ध कूद पड़ी जो इस्रायल

के लिये अप्रत्याशित था। इस लड़ाई में इस्राइलियों ने जोर्डन का एक विमान मार गिराया और जोर्डन के 15 सिपाही और 3 नागरिक मारे गये। 54 सिपाही और 96 नागरिक घायल भी हुये। इस्रायली पैराशूट बटालियन का कमान्डर कर्नल शाहम मारा गया। यह बहुत छोटी लड़ाई थी जो इस्रायली सैनिकों के अपनी सीमा तोड़कर आगे बढ़ने के बाद सुबह छह बजे से दस बजे तक चली।

हुसेन को लगा कि इस्रायल ने उनके साथ विश्वासघात किया है। वह तो पिछले तीन साल से इस्रायल की प्रधानमंत्री गोल्डा मीर और वहाँ के विदेशमंत्री अब्बा इबान से गुप्त मंत्रणा करते रहे थे। उनका कहना था कि वह वेस्ट बैंक और जोर्डन से गोरिल्ला कार्रवाई बन्द कराना चाहते थे। दो दिन बाद अमरीका के राष्ट्रपति लिन्डन बी. जॉन्सन के विशेष सहायक वॉल्ट रोस्टो ने राष्ट्रपति को लिखा कि 3000 सिपाहियों द्वारा टैंकों और लड़ाकू विमानों के साथ हमला बदले की कार्रवाई नहीं माना जा सकता। इससे इस्रायल और अमरीका दोनों के ही हितों को क्षति पहुँची। उनके शब्दों में, "उसने (इस्रायल) हुसेन और इस्राइलियों के बीच एक गुप्त सहयोग की योजना को नुकसान पहुँचाया है। हमने पांच सौ मिलियन डॉलर खर्च किये तब उन्हें सीरिया और इराक की तुलना में जोर्डन की लम्बी सीमा पर स्थायित्व लाने के लिये राज़ी किया। इस्रायल के हमले से उन पर दबाव पड़ रहा है, न केवल आक्रामक अरब सरकारों से बल्कि जोर्डन में मौजूद फिलस्तीनियों और वहाँ की सेना की तरफ से भी कि वह जवाबी कार्रवाई करें...."।

संयुक्त राष्ट्र संघ ने प्रस्ताव 228 पास कर सर्वसम्मति से इस्रायल को इस हमले के लिये धिक्कारा। उसने इस्रायल को संयुक्त राष्ट्र संघ के चार्टर और जोर्डन तथा इस्रायल के पारस्परिक युद्धविराम के समझौते के उल्लंघन के लिये दोषी भी ठहराया। उधर शाह हुसेन अपने देश के निवासियों, फिलस्तीनियों और अरब पड़ोसियों से कड़ी आलोचना की मार झेल रहे थे कि वह सामू की सुरक्षा करने में नाकाम रहे। तब हुसेन ने 20 नवम्बर को पूरे देश में युद्ध की तैयारी शुरू कर दी। उन्होंने यह भी कहा कि मिस्र और सीरिया दोनों ने संयुक्त राष्ट्र संघ की आपात सेना के पेटीकोट में छिपकर जानबूझकर वेस्ट बैंक की सुरक्षा नहीं की। सम्भव है कि इस दोषारोपण का असर भी नासिर पर पड़ा हो। सुएज़ संकट के बाद इस्रायल का यह सैनिक अभियान सबसे बड़ा था। इसलिए कई विशेषज्ञों का विचार है कि सामू का चार घंटे का इस्रायली हमला स्थिति के निरन्तर बिगड़ने की शुरूआत थी और 1967 का छह दिन का युद्ध इसका अंजाम था। हुसेन को इस बात का यकीन हो चला था कि जोर्डन चाहे युद्ध में शामिल हो या अलग रहे, इस्रायल वेस्ट बैंक पर कब्ज़ा करने के लिये कृतसंकल्प था।

उधर सीरिया की तरफ से भी बराबर हमले हो रहे थे; और अक्सर जोर्डन के ठिकानों से। गोलान पहाड़ियों से सीरिया बराबर उत्तरपूर्व गैलिली में यहूदियों के

नागरिक ठिकानों पर गोलाबारी कर रहा था। गोलान पहाड़ियाँ, इस्रायल और सीरिया के बीच, झगड़े में पड़ी थी। दोनों उसके दावेदार थे। इन हमलों के बारे में सीरिया का बयान था कि यह काम अल्-फतह और अल्-असीफा का था जिसके लिये सीरिया को जिम्मेदार नहीं ठहराया जा सकता था। आख़िरकार वे फिलस्तीनी संगठन थे जो उभरकर सामने आ रहे थे। सीरिया ने इस्रायल पर इल्ज़ाम लगाया कि वह गैर-सैन्य क्षेत्र में अरब ज़मीन पर खेती करने वाले अरबों के ऊपर तोपों से लैस ट्रैक्टरों से हमला कर रहा था, इन ट्रैक्टरों के पीछे इस्रायली सेनाएें थीं। यह एक भड़काने वाली कार्रवाई थी जिससे अरब सेना उत्तेजित होकर हमला करे और उसे आक्रामक के रूप में बदनाम किया जा सके। यह सच था कि इस्रायल ने बख्तरबन्द गाड़ियों में अपने किसानों को सीरियाई भूमि जोतने भेजा। जब सीरिया के सीमा सुरक्षा बल ने प्रतिरोध किया तो इस्रायल ने उसका जवाब भारी तोपखाने से दिया। सत्तर लड़ाकू विमानों ने नेपाम बम और भारी विस्फोटक बरसाये। सीरिया के छः विमान मार गिराये गये—एक ऐन दमिश्क के ऊपर। 100 लोग मारे गये। यह एक खुल्लम-खुल्ला आक्रामक कार्रवाई थी जिससे अरब किसानों को नेस्तनाबूद कर गैर-सैन्य क्षेत्र पर भी कब्ज़ा कर लिया जाए। यह इल्ज़ाम सही था क्योंकि नौ साल बाद इस्रायल के तत्कालीन सुरक्षामंत्री मोशे दयान ने अपने एक इन्टरव्यू में कहा कि 1949 से 1967 तक सीरिया की सीमा पर इस्रायल की रणनीति यह थी कि, ''ज़मीन के छोटे-छोटे टुकड़े छीनकर उन पर कब्ज़ा बनाये रखना, तब तक जब तक कि वे निराश और परेशान होकर हमें वह इलाका स्वयं ही दे दे।'' यह इन्टरव्यू लम्बे अर्से बाद 1997 में ही प्रकाशित हुआ। इस्रायल-सीरिया सीमा पर होने वाली घटनाओं के बारे में उन्होंने कहा, ''हक़ीक़त यह है कि कम से कम 80 फीसदी झड़पों और संघर्षों के बारे में मुझे पूरी जानकारी है; बल्कि 80 फीसदी से भी ज़्यादा... यह कार्रवाई इस तरह हुईः हम पहले कुछ ज़मीन जोतने के लिये एक ट्रैक्टर भेजते, असैनिक क्षेत्र में, जहाँ कुछ कर पाने की गुंजाइश नहीं थी। हम पहले से ही जानते थे कि सीरियाई हमारे ऊपर गोली चलाने लगेंगे। अगर वे गोली नहीं चलाते तो हम ट्रैक्टरों को आगे बढ़ने का आदेश देते, तब तक जब तक कि वे नाराज़ होकर गोलीबारी नहीं करने लगते। फिर हम अपने तोपखाने का इस्तेमाल करते और बाद में एयरफोर्स का भी; तो हक़ीक़त यही थी। हमारा विचार था कि इस तरह की सैनिक कार्रवाई से जिसे युद्ध नहीं माना जा सकता, हम युद्धविराम समझौते की सीमारेखाओं को बदल देंगे। मतलब यह कि ज़मीन पर कब्ज़ा कर लो, और तब तक उस कब्ज़े को कायम रखो, जब तक दुश्मन हताश होकर वह ज़मीन हमें खुद ही सौंप दे।''

7 अप्रैल 1967 को सीमा पर होने वाली एक मामूली-सी झड़प गोलान पहाड़ियों पर हवाई लड़ाई में तब्दील हो गई। सीरिया छह मिग-21 विमान खो बैठा और इस्रायल के विमान दमिश्क के ऊपर भी होकर लौट आए। 76 किलोमीटर

लम्बी सीमा पर टैंकों, भारी गोलों और तोपखाने से लड़ाई हुई। झगड़े की जड़ थी टाइबेरियास झील के दक्षिण-पूर्व में असैनिक ज़मीन पर खेती का हक़। सब कुछ योजनाबद्ध तरीके से उसी तरह हो रहा था जैसा मोशे दयान ने ऊपर उल्लिखित बयान में कहा। अपने प्रचार में इस्रायल के प्रधानमंत्री लेवी एश्कोल ने चेतावनी दी कि अगर सीमा पर आतंकवादी गतिविधियाँ नहीं रुकीं तो वह दोबारा बड़ा हवाई हमला करेगा। इस्राइलियों का खयाल था कि एक आपसी सुरक्षा के समझौते के बावजूद मिस्र, जिसे उन दिनों संयुक्त अरब गणराज्य कहते थे, इस युद्ध में शामिल नहीं होगा। इस्रायल तरह-तरह की धमकियाँ दे रहा था। बीबीसी के पत्रकार जेरेमी ब्राउन ने रिपोर्ट दीः "यूनाइटेड प्रेस इंटरनेशनल ने 12 मई को यह ख़बर दी कि इस्रायल ने धमकी दी कि अगर सीरिया ने सीमा क्षेत्र में आतंकवादी गतिविधियाँ नहीं रोकीं तो वह एक बड़े हमले में सीरिया की सैन्य सरकार को गिरा देगा। यह बात शायद रेबिन ने कही थी। इस रिपोर्ट से चारों तरफ घोर तनाव की स्थिति पैदा हो गई। 13 मई को एक सोवियत खुफिया रिपोर्ट के हवाले से पता लगा कि इस्रायल सीरिया की सीमा पर बड़ी सेना इकट्ठी कर रहा है। उन्हीं दिनों सीरिया के रक्षामंत्री हाफिज़ अल्-असद ने कहा कि उनकी सेनाऐं इस्रायल के आक्रमण का मुकाबला करने के लिये पूरी तरह तैयार हैं।

16 मई को संयुक्त राष्ट्र संघ की आपातकालीन सेना के कमांडर जनरल इन्दरजीत रिखे को संयुक्त अरब गणराज्य की सेना के प्रमुख जनरल मोहम्मद फौज़ी का ख़त मिला कि आप सुरक्षा सेनाओं को इस क्षेत्र से तुरन्त वापस ले जाऐं। संयुक्त राष्ट्र संघ के महामंत्री यू. थान्ट ने मिस्र को समझाने की कोशिश भी की, लेकिन कुछ नतीजा नहीं निकला। लिहाज़ा 19 मई को संयुक्त राष्ट्र की सेना को हट जाने के आदेश दिये गए। युद्ध की सम्भावनाऐं बढ़ रही थीं और नासिर नहीं चाहते थे कि दूसरे देशों की सेनाऐं, जो शांति के उद्देश्य से तैनात हैं, युद्ध में फँस जाऐं। कनाडा के सैनिक जो इस सेना में शामिल थे तीन दिन के अंदर 31 मई तक वहाँ से निकल गए। कुछ सैनिक फिर भी बच गए थे जिनमें से 15 युद्ध के दौरान मारे गये।

इत्ज़ाक रेबिन और मेनाकिम बेगिन-दोनों का ही खयाल था कि मिस्र झूठी धमकी दे रहा था और दरहक़ीक़त युद्ध नहीं करना चाहता था। सिनाई में तो उसकी सेना के दो डिविज़न ही थे। बेगिन के मुताबिक, "हमें अपने प्रति तो ईमानदार होना चाहिए। हमने उन पर हमला करने का निर्णय लिया था।" मिस्र द्वारा तिरान के जलडमरू-मध्य को बन्द करना अपने आप में ही युद्ध का बड़ा कारण था। इस्रायल के लिये यह एक लड़ाई की बात नहीं थी। वह तो 25 वर्ष आगे की बात सोच रहा था। 22 मई को नासिर ने घोषणा की कि सं.रा.सं. की सेना की वापसी के साथ तिरान इस्रायली जहाजों के लिये अगले दिन से बन्द कर दिया जायेगा। तिरान पर

मिस्र के अधिकार को लेकर पश्चिमी राष्ट्रों में एक लम्बी बहस छिड़ी रही। यहाँ उस पर विस्तारपूर्वक विचार करने की ज़रूरत नहीं है। मिस्र का कहना था कि अक़ाबा की खाड़ी हमेशा से ही उसके किनारे के देश जोर्डन, सऊदी अरब और मिस्र की प्रभुसत्ता का अंतर्देशीय जलमार्ग था। उन्हें हक़ था कि वे दुश्मन के जहाजों को वहाँ से गुजरने से रोकें। इस्रायल ने तो ज़बरिया खाड़ी के किनारे कई मील तक कब्ज़ा कर लिया था जिनमें उम्म-रशरश भी शामिल था।

युद्ध के बाद सं.रा.सं. की आमसभा की बहसों में अरब राष्ट्रों और उनके समर्थकों ने बराबर कहा कि अगर इस्रायल को अंतर्राष्ट्रीय क़ानून के मुताबिक यहाँ से गुज़रने का अधिकार होता भी; तब भी इसके बन्द होने पर उसे मिस्र पर आक्रमण करने का अधिकार तो नहीं था। इस्रायल के अधिकार के पक्ष में अमरीका और पश्चिम के अन्य देश सं.रा.सं के चार्टर के अनुच्छेद 51 का हवाला दे रहे थे। यू. थान्ट तो बातचीत से मामला सुलझाने के मक्सद से क़ाहिरा भी गए।

मिस्र और जोर्डन की संयुक्त कमान बन रही थी। जोर्डन की सेनाऐं मिस्र के जनरल अब्दुल मुनीम रियाद के नेतृत्व में युद्ध के लिये तैयार हो रही थी। मई के अन्त में नासिर ने ऐलान किया, ''मिस्र, जोर्डन और सीरिया की सेनाऐं इस्रायल की सीमाओं पर चेलेंज का मुकाबला करने के लिये तैयार खड़ी हैं। उनके पीछे इराक़, अलजीरिया, कुवैत, सूडान और समस्त अरब देशों की सेनाऐं हैं। दुनिया भौंचक्की रह जायेगी। आज उन्हें पता चलेगा कि अरब युद्ध के लिये सन्नद्ध हैं। वह वक्त अब आ गया है...।'' इस बीच शाह हुसैन ने भी अपनी सेना बढ़ा ली थी; अमरीका से उसे प्रशिक्षण और हथियार मिले थे। दूसरे अरब देशों ने भी अपनी सेनाओं को तैयार करना शुरू कर दिया था।

नासिर तरह-तरह की धमकियाँ दे रहे थे। उनका कहना था कि युद्ध का उद्देश्य इस्रायल को नष्ट करना था। इससे पहले भी सितम्बर 1960 में सं.रा.सं. की आम सभा में बोलते हुए नासिर ने कहा था, ''फिलस्तीन का एकमात्र हल है, उस स्थिति में वापस जाना जो पहले थी, यानी इस्रायल के अस्तित्व को खत्म करना। 1964 में भी उन्होंने कहा कि, ''हम तब तक चैन से नहीं बैठेंगे जब तक फिलस्तीन अरब राष्ट्र नहीं बन जाता और बृहत्तर अरब का एक हिस्सा नहीं बन जाता।'' 1965 में उन्होंने एक बार फिर कहा कि, ''हम फिलस्तीन की धरती पर रेत में नहीं बल्कि खून से भीगी ज़मीन पर उतरेंगे।'' किन्तु इस मौक़े पर नासिर ने साफ अल्फाज़ में कहा कि मिस्र पहले आक्रमण नहीं करेगा। मिस्र तो चाहता है कि बातचीत से शांति की स्थापना हो, और अगर फिलस्तीनी अपने देश वापस लौटने की अनुमति पाते हैं, तो तिरान जलडमरूमध्य पर भी समझौता होने की सम्भावना बनती है।

जून 1967 का युद्ध एक निर्णायक युद्ध था, इस्रायल और अरब जगत दोनों के लिये। इसकी पृष्ठभूमि, इसकी पक्षधरता और इसमें अमरीका, रूस और अन्य

पश्चिमी देशों की शिरकत एक बड़ा विषय है और इस पर बहुत कुछ लिखा गया है। वह इतिहास का विषय है और उसकी खोजबीन ज़रूरी नहीं है। किन्तु यह कहना तो प्रासंगिक होगा कि इस्रायल ने इस युद्ध की तैयारी 1956 में ही शुरू कर दी थी। उसके सिर पर अमरीका और अन्य पश्चिमी राष्ट्रों का वरद हस्त था; और वहाँ से उसे हर प्रकार की सहायता मिली थी। अमरीका के राष्ट्रपति जॉनसन खुले तौर पर इस्रायल समर्थक थे। पश्चिमी देशों का जनमत भी उसका पक्षधर था। 5 जून 1967 को इस्रायल ने मिस्र पर आक्रमण कर युद्ध की शुरूआत की। यह छः दिन का युद्ध 10 जून को समाप्त हुआ जिसमें इस्रायल ने निर्णायक विजय प्राप्त की। उसने गाज़ा पट्टी, मिस्र के सिनाई प्रायद्वीप, जोर्डन के वेस्ट बैंक और पूर्वी जेरूसलेम; तथा सीरिया की गोलान पहाड़ियों पर कब्ज़ा कर लिया।

युद्ध में एक तरफ इस्रायल था तो दूसरी तरफ मिस्र, सीरिया और जोर्डन आगे थे। उनके पीछे थे इराक सहित दूसरे अरब देश। इस्रायल की तरफ से 50,000 सैनिक प्रारम्भ में मैदान में उतरे। उनके पीछे 2,14,000 रिज़र्व सेनाऐं थी। इस्रायल के पास 300 लड़ाकू विमान थे, 800 टैंक थे। कुल 2,64,000 सैनिकों में से 1,00,000 युद्ध में शामिल हुये। दूसरी तरफ मिस्र की सेना थी 2,40,000; सीरिया, जोर्डन और इराक की सम्मिलित सेना में 3,07,000 सैनिक थे। उनके पास 957 लड़ाकू विमान थे और 2,504 टैंक। कुल सैनिक थे 5,47,000; इनमें 2,40,000 युद्ध में शामिल हुये। इस्रायल की तरफ 776-983 सैनिक मारे गए, 4517 घायल हुये और 15 युद्धबंदी बने। उसके 46 विमान युद्ध में नष्ट हुये। अरब सम्मिलित सेना में मिस्र के 10 से 15 हज़ार सैनिक मारे गए, घायल हुये और लापता रहे। 4338 सैनिक युद्धबंदी बने। जोर्डन के सैनिकों की कुल संख्या के सही आंकड़े उपलब्ध नहीं है। कुछ रिपोर्टों के अनुसार 700 सैनिक मारे गए या लापता रहे। कुछ अन्य रिपोर्टों के अनुसार उनकी संख्या 6000 थी। 533 युद्धबंदी बने। सीरिया के 2,500 सैनिक मारे गए और 591 युद्धबंदी हुये। इराक के केवल 10 सैनिक मारे गए और 30 घायल हुये। सैकड़ों टैंक नष्ट हो गए और 450 से ऊपर विमान ध्वस्त हुये।

युद्ध के इन परिणामों से स्पष्ट है कि अरबों की सेना युद्ध सामग्री और विमान, जो इस्रायल की सेना से बहुत अधिक थे, कुछ काम नहीं आए। ज़ाहिर है कि अरब देश युद्ध के लिये पूरी तरह तैयार नहीं थे; न उनकी रणनीति और नेतृत्व सही और प्रभावशाली था। इस्रायल की वायुसेना निश्चित रूप से अरबों की वायुसेना से अधिक प्रशिक्षित, समर्थ और प्रभावशाली थी। पूरे युद्ध में उसकी भूमिका निर्णायक साबित हुई। अरबों की वायुसेना कोई भी प्रभावी और निर्णायक हमला नहीं कर पाई। परिणामस्वरूप उसके विमान बिना कुछ करतब दिखाए ही नष्ट हो गए।

10 जून तक इस्रायल ने गोलान पहाड़ियों पर अपना अभियान पूरा कर लिया

था। उसके एक दिन बाद ही युद्धविराम हो गया। गाज़ा पट्टी, सिनाई प्रायद्वीप और जोर्डन नदी के पश्चिमी तट (वेस्ट बैंक) जिसमें पूर्वी जेरूसलेम भी शामिल था, के ऊपर कब्ज़ा हो जाने पर लगभग दस लाख अरब इस्रायल के सीधे नियंत्रण में आ गए। युद्ध की दृष्टि से इस्रायल की पकड़ दक्षिण में 300 किलोमीटर तक, पूरब में 60 किलोमीटर तक, और उत्तर में 20 किलोमीटर तक हो गई, जिससे भविष्य में होने वाले किसी भी युद्ध के लिये वह पहले से अधिक सशक्त और समर्थ हो गया।

इस्रायल के लिए यह एक अद्भुत सैन्य उपलब्धि थी। छः दिन के युद्ध में इस्रायल ने तीन अरब देशों की सेनाओं को नष्ट कर डाला था और कई गुने भूभाग पर अधिकार कर लिया था। किन्तु उससे भी बड़ी उपलब्धि थी पश्चिमी देशों द्वारा वाहवाही और अरबों की निन्दा। यह सुनियोजित प्रचार था किन्तु, उसके पीछे एक अन्य कारण भी था। जैसा, फ्रांस के पत्र 'ला मॉन्द' ने लिखा 'पिछले कुछ दिनों में यूरोप ने, एक तरह से, उस अपराध भावना से मुक्ति पा ली है जो वह द्वितीय विश्वयुद्ध के काल से निरन्तर महसूस करता आ रहा था...। यूरोपीय महाद्वीप में प्रताड़ित यहूदियों ने आखिर प्रतिशोध ले लिया था, किन्तु अफसोस, अरबों की पीठ पर चढ़कर जो बूचड़खाने की भेड़ों की तरह हलाल हो गये।'

इस्रायल के लिये इस युद्ध का राजनैतिक महत्व विशिष्ट और दूरगामी था। इस्रायल ने दुनिया को दिखा दिया कि वह केवल युद्धकला में प्रवीण ही नहीं था बल्कि सही हमलों और विजय के द्वारा अपने क्षेत्र का शक्ति संतुलन बदलने में भी सफल हुआ। युद्ध के तीन सप्ताह बाद हिब्रू विश्वविद्यालय में मानद उपाधि से सम्मानित होते वक्त इत्झाक रेबिन ने इस्रायल की सफलता के बारे में बोलते हुये कहा, ''हमारे हवाई दस्तों ने शत्रु के विमानों पर इतना सही प्रहार किया कि दुनिया में कोई समझ ही नहीं पाया कि ऐसा हुआ कैसे; क्या हमारे पास कोई गुप्त हथियार थे! हमारी थलसेनाओं ने अपने से बहुत बड़ी सेनाओं के ऊपर जो विजय पाई उसके पीछे ठंडा दिमाग और साहस था—इस बात की समझ कि बड़े से बड़ा खतरा उठाए बगैर अपने देश और अपने परिवारों के लिये विजय हासिल नहीं की जाती। वे जानते थे कि अगर विजय न मिली तो उसका विकल्प था विनाश, एक निश्चित मौत।''

युद्ध का एक दूसरा महत्वपूर्ण पहलू था इस्रायल द्वारा अधिकृत क्षेत्रों में फिलस्तीनियों की मौजूदगी। इनमें दस लाख तो वेस्ट बैंक में ही थे, तीन लाख जोर्डन भाग गए थे जो उस देश में अशांति का कारण बने। एक बुरा असर अरब देशों के यहूदियों पर पड़ा। युद्ध के बाद उन्हें दमन और निष्कासन का सामना करना पड़ा। मिस्र, यमन, लेबनन, ट्यूनिशिया और मोरक्को में यहूदी बस्तियों पर हमले हुये और उनके सेनागॉग जलाए गए। त्रिपोली में 18 यहूदियों की हत्या हो गई। परिणामस्वरूप इन देशों से बहुत से यहूदी पलायन कर गए।

अधिकृत भूमि का क्या किया जाए इस सम्बन्ध में मेनाकिम बेगिन के दल

ने स्पष्ट शब्दों में कहा 'अधिकृत भूमि से निष्क्रमण किसी भी कीमत पर सम्भव नहीं, शान्ति के बाद भी नहीं।' जनरल दयान, जो युद्ध से ठीक पहले रक्षा मंत्री बने थे, 1967 के परवर्ती विस्तारवाद का प्रतीक थे। 1967 के युद्ध ने उनके सामने असीमित सम्भावनाओं के द्वार खोल दिये थे। दीर्घकालीन संघर्ष इस्रायल की नियति थी और यहूदियों के लिए इस संघर्ष का एक ही अनुकूल परिणाम हो सकता था–विजय और विस्तार। एक नया आत्मविश्वास-असीमित दम्भ-इस्रायल में जन्मा और उसने महसूस किया कि वह केवल अपने भविष्यत् का ही नियन्ता नहीं है, बल्कि समस्त मध्यपूर्व के भविष्यत् को नियंत्रित करने के सूत्र उसके हाथ में हैं।

युद्ध का एक और परिणाम था जिसका ज़िक्र आवश्यक है। वह है यहूदियों के आप्रवास का नया सिलसिला और अरबों का एक और निष्क्रमण। आप्रवासी आये, किन्तु इस बार अपेक्षित संख्या में नहीं। किन्तु उसके आने का अर्थ था अरबों का निष्कासन। निष्कासन के वे ही पुराने हथकंडे–गांवों पर हमले, गोलीबारी, हत्या और ग्रामवासियों को खदेड़ना। निर्वासन का यह अभियान इतना क्रूर था कि, दस्तावेजों के अनुसार, बहुत से इस्रायली सिपाही, भटकते हुए भूखे प्यासे लोगों और बच्चों को देखकर रो पड़े थे। सैकड़ों दक्षिण के इलाके में, भटके हुए जानवरों की तरह, घूमते रहे–बच्चे और कमज़ोर लोग मर गये। 1948 की कहानी दोहराई जा रही थी। 300 से 500 लोग हर रात, टूटे पुल से रस्सियों के सहारे जोर्डन नदी पार करने की कोशिश करते। इस्रायली सिपाही घात लगाए बैठे रहते और गोलियां चला देते। हर सुबह जोर्डन नदी पर लाशें तैरती मिलतीं, आदमी औरतें बच्चे–पूरे के पूरे परिवार घर लौटने की कोशिश में मारे गये। अरबों का जेरूसलेम से निर्वासन करने का महत् उद्देश्य था शहर का यहूदीकरण। उसके दो महत्वपूर्ण पहलू थे–अरब भूमि और सम्पत्ति पर अधिकार तथा आर्थिक, सांस्कृतिक और बौद्धिक वर्गों का बहिष्करण। शिक्षा में क्रांतिकारी परिवर्तन आया। अरबों और यहूदियों का इतिहास दुबारा लिखा गया। इसमें अरबों का इतिहास कुछ झगड़ों, हत्याओं और लूटमार की दास्तान था, जबकि यहूदी इतिहास महान् और गरिमावान। माध्यमिक शिक्षा के दौरान यहूदी इतिहास के 384 घंटे थे और अरब इतिहास के केवल 32; इस्लाम और ईसाई धर्म की शिक्षा की व्यवस्था नहीं थी। वैसे ही हिब्रू विश्वविद्यालयों में अरबों के लिए सीमित स्थान थे। अचानक अनजानी भाषा और शिक्षा व्यवस्था लागू हो जाने पर उनके लिए मैट्रिक पास करना तक मुश्किल हो गया।

अधिकृत क्षेत्रों में बस्तियां बसाने का काम भी अभूतपूर्व तेज़ी से किया गया। गोलान पहाड़ियों, गाजा और सिनाई के क्षेत्र में 1973 के युद्ध तक 42 यहूदी बस्तियां बनीं। इस प्रक्रिया में कभी-कभी सम्पूर्ण अरब ग्रामों का उन्मूलन आवश्यक हो जाता। किन्तु इस बार अधिकांश फिलस्तीनी बने ही रहे, भागे नहीं। 15 लाख फिलस्तीनी अल्पसंख्यक एक अनिवार्यता बन गये। इसके कारण विस्तारवाद और

यहूदी अपवर्जिता के बीच अन्तर्विरोध पैदा हो गया। विजित भू-भागों को बृहत्तर इस्रायल में शामिल करने का अर्थ था इन फिलस्तीनियों को भी स्वीकार करना। रंगभेद और जातिभेद इसकी स्वाभाविक परिणति बना। साथ ही मौजूदा स्थिति का एक आर्थिक पहलू भी नज़र आया। अधिकृत क्षेत्र इस्रायली सामानों के लिए अच्छे बाजार और सस्ते मजदूरों का स्रोत बन गये। गाज़ा और पश्चिमी किनारे के क्षेत्र से, 1973 में 70,000 मजदूर इस्रायल में काम कर रहे थे। यह धारणा बन चुकी थी कि निम्न श्रेणी के और मशक्कत वाले कामों के लिए अरब ही उपयुक्त थे। किन्तु यहाँ भी भेदभाव था। उन्हें शहर में रहने का अधिकार न था, यहूदियों की मजदूरी का 40 प्रतिशत उन्हें मजदूरी के रूप में मिलता था, वे लम्बी दूरियों से आकर काम करते और फिर अपने घर वापस जाते।

अधिकृत क्षेत्रों में बन्दियों को यातना दी जाती। इस्रायली महिला वकील फेलिसिया लैंगर ने इनके लिए न्याय प्राप्त करने के प्रयत्न किये, और अपनी पुस्तक 'विद माई ओन आईज़' में इन यातनाओं की दास्तान कलमबन्द की है। प्रशासनिक नजरबन्दी की भी व्यवस्था थी, जिसका अर्थ था राजनैतिक विचारधारा वाले बुद्धिजीवियों को कारावास। सिनाई रेगिस्तान के निर्जन भागों में इनके लिए यातना शिविर खोले गये, जहाँ बुद्धिजीवियों के पूरे परिवारों को कैद कर रखा गया। सामूहिक दंड भी दिये जाते। कर्फ़्यू तो लगभग बराबर ही लगा रहता। वीत-साहूर ग्राम में एक महीने तक 24 घंटे का कर्फ़्यू लगा रहा। उसके भूख से मरते निवासियों को खिड़कियाँ खोलने तक की इजाजत न थी। घरों की तलाशी, मारपीट, हड्डियाँ तोड़ देना, औरतों को सड़कों पर नंगा कर उनके जेवर छीन लेना आम बात थी। घरों को नष्ट करने का पुराना हथकंडा अब भी इस्तेमाल किया जा रहा था। इसे सामूहिक दंड की संज्ञा दी जाती। अलइत्तिहाद अख़बार में मोशे दयान के 31.10.69 के एक रेडियो प्रसारण का उल्लेख है। यह रेडियो प्रसारण हलहल गाँव में 70 घरों की बर्बादी के बाद हुआ था। उन्होंने अरबों को चेतावनी दी, 'आज तो हमने बीस घर ही गिराये हैं। यदि यह पर्याप्त नहीं है तो हम पूरा कस्बा ही नष्ट कर देंगे। यदि तुम्हें यह नीति पसन्द नहीं है तो हमारे पुल खुले हैं—तुम जा सकते हो।' निष्कासन के बहाने अनेक थे—असहयोग, कर्फ़्यू में गिरफ़्तारी, विस्फोट का अपराध, अवैध हथियार—इनमें से कोई भी इल्ज़ाम लगाया जा सकता था।

अधिकृत देशों के बाहर पड़ोसी देशों की सीमाओं पर, विस्थापितों के शरणार्थी कैम्पों में रहने वाले गोरिल्ला संघर्ष चला रहे थे। उनका मनोबल तोड़ना भी आवश्यक था। इन क्षेत्रों में इस्रायल ने उसी प्रकार के हिंसक कारनामे किये जैसे अमरीकियों ने वियतनाम में किये थे। तोपखाने और बमवर्षक विमानों का खुला प्रयोग शरणार्थी कैम्पों पर, और उन देशों के मुख्य संयंत्रों और ठिकानों पर किया जाता था जहाँ उन्हें शरण मिली थी। इसका परिणाम यह हुआ कि अब सीरिया, जोर्डन, मिस्र और

लेबनन में थी विस्थापित पैदा हो गये जो शरण पाने के लिए फिलस्तीनी शरणार्थियों की तरह भटकने लगे। 1967 में ही गोलान पहाड़ियों से एक लाख शरणार्थी आ गये थे। फैन्टम और स्काई हॉक भीषण बमबारी करते। सशक्त गोरिल्ला संगठन के कारण जोर्डन पर सबसे अधिक मार पड़ी। निर्दयता और क्रूरता की इससे बड़ी मिसाल क्या हो सकती है कि नवम्बर 1967 में एक दिन तीसरे पहर, जब करामेह शरणार्थी कैम्प के बच्चे बाहर निकले तो उन पर इस्रायल ने मार्टर से भारी प्रहार कर, अधिकांश को मार डाला। सीमावर्ती गांव और कस्बे जैसे उत्तरी शूनेह और इर्बिद शहर नष्ट कर डाले गये। नहर, फूलों के बगीचे, खड़ी फसलें—उन्होंने कुछ भी छोड़ा नहीं। पश्चिमी सीमा पर मिस्र के पोर्ट सईद, सुएज़ और इस्माइलिया पर घातक हमले कर उन्हें नष्टप्राय कर दिया—वहां से लगभग 10 लाख लोग विस्थापित होकर डेल्टा के भीड़ भरे शहरों की ओर भाग लिये। क़ाहिरा से 12 मील उत्तर अबू जबाल के कारखाने पर इस्रायली विमानों ने बमवर्षा की जिसमें 70 मज़दूर एक साथ मर गये। एक अन्य हमले में उन्होंने बहर-अल-बक्र में 46 प्राइमरी स्कूल के बच्चों को मार डाला। लेबनन पर हवाई हमले बहुत भीतर तक पैठ कर हुये। दिसम्बर 1968 में दो फिलस्तीनियों ने एथेन्स हवाई अड्डे पर एक इस्रायली बोइंग 707 को मशीनगनों से नष्ट कर दिया था। ये फिलस्तीनी लेबनन के रहने वाले थे। दो दिन बाद इस्रायली हेलिकॉप्टर बेरूत विमान-बन्दर पर उतरे और उन्होंने 'आराम से' 11 मिलियन पौण्ड के 13 यात्री जेट नष्ट कर दिये।

इस्रायल का सफल, सैन्य विस्तारवाद उसके दम्भ को और भी बढ़ा गया। 15 मई 1973 को इस्रायल की 25वीं जयन्ती के अवसर पर दयान ने कहा कि हम सियोन की वापसी के शिरोबिन्दु पर पहुँच गये हैं। जनरल शैरोन का खयाल था, बगदाद से खारतूम तक कोई ऐसा स्थान नहीं जिसे इस्रायल जीत न सके। यह दम्भ मज़ाकों में भी अभिव्यक्त होता था। जैसे—"इस्रायली सेना को दमिश्क, मास्को या व्लाडीवोस्टक पर अधिकार करने के लिए क्या चाहिए? उत्तर—आदेश।"

चौथा अरब-इस्रायली युद्ध

1973 का अरब-इस्रायली युद्ध आख़िरी बड़ी जंग थी जिसमें मिस्र और सीरिया के साथ अन्य अरब देश भी शामिल थे। इस्रायली इसे 'योम किप्पूर' का युद्ध और अरब 'हर्ब अक्तूबर' या 'हर्ब तिश्रीन' नाम से पुकारते हैं। यह चौथा युद्ध था जो 6 अक्तूबर को शुरू हुआ और युद्धविराम के साथ 26 अक्तूबर को खत्म हुआ। योम किप्पूर जूडावादी (यहूदी) धर्म का सबसे पवित्र दिन माना जाता है। इत्तफाक से मुसलमानों का भी यह रमज़ान (अरबी-रमादान) का पाक महीना था। मिस्र और सीरिया ने अचानक अप्रत्याशित संयुक्त आक्रमण किया और उनकी सेनाऐं 1967 की युद्धविराम की सीमा पार कर सिनाई प्रायद्वीप और गोलान पहाड़ियों के क्षेत्र में

प्रवेश कर गईं। ये मूल रूप से मिस्र और सीरिया के हिस्से थे जिनपर, 1967 के युद्ध के बाद से, इस्रायल का कब्ज़ा था। यह एक विराट अंतर्राष्ट्रीय संकट का घटनाक्रम था जो दो आणविक शक्तियों–अमरीका और रूस–के टकराव की सरहदों तक पहुँच गया था। युद्ध के दौरान अमरीका इस्रायल को, और सोवियत यूनियन अरब राष्ट्रों को, हथियार और लड़ाई का साजसामान बड़ी मात्र में मुहैय्या करा रहे थे।

शुरू के तीन दिन मिस्र ने सुएज़ नहर के पार इस्रायल की भारी किलेबंदी को सफलतापूर्वक तोड़ डाला। वहाँ और दक्षिण के फ्रंट पर जब उसने अपनी स्थिति मज़बूत कर ली तो ये सेनाऐं आगे नहीं बढ़ पाईं। उसी वक़्त उत्तर में सीरिया ने गोलान पहाड़ियों पर हमला किया और शुरू में सफलता भी पाई, लेकिन एक हफ़्ते के अन्दर ही इस्रायल ने सीरिया की हमलावर सेना को पीछे ठेलना शुरू कर दिया। चार दिन के जवाबी हवाई हमले में उसकी सेना सीरिया के अन्दर तक घुस गई। मिस्र ने हमले तेज़ किये किन्तु उसकी सेनाऐं आगे नहीं बढ़ पाईं। इस्रायल ने मिस्र की दो सेनाओं के बीच से होकर ज़ोरदार हमला किया, सुएज़ नहर पार की और घमासान लड़ाई के दौरान, दक्षिण और पश्चिम में काफी आगे बढ़ गया। उसने मिस्र की तीसरी सेना को चारों तरफ से घेर लिया। इस्रायल ने यह कार्रवाई सर्वसम्मति से पारित सं.रा.सं. के युद्धविराम के प्रस्ताव के बाद उसका उल्लंघन करते हुये की। इससे शुरू में तो दो महाशक्तियों के बीच तनाव बढ़ा लेकिन 25 अक्तूबर खत्म होते होते युद्धविराम लागू हो गया। जब लड़ाई बन्द हुई तो इस्रायल की सेनाऐं सीरिया में दमिश्क से सिर्फ़ 40 किलोमीटर दूर रह गई थीं और क़ाहिरा से 101 किलोमीटर।

इस युद्ध के दूरगामी परिणाम निकले जिनसे इस क्षेत्र में शक्ति संतुलन, अरब जगत के देशों में आपसी समीकरण, और नज़रिये में महत्वपूर्ण परिवर्तन आया जिसने भविष्य की दिशा ही बदल दी। युद्ध के बाद अरब देशों को उस अपमान और शर्मिन्दगी से एक हद तक नजात मिली जो 1967 के 6 दिन के युद्ध में अपनी घोर पराजय के कारण वे महसूस कर रहे थे। युद्ध के आरम्भ की सफलता से मनोवैज्ञानिक रूप से उनका आत्मबल बढ़ा और सिर ऊँचा करने का मौका मिला। यह बात दीगर है कि इस युद्ध में मिस्र और सीरिया को जानमाल का भारी नुकसान हुआ। दोनों देशों ने औपचारिक रूप से कभी कोई आंकड़े प्रकाशित नहीं किये, लेकिन गैर-सरकारी सूत्रों के अनुसार कम से कम 8,000 सैनिक युद्ध में मारे गये जिनमें 5,000 मिस्र के और 3,000 सीरिया के थे। 18,000 सैनिक घायल हुये। लेकिन अनौपचारिक सूत्रों से मरने वाले सैनिकों की अधिकतम संख्या 18,500 थी, जिनमें 15,000 केवल मिस्र के थे।

युद्ध के अन्त में, लड़ाई के मैदान में ज़बरदस्त अभियान और उपलब्धियों के

बावजूद, इस्रायल ने पहली बार महसूस किया कि वह अजेय नहीं है। इसलिए भविष्य में वह और भी सतर्क और आक्रामक हो गया। अमरीका के भी कई भरम टूटे। पहले की धारणाओं को नई वस्तु-स्थिति के मुताबिक़ बदलने का रुख़ उसकी नीति में पहली बार नज़र आया। मध्यस्थता और शांति की प्रक्रिया सम्भवतः इसी युद्ध का परिणाम थी। तभी तो कैम्प डेविड के समझौते में सिनाई प्रायद्वीप मिस्र को वापस कर दिया गया। यह समझौता इस बात का भी प्रतीक है कि पहली बार एक अरब देश मिस्र ने शांतिपूर्ण ढंग से इस्रायल के अस्तित्व को स्वीकार किया। कालान्तर में मिस्र सोवियत रूस से दूर होता गया और अन्त में उससे अलग ही हो गया। 1973 के युद्ध को अरब प्रतिक्रिया का प्रतीक, और भविष्य में, उसके इस्रायल से बनने वाले सम्बन्धों का प्रस्थान बिन्दु भी माना जाना चाहिये।

विजय के मद में चूर, और दुनिया के सशक्त देशों द्वारा संरक्षित इस्रायल के लिये यह अप्रत्याशित बात थी कि कोई अरब देश उसके ऊपर आक्रमण की बात सोच भी सकता है। मध्यपूर्व के वर्तमान इतिहास में यह एक कम्प के समान था। इससे मध्यपूर्व में शक्ति सन्तुलन बदल गया। इस्रायल को भी इससे बहुत क्षति हुई। इस्रायल के 2,800 सैनिक युद्ध में मारे गये, 7,500 से 8,500 के बीच घायल हुये, लगभग 300 सैनिक पकड़े गये और युद्धबंदी बने—अमरीका के दसवर्षी वियतनाम युद्ध के कई गुने, और वे भी केवल तीन हफ़्तों में। उन माताओं ने, जिनके बेटे युद्ध में मारे गये थे, दयान को हत्यारा कहकर संबोधित किया। आर्थिक व्यवस्था को भी जबर्दस्त धक्का लगा, यहाँ तक कि कुछ लोग सियोनवादी राष्ट्र के स्थायित्व में भी संदेह व्यक्त करने लगे। सेना के सिपाहियों से लेकर बुद्धिजीवी और सामान्य नागरिक भी, इस्रायल की आक्रामक नीति की आलोचना करने लगे।

इस युद्ध के व्यापक प्रभाव को सम्यक् रूप से समझने के लिये इसकी पृष्ठभूमि और इसके परिणामों पर एक सरसरी नज़र डालना ज़रूरी है। मिस्र और सीरिया 1967 के युद्ध में इस्रायल द्वारा अधिकृत अपनी भूमि को वापस लेना चाहते थे। सितम्बर 1967 के खारतूम-अरब शिखर सम्मेलन में अरबों ने तीन 'नकारों' की कसम खाई थी—'इस्रायल के साथ शांति नहीं, मान्यता नहीं, बातचीत नहीं।' इस बीच इस्रायल ने पांच सौ मिलियन डॉलर के खर्चे से सुएज़ नहर के किनारे भारी सैन्य जमाव और किलेबंदी की थी। सितम्बर 1970 में मिस्र के राष्ट्रपति गमाल अब्दुल नासिर की मृत्यु हो गई। उनके उत्तराधिकारी बने अनवर सादात। सादात ने प्रतिज्ञा की कि वह छह दिन के युद्ध में खोई हुई भूमि वापस लेंगे। साथ ही 1971 में उन्होंने सं.रा.सं. के प्रतिनिधियों को भी आश्वासन दिया कि, यदि इस्रायल सिनाई और गाज़ा पट्टी से अपनी सेनाऐं हटाने का वचन दे, और सं.रा.सं. के प्रस्ताव 242 को लागू करने के लिये तैयार हो, तो मिस्र उसके साथ शांति समझौता करने को तैयार है। लेकिन इस्रायल ने अपने जवाब में 1967 के युद्ध से पहले की सीमाओं

तक वापस जाने से साफ इन्कार कर दिया।

सादात को उम्मीद थी कि, अगर जंग में इस्रायल को सीमित पराजय का भी सामना करना पड़े, तो शायद 'यथास्थिति' से छुटकारा मिलने की सम्भावना बन सकती है। लेकिन सीरिया के हाफिज़ असद उनसे सहमत नहीं थे। उनकी समझौते की बातचीत में कोई दिलचस्पी नहीं थी। उनका ख़याल था कि गोलान पहाड़ियों को सिर्फ़ सैनिक कार्रवाई से दोबारा हासिल किया जा सकता है। इस मक़्सद से उन्होंने अपनी सेना को बढ़ाया था, उसे प्रशिक्षण दिया था और आधुनिक हथियारों से लैस किया था। उन्हें उम्मीद थी कि मिस्र के साथ मिलकर उनकी नई सेना इस्रायली सेना से लड़ाई में निश्चित रूप से जीत सकती थी। वह सिर्फ़ गोलान पर कब्ज़ा करने के बाद ही समझौते की बात पर सोचने को तैयार थे। यह एक अतिरंजित आशावाद था कि, इस तरह से, इस्रायल को वेस्ट बैंक और गाज़ा छोड़ने के लिये तैयार किया जा सकता था।

इधर अनवर सादात की आंतरिक मुश्किलें भी बढ़ रही थीं। सेना का मनोबल टूटा हुआ था। देश आर्थिक दुर्वस्था के दौर से गुज़र रहा था। इनसे बचने का एक ही रास्ता था—युद्ध। सादात की जीवनी में रेफिल इस्रायली ने लिखा है कि सादात पिछले युद्ध की हार को एक अत्यन्त लज्जास्पद त्रासदी मानते थे। उनका खयाल था कि देश में सुधारवादी एजेंडा लागू करने से पहले इस राष्ट्रीय लज्जा के एहसास से उबरना आवश्यक था। वह लोकप्रिय नहीं थे और इसलिये किसी बड़ी उपलब्धि के बिना उनके सुधारों के प्रोग्राम को, जो निहायत ज़रूरी था, देश के लोग स्वीकार करने को तैयार नहीं थे। चारों तरफ सिनाई को वापस लेने की आवाज़ें उठ रही थीं; लोग नाराज़ थे कि राष्ट्रपति की गद्दी पर बैठने के तीन साल बाद भी सादात ने इस दिशा में कोई क़दम नहीं उठाया था।

लेकिन दूसरे अरब देश एक नई लड़ाई लड़ने के लिये उत्सुक नहीं थे। जोर्डन के शाह हुसेन को डर था कि अगली लड़ाई में कुछ अन्य भूभागों से भी हाथ न धो बैठें। सादात फिलस्तीनी मुक्ति संगठन के अधिकारों का भी समर्थन कर रहे थे। उन्होंने यासिर अराफात को आश्वासन दिया था कि विजय के बाद वह वेस्ट बैंक और गाज़ा पीएलओ को सौंप देंगे। मगर हुसेन सोचते थे कि वेस्ट बैंक उन्हें वापस मिलेगा। 1970 के 'ब्लैक सेप्टेम्बर' हादसे के बाद पीएलओ और जोर्डन की सरकार के बीच भी एक गृहयुद्ध जैसी स्थिति पैदा हो गई थी। सीरिया ने पीएलओ के समर्थन में हस्तक्षेप किया था जिससे असद और हुसेन के दर्मियान सम्बन्धों में खटाई पड़ गई थी। इराक और सीरिया के सम्बन्ध भी अच्छे नहीं थे। उधर लेबनन के लड़ाई में शामिल होने की उम्मीद नहीं थी। वैसे तो 1973 में बहुत से राष्ट्रों ने सादात के युद्ध के प्रोग्राम का समर्थन किया। इनमें अरब लीग, गुटनिरपेक्ष आंदोलन और अफ्रीकी एकता संगठन शामिल थे। उधर ब्रिटेन और फ्रांस, अपनी पुरानी नीति के

बरख़िलाफ, अरब देशों का समर्थन कर रहे थे। लेकिन बाद के घटनाक्रम से यह समर्थन सतही और कोरी लफ़्फ़ाज़ी ही साबित हुआ।

सोवियत रूस को सादात की जीत की उम्मीद नहीं थी। उसने चेतावनी भी दी कि अगर मिस्र ने सुएज़ नहर की इस्रायल की भारी सैनिक किलेबंदी पार करने की कोशिश की तो उसे भारी नुकसान होगा। यह वह वक़्त था जब सोवियत रूस और अमरीका शीत युद्ध से उबरना चाहते थे, और शांतिवार्ता की तरफ अग्रसर थे। लेकिन सादात ने लड़ाई करने का अपना इरादा पूरे एक साल पहले अपनी सेना को ज़ाहिर कर दिया था। मिस्र और सीरिया ने लड़ाई के लिये पूरी तैयारी की थी। यह तो युद्ध के परिणामों से स्पष्ट हो गया। कई विशेषज्ञों का विचार है कि अचानक और अप्रत्याशित हमला इस्रायल की गुप्तचर व्यवस्था पर भी प्रश्नचिन्ह लगाता है।

पृष्ठभूमि जो भी रही हो, युद्ध हुआ। युद्धविराम और युद्ध की समाप्ति में हेनरी किसिंगर की भूमिका को काफी महत्वपूर्ण माना जाता है। उन्होंने 25 अक्तूबर को दोपहर के वक्त अमरीका के प्रेस प्रतिनिधियों के सामने साफ अल्फाज़ में कहा कि वह युद्धभूमि पर अमरीकन या सोवियत सैनिकों के उतरने के सख़्त ख़िलाफ थे। उन्होंने प्रेस के सामने शांति के समझौते की सम्भावनाओं की बात की और इस्रायल, मिस्र, और यहाँ तक कि सोवियत यूनियन के लिये भी नरमी बरती। अन्त में उन्होंने इस क्षेत्र में नई अमेरिकी नीति के सिद्धांतों पर प्रकाश डाला। "हमारा विचार है कि इस युद्ध के द्वारा जो हालात पैदा हुये हैं, वे स्पष्ट रूप से अरब राष्ट्रों की बर्दाश्त के बाहर हैं; और इसलिये समझौते की बातचीत की प्रक्रिया में अरबों को भारी रियायतें देना ज़रूरी होगा। यहाँ समस्या पैदा होगी कि इन भूभागों पर अरबों की प्रभुसत्ता की मांग और इस्रायल की सुरक्षित सीमाओं की चिन्ता में तालमेल कैसे बिठाया जाये। हमारा विश्वास है कि दोनों पक्षों के बीच समझौते की बातचीत इस प्रक्रिया का आवश्यक तत्व होगी।"

किसिंगर की भूमिका की तारीफ हुई, उसे अत्यन्त प्रभावी माना गया। शायद यह सच था, क्योंकि एक घंटे बाद ही सं.रा.सं. सुरक्षा परिषद् ने प्रस्ताव 340 पास किया जिसके मुताबिक युद्धविराम हुआ, क़ायम रहा और लड़ाई खत्म हुई। 28 अक्टूबर को 'किलोमीटर 101' पर इस्रायली मेजर जनरल ऐहरोन यारिब और मिस्र के मेजर जनरल अब्दुल गनी अल्-गमासी के बीच वापसी की कार्रवाई की बातचीत शुरू हुई, सं.रा.सं. की चौकियाँ बैठी, असैनिक चीज़ों का यातायात शुरू हुआ और युद्धबंदियों की अदला-बदली की प्रक्रिया पर विचार हुआ। जेनेवा में शिखर सम्मेलन हुआ जहाँ संधि के मसौदे पर विचार हुआ। इस्रायल ने अपनी सेनाएें वापस लाना शुरू किया और 5 मार्च 1974 तक सुएज़ नहर को मिस्र के नियंत्रण में दे दिया। लेकिन वेस्ट बैंक, गाज़ा और पूर्वी जेरूसलेम इस्रायल के कब्ज़े में ही बने रहे।

1973 का युद्ध फिलस्तीनियों के लिए भी अत्यन्त महत्वपूर्ण साबित हुआ।

यह युद्ध उन्होंने नहीं लड़ा था। मिस्र और सीरिया की संयुक्त सेनाओं ने चढ़ाई की थी। लेकिन जिस क्षेत्र पर युद्ध हुआ वह संयुक्त राष्ट्र संघ के 1948 के विभाजन के अनुसार फिलस्तीनियों को आबंटित क्षेत्र था। वे वहाँ रहते थे और इस लड़ाई के कारणों में उनके अधिकार एक प्रमुख कारण था। उनकी अस्मिता जागी और अपने अधिकारों का एहसास एक ताक़तवर सामूहिक चेतना के रूप में उभरा। उनका वापसी का सपना भी फिर रूपाकार लेने लगा और नये सिरे से संगठित आंदोलन की शुरूआत हुई। कवियों ने उसके गीत गाये। संघर्ष का परचम फिर फहराने लगा। 'अल फतह' आंदोलन का उत्कर्ष इसी काल में हुआ। इस आंदोलन ने जहां एक तरफ मौजूदा स्थिति का विश्लेषण कर अपनी वास्तविक स्थिति समझने का प्रयास किया, वहीं दूसरी ओर उसके रवैये में एक प्रकार की कट्टरता भी आई। उसके नेता यहाँ तक सोचने लगे कि जेरूसलेम में वापस जाकर वे, वहां रहने वाले बीस लाख यहूदियों को, उन्हीं देशों में वापस जाने को कहेंगे जहां से वे आये थे। दूसरी ओर अरब राष्ट्रों से भी वे असन्तुष्ट थे। उनका खयाल था कि अरब सरकारें उन्हें कुछ करने ही नहीं देतीं। उन्होंने उनके मुँह बन्द कर दिये थे और हाथ बांध दिये थे। वे भूले नहीं थे कि लेबनन और जोर्डन की सरकारों ने 'फिदायीन' अभियानों को दबाने की कोशिश की थी।

डॉ. जार्ज हबाश के नेतृत्व में फिलस्तीनी मुक्ति का जनवादी मोर्चा (पापुलर फ्रंट फॉर दि लिबरेशन आफ पेलेस्टाइन) भी संगठित हुआ। इस आन्दोलन पर हो ची मिन्ह, चे गुवेरा और माआत्जेदुंग का प्रभाव था। इसके सदस्यों ने फिलस्तीन की समस्या के प्रति विश्व का ध्यान आकृष्ट करने के उद्देश्य से अनेक हिंसात्मक और साहसिक कार्य किये। लैला खालिद जैसी खूबसूरत साहसी युवती, जिसने कई बार विमानों के अपहरण में हिस्सा लिया था, मुक्ति-युद्ध की कहानियों की आदर्श बाला बन गई। करामा की 1968 की लड़ाई 'फिदायीन' की लड़ाई थी। लेबनन में 'फिदायीन' ने फिलस्तीनी क्रांतिकारी संगठनों और ईसाई एवं मुसलमानों के सम्मिलित आंदोलन को विकसित करने में निर्णायक भूमिका अदा की।

'अल-फतह' को विश्व जनमत का भी समर्थन मिला। कैन्टरबरी के प्रधान विशफ की पत्नी लेडी पिशर ने कहा, 'अरब निश्चित रूप से वही कर रहे हैं जो बहादुर लोग हमेशा करते हैं जब उनका देश विजेता की एड़ियों तले कुचला जाता है।' 1969 में फिलस्तीनी मुक्ति संगठन में अलफ़तह का विलय हुआ। उसके बाद मुक्ति संगठन की शक्ति निरन्तर बढ़ती ही गई।

गोरिल्ला योद्धाओं के कारण जोर्डन को काफी क्षति उठानी पड़ रही थी। 1970 में जोर्डन में जो गृहयुद्ध हुआ उसका प्रमुख उद्देश्य गोरिल्ला शक्ति को तोड़ना था। फिलस्तीनी मुक्ति संगठन के योद्धा-वर्ग को जोर्डन से निष्कासित कर दिया गया। 'फिदायीन' लेबनन चले गये; किन्तु अरबों की गद्दारी के कारण उनके मन में

प्रतिशोध की भावना थी। 'ब्लैक सैप्टैम्बर' टुकड़ी के सदस्यों द्वारा आतंकवाद की अनेक घटनायें हुई। 28 नवम्बर 1971 को क़ाहिरा के शेरटन होटल में, अरब लीग के अधिवेशन के अवसर पर जोर्डन के प्रधानमंत्री की हत्या कर दी गई। आतंकवादियों ने गिरफ़्तारी से बचने की कोशिश भी नहीं की। किन्तु उनका सबसे महत्वपूर्ण अभियान था म्यूनिख़ में ओलम्पिक खेलों के समय—सितम्बर 1972 में—इस्रायली खिलाड़ियों को पकड़कर बन्धक बनाने और उनके मारे जाने का कृत्य। सन्दर्भ से काट कर देखने पर यह पागलपन का एक अत्यन्त क्रूर कृत्य लगता है। किन्तु आतंकवादियों और फिलस्तीनी आंदोलन के परिप्रेक्ष्य में यह क्रांतिकारियों द्वारा विश्व जनमत की उदासीनता को तोड़ने के उद्देश्य से किया गया था। एक समाचारपत्र ने लिखा कि म्युनिख़ का अभियान ऐसा था जैसे कि फिलस्तीन का नाम, एक इतने ऊँचे पहाड़ पर लिख दिया गया हो, जो दुनिया के चारों कोनों से नज़र आता हो।

उनका इरादा खिलाड़ियों को मारना नहीं था, उन्हें बंधक बनाकर उनके बदले में इस्रायल की जेलों में पड़े हुये अपने 200 साथियों को रिहा कराना था। किन्तु इस्रायल ने इन्कार कर दिया। उनको गिरफ़्तार करने और इस्रायली खिलाड़ियों को रिहा कराने के प्रयत्न में सभी इस्रायली खिलाड़ी और पांच आतंकवादी मारे गये। मारे गये आतंकवादियों का आखिरी संदेश दमिश्क रेडियो से प्रसारित हुआ। उन्होंने अपने कृत्य के लिये दुनिया के खिलाड़ियों से क्षमा मांगी और कहा, 'हम उन्हें बताना चाहते हैं एक ऐसी जाति के अस्तित्व के बारे में जिसके देश को पिछले 24 वर्षों से विदेशियों ने अपने नियंत्रण में ले रखा है, और जिसका सम्मान पैरों तले रौंदा गया है। कुछ गलत न होगा अगर कुछ घंटों के लिये विश्व का युवावर्ग उनकी यह दुख गाथा समझ सके, ओलम्पिक खेलों को कुछ घंटे के लिये रुक जाने दे।'' तीन दिन बाद प्रतिशोध में इस्रायल ने सीरिया और लेबनन पर बमबारी की जिसमें लगभग 500 लोग मारे गये।

फिलस्तीनी मुक्ति संगठन के सदस्यों ने महसूस किया कि आतंकवादी कार्रवाई जनमत को उनके विरुद्ध कर रही है। उन्होंने यह भी समझा कि जाति और धर्म पर आधारित, और घृणा से अनुप्रेरित राष्ट्र की परिकल्पना उतनी ही गर्हित होगी जितना सियोनवादी इस्रायल। धीरे-धीरे 'सियोनवादी' और 'यहूदी' में अन्तर किया जाने लगा। 'अल-फ़तह' की आगामी कल की तस्वीर फिलस्तीनी प्रजातंत्र की तस्वीर बनी—प्रगतिशील, प्रजातांत्रिक, गैर-सम्प्रदायवादी और धर्म निरपेक्ष। आतंकवाद की जगह राजनैतिक आंदोलन ने ले ली। इसका अनुकूल परिणाम निकला। नवम्बर 1974 में रबात के अरब शिखर सम्मेलन ने यासिर अराफात को फिलस्तीनियों का शीर्ष नेता और प्रवक्ता माना। यूरोप के देशों के दृष्टिकोणों में भी परिवर्तन आ चुका था। 1947-48 के ज़माने से दुनिया काफी आगे बढ़ गयी थी। द्वितीय विश्वयुद्ध जनित यहूदी सहानुभूति बहुत हद तक या तो समाप्त हो चुकी थी या काफ़ी कम

हो गई थी। फ्रांस ने 1947 में फिलस्तीन के विभाजन का समर्थन किया था; किन्तु अक्टूबर 1974 में उसके विदेश मंत्री औपचारिक रूप से लेबनन गये और अराफ़ात के साथ नाश्ता किया। 15 दिन बाद अराफ़ात ने संयुक्त राष्ट्र संघ को संबोधित किया। आम सभा के समक्ष अराफात ने 100 मिनट लम्बा भाषण दिया। फिलस्तीनी मुक्ति संगठन के लिए यह एक आशातीत सफलता थी। अराफात को विश्वसंस्था द्वारा स्वीकारना विश्व स्वीकृति का प्रतीक था। अपने भाषण में अराफात ने कल के फिलस्तीन की परिकल्पना स्पष्ट की। वह एक प्रजातांत्रिक राज्य होगा जहाँ यहूदी, मुसलमान, ईसाई सभी मिलजुल कर रहेंगे। उन्होंने यहूदियों का आह्वान किया कि वे सियोनवादी विचारधारा छोड़कर नये फिलस्तीन के निर्माण में हाथ बटायें। उन्होंने कहा 'मेरे एक हाथ में बोधिवृक्ष की टहनी है और दूसरे में बन्दूक, कुछ ऐसा मत करो जिससे यह शान्ति वृक्ष की टहनी मेरे हाथ से गिर जाए।'

लेबनन, हिज़्बुल्ला और 2006 की लड़ाई

अपनी डायरी में बेन गुरियन ने लिखा था, 'हमें एक ईसाई राज्य की स्थापना करनी चाहिए जिसकी दक्षिणी सीमा लितानी की तरफ हो।' मोशे शारेत, तत्कालीन विदेशी मंत्री ने अपनी डायरी में लिखा 'दयान का विचार है कि यदि लेबनन की सेना का एक अफसर-मेजर से भी काम चलेगा—मिल सके तो हम धन देकर उसे ख़रीद सकते हैं। वह घोषणा कर दे कि वह मेरोनाइट ईसाई वर्ग का रक्षक है। तब इस्रायली सेना वहाँ प्रवेश कर एक ईसाई राज्य क़ायम कर देगी जो इस्रायल का मित्र बनकर रहेगा। लितानी के दक्षिण का भूभाग इस्रायल में शामिल कर लिया जायेगा।'

अनेक वर्षों से लेबनन पर अमरीका की भी नज़र थी। विभाजन और 1948 के युद्ध के बाद लगभग तीन लाख फिलस्तीनी लेबनन में शरणार्थी बन कर चले आये थे। 1970 से लेबनन फिलस्तीनी आंदोलन का केन्द्र बन गया। इस देश की आबादी का 60 प्रतिशत मुसलमान हैं और 40 प्रतिशत ईसाई। 1943 के बन्दोबस्त के मुताबिक सरकार में हर स्तर पर दोनों को ही प्रतिनिधित्व प्राप्त है। अमरीका को सदैव यह भय रहा है कि लेबनन यदि अरब समर्थक प्रगतिशील धर्मनिरपेक्ष प्रजातांत्रिक राज्य बना तो वह अरब आंदोलन को सशक्त बना देगा। 1970 के दशक में मुसलमानों और ईसाईयों के बीच गृहयुद्ध छिड़ गया। एक देश, जहाँ सदियों से दोनों धर्मों के अनुयायी भाईचारे और सहअस्तित्व की भावना से रहते थे, इस गृहयुद्ध के कारण धर्म के आधार पर विभाजित होने लगा। धार्मिक हिंसा और विभाजन के जो बीज लेबनन में बोये गये उनका प्रभाव पास के अरब देशों पर भी पड़ा। इस दौरान ईरान का भी प्रभाव पड़ा जहाँ धर्म के आधार पर होने वाली क्रांति के फलस्वरूप राजशाही बर्ख़ास्त हो गई थी।

इसलिए लेबनन पर इस्रायली हमले लगातार होते रहे हैं। 1958 के ईसाई और मुसलमानों के बीच हुए आंतरिक टकराव के समय भी लेबनन में हस्तक्षेप हुआ था, जब अमरीका ने 15000 सिपाही वहाँ उतारे थे। राष्ट्रपति पद के ईसाई उम्मीदवार चामून की पराजय के बाद ये सिपाही वहाँ से हटा लिये गये। अगला आक्रमण 1972 में हुआ, इस्रायल द्वारा। फिलस्तीनी सैन्य कैम्पों पर हमला करने के बहाने इस्रायल ने हवाई छतरी के संरक्षण में गांव के गांव अपने कब्ज़े में लिये। म्यूनिख़ ओलम्पिक खेलों की दुर्भाग्यपूर्ण घटना के बाद तो ये हमले और भी तेज़ हो गये, और इस्रायल

ने लितानी नदी तक के भूभाग को अपने अधिकार में ले लिया। बाद में अमरीका के कहने से ये क्षेत्र ख़ाली कर दिये गये। 1974-75 में आक्रामकता का एक नया दौर शुरू हुआ जब दक्षिण पंथी फेलेंजिस्ट दल और सेना ने कोई प्रतिरोध नहीं किया, और न केवल फिलस्तीनियों को उनके हाल पर छोड़ दिया बल्कि हमलावरों के साथ सहयोग भी किया। मुक्ति संगठन और राष्ट्रीय प्रगतिशील आंदोलन ने इस बार जमकर प्रतिरोध किया। इस बार सीरिया ने भी खून-खराबा रोकने के लिए क़दम उठाये। नये बन्दोबस्त के मुताबिक इलियास सरकिस राष्ट्रपति चुने गए। किन्तु अब तक लेबनन की सेना दो भागों में विभक्त हो चुकी थी—मुसलमान और ईसाई। 1976 के अंत तक सऊदी अरब, मिस्र, कुवैत और सीरिया की सम्मिलित सुरक्षा सेना नियुक्त की गयी। किन्तु नतीजा कुछ नहीं हुआ। 1978 में इस्रायल ने दक्षिणी लेबनन में सेनायें भेजकर पुनः लितानी नदी तक का इलाका हथिया लिया। संयुक्त राष्ट्र संघ सुरक्षा परिषद् ने इस्रायल से पीछे हटने को कहा किन्तु उसने कोई ध्यान नहीं दिया। मई 1978 में इस्रायल ने अधिकृत क्षेत्र को मेजर साद हद्दाद के नेतृत्व वाली दक्षिणपंथी सेना के हाथों में सौंप दिया। अपनी कठपुतली के रूप में उसे नियंत्रक बनाकर औपचारिक रूप से इस्रायल वहां से हट गया। किन्तु ये सभी सम्मिलित अभियान प्रगतिशील लेबनन की सेना और मुक्ति संगठन की शक्ति को नहीं तोड़ पाये।

लेबनन की 1982 की लड़ाई इसी स्थिति की परिणति थी। युद्ध के बाद, यहाँ तक कि बशीर गमाइल की हत्या के बाद भी, ऐसा लगा कि इस्रायल एक सीमा तक कठपुतली ईसाई सरकार क़ायम करने में सफल हो गया। इसलिए एक स्वतंत्र फिलस्तीन की चर्चा जानबूझकर चलायी जाने लगी। एक बात जो सम्यक् रूप से नहीं समझी गई, वह थी लेबनन में धर्मनिरपेक्ष प्रगतिशील जनवादी आंदोलन की भूमिका। मुक्ति संगठन के योद्धाओं को निष्कासित कर उसे नहीं तोड़ा जा सकता। दूसरे, इस्रायल के अन्दर भी इस युद्ध का घोर विरोध हुआ। इससे इस्रायल की अर्थव्यवस्था पर भी प्रतिकूल प्रभाव पड़ा।

लेबनन खुद को अरबों और इस्रायलियों के बीच होने वाले संघर्ष से भी महफ़ूज़ नहीं रख सका, क्योंकि 1975 में फिलस्तीनी शरणार्थियों की संख्या तीन लाख से ऊपर हो गई थी। दरअसल 1948 के संघर्ष के बाद ही फिलस्तीन से 1,10,000 शरणार्थी लेबनन में रहने लगे थे। साठ के दशक के मध्य तक फिलस्तीनी मुक्ति संगठन काफी सशक्त हो गया था। 1975 में, जनसंख्या के लिहाज़ से, फिलस्तीनियों की भूमिका लेबनन के राजनैतिक और सामाजिक जीवन में महत्वपूर्ण हो गई थी। 1968 में ही लेबनन के फिलस्तीनियों और इस्रायल की सेना में संघर्ष होने लगा। 1978 में इस्रायल के आक्रमण के बाद सं.रा.सं. ने सुरक्षा परिषद के प्रस्ताव 425 के मुताबिक शांति सेना तैनात की। इस प्रस्ताव के अनुसार दक्षिणी लेबनन से

इस्रायल की वापसी, अंतर्राष्ट्रीय शांति और सुरक्षा की बहाली और लेबनन में वहाँ की सरकार को सशक्त बनाना–इस शांति सेना की जिम्मेदारी थी। 1976 से ही इस्रायल लेबनन के ईसाई सशस्त्र दलों को भड़का रहा था, और उनकी मदद भी कर रहा था कि वे पीएलओ पर हमले करें। दरअसल लेबनन की मेरोनाइट फेलेन्जिस्ट पार्टी बशीर ग़माइल के नेतृत्व में इस्राइल से मिली हुई थी। जब भड़काने वाली घटनाओं के कारण सीरिया ने लेबनन के ईसाई लड़ाकू दस्तों पर हमला किया तो इस्राइल को मौक़ा मिल गया। 1978 में मेनाकिम बेगिन ने घोषणा की कि इस्राइल लेबनन के ईसाईयों का क़त्लेआम नहीं होने देगा। सैकड़ों लेबनानी लड़ाकू इस्रायल में प्रशिक्षण पाने लगे। वे इस्रायली सुरक्षा सेना के कमांड कॉलेज में प्रशिक्षण ले रहे थे। दोनों के बीच काफी घनिष्ठ सम्बन्ध हो गये; यहाँ तक कि एरियल शेरोन जैसे लोग लेबनन में इस्रायल समर्थक ईसाई सरकार गठित करने का सपना देखने लगे। बशीर तो अपने देश से पीएलओ और फिलस्तीनी शरणार्थियों को भगाना ही चाहता था।

1982 के युद्ध से लगभग एक साल पहले भी जुलाई 1981 में इस्राइल ने पीएलओ के द्वारा कुछ बम फेंके जाने पर एयरफोर्स से हमला कर दिया था। ये हमले बेरूत के मध्य में स्थित पीएलओ की इमारतों पर भी हुये। लगभग तीन सौ लोग मारे गये और आठ सौ घायल हुये। ये सभी नागरिक थे, सैनिक नहीं। दक्षिण लेबनन में भी पीएलओ पर हमले हुये। पीएलओ ने रॉकेट भी छोड़े जिसके फलस्वरूप हज़ारों इस्रायली नागरिकों को अपनी बस्तियों से हटाना पड़ा। उस वक़्त अमरीका के प्रतिनिधि फिलिप हबीब ने, जो लेबनानी थे और अमरीका के नागरिक बन गये थे, मध्यस्थता की और शांति स्थापित की। 1982 के शुरू में अमरीका को भी यह डर था कि थोड़ी-सी छेड़छाड़ के फलस्वरूप ही इस्रायल कहीं युद्ध न छेड़ दे। और ऐसा हुआ भी। 21 अप्रैल 1981 को जब एक बारूदी सुरंग से एक इस्रायली अफसर मारा गया जो दक्षिण लेबनन की सेना के इलाके में आया था, तो इस्रायली वायुसेना ने फिलस्तीनी नियंत्रण वाले समुद्र के किनारे के शहर दामूर पर हमला किया और 23 लोगों को मार डाला। अगस्त 1981 से मई 1982 तक इस्रायल ने 2096 बार लेबनन के हवाई क्षेत्र का अतिक्रमण किया और लेबनन के समुद्री क्षेत्र में 652 बार ज़बरदस्ती घुसा। लेकिन पीएलओ द्वारा केवल 240 छोटे-मोटे हमले ही युद्धविराम का उल्लंघन माने गये। अंतर्राष्ट्रीय राजनैतिक विशेषज्ञों का विचार है कि अमरीका के स्टेट सेक्रेटरी अलेग्ज़ेडर हेग ने इस्रायल को हमला करने की हरी झंडी दिखाई थी। इस्रायल का उद्देश्य लेबनन में पीएलओ का सम्पूर्ण विनाश था। वास्तविकता यह है कि लगभग एक साल तक फिलिप हबीब के प्रयत्न से लागू युद्धविराम के दौरान पीएलओ ने उसका पूरी तरह पालन किया था। इस्रायल हमला करने के बहाने बराबर ढूंढ रहा था। 3 जून 1982 को लन्दन में इस्रायली कूटनीतिज्ञ श्लोमो आर्गोव की हत्या करने का प्रयास हुआ। बस क्या था, इस्रायल के प्रधानमंत्री बेनाकिम

बेगिन को बहाना मिल गया। हत्या का यह प्रयास पीएलओ के एक विरोधी दल ने किया था जिसका नेतृत्व अबू निदाल कर रहा था। बेगिन को गुप्तचर विभाग ने यह सूचना दी थी लेकिन बेगिन ने जानबूझकर उसे गुप्त रखा और इल्ज़ाम पीएलओ पर लगाया गया।

इस युद्ध में सीरिया की सेना शामिल हुई। उसने सेना के छह डिविज़न और 500 लड़ाकू विमान युद्ध में उतारे। इस्रायल 11 टैंक डिविज़न, 11 इन्फैन्ट्री के ब्रिगेड और 500 विमान शामिल कर पूरी तैयारी से इस युद्ध में उतरा। पीएलओ के लगभग 6000 लड़ाकू सदस्य इसमें शामिल हुये। इस तरह सीरिया के लगभग 3000 सैनिकों ने इस युद्ध में भाग लिया जबकि इस्रायली सुरक्षा सेना के लगभग 78,000 सैनिक, 1240 टैंक, 1500 बख़्तरबन्द गाड़ियों के साथ युद्ध में शामिल हुये। लेबनन की सेना में न बहुत ज़्यादा सैनिक थे और न वह पूरी तरह संगठित थी। लेबनन के लगभग 1300 सैनिक संयुक्त राष्ट्र की सेनाओं के आदेश पर काम कर रहे थे। दूसरे अर्धसैनिक दल भी थे जिनमें क्रिस्चियन लेबनानी फ्रंट के 30,000 योद्धा और मुस्लिम लेबनानी राष्ट्रीय आंदोलन के 30,000 के क़रीब अर्धसैनिक लड़ाकुओं के दस्ते शामिल थे। ड्रूज़ मुस्लिम लड़ाकुओं की संख्या भी लगभग 10,000 थी। इस लड़ाई में सीरिया को काफी क्षति उठानी पड़ी।

14 सितम्बर 1982 को बशीर गमाइल जो लेबनन के नये राष्ट्रपति चुने गये थे, सीरिया के सोशल नेशनलिस्ट पार्टी के हबीब शारतूनी द्वारा क़त्ल कर दिये गये। दूसरे दिन इस्रायली सेनाओं ने युद्धविराम समझौते के बावजूद पश्चिमी बेरूत पर कब्ज़ा कर लिया। उस वक्त फेलेंजिस्ट पार्टी के लड़ाकू दस्ते भी इस्रायल से मिले हुये थे। 150 फेलेंजिस्ट लड़ाकू साबरा और शतीला के फिलस्तीनी शरणार्थी कैम्पों में घुस गये और 800 निहत्थे लोगों का बेरहमी से क़त्ल कर दिया। इस्रायल के ही जांच कमीशन ने एरियल शेरोन को इस क़त्लेआम के लिये व्यक्तिगत रूप से जिम्मेदार ठहराया।

हिज़बुल्ला कट्टर शिया इस्लाम की धार्मिक-राजनैतिक पार्टी है जिसकी स्थापना सन् 1982-85 में इस्रायल द्वारा जून 1982 में लेबनन पर आक्रमण के बाद हुई थी। इसके सदस्य लेबनन के नागरिक हैं और शीर्ष नेता हसन नसरुल्ला है। अरबी में हिज़्ब-अल्लाह का अर्थ है अल्लाह की पार्टी। यह एक अर्द्ध-सैनिक जैसा संगठन है और इसका मुख्यालय लेबनन में है। आज की तारीख़ में हिज़बुल्ला एक बड़ा राजनैतिक संगठन है और लेबनन की राजनीति में इसकी भूमिका काफी महत्वपूर्ण है। सामाजिक धरातल पर यह दल शिया मुसलमानों को सामाजिक सेवाएं, चिकित्सा और अस्पताल, स्कूल और कृषि से ताल्लुक रखने वाली सुविधाऐं मुहैय्या कराता है। अरब जगत में आज यह महत्वपूर्ण इस्रायल विरोधी सशक्त प्रतिरोध आंदोलन है। अनेक देश, जिनमें कुछ अरब राष्ट्र भी शामिल हैं, आतंकवादी कारनामों के लिए

इसका विरोध और निन्दा करते हैं। लेकिन कई इसके प्रशंसक भी हैं। कई पश्चिम के देश इसे एक आतंकवादी संगठन मानते हैं।

पहली बार 1982 के इस्रायली आक्रमण के बाद हिज़बुल्ला एक सैनिक शक्ति के रूप में उभरा और उसने इस्रायल द्वारा कब्ज़े में लिये गये क्षेत्र खाली कराने में अहम् भूमिका अदा की। बाद में वह लेबनन के गृहयुद्ध में मुब्तिला हो गया। 1985 के अपने मेनिफेस्टो में उसने लेबनन में औपनिवेशिक ताक़तों की उपस्थिति ख़त्म करने और लेबनन में एक इस्लामी राज्य स्थापित करने की घोषणा की। उसके नेता आजकल इस्रायल के विनाश के अपने क़ौल को बराबर प्रचारित करते रहते हैं।

आज लेबनन की सरकार में हिज़बुल्ला की कई सीटें है। उसके अपने रेडियो और सेटेलाइट टेलीविज़न स्टेशन हैं। 2006 के लेबनन-इस्रायल युद्ध के बाद उसे सुन्नी मुस्लिम, ईसाई और ड्रूज़ मुस्लिम वर्ग का समर्थन भी मिला है। वह हज़ारों की संख्या में जुलूस निकालता है और 2006-2008 के काल से प्रधानमंत्री फौड सिनिओरा का विरोध करता है। दोहा समझौते के बाद लेबनन में जो राष्ट्रीय एकता सरकार बनी उसमें हिज़बुल्ला का एक मंत्री और तीस सीटें हैं।

हिज़बुल्ला को ईरान और सीरिया से आर्थिक सहायता मिलती है और शिया वर्ग से अनुदान भी। अगस्त 2008 में लेबनन की नई काबीना ने हिज़बुल्ला को एक सशक्त संगठन के रूप में मान्यता दे दी है जिसका मुख्य उद्देश्य इस्रायल द्वारा अधिकृत क्षेत्रों को ख़ाली कराना है।

शुरू से आज तक इस्रायल के यहूदी राज्य को नेस्तनाबूद करना हिज़बुल्ला के उद्देश्यों में शीर्ष पर रहा है। 1985 के मैनिफेस्टो में कहा गया है, 'हमारा संघर्ष तभी ख़त्म होगा जब इस सत्ता (इस्रायल) का नामोनिशान मिट जायेगा'। वाशिंगटन पोस्ट के साथ एक इन्टरव्यू में नसरल्ला ने कहा, 'मैं इस्रायल के साथ किसी भी सुलह के विरुद्ध हूं। मैं तो उस राज्य का अस्तित्व भी स्वीकार नहीं करता जिसका नाम इस्रायल है, मार्च 2009 के मिलदुन्नबी के मौके पर एक भाषण में उसने कहा, 'जब तक हिज़बुल्ला का वजूद है, वह इस्रायल का वजूद स्वीकार नहीं करेगा।'

1993 की ओस्लो शान्ति की प्रतिक्रिया में हिज़बुल्ला के कई नेताओं ने साफ अल्फाज़ में यासेर अराफात पर इल्ज़ाम लगाया कि वह मुस्लिम जगत के साथ गद्दारी और एक धर्मविरोधी कृत्य कर रहे हैं। सन् 2000 में उसके प्रवक्ता हसन येज़ेदिन ने कहा कि हम तब तक अपनी जंग जारी रखेंगे जब तक हम 1948 की फिलस्तीनी सीमाओं को दुबारा हासिल करने के मक़्सद में कामयाब नहीं हो जाते। तब हम 1948 से पहले के यहूदी वाशिन्दों को एक अल्पसंख्यक वर्ग के रूप में रहने देंगे और मुस्लिम बहुल देश उनकी देखभाल करेगा।

हिज़बुल्ला की सैन्य शाखा है अल-मुकाबमा अल्-इस्लामिया अर्थात इस्लामी प्रतिरोध। सं.रा.सं. की सुरक्षा परिषद् द्वारा पारित प्रस्ताव 1559 के मुताबिक इस दल

को हथियार डाल देना चाहिए। लेकिन हिज़बुल्ला ने इस प्रस्ताव की निन्दा की और उसके प्रति विरोध प्रकट किया। अगस्त 2006 में इस्रायल-लेबनन युद्ध के बाद एक जनमत सर्वेक्षण के मुताबिक शिया मुसलमान नहीं चाहते कि इस दल का निःशस्त्रीकरण हो। उसे लेबनन की काबीना का भी समर्थन प्राप्त है।

हिज़बुल्ला ने सन् 1982 में इस्रायल द्वारा जबरन कब्ज़े में लिये गये दक्षिणी लेबनन के इलाकों को गोरिल्ला युद्ध द्वारा सं.रा.सं. की सुरक्षा परिषद् के प्रस्ताव 425 (1978) के मुताबिक मई 2000 में खाली करा लिया। इसकी मुक़र्रर तारीख 7 जुलाई थी। इसे इस दल की विजय माना गया और उसकी लोकप्रियता और भी बढ़ गई। इसके बाद भी बराबर सीमा पर गोरिल्ला हमले और झड़पें होती रहीं।

2006 में उत्तरी इस्रायल और लेबनन के बीच 34 दिन का सैन्य संघर्ष हुआ जिसमें एक तरफ थी इस्रायली मिलिटरी और दूसरी तरफ हिज़बुल्ला के अर्द्ध सैनिक दस्ते। यह लड़ाई हिज़बुल्ला द्वारा सीमापार इस्रायल पर हमले से शुरू हुई जिसमें उन्होंने इस्रायली सैनिकों का अपहरण कर उन्हें मार डाला। जुलाई 2008 के अपने एक भाषण में हसन नसरल्ला ने यह बात स्वीकार की। युद्ध 12 जुलाई 2006 को शुरू हुआ जब हिज़बुल्ला लडाकू दल ने इस्रायल के सीमावर्त्ती शहरों पर रॉकेट दागे जिससे तीन इस्रायली सैनिक मारे गये, एक घायल हुआ और दो पकड़ लिये गए।

इस्रायल ने जवाबी कार्रवाई में बड़े हवाई हमले किये, तोपखाना और बख्तरबन्द गाड़ियों से गोलाबारी की और लेबनन को भारी क्षति पहुँचाई जिसमें रफीक हरीरी अन्तर्राष्ट्रीय एयरपोर्ट भी शामिल था। उसने दक्षिणी लेबनन पर बाक़ायदा हमला किया और हवाई एवं नौसेना की नाकेबन्दी कर दी। तब हिज़बुल्ला ने रॉकेट बरसाना तेज़ कर दिया। गार्जियन के मुताबिक इस लड़ाई में 1200 लेबनानी और 158 इस्रायली मारे गये जिनमें 1000 लेबनानी और 41 इस्रायली सिविलियन थे।

2006 के इस्रायल-लेबनन युद्ध को जुलाई युद्ध या अरबी में हर्ब-तमूज़ भी कहते हैं। युद्ध 12 जुलाई को शुरू हुआ और सं.रा.सं. के युद्ध विराम की मध्यस्थता के बाद 14 अगस्त को बंद हुआ। औपचारिक रूप से यह 6 सितम्बर को समाप्त हुआ जब इस्रायल ने अपनी नौसैनिक नाकेबंदी हटाई। इस युद्ध में हिज़बुल्ला ने लगभग 4000 रॉकेट दागे, यानी प्रतिदिन 100 से अधिक। इनका वज़न अमूमन 30 कि.ग्रा. था और उनकी मार 30 कि.मी. तक थी। उसके साथ गोरिल्ला हमले भी हुये। इस्रायल की एयरफोर्स ने भी 12000 हवाई हमले किये। नौसेना ने 2500 गोले दागे और सेना ने 100,000। इससे 640 कि.मी. सड़कें, 73 पुल और अन्य ठिकाने भी नष्ट हुए। उनमें 350 स्कूल, दो अस्पताल और 15000 घर ध्वस्त हुए। कुल 1,30,000 घर क्षतिग्रस्त हुए। इस युद्ध में लेबनन की सेना सीधे शामिल नहीं हुई। वह धमकी ज़रूर देती रही और कई बार उसने विमानभेदी तोपें भी चलाईं। लेबनन के सूत्रों के मुताबिक 1191 लोग मारे गये जिनमें 30 प्रतिशत 13 साल

से कम उम्र के बच्चे थे। घायलों की संख्या 4409 थी जिनमें 15 प्रतिशत मुस्तक़िल तौर पर विकलांग हो गये। इस्रायली सेना के 117 सैनिक मारे गये। उनके 43 असैनिक नागरिक मारे गये जिनमें 18 इस्रायली अरब भी थे। इसके अलावा 4282 असैनिक नागरिक घायल हुये। इस्रायल ने 350000 लोगों को युद्ध क्षेत्र से निकालकर सुरक्षित स्थानों पर पहुंचा दिया था।

इस युद्ध में इस्रायल ने एक संगीन अपराध किया जिसकी सारी दुनिया में निन्दा हुई। बुधवार 26 जुलाई के दिन एक इस्रायली हवाई हमले में दक्षिण लेबनन में संयुक्त राष्ट्र संघ के चार पर्यवेक्षक मारे गए। दुनिया के सभी प्रमुख देशों ने इस्रायल से इस जघन्य कृत्य का जवाब माँगा। संयुक्त राष्ट्र संघ के महासचिव कोफी अन्नान ने इस हादसे पर इस्रायल के प्रधानमंत्री के द्वारा व्यक्त किये गए दुख के प्रस्ताव को तो स्वीकार कर लिया, लेकिन उन्होंने इस बात पर ज़ोर दिया कि इस्रायल बराबर अपने हिंसक कार्यों के ख़िलाफ उठाई गई आवाज़ों की अनदेखी कर रहा है। उन्होंने माँग की कि इस हमले की संयुक्त जाँच होनी चाहिए। चीन, जापान, दक्षिण कोरिया और आसियान ग्रुप के दस राष्ट्रों ने स्पष्ट शब्दों में कहा कि यह हमला जानबूझकर किया गया था।

लेबनन की पुलिस की रिपोर्ट के मुताबिक संयुक्त राष्ट्र संघ के चार प्रतिनिधि मंगलवार के दिन सीमा के शहर ख़ियाम की एक दुमंजिला चौकी पर इस्रायली बमबारी में मारे गए। ये चार पर्यवेक्षक ऑस्ट्रिया, कनाडा, चीन और फिनलैंड के नागरिक थे।

दक्षिणी लेबनन के फिलस्तीनी शरणार्थी कैम्प हों या गाज़ा पट्टी और वेस्ट बैंक, इस्रायल द्वारा बमबारी, टैंकों से गोलाबारी और अन्य हिंसक घटनाऐं बराबर होती रहती हैं। बुधवार के ही दिन इस्रायली सैनिकों द्वारा गाज़ा शहर पर एक हमले में तीन साल की एक बच्ची मारी गई। टैंक की गोलाबारी से पाँच फिलस्तीनियों की मौत हो गई।

गुरूवार 3 अगस्त 2006 को अंग्रेज़ी दैनिक द हिन्दू में इस युद्ध में इस्रायल की अमानुषिकता और क्रूरता के बारे में कर्मा नब्लूसी का आलेख छपा। कर्मा नब्लूसी ऑक्सफ़ूर्ड विश्वविद्यालय में राजनीति और अन्तर्राष्ट्रीय सम्बन्ध की प्रोफेसर हैं। उनकी एक पुस्तक है, ट्रेडीशन्स ऑफ वारः ऑक्यूपेशन, रज़िस्टेन्स एंड द लॉ। हम इस आलेख को यहाँ मूल रूप में उद्धृत कर रहे हैं।

“धूलभरी टूटी हुई सड़कों पर गर्मी के मौसम की जलाने वाली चिलचिलाती धूप में लोग चले जा रहे हैं। वे खाली इमारतों के बेसमेंट में शरण ले रहे हैं। गाज़ा और लेबनन में ख़ान यूनिस, रफ़ह और जाबलिया के शरणार्थी कैम्पों में, टायर और बेरूत में, नबतिया और सिडोन में—लाखों आदमी-औरतें और बच्चे शरण ले रहे हैं। अपने घरों से भागती हुई यह इंसानी भीड़ इस वक्त भी अपने दुश्मन के गुस्से और

हिंसा के खतरे के साये में है, दुश्मन जिसका अपने वजूद की रक्षा करने का पागलपन शांत नहीं किया जा सकता, सिर्फ़ रोका जा सकता है। वह बम गिराता है एम्बुलैंसों पर, वाहनों के उस बेड़े पर जो शरणार्थियों की सहायता का सामान ले जा रहे होते हैं; वह बम गिराता है संयुक्त राष्ट्र संघ के पर्यवेक्षकों पर। आसमान से चेतावनी देने वाले पर्चे गिराए जा रहे हैं, जो नीचे की असहाय रियाया को सावधान करते हैं कि घर छोड़ो और भागो। यह 21वीं सदी की शुरूआत है—सन् 2006। लेकिन यह कहानी पुरानी है, पहले हुई 1948 में और उसके बाद दोहराई गई 1967, 1978, 1982 और 1996 में। आज गाज़ा और लेबनन में इन लोगों के लिए यह निर्णय लेना नामुमकिन है कि आख़िर शरणार्थी जायें तो जायें कहाँ।

जुलाई 1942 में बेरूत में मेरे पड़ोस की एक सात मंजिला इमारत पर बमबारी हुई और वह नष्ट हो गई। उसके तहख़ाने में पनाह लेने वाले चालीस से ज़्यादा लोग ज़िन्दा दफ़्न हो गए। हम में से कुछ लोग छत पर सोने लगे; इस आतंक से कोई बचाव नहीं है। है तो बस बचा-खुचा प्रतिरोध। 13 जुलाई को काना में मारे गए सैंतीस बच्चों में पन्द्रह विकलांग थे। उनके परिवार उन्हें और उत्तर की तरफ नहीं ले जा पाए।

जून से लेकर अगस्त 1982 तक इस्रायल के लड़ाकू विमानों ने लेबनन में स्मार्ट बम गिराए, शतीला शरणार्थी शिविर के बच्चों के अस्पताल पर, गाज़ा के अस्पताल पर, एकर के अस्पताल पर और लेबनन के ग्यारह अनाथालयों पर, जिनमें दर्जनों विकलांग बच्चे मारे गए। उनके पनाह की जगह और कहीं नहीं थी। उनकी छतों पर बड़े-बड़े सफेद क्रॉस पेंट किये गए थे जो आकाश से साफ दिखाई देते थे।

मगर उस युद्ध ने इस्रायल को वह सुरक्षा नहीं दी जिसकी उसे तलाश है, और न इस जंग (2006) से उसे मिलेगी। 1948 में फिलस्तीनी अपनी जान लेकर भागे जब उन्होंने ख़बर सुनी कि फिलस्तीन के गांवों में हगाना के आतंकवादी दस्तों ने क़त्लेआम कर दिया था। उन्होंने आसमान से गिराए हुए वे लीफलेट भी पढ़े जिनपर लिखा था कि भागो, अपनी जान लेकर भागो। इस हफ़्ते उनके नाती-नातिनें और उनकी संतान गाज़ा के शरणार्थी शिविरों में बेरहमी से मारे जा रहे हैं। वे वहाँ फँस गए हैं, भाग नहीं सकते। 41 साल के विकलांग मोहम्मद शलहूब ने बताया कि मैं तो बच गया लेकिन हमारी बस्ती के ज़्यादातर लोग बमबारी का शिकार हुए क्योंकि वहाँ से निकलने की सिर्फ़ दो सड़कें थीं और दोनों को इस्राइलियों ने बमबारी से पहले ही नष्ट कर दिया था।

अमरीका और ब्रिटेन का दावा है कि तब तक कोई युद्धविराम सम्भव नहीं है जब तक कोई अंतर्राष्ट्रीय सेना आकर संयुक्त राष्ट्र संघ के प्रस्ताव 1959 को लागू न करे। फिर भी लेबनन के प्रधानमंत्री ने एक सातसूत्रीय योजना पिछले हफ़्ते रोम में पेश की जो अन्तर्राष्ट्रीय कानून के मुताबिक थी, जिसके तहत उन्होंने अपनी

सहमति ज़ाहिर की कि हिज़बुल्ला समेत लेबनन की सभी निर्वाचित पार्टियां तुरन्त युद्धविराम चाहती हैं जिसकी कोई शर्तें नहीं। पचास साल से ऊपर हुए, इस्रायल संयुक्त राष्ट्र संघ के दर्जनों प्रस्तावों और निर्णयों की अवहेलना करता रहा है; और इसके लिए संयुक्त राज्य अमरीका और ब्रिटेन उसे संरक्षण दे रहे हैं।

इतने बड़े हमले की वजह थी गाज़ा में काबिज़ इस्रायली सेना के एक सिपाही और लेबनन की सीमा पर दो सिपाहियों का प्रतिरोधक फिलस्तीनी दस्तों द्वारा पकड़ा जाना। उन्होंने मांग की कि इन सिपाहियों को बन्धक बनाने का मक़सद था हज़ारों गैर-कानूनी तरीकों से पकड़े गए फिलस्तीनियों और लेबनन के बंदियों को छुड़ाना। इस झगड़े को युद्ध के क़ानूनों के मुताबिक निबटाया जा सकता था; मगर प्रतिक्रिया में इतने बड़े हमले से इस्रायल ने लेबनन के आर्थिक और सामाजिक ढांचे को बर्बाद कर दिया; उसी तरह जैसे वह ज़बरदस्ती कब्ज़े में लिए गए फिलस्तीन में प्रजातांत्रिक तरीके से चुने गए शासन को नष्ट करने पर तुला हुआ है।

नतीजा है शरणार्थियों की पीढ़ियां दर पीढ़ियां, जो इस प्रतिरोध में शामिल होंगी। बिजलीघर, पुल, प्रमुख वस्तुओं और भोजन के उत्पादन के कारखाने नष्ट हो गए हैं। गाज़ा में औद्योगिक इलाका, धूल में मिला दिया गया है। नब्लूस शहर का पुराना मरकज़ी हिस्सा नेस्तनाबूद हो गया है। दक्षिण लेबनन के पूरे के पूरे गांव और गाज़ा के शरणार्थी शिविर ज़मीन से मिटा दिए गए हैं। ये कारनामे युद्ध का अपराध नहीं तो क्या हैं?

इसलिए इस मौके पर ब्रिटेन को चाहिए कि संयुक्त राष्ट्र संघ के निर्णय 1559 पर ज़ोर डालने से पहले, जिसके मुताबिक हिज़बुल्ला को अपने हथियार गिराने हैं, वह ईमानदारी से संयुक्त राष्ट्र संघ के सुरक्षा परिषद के प्रस्ताव 242 और 338 को लागू करने की पहल करे। इन प्रस्तावों के मुताबिक इस्रायल को ग़ैर-क़ानूनी तरीक़े से 1967 के युद्ध के दौरान कब्ज़े में ली गई ज़मीन को खाली करना चाहिए, जिसमें गोलान की पहाड़ियां, वेस्ट बैंक, पूर्वी जेरूसलेम और गाज़ा शामिल हैं। अब यह बात सबको मालूम हो चुकी है और दुनिया का हर नेता जानता है कि इस्रायल को आतंकवादी और विनाश के रास्ते से केवल बाहर का हस्तक्षेप ही रोक सकता है।

इस्रायल ने यह न समझने की भूल की है कि वह एक पूरे राष्ट्र की आबादी को निकालकर खुद को हिंसा का शिकार नहीं करार दे सकता। उसके लिए अपने पड़ोसियों पर विजय पाकर इस इलाके की महाशक्ति बनने का सपना देखना ग़लत ही नहीं नासमझी भी है। यह प्रतिरोध और संघर्ष पीढ़ी दर पीढ़ी चलता ही रहेगा।''

3 अगस्त को ही इंग्लैण्ड के अख़बार गार्जियन ने भी इस्रायल के हवाई हमलों से मासूम बच्चों की मौत के दर्दनाक मंज़र की ख़बर छापी।

''लेबनन पर इस्रायली हमले और बमबारी में बहुत से बच्चे मारे गए। ये ज़्यादातर 8, 10 और 12 साल की उम्र के बच्चे थे। जगह-जगह से लाई गई उनकी लाशों के ढेर-बहुत दर्दनाक मंज़र था। वे बच्चे वहां पड़े थे, उनमें से कई लगता था

जैसे सो रहे हैं; लेकिन वे सब मर चुके थे। युनिसेफ के मुताबिक इतवार के दिन कना में मारे गए साठ लोगों में सैंतीस बच्चे थे। मंगलवार को लेबनन की सरकार ने बताया कि 828 मृतकों में 290 बच्चे थे।

और जो बच्चे बच गए उनकी अलग दर्दभरी दास्तानें हैं; जैसे अब्बास शइतो एक बारह साल का खूबसूरत बच्चा चमकीली नारंगी टी-शर्ट में टायर के दक्षिण में एक सड़क पर बैठा है। उसके चेहरे पर खून है, टी-शर्ट फट गई है। वह उस मिनी वैन में बैठा था जिसपर बम गिरा था। उसमें 17 लोग थे। उसकी माँ, उसका भाई, वे सब घायल थे। कई मर गए थे। उसके चाचा की बिना सिर के धड़ की लाश मिनी वैन में पड़ी थी। साथ में थी उसकी दादी और एक दूसरे आदमी की लाश। अब्बास रो रहा था अपनी माँ के ऊपर बाँह रखे जो तेज़ी से मौत की तरफ बढ़ रही थी। उसके सीने और सिर में चोट लगी थी। उसकी एक बाँह कट गई थी। बच्चा रो रहा था, माँ मत जाओ मुझे छोड़कर मत जाओ। माँ ने कहा, जाओ अपने भाई-बहनों को सम्भालो। मेरा पर्स मेरे नीचे दबा है, उसमें कुछ पैसे हैं। उसे ले जाओ।

जुलाई 26, टायर का अस्पताल। वहाँ 7 साल की लड़की है, समा शिहाब। वह अपने घर के आंगन में थी, साथ थे दो भाई, 4 और 9 साल के, 14 साल की एक बहन; जब बम गिरा, वे लोग खेल रहे थे। समा बच भी गई तो कभी चल नहीं पाएगी। सोमवार—अली, उम्र 9 साल। बिन्त जबील के गाँव में 20 दिन से उसके परिवार के लोग अपने घर के बेसमेंट में छिपे थे। जब अली बेसमेंट से निकला तो अपने आसपास का विनाश देखकर घबरा गया। ऊपर इस्रायली जेट विमान मंडरा रहे थे। तेज़ धूप थी। अचानक पहाड़ी की तरफ से विस्फोट की आवाज़ आई।''

रविवार, सितम्बर 10, 2006 को ताबिश ख़ैर ने द हिन्दू में लिखा, ''जिस वक्त मैं यह लेख लिख रहा हूँ, इस्रायल द्वारा लेबनन पर अमानुषिक बमबारी हो रही है। इस तरह का हमला अगर किसी अरब देश ने किया होता तो पश्चिम के देश उसकी भर्त्सना करते; लेकिन इस्रायल से कोई कुछ नहीं कहता। अगर मैं कट्टरपंथी इस्लाम का समर्थक या एक गम्भीर धार्मिक मुसलमान होता तो इस बमबारी के ख़िलाफ मैं काफी चीख-पुकार करता। और वह ग़लत भी नहीं होता। सामान्य मुस्लिम आबादी इस तरह के हमलों का शिकार होती है, और उसकी पक्षधरता करने वाले सभ्य जगत में बहुत कम हैं।

रूढ़िवादी इस्लामी आस्था ग़लत लगती है; लेकिन उसके कारण हैं। जब सामान्य मुसलमानों पर हमले होते हैं और उनकी जान-माल को बराबर भारी नुकसान पहुँचता रहता है तो इन जघन्य कृत्यों के खिलाफ आवाज़ उठाने वाले कट्टरपंथियों के साथ सामान्यजन की सहानुभूति होती है। उनकी आवाज़ में वह अपने दर्द की अभिव्यक्ति पाते हैं और उनके कार्यों में इस त्रासदी को दुनिया तक पहुँचाने की ताक़त। मनोवैज्ञानिक तौर पर यह बहुत उलझी हुई मानसिक प्रक्रिया है। आतंकवादी कारनामों को समझने के लिए इस मानसिकता का विश्लेषण जरूरी है।''

इन्तिफ़दा

गाज़ा और वेस्ट बैंक में इस्रायली दमनचक्र के ख़िलाफ जो व्यापक फिलस्तीनी विद्रोह भड़क उठा, उस आंदोलन को इन्तिफ़दा नाम से जाना जाता है। दिसम्बर 1987 में प्रारम्भ हुआ यह विरोध सत्तर साल से चले आ रहे अरब-इस्रायली संघर्ष का एक नया स्वरूप था। 1967 के युद्ध में अरब देशों की हार से फिलस्तीनी अरब राष्ट्रवाद का एक नया स्वरूप उभरा। कई नये गोरिल्ला संगठन और दूसरे फिलस्तीनी आंदोलनकारी गुट मिलकर फिलस्तीनी मुक्ति संगठन के रूप में सामने आए जिसकी स्थापना 1964 में हुई थी। 1967 के युद्ध के बाद फिलस्तीनी मुक्ति संगठन का कायाकल्प हो गया। संयुक्त राष्ट्र संघ और अन्तर्राष्ट्रीय जनमत ने इसे फिलस्तीनी जनता का प्रतिनिधि मान लिया। लेकिन इस्रायल ने इस संगठन को, जिसे दुनियाभर में पेलेस्टीनियन लिबरेशन ऑर्गनाइज़ेशन या पीएलओ नाम से जाना जाता है, कभी स्वीकार नहीं किया। यहूदी राष्ट्रवाद पूरे फिलस्तीन पर, जिसके विभाजित क्षेत्र में इस्रायल राष्ट्र की स्थापना हुई, अपने अधिकार का दावा शुरू से ही करता रहा। उसकी मान्यता थी कि सम्पूर्ण क्षेत्र यहूदियों की प्राचीन पुरखों की ज़मीन है और उस पर किसी अन्य जाति का अधिकार हो ही नहीं सकता। 1967 के युद्ध में विजय के बाद जब इस्रायल ने गाज़ा और वेस्ट बैंक पर अधिकार कर लिया तो उसे अपने देश का हिस्सा मान लिया। इसी तरह 1982 में पूर्वी जेरूसलेम और गोलान की पहाड़ियों पर भी इस्रायल ने कब्ज़ा कर लिया। लिकुड पार्टी ने यह दावा किया कि युद्ध के बाद उन्होंने जिस क्षेत्र को अपने कब्ज़े में ले लिया वह दरअसल उनका ही क्षेत्र है। उसके मुताबिक संयुक्त राष्ट्र संघ का विभाजन का आदेश गलत था। इस पार्टी के प्रतिनिधि मेनाकिम बेगिन, जो इस्रायल के प्रधानमंत्री थे, के अनुसार यह सारा क्षेत्र तो इस्रायल की ही ऐतिहासिक भूमि था। इसलिए संयुक्त राष्ट्र संघ की तमाम कोशिशों के बावजूद इस्रायल ने उसे खाली करने से इन्कार कर दिया।

बीस वर्ष से इस्रायल के अधिकृत क्षेत्र में रहने वाले फिलस्तीनियों ने 1987 में जो आंदोलन शुरू किया, वही इन्तिफ़दा है। शीघ्र ही इस विद्रोह ने पूरी दुनिया का ध्यान आकर्षित किया, और 1988 से इस्रायल और अधिकृत क्षेत्रों में होने वाली तमाम घटनाओं पर इसका निर्णायक प्रभाव पड़ा। मध्यपूर्व में अरब-इस्रायली संघर्ष

का यह प्रतीक बन गया और इसने न केवल इस्रायल और अरब देशों बल्कि पश्चिमी यूरोप के देशों और अमेरिका की नीतियों को भी प्रभावित किया। वेस्ट बैंक और गाज़ा में रहने वाले फिलस्तीनी अरब जनगण पर इसका बहुआयामी प्रभाव पड़ा। इस दूरगामी प्रभाव के फलस्वरूप वहाँ के राजनैतिक, आर्थिक, सामाजिक और सांस्कृतिक जीवन में बुनियादी परिवर्तन आए। इससे उनकी संगठनात्मक शक्ति बढ़ी और समाज के भीतर पुरूष और स्त्री, जवान और बूढ़े, ईसाई और मुसलमान, शहरी और ग्रामीण और विभिन्न आंचलिक केन्द्रों के पारस्परिक सम्बन्धों का स्वरूप भी बदला। उस समय ऐसा लगा जैसे फिलस्तीनी समाज एक व्यापक क्रांति की दिशा में बढ़ रहा है। इन्तिफ़दा का शाब्दिक अर्थ है 'उतार फेंकना'। ऐसा लगा जैसे कि फिलस्तीनी चेतना अपना चोला बदल रही है।

जहाँ तक इन्तिफ़दा का बाहरी स्वरूप था वह पिछले बीस साल के अरब-इस्रायली संघर्ष और उससे पैदा होने वाली त्रासदी से अधिक भिन्न नहीं था। 1967 से फिलस्तीनियों में इस्रायल की सेना के ख़िलाफ असंतोष और विरोध तरह-तरह से अभिव्यक्त होता रहा। इस्रायल की सैन्य शक्ति ने उसका दमन करने की प्रक्रिया भी बराबर जारी रखी। फिलस्तीनियों द्वारा पथराव, मोलोटोव कॉकटेल फेंकना, हड़ताल, प्रदर्शन, टैक्स का विरोध जैसी घटनाऐं बराबर होती रहीं। इस्रायल की तरफ से भी बड़े पैमाने पर गिरफ़्तारियाँ, बिना मुकदमे के जेल, देश निकाला, दण्ड स्वरूप घर और सम्पत्ति को नष्ट कर देना, पिटाई और भीड़ पर गोलीबारी जैसी घटनाऐं भी बराबर होती रहीं। इसलिए इस बात की पड़ताल जरूरी है कि इन्तिफ़दा में ऐसी क्या बात थी जिससे उसने सारी दुनिया का ध्यान फिलस्तीन की समस्या की तरफ आकृष्ट किया।

इस बात को सम्यक् रूप से समझने के लिए केवल 1967 से 1987 तक के इस्रायली दमनचक्र के बारे में ही नहीं, बल्कि विभाजन के बाद होने वाली सभी घटनाओं और उनके दूरगामी प्रभाव के बारे में तफसील से जानना निहायत जरूरी है। द्वितीय विश्वयुद्ध के दौरान जब नाज़ी जर्मनी ने यूरोप के लगभग नब्बे फीसदी यहूदियों का सफाया कर दिया तो उन्हें यूरोप महाद्वीप से हमेशा के लिए पलायन करने के अलावा कोई विकल्प नज़र नहीं आया। इस स्थिति का फायदा उठाकर यहूदी आक्रामक राष्ट्रवाद और अधिक आक्रामक हो गया और उसने माँग की कि ब्रिटेन फिलस्तीन के दरवाज़े खोल दे जिससे यहूदी आप्रवासी वहाँ बेरोकटोक जा सकें। युद्ध खत्म होते-होते ब्रिटेन ने, जो कि अपने चारों तरफ फैले साम्राज्य की समस्याओं से पहले से ही परेशान था, निश्चय किया कि फिलस्तीन पर अपनी प्रभुसत्ता छोड़कर उसे संयुक्त राष्ट्र संघ को सौंप दे। फलस्वरूप नवम्बर 1947 में संयुक्त राष्ट्र संघ जनरल असैम्बली ने अनुशंसा की कि फिलस्तीन का विभाजन किया जाना चाहिए यहूदी और अरब राज्य के रूप में, जिसमें जेरूसलेम और उसके

आसपास का इलाका अन्तर्राष्ट्रीय क्षेत्र घोषित हो। सियोनवादियों ने विभाजन का यह प्रस्ताव स्वीकार कर लिया लेकिन फिलस्तीन के अरब निवासियों ने, जिन्हें अन्य अरब देशों का समर्थन प्राप्त था, इसका विरोध किया। मई 1948 में ब्रिटिश मैन्डेट के समाप्त होने पर जब 14 मई को इस्रायल के नये राज्य की घोषणा हुई और आखिरी ब्रिटिश सेना के दस्तों ने देश छोड़ दिया, तो लड़ाई भड़क उठी। इस काल की विस्तृत चर्चा हम पहले ही कर चुके हैं।

1947 और 1949 के बीच अरब-इस्रायली संघर्ष के दौरान अधिकतर मूल निवासी अरब इस्रायल के नियंत्रण वाले क्षेत्र से अपने घर छोड़कर चले गए। वे पास के अरब देशों में शरणार्थी बन गए। अगले चालीस वर्षों के दौरान, 1956, 1967, 1973 और 1982 के लेबनन के युद्ध सहित, अरबों और इस्राइलियों के बीच चार युद्ध हुए, जिनमें इस्रायल ने मिस्र, सीरिया और जोर्डन को हराकर अतिरिक्त भू-भाग अपने कब्ज़े में ले लिए। ये थे मिस्र के सिनाई प्रायद्वीप और गाज़ा पट्टी, जोर्डन के पूर्वी जेरूसलेम, पश्चिमी तट और सीरिया की गोलान पहाड़ियाँ। 1979 की इस्रायल-मिस्र शांति संधि में सिनाई तो मिस्र को लौटा दिया गया लेकिन गाज़ा, गोलान की पहाड़ियाँ, पूर्वी जेरूसलेम और पश्चिमी तट इस्रायल के कब्ज़े में बने रहे। गाज़ा और पश्चिमी तट के क्षेत्र में लाखों फिलस्तीनी शरणार्थी हैं जो कि 1947-48 के गृहयुद्ध और 1948 के पहले अरब-इस्रायली युद्ध के दौरान भागे थे। इसके अतिरिक्त वे फिलस्तीनी अरब भी हैं जिनके घर इस क्षेत्र में पहले से थे। लगभग बीस लाख से अधिक ये अरब मूल के जनगण, जिनमें शरणार्थी और स्थानीय आबादी शामिल है, फिलस्तीन को अपना देश समझते हैं। इनके अलावा लगभग बीस लाख फिलस्तीनी शरणार्थी और हैं जो कि पार्श्ववर्ती अरब देश जोर्डन, लेबनन, सीरिया और अरब प्रायद्वीप के अन्य देशों में, यहाँ तक कि मध्यपूर्व के उस पार भी, बिखरे हुए हैं। वे भी फिलस्तीन को अपना देश मानते हैं, वही उनकी अस्मिता है, जो इस्रायल के अधिकृत क्षेत्र में रहने वाले फिलस्तीनियों की अस्मिता भी है।

1967 में गाज़ा और वेस्ट बैंक को अपने अधिकार में लेने के बाद तुरन्त ही इस्रायल ने इस क्षेत्र में अपनी सुरक्षा व्यवस्था और आर्थिक संरचना सम्बन्धी नीतियों को लागू करना आरम्भ कर दिया। इस्रायल ने इस क्षेत्र में जो पूँजी निवेश किया, अपनी सेना सम्बन्धी व्यवस्था को फैलाने के लिये, सड़कों का जाल, पानी और बिजली की आपूर्ति का जो इन्तज़ाम किया, उससे यह साफ ज़ाहिर हो गया कि इस्रायल इस क्षेत्र को दीर्घकाल तक अपने कब्ज़े में रखना चाहता था। उदाहरण के तौर पर वेस्ट बैंक में यद्यपि ज़ाहिरा तौर पर जोर्डन का प्रभुत्व कायम रहा, लेकिन इस्रायल ने कानून बनाकर यह घोषणा की कि इस्रायली सरकार को इस्रायली कानून और सामान्य प्रशासन को उस पूरे क्षेत्र पर लागू करने का अधिकार है जो विभाजन से पहले ब्रिटिश प्रभुत्व में फिलस्तीन था। 28 जून 1967 को ही जेरूसलेम की सीमा

का विस्तार कर दिया गया और उसे नये कानून के मुताबिक राजधानी में शामिल कर लिया गया। जब इस्रायल ने इस क्षेत्र पर कब्ज़ा किया तो उस समय इस्रायली क़ानून केवल पूर्वी जेरूसलेम और गोलान पहाड़ियों पर लागू किया गया था, वेस्ट बैंक और गाज़ा क्षेत्र पर नहीं। किन्तु उनको भी उसी कानून के अन्तर्गत अपने प्रभुत्व में लेने के लिए इस्रायली सरकार पर कट्टरपंथी बराबर दबाव डाल रहे थे।

इस दबाव के फलस्वरूप जून 1967 से ही वेस्ट बैंक और गाज़ा में एक प्रकार की सैनिक सरकार की व्यवस्था है। दोनों के लिए मिलिट्री सरकार के प्रशासक हैं और दोनों की ही जवाबदेही रक्षामंत्री के प्रति है। दोनों क्षेत्रों में मिलिट्री गवर्नर को वे सभी अधिकार दिये गए हैं जो कि युद्ध से पहले वहाँ की सरकार के थे—वेस्ट बैंक में जोर्डन की सरकार और गाज़ा में मिस्र की। इन मिलिट्री गवर्नरों को सभी प्रसाशनिक और वैधानिक अधिकार प्राप्त हैं जिनके अनुसार वे नए कानून पास कर सकते हैं, पुराने क़ानून को रद्द कर सकते हैं; यहाँ तक कि मौजूदा क़ानूनों को निलम्बित या निरस्त कर सकते हैं। उनकी जवाबदेही केवल सुरक्षा मंत्री के प्रति है। यदि मंत्रिमंडल में कोई प्रश्न उठता है तो रक्षामंत्री ही अपने मातहत मिलिट्री गवर्नरों की कार्रवाईयों की जिम्मेदारी लेता है। 1967 से लेकर 1987 तक इस्रायली सैन्य शासकों ने 1500 नये सैन्य आदेश जारी किये जो इस क्षेत्र के निवासियों के जीवन के हर पहलू को नियंत्रित करते हैं। उनमें शिक्षा, कृषि, ज़मीन और पानी का अधिकार, टैक्स व्यवस्था, समाज कल्याण, सुरक्षा और सैन्य सम्बन्धी विषय शामिल हैं। एक तरह से एक बुनियादी परिवर्तन लाया गया जिसके फलस्वरूप एक नया इस्रायली कानूनी और प्रशासनिक ढाँचा इस क्षेत्र के निवासियों पर ज़बरन लाद दिया गया।

अन्तर्राष्ट्रीय विरोध और संयुक्त राष्ट्र संघ द्वारा अमान्य करार दिये जाने के बावजूद, इस्रायल यहाँ से अपना नियंत्रण हटाने को तैयार नहीं है क्योंकि वह उसूलन 1920 से 1948 तक ब्रिटिश मैन्डेट के शासन में रहने वाले सम्पूर्ण फिलस्तीनी क्षेत्र को इस्रायल का हिस्सा मानता है। इस्रायल के अनुसार फिलस्तीनी अरबों को इस क्षेत्र की सीमाओं में कहीं भी किसी भी भू-भाग पर एक राजनैतिक इकाई या देश स्थापित करने का हक़ नहीं है। यहूदी राष्ट्रवाद और फिलस्तीनी अरब राष्ट्रवाद का यह सत्तर साल से चले आने वाला संघर्ष ही इन्तिफ़दा का मूल कारण है। वह इस्रायल के दीर्घकाल व्यापी दमन और शोषण की स्वाभाविक परिणति बनकर सामने आया। ऐसा नहीं है कि अचानक कुछ हुआ हो और उसकी प्रतिक्रिया में इन्तिफ़दा का आंदोलन फट पड़ा हो। यह एक ज्वालामुखी के विस्फोट की तरह था जो वर्षों तक पृथ्वी के गर्भ में घुमड़ने के बाद अचानक फूट पड़ता है। बरसों से फिलस्तीनी मुक्तिकामियों पर होने वाले अत्याचार जब पूरे इलाके पर समान रूप से होने लगे, जब बेगुनाह शान्तिप्रिय लोग भी आंदोलनकारियों के साथ गिरफ़्तार होने लगे; जब

मुक़दमे के बिना मनमानी सजाऐं दी जाने लगीं तो आंदोलन का व्यापक प्रभाव लाज़िम था। जो प्रतिरोध फिलस्तीनियों द्वारा अलग-अलग और स्थानीय रूप से होता था वह एक बड़े पैमाने पर संगठित रूप में होने लगा। यह सही है कि फिलस्तीनी जनता में बहुत से लोग शान्तिपूर्ण आंदोलन और बातचीत के द्वारा समस्याओं को सुलझाना चाहते थे। लेकिन उनकी कोशिशें बेअसर थीं। इसलिए विरोध का हिंसात्मक रूप इख़्तियार कर लेना स्वाभाविक ही था।

इस्रायल का दावा है कि इस क्षेत्र में उसकी नीतियों के लागू होने और उसके प्रशासन के कारण आर्थिक और सामाजिक विकास हुआ है। उसका कहना है कि वहाँ तेज़ी से प्रगति हुई है, जीवनस्तर ऊपर उठा है और ऐसा इसीलिए सम्भव हुआ है कि इन क्षेत्रों को इस्रायल के विकसित इलाके से मदद मिली है। खेती के विकसित संसाधनों के उपयोग से उपज बढ़ी है। चिकित्सा और सफाई में प्रगति होने के कारण शिशुओं की मृत्यु की दर घटी है, संक्रामक रोगों पर नियंत्रण हुआ है। स्कूलों में लड़कियों की संख्या बढ़ी है और शिक्षा का प्रसार हुआ है।

फिलस्तीनी इसे स्वीकार नहीं करते। दरअसल अधिकतर ज़मीनें इस्राइलियों के हाथ में चली गई हैं। सरकार ने भी यहूदियों को यहाँ बसाने के लिए बड़े-बड़े रिहायशी इलाके बनाए हैं। बीस साल पूरे होते-होते वेस्ट बैंक में इस्रायल ने लगभग आधी ज़मीन पर और गाज़ा में एक-तिहाई ज़मीन पर कब्ज़ा कर लिया था। इसके फलस्वरूप खेती के काम में लगे फिलस्तीनी बेकार हो गए। सत्तर के दशक के अन्त तक फिलस्तीनियों का जीविका का मुख्य साधन कृषि ही था। बेकार हुए किसान और खेतिहर जीविका के लिए छोटे-मोटे काम तलाश करने लगे। हज़ारों लोग पास के अरब देशों में काम की खोज में चले गए। जो किसान फिलस्तीन में अब भी ज़मीन के मालिक थे वे अपनी उपज यूरोप में बेचने के लिए स्वतंत्र नहीं थे। कृषि उपज का निर्यात केवल कृषि निर्यात कम्पनी के माध्यम से हो सकता था जो कि इस्रायली सरकार के अन्तर्गत थी। इस्रायल के भीतर भी, अपनी उपज को बेचने के लिए, फिलस्तीनियों को इस्रायल की सरकार से आदेश लेना पड़ता था।

इन क्षेत्रों में पानी की कमी एक बड़ी समस्या रही। पानी के साधनों पर इस्रायल ने पूरा कब्ज़ा कर लिया और उसे बरकरार रखा है। 1984 में जब इस्रायली 14,200-28,000 घन मीटर पानी का इस्तेमाल करते थे तो गाज़ा में औसत इस्तेमाल 2000 घन मीटर था। गाज़ा और वेस्ट बैंक के हज़ारों कामगार और मज़दूर इस्रायल में काम करते हैं। इनमें से अधिकतर खेती, भवन निर्माण एवं निचले दर्जे की सेवाओं में लगे हुए हैं जिन्हें यहूदी वर्कर नहीं करना चाहते। इस्रायल को इस सस्ते श्रम के भण्डार से बहुत लाभ हुआ है। अधिकृत क्षेत्रों में औद्योगिक उन्नति लगभग नहीं के बराबर हुई है। मज़दूरों, कामगारों की संख्या भी सीमित है। बिजली आपूर्ति की भी वही स्थिति है। इस्रायल के राष्ट्रीय ग्रिड में शामिल होने के बाद अरब परिवारों

को यहूदी परिवारों से आधी बिजली मिलती है।

इस्रायल ने गाज़ा और वेस्ट बैंक को अपने देश की आर्थिक व्यवस्था में शामिल करने और उसे एक समन्वित बाज़ार में परिवर्तित करने की प्रक्रिया साठ के दशक के अन्त में ही शुरू कर दी थी। एक तरह से ज़ाहिरा तौर पर न सही, यह इन अधिकृत क्षेत्रों का देश की व्यवस्था में एक प्रकार का विलय ही था। तत्कालीन रक्षा मंत्री मोशे दयान ने कहा था कि यहूदियों को इन क्षेत्रों में जाने का, रहने का और वहाँ बस जाने का पूरा अधिकार था। शुरू में कुछ सीमित यहूदी रिहायशी बस्तियाँ उन इलाकों में बसाने का निर्णय लिया गया जो सैनिक रणनीति के अनुकूल थीं और जहाँ अरबों की आबादी अपेक्षाकृत कम थी। धीरे-धीरे इस्रायल के यहूदियों द्वारा इस क्षेत्र में पूंजी निवेश को प्रोत्साहन दिया गया, कच्चे माल की कीमतों में रियायत, कर्ज़ पर ब्याज़ की नीची दर और अन्य आर्थिक रियायतों द्वारा। नतीज़तन दस साल के भीतर ही चार हज़ार दो सौ यहूदियों ने वेस्ट बैंक में छत्तीस रिहायशी बस्तियाँ बना लीं। अगले दस वर्षों में इनमें तिगुनी वृद्धि हुई और बस्तियों की संख्या लगभग बीस गुनी हो गई। साथ ही अर्थव्यवस्था को पूरे देश की अर्थव्यवस्था में शामिल करने का काम भी तेज़ी से होता रहा। कुल मिलाकर यह इस्रायली अधिनायकत्व का उद्दंड और खुल्लमखुल्ला षड्यंत्र था।

गाज़ा और वेस्ट बैंक के इस्रायली नियंत्रण और देश की परिभाषा में उसका इस्रायल में समाकलन या विलय शुरू से ही अरब प्रतिरोध के मुक़ाबिल था। वेस्ट बैंक में 1976 के म्युनिसिपल चुनावों में, जिसमें चौबीस शहरों के मेयर और लगभग दो सौ म्युनिसिपल काउंसिलों के प्रतिनिधि चुने जाने थे, अधिकांश नरम दल के लोग और इस्रायल के पक्षधर, चुनाव में हार गए। जो लोग चुनकर आए वे इस्रायली कब्ज़े के आक्रामक विरोधी थे और पीएलओ के समर्थक। लेकिन दरहक़ीक़त उसका कुछ निर्णायक प्रभाव नहीं पड़ा क्योंकि इस्रायली सरकार ने अपना प्रभुत्व क़ायम रखा, और यह स्थानीय स्वशासन एक तरह का पाखंड साबित हुआ। 1977 में मिस्र के राष्ट्रपति अनवर सादात के शांति के प्रस्ताव पर लिकुद पार्टी के मेनाकिम बेगिन ने भी 1978 के कैम्प डेविड समझौते के प्रस्तावों में वेस्ट बैंक और गाज़ा के लिये आंतरिक स्वाधीनता की स्कीम शामिल की। किन्तु इसका भी कोई अच्छा परिणाम नहीं निकला। बल्कि इस्रायली सेना के अधिकारियों और इस क्षेत्र की जनता के बीच तनाव बढ़ता गया। 80 के दशक के प्रारम्भ में बेगिन की स्कीम मिलिट्री ऑर्डर न. 947 के ज़रिये वेस्ट बैंक में लागू की गई जो एक नागरिक प्रशासन क़ायम करने की कोशिश थी। इस रणनीति का असली उद्देश्य पीएलओ के प्रभाव को कम करना था जिससे कि फिलस्तीनियों को कमज़ोर किया जा सके। बड़े अरब शहरों और कस्बों में कुछ गाँव सभाऐं भी बनाई गईं। जिन फिलस्तीनियों ने इस योजना में इस्रायल का साथ दिया उन्हें इनाम के तौर पर आर्थिक सहायता, नौकरी और

रिहायशी सुविधा में प्राथमिकता दी गई। जिन्होंने विरोध किया उन्हें तरह-तरह के कठोर दण्ड दिये गए। कुछ महीनों के अंदर ही पीएलओ के समर्थक मेयरों को बर्ख़ास्त कर दिया गया; कर्फ़्यू लगे, घर तोड़े गए, सम्पत्ति ज़ब्त हुई, बिना मुकदमे के जेल हुई, और कुछ लोग देश निकाले के शिकार भी हुए।

विरोध व्यापक रूप लेता जा रहा था और 1981 में ऐसा लगा जैसे कि वेस्ट बैंक में एक सम्पूर्ण क्रांति फूट पड़ेगी। वेस्ट बैंक के चार विश्वविद्यालयों, बेथलेहम, हेब्रॉन, अल नजह और बीर ज़ीयत में नई नीति का विरोध विद्यार्थियों ने संगठित किया, जिसके फलस्वरूप इन्हें लम्बे समय के लिये बन्द कर दिया गया। म्युनिसिपल काउंसिलों के फिलस्तीनी प्रतिनिधियों ने जब सहयोग से इन्कार किया तो उन्हें हटाकर उनकी जगह सेना के अधिकारी नियुक्त कर दिये गये। 1982 के अन्त तक 9 मेयर बर्ख़ास्त किये जा चुके थे। मार्च 1982 में नैशनल गाइडेंस काउंसिल जो प्रतिरोध के कार्यक्रमों को एकजुट करने के लिए 1978 में बनी थी, ग़ैरक़ानूनी क़रार देकर भंग कर दी गई। इस्रायली अधिकारी इसे पीएलओ का ही एक अंग मानते थे। यह वह वक़्त था जब फिलस्तीनियों और इस्राइलियों के बीच दंगे हो रहे थे। प्रदर्शनकारी सड़कों पर अवरोध डालकर रास्ता रोक देते, इस्रायली मोटरगाड़ियों पर पथराव करते और अक्सर इस्रायली सैनिकों से लड़ पड़ते। प्रतिरोधकारी दस्ते 'फिलस्तीन अरब है' और 'फिलस्तीन छोड़ो' के नारे लगाते। यहूदी बस्तियों के निवासियों और प्रदर्शनकारियों के बीच होने वाली मुठभेड़ों में बहुत से फिलस्तीनी मारे गए या घायल हुए। इस्रायलियों का कहना था कि उन्होंने तो आत्मरक्षा में ही गोली चलाई। लेकिन यह पूरी सच्चाई नहीं थी। ये अधिवासी यहूदी अरब कस्बों और गाँवों पर हमले करते, उनकी कारों के शीशे तोड़ डालते, घरों में ज़बरदस्ती घुस जाते और पिटाई करते।

अरब मेयरों की बर्ख़ास्तगी के बाद इस्रायली सेना का शिकंजा बराबर कसता गया। अख़बारों पर प्रतिबंध लगे। पीएलओ के समर्थक दैनिक अख़बार अल-फ़ज्र और अल-शाब पर निषेधाज्ञा लागू कर दी गई। ट्रेड यूनियनों पर भी प्रतिबंध लगे और उनके सदस्यों को तरह-तरह से परेशान किया गया। कुछ को तो गिरतार कर जेल में भी डाल दिया गया। 1982 में पहली बार इस्रायल के अन्दर भी जनता द्वारा फिलस्तीनी प्रतिरोध के ख़िलाफ हिंसक दमनचक्र की आलोचना हुई। लेकिन बेगिन की सरकार कटिबद्ध थी कि फिलस्तीनी राष्ट्रवाद और पीएलओ की शक्ति को कमज़ोर किया जाए, क्योंकि वही अधिकृत क्षेत्रों में अशांति का कारण था। सरकार के कई मंत्री, खासकर रक्षा मंत्री एरियल शेरोन, विश्वास करते थे कि अगर पीएलओ का खात्मा कर दिया जाए तो सरकार अधिकृत क्षेत्रों में अपनी नीतियाँ आसानी से लागू कर सकती है। जून 1982 में लेबनन पर इस्रायली हमले का यह बहुत बड़ा कारण था। जब तक पीएलओ का स्वतंत्र राजनैतिक और सैन्य आधार बेरूत और

दक्षिण लेबनन में बना रहता तब तक वेस्ट बैंक और गाज़ा में किसी वैकल्पिक नेतृत्व को जो इस्रायल का पक्षधर हो, प्रोत्साहन नहीं दिया जा सकता था। शेरोन ने अमेरिकी राजदूत से, हमले से पहले कहा भी था कि लेबनन के खिलाफ़ कार्रवाई वेस्ट बैंक और गाज़ा में समस्याऐं हल करने में मदद करेगी। लेकिन लेबनन में पीएलओ की हार और सितम्बर 1982 में उसके ज़बरदस्ती बेरूत मुख्यालय से निष्कासन के कारण इस क्षेत्र के फिलस्तीनियों पर इसका प्रतिकूल प्रभाव पड़ा। आख़िरकार लेबनन में वेस्ट बैंक और गाज़ा के निवासियों के सम्बन्धी ही रहते थे। इसलिए इस हमले को पूरी फिलस्तीनी जाति को नेस्तनाबूद करने का आगाज़ माना गया। साबरा और शतीला के शरणार्थी कैम्पों में व्यापक कत्लेआम की प्रतिक्रिया में अधिकृत क्षेत्रों में फिलस्तीनी आंदोलन ने ज़ोर पकड़ा। लेबनन पर इस्रायली आक्रमण और नरसंहार के दौरान अरब देशों की खामोशी, फिलस्तीनियों की नज़र में एक विश्वासघात थी। पहली बार लगा कि दूसरे अरब जनगण से अलग-थलग फिलस्तीनी अब अपने हाल पर छोड़ दिये गए थे।

इस बीच अधिकृत क्षेत्रों, गाज़ा और वेस्ट बैंक में फिलस्तीनियों द्वारा प्रतिरोध की घटनाऐं निरन्तर बढ़ रही थीं। 1983 के पहले तीन महीनों में तीन सौ से ज़्यादा फिलस्तीनियों को नौ महीने तक की जेल हुई और बहुतों पर भारी जुर्माने हुए। शरणार्थी कैम्पों से पथराव की घटनाओं को रोकने के लिए उनके आसपास ऊँची दीवारें बना दी गईं और लम्बी अवधि का कर्फ़्यू लगाया जाने लगा। पथराव की बढ़ती हुई घटनाओं के कारण वेस्ट बैंक में बसे हुए यहूदियों और फिलस्तीनियों के बीच हिंसात्मक संघर्ष भड़क उठा। नए बसने वाले यहूदियों ने इस्रायल पर इल्ज़ाम लगाया कि उनकी सुरक्षा में सेना ढील दे रही है। उन्होंने धमकी दी कि वे खुद ही अपनी सुरक्षा की व्यवस्था क़ायम करेंगे। इस तरह आप्रवासी यहूदियों ने इस क्षेत्र में अपनी सुरक्षा टुकड़ियाँ बनाईं और कई तरह के आतंकवादी काम भी अंजाम देने लगे। मिसाल के तौर पर हेब्रॉन की मस्जिद में विस्फोटक लगाना और सैकड़ों अरबों की मोटरगाड़ियों पर हमला कर उन्हें तोड़-फोड़ देना। इस स्थिति में न्याय मंत्रालय ने एक कमीशन बिठाया। कमीशन ने अपनी रिपोर्ट में यहाँ बसने वाले यहूदियों को दोषी ठहराया। कमीशन ने कहा कि वे पुलिस के साथ सहयोग नहीं करते और उन अरबों को धमकी देते हैं जो अपनी ज़मीन नहीं बेचना चाहते या जो उनके ख़िलाफ शिकायतें दर्ज कराते हैं। सरकार ने कमीशन की रिपोर्ट पर कोई कारगर क़दम नहीं उठाए।

यहूदी राष्ट्रवादियों और फिलस्तीनियों के बीच तनाव की दूसरी वजह थी हरम-अल-शरीफ। जेरूसलेम में इस स्थान पर एक पत्थर का गुंबज और अल-अक्सा मस्जिद है। इस्लाम धर्म में ये दोनों सबसे पवित्र स्थान हैं। यहूदी परम्परा में यही जगह उस प्राचीन-पवित्र मंदिर का स्थान है जिसे दो बार विध्वस्त किया गया था।

कट्टरपंथी यहूदियों की माँग थी कि वहाँ पवित्र मंदिर को फिर से बनाया जाए। 1967 के बाद ही आक्रामक यहूदी राष्ट्रवादी माँग करने लगे थे कि पहाड़ पर, इस मंदिर में यहूदियों को प्रार्थना करने की खुली छूट दी जाए। कई बार उन्होंने वहाँ जबरदस्ती घुसने की कोशिश भी की और मुस्लिम इलाके में प्रदर्शन किये। 1984 की जनवरी में उन्होंने दोनों मस्जिदों में विस्फोटक पदार्थ रखने की असफल कोशिश की। इससे अरब राष्ट्रवादियों में भयंकर सनसनी फैल गई और तनाव बढ़ा। उन्होंने इस्रायल पर यह इल्ज़ाम लगाया कि वह गुप्त रूप से मस्जिदों को नष्ट कर वहाँ यहूदियों के मंदिर का पुनर्निर्माण कराना चाहता है। इसके फलस्वरूप पूरे वेस्ट बैंक में दंगे शुरू हो गए। धर्म के प्रति अधिक वफादार मुसलमानों ने इस्रायल विरोधी प्रदर्शन भी किए। इस घटनाचक्र के फलस्वरूप दोनों पक्षों में सुलह की सम्भावनाओं पर प्रतिकूल असर पड़ा और पीएलओ के नेता के रूप में यासिर अराफात की लोकप्रियता फिलस्तीन के बाहर सक्रिय मुक्ति संगठनों में कम हुई। लेकिन अधिकृत क्षेत्रों में उनका नेतृत्व सुदृढ़ था। वेस्ट बैंक के फिलस्तीनियों में नब्बे फीसदी से अधिक उनके समर्थक थे।

1984 में इस्रायल में चुनाव हुए। जिसके फलस्वरूप ग्यारहवें मंत्रिमंडल का गठन हुआ। लेबर पार्टी के शिमॉन पेरिस प्रधानमंत्री बने और लिकुड के इत्ज़ाक शमीर उपप्रधानमंत्री। नए नेतृत्व ने संयुक्त राज्य अमेरिका के सेक्रेटरी ऑफ स्टेट जॉर्ज शुल्ज़ के प्रोत्साहन पर फिलस्तीनियों को रियायतें और प्रलोभन देने की नीति दुबारा अपनाई। उनका ख़याल था कि इससे फिलस्तीनियों में अविश्वास की मात्र कम होगी, और उनके साथ राजनैतिक समझौता और सुलह करने में आसानी होगी। कई क़दम उठाए गए जिनमें अल-नजफ के नबलूस के विश्वविद्यालय को दुबारा खोलना, प्रेस के प्रतिबंधों को कम करना और नबलूस में एक अरब बैंक स्थापित करना शामिल था। 1982-83 में नेशनल यूनिटी गवर्नमेंट ने निर्णय लिया कि नये अरब मेयर नियुक्त किये जाऐं। इसके अन्तर्गत ज़ाफिर अल-मस्री को नबलूस का मेयर नियुक्त किया गया। लेकिन दिसम्बर 1985 में नियुक्ति के ढाई महीने बाद। नबलूस के टाउन हॉल के गेट पर उनका क़त्ल हो गया। सुलह की नई नीति के विरोधी फिलस्तीनी कार्यकर्ताओं ने क़त्ल की जिम्मेदारी ली। उनका कहना था कि अल-मस्री इस्राइलियों से मिले हुए थे और फिलस्तीनी राष्ट्र की स्थापना के खिलाफ़ थे। इसके फलस्वरूप वेस्ट बैंक में अधिक आक्रामक आंदोलनकारियों की पीढ़ी आगे आई और यहूदियों के प्रति घृणा की भावना और गहरी हुई।

फिलस्तीनी आंदोलन में विभाजन और दरार पड़ने की भी यह शुरूआत थी। एक तरफ परम्परावादी फिलस्तीनी नेता थे जो जोर्डन के पक्षधर थे और अधिकृत क्षेत्रों को जोर्डन के शाह हुसेन को सौंप देना चाहते थे। इस्रायल की लेबर पार्टी और अमेरिका भी इस नीति के समर्थक थे। उन्हें यह एक ऐसा हल लगता था जो सम्भावना के क्षेत्र में था। पीएलओ के कार्यकर्ता भी दो दलों में विभाजित थे। मुख्य

धारा वाले अराफात के समर्थक थे जबकि उनके दोनों तरफ वामपंथी और आक्रामक राष्ट्रवादी थे। फिलस्तीनियों में धर्मनिरपेक्ष वर्ग और मुस्लिम कट्टरपंथियों का विभाजन भी था। ये दल आपस में भी लड़ते रहते थे। लेबर यूनियनों में भी इसी तरह का बिखराव था। लगभग दो दर्जन श्रम संगठन थे जिनमें से कुछ कम्युनिस्टों, कुछ अल्-फतह और कुछ समझौते की नीति के विरोधियों के नेतृत्व में थे। दरअसल फिलस्तीनियों में इस तरह का संगठनात्मक विभाजन हर क्षेत्र में था। लेकिन एक बात तय थी कि राजनैतिक कार्यकर्ताओं और आंदोलनकारियों की एक नई पीढ़ी तैयार हो गई थी जिसका आने वाले दिनों में, अधिकृत क्षेत्रों के फिलस्तीनियों पर निर्णायक प्रभाव पड़ने वाला था।

फिलस्तीनी शरणार्थी जो चालीस के दशक के मध्य से, और ख़ासतौर पर 1948 के विभाजन और इस्रायल के प्रभुसत्तापूर्ण राज्य की औपचारिक स्थापना के बाद, शरणार्थी कैम्पों में रह रहे थे, इन्तिफ़दा के प्रारंभिक दौर में व्यापक रूप से सक्रिय हो गए थे। संयुक्त राष्ट्र की रिलीफ और वर्क्स एजेंसी (यूएनआरडब्ल्यूए) के अनुसार 1988 में वेस्ट बैंक में 3,85,000 और गाज़ा पट्टी में 4,59,000 रजिस्टर्ड शरणार्थी थे। ये लोग उन अरब कस्बों और गाँवों के निवासी थे, या उनकी संतान थे जो 1967 से पहले की इस्रायली सीमाओं के भीतर पड़ते थे। 1947 से 1949 तक चलने वाले अरब इस्रायली संघर्ष और युद्ध के दौरान या तो वे इस्रायली आतंकवादी दस्तों इरगुन और हगाना द्वारा खदेड़ दिए गए थे या स्वयं भाग आए थे। वेस्ट बैंक में एक लाख से अधिक लोग बीस शरणार्थी कैम्पों में रहते थे, जबकि गाज़ा में आठ कैम्पों में उनकी संख्या दो लाख पचास हज़ार थी। अधिकांश शरणार्थी कैम्प 1948 में बने थे जिससे कि इस्रायल द्वारा अधिकृत क्षेत्रों से भागे हुए लोगों को शरण दी जा सके। शुरू में इन कैम्पों का मक़्सद अस्थायी शरण देना था, लेकिन कोई वैकल्पिक आवासीय व्यवस्था न होने के कारण वे शहरी आबादियों के मुस्तक़िल उपनगरीय हिस्से बन गए। इनमें से कुछ गाँवों के इलाके में भी थे। पिछले चालीस वर्षों में, इन कैम्पों के आसपास घर, सेवा सम्बन्धी इमारतें जैसे स्कूल और दवाखाने, स्थायी रूप से बन गए हैं। ये कैम्प आज मुस्तक़िल गन्दी, गरीब बस्तियां (स्लम) अधिक और कैम्प जैसे कम ही लगते हैं। यहाँ नागरिक सुविधाएें जैसे सफाई, पानी की आपूर्ति, मल निकासी और स्नानघर की सुविधाएें नहीं के बराबर हैं जिससे इन कैम्पों की ज़िन्दगी नरक जैसी है; वहाँ संक्रमण की बीमारियाँ फैलने की सम्भावना हमेशा बनी रहती है।

ऐसे माहौल में सामान्य पारिवारिक जीवन की कल्पना भी नहीं की जा सकती। कैम्पों में रहने वाले लोगों के सामने सबसे बड़ी समस्या जगह की कमी है जिससे रिहायशी घरों का विस्तार नहीं हो सकता। मुश्क़िलात इस बात से भी बढ़ जाती हैं कि इन कैम्पों में प्रजनन की दर दुनिया की सबसे ऊँची दरों में से है। बहुत से

परिवारों में बच्चों की संख्या बारह तक है। 1948 के बाद की दो पीढ़ियों में ये शरणार्थी कैम्प मध्यपूर्व के सबसे घनी आबादी वाले स्थान बन गए हैं। निवासियों की संख्या और जीवन की सामान्य सुविधाओं के अभाव के कारण इन लोगों में मनोवैज्ञानिक और शारीरिक विकृतियाँ होना स्वाभाविक है। कुछ लोगों के जीविका की तलाश में बाहर चले जाने से राहत तो मिली, लेकिन अस्सी के दशक की आर्थिक मंदी के बाद अरब जगत में जीविका की सम्भावनाऐं भी कम हो गईं। बहुत से लोग जो परिवार छोड़कर चले गए थे, वापस लौट आए और स्थिति बद से बदतर होती गई। स्वाभाविक ही है कि ये शरणार्थी कैम्प असंतोष और अशांति के लिए सबसे उर्वरा ज़मीन हैं। इसी असंतोष और अशांति से क्रांति और प्रतिरोध की तेज़ और नफ़रत भरी लहर उठती है। नई पीढ़ी के लोग पिछली पीढ़ियों की तरह ख़ामोशी से अपने भाग्य को स्वीकार करने के लिए तैयार नहीं है। फिलस्तीनी प्रतिरोध के हिरावल जुझारू दस्तों में जवान लोगों की संख्या अधिक है। उनका जन्म इन कैम्पों में हुआ है और वहीं वे पले-बढ़े हैं।

संयुक्त राष्ट्र संघ की सहायता से चलने वाले स्कूलों पर इस्रायली नियंत्रण अपेक्षाकृत कम था। लेकिन अध्यापकों और विद्यार्थियों की इस्रायली सुरक्षाकर्मियों द्वारा पूछताछ, गिरफ़्तारी और जेल आम वारदातें थीं। इस्रायली जेलों में इसलिए शरणार्थी कैम्पों के निवासियों की संख्या अपेक्षाकृत अधिक थी। फिलस्तीनी राष्ट्रवाद के जुर्म के शिकार अध्यापक भी थे और विद्यार्थी भी। 1987-88 तक हज़ारों जवान फिलस्तीनी इस्रायल की जेलों में रह चुके थे। इस्रायल के जेलखानों की हालत भी बहुत ख़राब थी, और है। क़ैदी जेल के कमरों में ठूंसकर भर दिये जाते हैं; उनके साथ हर तरह का अत्याचार और अमानुषिक व्यवहार होता है। क़ैदियों के बुनियादी अधिकार तो जैसे हैं ही नहीं। यही कारण है कि तमाम अन्तर्राष्ट्रीय और मानवाधिकार संगठनों ने इसके ख़िलाफ आवाज़ उठाई है। जेलों में पूछताछ के दौरान यातना देना आम बात है, चाहे वे आदमी हो या औरतें। गिरफ़्तारी के मामले में तथाकथित अपराधी के रिश्तेदारों को भी नहीं छोड़ा जाता। अपराध के इक़बालिया बयान हिब्रू भाषा में होते हैं जिसे फिलस्तीनी पढ़ नहीं सकते, न समझते हैं। इसलिए आश्चर्य की बात नहीं कि ये लोग फिलस्तीनी प्रतिरोधक दस्तों में शामिल हो जाते हैं। ये लोग अक्सर बार-बार गिरफ़्तार होते रहते हैं और उन्हें जेल भी होती है क्योंकि उनके नाम इस्रायल की ब्लैकलिस्ट में बने रहते हैं।

इन्तिफ़दा की पृष्ठभूमि के तौर पर 1967 से लेकर 1987 तक का अधिकृत भूभागों का इतिहास अत्यन्त महत्वपूर्ण है। 1986 के अन्त में जब इज़्हाक शमीर प्रधानमंत्री होकर लौटे तो उन्होंने घोषणा की कि वे जेरूसलेम, जूडिया, समारिया, गाज़ा, और गैलिली में इस्रायली आबादियों को मुस्तक़िल तौर पर क़ायम कर उन्हें यहूदी स्वरूप देने का अभियान चलाऐंगे। 48 नई यहूदी बस्तियों की योजना बनी

और यहाँ बसने के लिए तैयार होने वाले यहूदियों को तरह-तरह की रियायतें दी गईं। इन बस्तियों की प्राथमिकता का अंदाज़ा इस बात से लगाया जा सकता है कि उन पर इस्रायल के कस्बों और शहरों की तुलना में 143 प्रतिशत अधिक पूंजीनिवेश हुआ। जानकारों का मत है कि 1987 में वेस्ट बैंक में साठ हज़ार यहूदी बस्तियां इस बात की गवाह हैं कि इस्रायल अधिकृत क्षेत्र में अपनी स्थिति सुदृढ़ कर रहा था। यह बात अलग है कि इस क्षेत्र में आठ लाख से अधिक अरब रहते थे। इस्रायल की यह 'दूसरी रिपब्लिक' थी जिसपर इस्रायल का पूरा नियंत्रण था। इस बात से कोई बुनियादी फ़र्क नहीं पड़ता कि इस्रायली क्षेत्र में एक प्रभुसत्ता सम्पन्न सरकार थी जबकि वेस्ट बैंक और गाज़ा में सैनिक सरकार का नियंत्रण था। यहाँ रहने वाले यहूदी जी-जान से अपने क्षेत्र को सम्पूर्ण यहूदी स्वरूप देने में लगे थे। सारे प्रतिरोध के बावजूद फिलस्तीनी न तो पूरी तरह संगठित थे और न उनके पास इस्रायल जैसी संघर्ष करने की शक्ति थी। कुछ समझदार लोग थे, यहूदियों में भी, जो हालात की हक़ीक़त को समझते थे। उन्होंने आवाज़ भी उठाई लेकिन वे नक्कारखाने में तूती की आवाज़ें थीं।

1987 में वेस्ट बैंक में इस्रायल ने एक और महत्वपूर्ण क़दम उठाया जिसका उद्देश्य फिलस्तीनियों को कमज़ोर करना और उन पर नियंत्रण रखना था। सैन्य शासन ने कम्प्यूटर पर निवासियों का लेखा-जोखा रखना शुरू किया जिससे कि सही लोगों को परमिट लाइसेंस और यात्रा के पहचानपत्र जारी किये जा सकें। इन्तिफ़दा के शुरू होने से कुछ दिन पहले ही इस्रायली आप्रवासी निवासियों का निगरानी का कार्यक्रम शुरू हो गया जिसके फलस्वरूप उनकी इस्रायली सेना से भी टकराहट हुई। अरबों में बढ़ते हुए असंतोष की प्रतिक्रिया इस्रायल के अन्दर भी होने लगी। कट्टरपंथियों की माँग थी कि वेस्ट बैंक से अरबों को ज़बरन निष्कासित कर दिया जाए। इस्रायली नई पीढ़ी में नफ़रत और शक्ति की मदान्धता बढ़ रही थी। यह मांग ज़ोर पकड़ रही थी कि अरबों को इस्रायल के नियंत्रण वाले सम्पूर्ण क्षेत्र से खदेड़कर बाहर कर दिया जाए। फिलस्तीनियों को इस्रायल छोड़ देने के लिए प्रलोभन और प्रोत्साहन भी दिये गए। इनमें एक प्रस्ताव था 20,000 पौंड का अनुदान, हर उस फिलस्तीनी को, जो इस्रायल की भूमि को छोड़कर चला जाएगा। लेबर पार्टी ने इस तरह के प्रस्तावों का विरोध किया।

विद्यार्थियों में भी असंतोष उपज रहा था। वे सेना में अधिकृत क्षेत्रों में नियुक्त होने के ख़िलाफ थे। वेस्ट बैंक के प्रशासक ब्रिगेडियर जनरल इफ्राइम का ज़िक्र यहाँ ज़रूरी है क्योंकि वे वेस्ट बैंक में सही प्रशासन के समर्थक थे, और यहूदी बस्तियों के निवासियों के कारनामों के ख़िलाफ। वह अरबों के लिए सेवाओं और स्वास्थ्य की सुविधाओं में सुधार करना चाहते थे जिससे कि उनमें असंतोष कम हो। उनका कहना था कि फिलस्तीनियों को ज़ोर-ज़बरदस्ती नियंत्रण में रखना और उनके साथ

भेदभाव का बर्ताव अब चलने वाला नहीं था। इस्रायल के शासकों को समझना चाहिए कि फिलस्तीनियों में एक शिक्षित ज़हीन पश्चिमी सभ्यता से प्रभावित पीढ़ी का उदय हो चुका था। यह बात सही भी थी। बीस वर्ष तक आर्थिक और राजनैतिक रूप से इस्रायल के सम्पर्क में रहने के कारण फिलस्तीनियों की चिन्ताधारा और उनकी जीवनपद्धति में महत्वपूर्ण परिवर्तन आ चुके थे। आख़िर बहुत-सी यहूदी कम्पनियों के लिए वेस्ट बैंक और गाज़ा एक बड़ा बाज़ार था। अब पूरे वेस्ट बैंक में फिलस्तीनी इस्रायल में बनी जीन्स, शर्ट, सैंडिल वगैरह पहने देखे जा सकते थे। उनके बालों का फैशन और पॉप संगीत भी इस्राइलियों की तरह था।

हज़ारों फिलस्तीनी युवक और युवतियाँ इस्रायल में नौकरी करते थे और इस तरह उनकी जीवनशैली के सम्पर्क में आते थे। लेकिन वह इस्रायल और अपने रिहायशी क्षेत्र के अन्तर को भी समझ रहे थे। दोनों के बीच एक विराट खाई थी। और इस अन्तर के कारण उनमें जो असंतोष पनप रहा था, वह भी उन्हें एक संगठित प्रतिरोध की तरफ अग्रसर कर रहा था। अपनी ज़मीन पर पूर्ण अधिकार और अपनी तरह से रहने की उनकी अभिलाषा दृढ़ हो रही थी। बढ़ती हुई यहूदी बस्तियाँ और अरबों के हाथ से खिसकती हुई ज़मीन उनके लिए चिन्ता का विषय थी।

इस दौर में जो एक और नई बात नज़र आई, वह थी फिलस्तीनियों और अन्य अरबों के बीच बढ़ती हुई दूरी। एक ज़माना था जबकि फिलस्तीन की समस्या और उसके समाधान में सभी मुख्य अरब राष्ट्र संलग्न थे। अब फिलस्तीनियों को महसूस होने लगा था कि उन्हें अपनी मौजूदा समस्याओं का हल स्वयं खोजना है, और भविष्य की सम्भावनाओं को स्वयं तलाश करना है। इस स्वतंत्र पहल का एक उदाहरण था 1987 के वसंत में एक शांति समझौते का प्रस्ताव जिसे लिकुड पार्टी के नेताओं ने अस्वीकार कर दिया। मोशे अमीरॉव जो हेरुत सैंट्रल कमेटी के सदस्य थे और फैसल हुसेनी जो कि एक प्रमुख पीएलओ के नेता थे, इस शांति योजना के अग्रणी थे। अमीरॉव को इस प्रस्ताव के कारण पार्टी से निकाल दिया गया और हुसेनी को सितम्बर में गिरफ़्तार कर जेल में डाल दिया गया। इसी तरह का एक और क़दम पूर्वी जेरूसलेम के दैनिक पत्र अल-फज्र के सम्पादक हन्ना सिनिओरा की घोषणा थी, कि वह अपना नाम जेरूसलेम म्युनिसिपलिटी के चुनाव में फिलस्तीनियों की लिस्ट में शामिल कराना चाहते हैं। यह ज़ाहिरा तौर पर जेरूसलेम में अरबों के अधिकारों की रक्षा का ऐलान था। इसी के साथ अधिकृत क्षेत्रों के अरबों को मताधिकार देने की भी बात उठी जिससे कि वह सरकार पर दबाव डाल सके और अपना भविष्य खुद तय कर सके।

इन सबसे अलग राजनैतिक नक़्शे के दूसरे छोर पर इस्लामी रूढ़िवादी गुट थे जो बराबर आक्रामक होते जा रहे थे। 1987 के आख़िरी महीनों में, कई इस्लामी जेहादी गुटों का पर्दाफाश हुआ जिनमें बहुत-सी गिरफ़्तारियाँ और जेल की सज़ाऐं

भी हुईं। इस्रायली खुफिया विभाग को डर था कि ये तेज़-तर्रार मज़हबी कट्टरपंथी दूसरे फिलस्तीनी संगठनों को प्रभावित करेंगे जिसके फलस्वरूप आत्मघाती हमले, बमों वाली कारों के विस्फोट और क़त्ल की वारदातें बढ़ेंगी। व्यापक अरब जगत से अलगाव और फिलस्तीनियों में बढ़ती हुई आक्रामक हिंसा के काल में अरब लीग का एक आपातकालीन शिखर सम्मेलन हुआ। जोर्डन के अम्मान शहर में नवम्बर के महीने में होने वाला यह सम्मेलन इन्तिफ़दा की शुरूआत से लगभग एक महीने पहले सम्पन्न हुआ। इस शिखर सम्मेलन में, हालांकि अरब लीग द्वारा फिलस्तीन के समर्थन की बात दोहराई गई और एक अन्तर्राष्ट्रीय मध्यपूर्व शांति सम्मेलन का प्रस्ताव भी रखा गया, किन्तु ज़्यादा अधिक ज़ोर ईराक़-ईरान युद्ध पर दिया गया। अधिकृत क्षेत्रों में रहने वाले फिलस्तीनी इससे निराश हुए। उन्हें लगा कि अरब जगत उनकी अनदेखी कर रहा है, उनका अपमान कर रहा है, यहाँ तक कि वह उनके साथ विश्वासघात कर रहा है। फिलस्तीनी इस बात से भी नाराज़ थे कि लेबनन के शरणार्थी कैम्पों में शिया मुसलमानों के दल अमाल के द्वारा क़त्लेआम पर भी अरब जगत ख़ामोश था। अमाल और फिलस्तीनियों के बीच संघर्ष 1985 से चल रहा था जिसमें कई हज़ार शरणार्थी मारे गए थे। ज़ाहिर है कि इन शरणार्थियों के सम्बन्धी वेस्ट बैंक और गाज़ा में भी थे। उन्हें महसूस हुआ कि अरब देशों के नेताओं को इस नरसंहार की कोई चिंता ही नहीं थी।

1990 के दशक तक आते-आते पीएलओ खुद एक अरब राज्य के संगठन का स्वरूप इख़्तियार कर चुका था। उसे आसपास की नौकरशाहियों और तानाशाहियों से भिन्न रूप में पहचानना मुश्किल हो गया था। वजह शायद यह थी कि सारी दुनिया में फिलस्तीनी अथॉरिटी एक राष्ट्र के रूप में अपनी पहचान बनाना चाहती थी। पीएलओ के अलमबरदार प्रमुख नेता ख़ुद अपने अस्तित्व की रक्षा में मुब्तिला थे; उन्होंने अपने पिछले संघर्ष से कुछ नहीं सीखा था। उनका ध्यान फिलस्तीनी जनगण को संगठित कर उन्हें अपने उद्देश्यों की प्राप्ति की दिशा में अग्रसर करने से हट गया था। फिलस्तीनी जनगण के लिए बीसवीं सदी का आख़िरी दौर भयंकर कठिनाइयों का युग था। पांच दशकों तक अपने मक़्सद को हासिल करने के संघर्ष में पराजय की मुसल्सल दास्तान उन्हें निराशा की ओर ठेल रही थी। संयुक्त राज्य अमेरिका, जो दुनिया की सबसे बड़ी ताक़त है, इस्रायल का संरक्षक और पक्षधर रहा है। नब्बे का दशक आते-आते अरब देश भी फिलस्तीनियों पर तरह-तरह के दबाव डालने लगे। एक मुक़ाम आ गया था जहाँ फिलस्तीनी अकेले थे, और उन्हें अपना राष्ट्रीय अस्तित्व बनाए रखना भी मुश्क़िल लग रहा था।

इस दौर में एक ही बड़ा ऐतिहासिक आंदोलन हुआ, वह था 1987 का पहला इन्तिफ़दा। पहली बार निहत्थे 20 लाख फिलस्तीनी गाज़ा और वेस्ट बैंक में, पश्चिम के टेलीविज़न के पर्दे पर देखे गए और उनके साथ इन्हीं तस्वीरों में नज़र आए हज़ारों

इस्रायली सिपाही जो इन असहाय लोगों को पीट रहे थे और गोलियों से भून रहे थे। 1988 में इस आंदोलन ने दुनिया के सामने फिलस्तीनियों की एक तस्वीर पेश की जिनका सबकुछ छीन लिया गया था और जो इस्रायली सेना के पाशविक अत्याचारों से पीड़ित थे। पहली बार इस्रायल के अधिकृत क्षेत्रों में रहने वाले फिलस्तीनियों का वजूद अन्तर्राष्ट्रीय जानकारी की परिधि में आया।

मैनाकिम बेगिन की लिकुड पार्टी ने 1977 में, जब इस्रायल की कमान सम्भाली थी, तब लेबनन में फिलस्तीनी प्रतिरोध की घटनाऐं आतंकवाद कहलाती थीं। अमेरिका में यही प्रचार था। उस विराट देश में यह समझने की सम्भावना ही नहीं थी कि व्यापक इस्रायली हिंसा का छिटपुट प्रतिरोध आतंकवाद नहीं हो सकता। इस्रायल पीएलओ के ख़िलाफ था क्योंकि पीएलओ फिलस्तीनी राष्ट्र का प्रतिनिधि था। अमेरिका का प्रसार और प्रचारतंत्र-टेलीविज़न और अख़बार-फिलस्तीनियों की एक तस्वीर पेश करते थे जिनमें हैवानियत पर आमादा हिंसक लोगों के दस्ते थे, जो मासूम, बेकसूर यहूदियों की हत्या करना चाहते थे। संयुक्त राज्य अमेरिका ने संयुक्त राष्ट्र संघ की सुरक्षा परिषद् के कम से कम 29 प्रस्तावों को वीटो किया जिनमें इस्रायल के द्वारा फिलस्तीनियों पर शर्मनाक अत्याचार की भर्त्सना की गई थी। आगे आने वाले वर्षों में इस्रायल और अमेरिका बराबर, इस तरह का राजनैतिक रुख इख़्तियार करते रहे जिससे शांति की सम्भावना को रोका जा सके। जब फिलस्तीनी राष्ट्रीय परिषद् ने 1988 में इस्रायल का एक राष्ट्र के रूप में अस्तित्व स्वीकार कर लिया, तब भी अमेरिका ने इस्रायल पर ज़ोर नहीं डाला कि वह भी फिलस्तीनी राष्ट्र का अस्तित्व स्वीकार करे।

दिसम्बर 1987 में इन्तिफ़दा का आगाज़ हुआ। वर्तमान युग का यह शायद एक विराट उपनिवेशवाद विरोधी विद्रोह था। अमेरिका इस दौरान भी फिलस्तीनियों के मानवीय अधिकारों पर इस्रायल की सुरक्षा को तरजीह देता रहा। लेकिन आंदोलन के तीसरे साल तक अमेरिका में पैंतालीस प्रतिशत जनता ने फिलस्तीन के आत्मनिर्णय के अधिकार का समर्थन किया। केवल 24 प्रतिशत लोग ऐसे थे जो इसके ख़िलाफ थे। यूरोप और अमेरिका के लोग अब टेलीविज़न पर साफ देख सकते थे कि खुद को प्रजातंत्र कहने वाला इस्रायल जानवराना सिपाहियों की एक जमात थी जो सरेआम दिनदहाड़े फिलस्तीनियों का क़त्ल कर रहे थे।

लेकिन इस सब के बावजूद अधिकृत क्षेत्रों में इस्रायली बस्तियां बसती रहीं, ज़मीनें छीनी जाती रहीं और वहाँ के 80 फीसदी जल पर इस्रायल और इन क्षेत्रों के अधिवासी यहूदियों ने कब्ज़ा कर लिया। 1980 तक इन क्षेत्रों की 50 फीसदी से अधिक ज़मीन हथियाई जा चुकी थी। अमेरिका फिर भी अपनी पुरानी नीति पर ही अड़ा रहा। मध्यपूर्व के सारे अरब देश और पीएलओ खुद समझौता और शांति चाहते थे; उनका विचार था कि 1967 के युद्ध में कब्ज़े में ली गई ज़मीन को लौटा देना

इस क्षेत्र में सम्पूर्ण शांति का कारक बन सकता है। 90 के दशक के शुरूआती सालों में जब शांति और समझौते की बात बराबर होने लगी तो पीएलओ की तरफ से भी तरह-तरह की रियायतें देने की पेशकश होने लगी। इन दिनों अराफात की अपनी भूमिका भी निष्क्रिय तो थी ही, संदिग्ध भी साबित होने लगी। एक अन्तर्राष्ट्रीय व्यापक प्रचार, मानवाधिकार आंदोलन और फिलस्तीनियों को एक सूत्र में बाँधना, उस दौर की प्राथमिकताऐं थीं। लेकिन अराफात इधर-उधर ताक रहे थे कि कोई कहीं से आकर किसी तरह का समझौता करा दे। अराफात और उनके मुख्य साथी न अंग्रेज़ी जानते थे न फ्रेंच, वे उसे समझ भी नहीं सकते थे। यह भी एक बड़ी कमज़ोरी थी। अस्सी के दशक के अन्त तक पीएलओ की सभी कमज़ोरियाँ-ख़ासतौर पर व्यापक भ्रष्टाचार—उसकी लोकप्रियता घटाने लगीं। इन्तिफ़दा का आंदोलन महत्वपूर्ण ज़रूर था लेकिन वह अपनी ताक़त पर फिलस्तीनी क्षेत्र को आज़ाद तो नहीं करा सकता था! खाड़ी के देशों ने मदद देना बन्द कर दिया था। उन्होंने एक तरह से इन्तिफ़दा और पीएलओ दोनों का साथ छोड़ दिया था। सोवियत यूनियन का विघटन और उसके असामयिक अंत के साथ फिलस्तीन के बाहरी समर्थन का एक बड़ा सशक्त माध्यम खत्म हो गया। सीरिया और जोर्डन भी पीएलओ के पक्ष में नहीं थे। जोर्डन तो खुद अधिकृत क्षेत्रों का दावेदार था। यह भी एक हक़ीक़त थी कि जोर्डन ने लगभग 20 लाख फिलस्तीनियों को अपने देश की नागरिकता दे दी थी। किसी अन्य अरब देश ने ऐसा नहीं किया था।

पीएलओ अब इराक़ के अधिक करीब था जिसने उसे धन, समर्थन और बहुत से फिलस्तीनियों को शरण दी थी। दूसरी तरफ मिस्र उस पर ज़ोर डाल रहा था, संयुक्त राज्य अमेरिका के प्रतिनिधि की तरह, कि हमारी तरह ही तुम भी अमेरिका की बात मानो। अराफात अलग-थलग पड़ गए थे। उनके दो सबसे विश्वस्त सहायक अबू जेहाद और अबू इहाद का 1988 और 1990 में क़त्ल हो गया था। अराफात अब चाटुकारों और हाँ-में-हाँ मिलाने वाले लोगों से घिरे थे। वह फिलस्तीन से 2400 किलोमीटर दूर ट्यूनिस में बैठे हुए थे।

अगस्त 1990 के खाड़ी के संकट ने जैसे पीएलओ की तक़दीर पर ताला ही लगा दिया। यह सही है कि उन दिनों अराफात सद्दाम हुसैन के बहुत क़रीब थे। नतीजतन खाड़ी के सभी देशों ने पीएलओ का रास्ता बन्द कर दिया और वहाँ रहने वाले हज़ारों फिलस्तीनियों की ज़िन्दगी भी मुसीबत में डाल दी। कुवैत ने तो तीन लाख फिलस्तीनियों को 1991 के मध्य में निकाल बाहर किया। उनका इराक़ से कोई ताल्लुक न था; सभी का कुवैत की समृद्धि और विकास में योगदान था। यही वह वक़्त था जब कि अमेरिका की तरफ से एक शांति का प्रस्ताव आया। प्रेसिडेंट बुश ने नई यथार्थताओं के संदर्भ में शांति की प्रक्रिया की आवश्यकता की घोषणा की। लगा जैसे संयुक्त राष्ट्र संघ द्वारा शांति सम्मेलन की अन्तर्राष्ट्रीय सम्मति के

ज़माने लद गए थे। अब तो यह एक अमेरिकन नाटक था जो मंच पर अभिनीत हो रहा था। इसमें लंगड़े-लूले रूस की भी कमज़ोर-सी भूमिका थी। पूरे प्रस्ताव में छोटी-मोटी नाकाफ़ी तसल्लियाँ थीं। अमेरिका ने फिलस्तीन राज्य और उसके आत्मनिर्णय के अधिकार को कभी स्वीकार नहीं किया। पूरी क़वायद में पीएलओ की शिरकत नहीं थी। वह एक पर्यवेक्षक की हैसियत से मौजूद रहने के अलावा कुछ नहीं कर सकता था। जोर्डन के प्रतिनिधिमंडल के साथ फिलस्तीनी प्रतिनिधि सम्मिलित रूप में शामिल हो सकते थे। इस्रायल को बातचीत में वीटो का अधिकार था, और उसे ही तय करना था कि बातचीत के मुद्दे क्या होंगे। अराफात सब कुछ स्वीकार करने को तैयार बैठे थे।

इसी माहौल में अक्टूबर 1991 के मेड्रिड सम्मेलन का निश्चय हुआ। इस सम्मेलन के बारे में सईद ने लिखा है, "पिछले दो दशकों से अधिक के काल में मुझे पहली बार यह अहसास हुआ कि उस संगठन और उस नेतृत्व में मेरी कोई आस्था बाक़ी नहीं थी, जिसे मैं समर्थन देता रहा था। मुझे लगा कि मेड्रिड जाकर संयुक्त राज्य अमेरिका और इस्रायल के सामने आत्मसमर्पण कर देना हमारे लोग और हमारे इतिहास के साथ विश्वासघात होगा...हाँ एक बात से मुझे खुशी हुई कि मेड्रिड कॉन्फ्रेंस ने कम-से-कम हमें दुनिया के सामने पेश होने का मौका दिया। लेकिन उसके बाद वाशिंगटन में होने वाली द्विपक्षीय वार्ताऐं बहुत निराशाजनक थीं। हम पर बराबर दबाव डाला जा रहा था। वार्ता की दस बैठकों का हासिल कुछ नहीं था दुख और मोहभंग के सिवा। इस खेल में ताश के सभी पत्ते इस्रायल के हाथ में थे। अराफात अमेरिका की डूबती रिपब्लिकन सरकार से जैसे बंध गए थे और उनके विचारों को बदलना नामुमकिन था।" (सईद, पेज 32)।

1992 के ग्रीष्मकाल में एडवर्ड सईद 45 साल बाद फिलस्तीन गए। 1947 में उनका परिवार वहाँ से चला गया था। उन्हें यह देखकर बहुत दुख हुआ कि आज के इस फिलस्तीन के निवासी निराशा और निष्क्रियता के दौर से होकर गुज़र रहे थे। यह एक तरह से शांति प्रक्रिया का ही परिणाम था जो अमेरिका के निर्देशों पर वाशिंगटन में चल रही थी। ऐसा लगा जैसे लोगों के दिमाग में यह धारणा बन गई थी कि अमेरिका सारी समस्याओं को हल करने के लिए कोई जादुई चमत्कार कर देगा; कि वह अरब जनगण का सच्चा दोस्त बन गया था। सईद की समझ में नहीं आया कि भयानक और दर्दनाक ऐतिहासिक पृष्ठभूमि में, फिलस्तीनियों की सामूहिक चेतना से पश्चिम के सशक्त राष्ट्रों की पाखंडपूर्ण भूमिका की समझ अचानक दूर कैसे हो गई। जून 1992 के इस्रायल के चुनाव में लेबर पार्टी की जीत से कुछ और नई आशा जागी। फिलस्तीन के नेतृत्व में उम्मीद जागी कि इत्ज़ाक रेबिन अब शायद वह शख़्स नहीं थे जिसने इन्तिफ़दा को कुचलने की कोशिश की और जो 1948 में पचास हज़ार फिलस्तीनियों को रामले और लिड्डा से निकालने

के लिए और उनका सब कुछ छीनने के लिए जिम्मेदार था। 1992 के अन्त तक रेबिन ने 415 कथित हमास फिलस्तीनियों को आतंकवादी क़रार देकर बिना मुकदमा चलाए और सारे अन्तर्राष्ट्रीय कानूनों के ख़िलाफ देश से निकाल दिया था। 1993 के मार्च के आख़िर में गाज़ा और वेस्ट बैंक में गहरी अशांति और उथल-पुथल के बाद, रेबिन ने इस्रायल की तरफ से इस भूभाग को बन्द कर दिया था। इससे फिलस्तीन के मज़दूरों, कामगारों को बेहद मुसीबत का सामना करना पड़ा। अब अपने काम के सिलसिले में वे जेरूसलेम न जा सकते थे और न वहाँ से बाहर आ सकते थे। लेकिन निहायत तकलीफ की बात है कि पीएलओ और उसके पक्षधर अरब देश इसे भी हज़म कर गए। यह तो बाद में पता चला कि अराफात के प्रतिनिधियों और इस्रायली गुप्तचर एजेंसी मोसाद के बीच इस्राइलियों की सुरक्षा की वार्ता होने वाली थी।

30 अगस्त 1993 को नया रास्ता खुला जो एक तरह से ऐतिहासिक था—पीएलओ और इस्रायल के बीच में सीधी बातचीत के सिद्धांतों की घोषणा। इस संदर्भ में व्हाइट हाउस में 13 सितम्बर के शानदार उत्सव में यासिर अराफात सभी को शुक्रिया अदा करते नज़र आए, एक ऐसी विराट त्रासदी के लिए जिसके तहत फिलस्तीन की जनता के सारे अधिकारों पर पाबंदियाँ लग रही थीं। यह एक ऐसा मंज़र था जिसमें बिल क्लिंटन बीसवीं सदी के रोमन सम्राट की तरह अपने अधीनस्थ दो राजाओं की आपसी सुलह और अपने प्रति उनकी वफ़ादारी के कर्मकांड के कर्ता-धर्ता थे। लगता है पीएलओ का नेतृत्व संघर्ष से थक गया था और इस्रायल की चालाकी के झांसे में आ गया था। इस समझौते में इस्रायल ने सिर्फ़ यह स्वीकार किया था कि पीएलओ फिलस्तीनी जनता का प्रतिनिधि है। लेकिन सितम्बर 14 को बीबीसी पर एमोस ओज़ के मुताबिक सियोनवाद के इतिहास की यह दूसरी सबसे बड़ी जीत थी। इस्रायल और फिलस्तीन के प्रतिनिधि पीएलओ, दोनों ने ही एक-दूसरे का अस्तित्व स्वीकार किया था। ऐसा लगा कि पहले इन्तिफ़दा का अन्जाम यही होना था। फिलस्तीनियों को क्या मिला अगर इस्रायल गाज़ा और वेस्ट बैंक में अपनी प्रभुसत्ता बनाए रहा? समझौते के मुताबिक जोर्डन नदी, जोर्डन और मिस्र के साथ अन्तर्देशीय सीमा, समुद्र, और गाज़ा एवं जेरिको के बीच की भूमि, जेरूसलेम और यहूदी आवास बस्तियों और उनसे ताल्लुक रखने वाली सड़कों पर इस्रायल का नियंत्रण रहेगा। गाज़ा और जेरिको के बीच साठ मील की ज़मीन थी जिसपर इस्रायल काबिज़ रहेगा। पूरे दस्तावेज़ में इस बात का कोई ज़िक्र भी नहीं था कि इस्रायल फिलस्तीनियों के ख़िलाफ हिंसा बन्द कर देगा; या 45 साल से उसकी नीतियों के शिकार लोगों को उसका कुछ मुआवज़ा देगा।

हैरतअंगेज़ बात यह थी कि अराफात और उन दूसरे लोगों ने जो ओस्लो की शांति वार्ता में शामिल हुए थे, कोई इस्रायली आवास बस्ती कभी देखी नहीं थी।

1993 में ही 200 से अधिक बस्तियाँ थीं जो पूरे वेस्ट बैंक और गाज़ा में फैली हुई थीं; ख़ासतौर पर पहाड़ियों और ऊँची भूमि पर, और उन सभी स्थानों पर जो सामरिक दृष्टि से महत्वपूर्ण थे। और ये बस्तियाँ अस्थायी रूप में नहीं बल्कि मुस्तकिल तौर पर ज़िन्दा रहने के लिए बनाई गई थीं। अधिकृत क्षेत्रों की 55 प्रतिशत भूमि पर वे फैली हुई थीं। बृहत्तर जेरूसलेम में तो ज़ाहिरा तौर पर चुराई हुई ज़मीन है। इसके अलावा पानी के ऊपर भी इस्रायल का ज़बरन कब्ज़ा है। ओस्लो शांति सिद्धांतों की घोषणा में इन सबका कोई ज़िक्र भी नहीं। व्हाइट हाउस के अनुष्ठान में रेबिन और फिलस्तीन और अराफात के द्वारा दिये गए भाषण भी अजीब थे। उनमें फिलस्तीन के जनगण की दीर्घकालीन यंत्रणा और निर्वासन का कोई ज़िक्र तक न था। ऐसा लगा जैसे शरणार्थी कैम्पों पर इस्रायल की बमबारी में मारे गए हज़ारों लोग, नष्ट किये गए अस्पताल और स्कूल; 1948 में इस्रायल द्वारा आठ लाख फिलस्तीनियों का निर्वासन और (जिनकी अगली पीढ़ियों को मिलाकर अब संख्या तीस लाख है, और जिनमें से अधिकांश नागरिकता विहीन शरणार्थी हैं) उनकी ज़मीन और सम्पत्ति का अपहरण; चार सौ से अधिक फिलस्तीनी गांवों का विनाश; लेबनन पर हमला और गाज़ा एवं वेस्ट बैंक में 26 साल से चला आ रहा बेरहम वहशी सेना का शासन—इन सबका कोई अर्थ ही नहीं है। जैसे यह सब आतंकवाद और हिंसा की दास्तान थी जिसके लिए फिलस्तीनी खुद जिम्मेदार थे। साफ ज़ाहिर था, यासिर अराफात और उनके नेतृत्व में पीएलओ ने एक प्रकार की तानाशाही बना रखी थी। वे अब फिलस्तीनियों के प्रतिनिधित्व के क़ाबिल नहीं थे। यह निश्चित था कि भविष्य में जुझारू फिलस्तीनी जनगण इनसे भी लोहा लेंगे, आख़िरकार 1967 से वे इस्रायल के साथ तो संघर्ष कर ही रहे थे।

1990 के दशक के मध्य में इस्रायल इस क्षेत्र की प्रधान आर्थिक शक्ति थी जिसका सकल राष्ट्रीय उत्पादन साठ बिलियन डॉलर था जबकि जोर्डन, लेबनन और सीरिया का सम्मिलित सकल राष्ट्रीय उत्पादन था केवल 20 बिलियन डॉलर। वेस्ट बैंक और गाज़ा की 80 प्रतिशत से अधिक आर्थिक व्यवस्था इस्रायल पर निर्भर थी जिसमें फिलस्तीनी निर्यात, उद्योग और श्रम शामिल थे। फिलस्तीनियों में अधिकांश बेहद ग़रीब, ज़मीन से बेदख़ल लोग थे जो इस्रायल के द्वारा सस्ते श्रम के रूप में ही अपनी रोटी कमा सकते थे।

ओस्लो घोषणा में एक और बहुत बड़ी ख़ामी थी। उस वक़्त पचास फीसदी से अधिक फिलस्तीनी आबादी, वेस्ट बैंक और गाज़ा में नहीं बल्कि पड़ोस के देशों में शरणार्थी के रूप में रह रही थी। इन देशों में देश के मूल निवासियों और फिलस्तीनी शरणार्थियों के बीच भेदभाव था। आगे चलकर अगर फिलस्तीन एक स्वतंत्र राष्ट्र बन भी गया, तो वहाँ की नौकरशाही जनता के साथ कैसा सलूक करेगी यह भी कोई नहीं कह सकता। उपनिवेशकाल के बाद की दुनिया के आधुनिक

इतिहास में केवल एक पार्टी का अत्याचारी शासन, लूटने वाला धनी या कुलीन तंत्र या पुराना एकतंत्रीय सामंती शासन—यही सब देखा गया है। इसलिए आने वाले फिलस्तीन में धर्मनिरपेक्ष प्रजातांत्रिक शासन क़ायम करने के लिए एक नई दृष्टि, प्रगतिशील नेतृत्व और सभी फिलस्तीनियों के अधिकारों का सम्मान ज़रूरी शर्तें हैं। इसके लिए सभी फिलस्तीनियों की जनगणना एक आवश्यक पहला कदम है, चाहे वह जिस देश में रह रहे हों या जैसी भी हालत में हों। तब यह सवाल ज़रूर उठेगा कि वेस्ट बैंक और गाज़ा के अलावा दूसरे देशों में जो फिलस्तीनी बिखरे हुए हैं, उनका क्या होगा। मिसाल के तौर पर लेबनन में रहने वाले 3.5 से 4 लाख फिलस्तीनी शरणार्थियों को नागरिकता देने के ख़िलाफ लेबनन की सरकार बराबर अपनी आवाज़ बुलन्द करती रही है। यही स्थिति जोर्डन और मिस्र में रहने वाले फिलस्तीनियों की भी है। जहाँ तक इस्रायल का सवाल है, दुनिया के हर यहूदी को इस्रायल लौटकर आने का अधिकार है, चाहे 2000 साल पहले उसके पुरखे यहाँ से भागे हों। वह इस्रायल का नागरिक बन सकता है और कभी भी वहाँ आकर रह सकता है। सवाल उठता है, फिलस्तीनियों को यह अधिकार क्यों नहीं है। दरहक़ीकत यह नामुमकिन है कि 1948 में शरणार्थी बने सारे फिलस्तीनी उस छोटी-सी जगह में लौटकर रह सकें जो फिलस्तीन राष्ट्र के नाम से जाना जाएगा। लेकिन यह भी ग़लत है कि उन्हें लौटकर आने का अधिकार ही न हो, और उन्हें अपनी खोई सम्पत्ति और ज़मीन के बदले मुआवज़ा पाने का हक़ न हो। फिलस्तीन के लिए अन्तर्राष्ट्रीय स्तर पर इस सवाल को उठाना और उसके हल के लिए दुनिया की शक्तियों को सचेतन करना बहुत ज़रूरी है।

हमास और इस्लामिक जेहाद, ओस्लो शांति घोषणा का शुरू से ही विरोध कर रहे हैं। फिलस्तीनियों में भी अलग-अलग दलों में अलग-अलग तरह के विचार हैं। जो दूसरे देशों में रह रहे हैं, उनमें भी मतभेद है। इस विषय पर एक सर्वसम्मत प्रोग्राम ज़रूरी है। जहाँ तक ओस्लो समझौते के प्रति फिलस्तीनियों की प्रतिक्रिया का प्रश्न है, कोई स्पष्ट तस्वीर नहीं उभरती। उनके पास अगर कोई हथियार है तो वह है कभी खत्म न होने वाला आशावाद।

इस ऐतिहासिक पृष्ठभूमि और इन स्थितियों के अन्तर्गत पहला इन्तिफ़दा (1987-1993) शुरू हुआ। फिलस्तीनी इलाकों पर इस्रायल के दमनकारी शासन के खिलाफ़ यह एक फिलस्तीनी विद्रोह था जिसकी शुरूआत जबालिया शरणार्थी कैम्प में हुई; शीघ्र ही यह पूरी गाज़ा पट्टी, वेस्ट बैंक और पूर्वी जेरूसलेम में भी फैल गया। 8 दिसम्बर 1987 का दिन, एक इस्रायली सेना के टैंक ने जबालिया में कुछ फिलस्तीनियों को रौंद डाला। इस घटना में चार लोग मारे गए और सात घायल हुए। शान्तिपूर्ण नागरिक अवज्ञा आंदोलन से लेकर प्रतिरोध का संघर्ष, आम हड़ताल, इस्रायली उत्पादों और संस्थाओं का बहिष्कार, टैक्सों को देने से इंकार, सड़कों पर

अवरोध और चारों तरफ विरोध का प्रदर्शन, इन्तिफ़दा के कई रूप थे जिनमें वह चारों तरफ फैल रहा था। हिंसा की घटनाओं में इस्रायल की सुरक्षा सेनाओं पर पथराव भी शामिल था। यह पथराव उन इस्रायली नागरिकों पर भी हो रहा था जो फिलस्तीनी भूमि पर बसाई गई बस्तियों में रह रहे थे।

इन्तिफ़दा के छह वर्षों के दौरान तीन हज़ार छह सौ मोलोटोव कॉकटेल (बोतलों से बना एक प्रकार का पेट्रोल बम) के हमले, सौ हथगोले, छह सौ बन्दूकों या दूसरे विस्फोटकों द्वारा हमले इस्रायल की सुरक्षा सेनाओं ने फिलस्तीन के ख़िलाफ दर्ज किए। इसके अतिरिक्त इन्तिफ़दा का एक खास पहलू फिलस्तीनियों के विभिन्न गुटों के बीच की लड़ाई भी थी। इन लड़ाइयों में बहुत से फिलस्तीनी इस्राइलियों के एजेंट और विश्वासघाती क़रार देकर मारे गए। एक मीजान के अनुसार इन्तिफ़दा के दौरान मारे गए फिलस्तीनियों में तक़रीबन आधे ऐसे लोग थे जिन्हें इन्तिफ़दा के समर्थक, ग़द्दार मानते थे। इस पहले इन्तिफ़दा के दौरान लगभग ग्यारह सौ फिलस्तीनी इस्रायली सैन्यशक्ति के द्वारा मारे गए जबकि फिलस्तीनियों द्वारा मारे गए इस्राइलियों की संख्या केवल 160 थी। लगभग एक हज़ार फिलस्तीनी विश्वासघाती और ग़द्दार के रूप में, इस्राइलियों के साथ साठ-गांठ करने के अपराध के कारण मौत का निशाना बने। पूरे मध्य-पूर्व में इस समय अनिश्चितता, निराशा और आक्रोश का माहौल था। 1982 में लेबनन के ऊपर हुए इस्रायली आक्रमण और साबरा तथा शतीला के शरणार्थी कैम्पों के नरसंहार के बाद, पीएलओ की छवि धूमिल हो गई थी। इस युद्ध के फलस्वरूप पीएलओ को अपना दफ़्तर बेरूत से टयूनिस ले जाना पड़ा था। पीएलओ की साख घटना और ज़ाहिरा तौर पर उसका कमज़ोर होना इस स्थिति का कारण और परिणाम दोनों ही थे।

हक़ीकत यह थी कि अधिकृत भूभागों में इस्रायल का दमनचक्र जारी था और अधिक हिंसक होता जा रहा था। जैसा हमने पहले कहा है, मुकदमे के बिना मौत की सज़ा, बड़ी संख्या में फिलस्तीनियों की नज़रबन्दी, उनके घरों और बस्तियों को बुलडोज़र से ढहा देना और तथाकथित उपद्रवकारियों को देशनिकाला दे देना, आम घटनाएें थीं। उधर मिस्र ने गाज़ा पट्टी से अपना हक़ वापस ले लिया था और जोर्डन के शाह भी वेस्ट बैंक पर अपना अधिकार जताते-जताते तंग आ गए थे। सम्पूर्ण फिलस्तीनी क्षेत्र में जनसंख्या फटी पड़ रही थी और बेरोज़गारी चरम पर थी। इस्रायली संघर्ष के कारण रोज़नदारी की मज़दूरी और छोटे-मोटे काम जो फिलस्तीनियों को इस्रायली उद्योग और कार्यों में मिल जाते थे, वे भी ख़त्म हो गए थे। पढ़े-लिखे जवान लोग बेकार घूम रहे थे। उन्हें मजदूरी भी नसीब नहीं थी।

जहाँ तक नेतृत्व का सवाल है, इन्तिफ़दा की रहनुमाई किसी एक व्यक्ति या संगठन के हाथ में नहीं थी। जब यह विद्रोह शुरू हुआ तो पीएलओ ने उसे नेतृत्व देने की पहल की। इनमें अल-फतह, पॉपुलर फ्रंट, डेमोक्रेटिक फ्रंट और फिलस्तीनी

कम्युनिस्ट पार्टी शामिल थे। लेकिन दूसरी तरफ उनके प्रतिद्वंद्वी की तरह इस्लामी संगठन हमास और इस्लामी जेहाद जैसे संगठन थे। कुछ शहरों के प्रशासन जैसे बियत साहूर और बैथलेहम भी इन्तिफ़दा के ख़िलाफ थे। आंदोलन के प्रमुख नेता थे हन्नान अशूरावी, फैसल हुसेनी और हैदर अब्दल शफी। 8 दिसम्बर को शुरू होकर विद्रोह की आग शीघ्र ही दूसरे फिलस्तीनी शरणार्थी कैम्पों और कई बड़े शहरों तक फैल गई। 22 दिसम्बर को संयुक्त राष्ट्र सुरक्षा परिषद् ने प्रस्ताव 605 पास कर इस्रायल की भर्त्सना की और उस पर जेनेवा कनवेन्शन के उल्लंघन करने का इल्ज़ाम लगाया। इस्रायली सैन्य शासन उसके बावजूद, संयुक्त राष्ट्र संघ की उपेक्षा करता हुआ अपने दमनचक्र को चलाता रहा।

यह एक बर्बर, हिंसात्मक कार्रवाई थी जो असहाय, निहत्थे लोगों और छोटे-छोटे बच्चों को अपना निशाना बना रही थी। एक अध्ययन के अनुसार इन्तिफ़दा के पहले दो सालों में 23,600 से 29,900 बच्चे इस्राइलियों द्वारा बेरहमी से पीटे गए और उन्हें अस्पताल में इलाज के लिए दाखिल करना पड़ा। इनमें से एक तिहाई बच्चे, दस साल से कम उम्र के थे। आंदोलनकारियों की पिटाई, गिरफ़्तारी और हत्या तो आम बात थी। 1990 में इक्कीस इस्रायली सिपाहियों ने इस बात का इक़बाल किया कि उन्होंने फिलस्तीनियों के ऊपर प्राणघातक हमले किये थे। हिंसा करने की खुली छूट पाकर इस्रायली सिपाही बड़े खुश थे और गर्व से अपने हिंसक कृत्यों का बखान करते थे। एक सिपाही ने बताया कि हम एक बख़्तरबन्द गाड़ी में जा रहे थे जब देखा कि एक लगभग पच्चीस साल की उम्र का फिलस्तीनी सड़क से गुज़र रहा है। एक सिपाही ने उसके पेट में गोली मार दी और जब वह फुटपाथ पर पड़ा मर रहा था तो हम बिना किसी सहानुभूति के वहाँ से निकल गए, किसी ने मुड़कर देखा भी नहीं।

16 अप्रैल 1993, एक फिलस्तीनी क्रांतिकारी द्वारा आत्मघाती विस्फोटक हमला हुआ। अब तक आंदोलन की शक्ति कमज़ोर हो चुकी थी। इस्रायल की सशक्त सेनाओं, अमरीका तथा अन्य पाश्चात्य देशों द्वारा इस्रायल की तरफदारी के चलते कमज़ोर, निहत्थे, असंगठित फिलस्तीनियों के सफल होने की सम्भावनाएें तो कभी भी नहीं थीं। लेकिन कोई भी विद्रोह, कोई भी प्रतिरोध, कोई आंदोलन, कमज़ोर और असफल होने के बावजूद पूरी तरह से असफल कभी नहीं होता। उसके कुछ परिणाम होते हैं और कुछ प्रभाव जो भविष्य में होने वाले घटनाचक्र और राजनैतिक एवं सामाजिक प्रक्रिया को दिशा देते हैं। इसका सबसे महत्वपूर्ण परिणाम था फिलस्तीनियों की अपनी पहचान का सुदृढ़ होना। यह पहली बार था जब फिलस्तीनियों ने पड़ोसी अरब देशों की सहायता के बिना, इस्रायल से सीधा संघर्ष किया। इसके फलस्वरूप विश्व के स्तर पर उनकी अस्मिता स्थापित हुई और उन्हें आत्मनिर्णय के अधिकारी एक स्वतंत्र राष्ट्र के रूप में पहचाना गया। दूसरे, संयुक्त

राज्य अमरीका ने पीएलओ को फिलस्तीनी जनगण का आधिकारिक प्रतिनिधि माना और इस्रायल पर ज़ोर डाला कि वह संवाद और पारस्परिक विचार-विमर्श द्वारा शांति स्थापित करने की कोशिश करे। साथ ही इस्रायल के हिंसक कारनामों की विश्व-भर में निंदा हुई और फिलस्तीन का प्रश्न उभरकर दुनिया के सामने आया।

सम्भवतः यह इन्तिफ़दा के कारण ही था कि 1991 की मैड्रिड कान्फ्रेंस हुई और पीएलओ ट्यूनीशिया के निर्वासन से वापस आया।

दूसरा इन्तिफ़दा और उसकी परिणति

दूसरा इन्तिफ़दा

दूसरा इन्तिफ़दा जिसे अल-अक़्सा इन्तिफ़दा भी कहते हैं, सितम्बर 2000 में शुरू हुआ। अल-अक़्सा एक मस्जिद है जो कि आठवीं सदी में जेरूसलेम के पुराने शहर में उसी जगह बनी थी जहाँ कि यहूदियों का पवित्र मंदिर है, जिसे अंग्रेज़ी में टेम्पल माउंट भी कहते हैं। जूडा के, यानी यहूदियों के धर्म में, यह सबसे पवित्र स्थान माना जाता है, जबकि इस्लाम में, पवित्र स्थानों में इसका स्थान तीसरा है। फिलस्तीनियों का यह विद्रोह और उसके फलस्वरूप इस्रायल और फिलस्तीन का यह संघर्ष बहुत हिंसक था जिसमें 5,500 फिलस्तीनी मारे गए और लगभग 1,000 इस्रायली। इस विद्रोह में 64 विदेशी नागरिक भी मारे गए। इस विद्रोह के पहले पांच दिनों में ही इस्रायल की पुलिस और सुरक्षा सेनाओं ने 47 फिलस्तीनियों को मौत के घाट उतार दिया और 1885 को घायल किया; इस्रायली मरने वालों की संख्या केवल पांच थी।

सितम्बर 2000 में दूसरे इन्तिफ़दा का आगाज़ एरियल शेरोन की 28 सितम्बर की हरम-अल-शरीफ/ टेम्पल माउंट की जियारत से हुआ। शेरोन वहाँ सैकड़ों सिपाहियों के साथ दौरे पर गए। मुसलमानों के लिए हरम-अल-शरीफ वह जगह है जहाँ से हज़रत मोहम्मद जन्नत गए। आठवीं सदी के प्रारम्भ से ही इस्लाम धर्म के क्रियाकलाप का यह गतिशील केन्द्र रहा है। इसी पहाड़ी पर अल-अक़्सा मस्जिद भी है जो 715 ई. में बनी थी। क़रीब ही यहूदियों के धार्मिक कृत्यों का केन्द्र है 'वेलिंग वॉल'। इसे यहूदी वेस्टर्न वॉल कहते हैं, यह साबित करने के लिए कि वह टेम्पल माउंट का एक हिस्सा है। टेम्पल माउंट के क्षेत्र में यहूदी धर्म गुरुओं के मुताबिक यहूदियों के प्रवेश की भी मुमानियत है क्योंकि उनके विश्वास के अनुसार ईश्वर का पैगम्बर ही आकर इस मंदिर का पुनरुद्धार करेगा। 1967 में इस इलाके पर विजय के बाद इस्रायल की सरकार हमेशा यहाँ के धार्मिक स्थानों की संवेदनशीलता के मद्देनज़र उनकी सुरक्षा करती रही है। मोशे दयान ने मुसलमानों के वक्फ़ से भी इस संबंध में कुछ समझौता किया था। उसके बाद इस्रायल बराबर ही धार्मिक महत्ता को जानबूझकर सीमित रखता रहा। पहली बार बराक ने इस क्षेत्र पर अपनी प्रभुसत्ता

का दावा किया और अचानक ही टेम्पल माउंट जूडावाद का पवित्रतम स्थल बन गया।

हक़ीक़त यह है कि टेम्पल माउंट पर इस्रायल का दावा एकदम नया है और कैम्प डेविड के वक्फ़ से ही शुरू हुआ। इसी अधिकार के सार्वजनिक प्रदर्शन के लिए एरियन शेरोन ने घोषणा की कि वह 'हमारे पवित्र स्थल' जाने के मौलिक अधिकार का प्रयोग करना चाहते हैं। फिलस्तीनी अथॉरिटी ने इस्रायली पार्लियमेन्ट के अरब सदस्यों के साथ बराक से अपील की कि वह शेरोन को हरगिज़ वहाँ न जाने दें क्योंकि इससे हिंसा भड़क उठेगी। लेकिन बराक ने न सिर्फ़ शेरोन वहाँ जाने की इजाज़त ही दी बल्कि वहाँ बड़ी तादाद में पुलिस और सेना को उनके साथ रहने का आदेश भी दिया जिससे किसी सम्भावित प्रतिरोध को कुचला जा सके।

सुबह 7:45 पर शेरोन वहाँ पहुँचे और अल-मरवानी मस्जिद की तरफ बढ़े जहाँ लगभग 200 फिलस्तीनी उनके प्रवेश को रोकने के लिए धरने पर बैठे थे। इस्रायल की फिलस्तीन पर काबिज़ सेनाओं ने डंडों और राइफलों का इस्तेमाल करते हुए ज़बरदस्ती प्रवेश किया। धरना देने वालों में इस्रायली पार्लियमेंट के अरब सदस्य भी थे; फिलस्तीनी विधान परिषद् के सदस्य और दूसरे गण्यमान्य लोग तथा राजनैतिक कार्यकर्ता थे। सेनायें मानवश्रृंखला को नहीं तोड़ पाईं और शेरोन उस मस्जिद में नहीं घुस पाये। उन्होंने शेरोन और उनके साथियों को उस परिसर से लौटने पर मजबूर कर दिया। लेकिन लगभग 1000 इस्रायली सैनिक और पुलिस वाले पड़ोस के घरों की छतों पर चढ़ गए और वहाँ से रबर की गोलियाँ और गैस के बम उन प्रदर्शनकारियों पर दागने लगे जो शान्तिपूर्ण थे। इससे 24 फिलस्तीनियों को चोटें आईं।

दूसरे दिन जब कुछ और प्रदर्शन हुए तो बराक ने गोली मारने के आदेश दिये और इस्रायली सेनाओं तथा बख्तरबन्द गाड़ियों को घनी फिलस्तीनी आबादी वाले क्षेत्र में जाने का आदेश दिया। तीन दिन की मुठभेड़ों के बाद तीस फिलस्तीनी और दो इस्रायली मारे गये थे। शीघ्र ही स्थिति बिगड़ने लगी। ऐसा लगा जैसे इस्रायली सेना पहले से ही लड़ाई की तैयारी में लगी थी। जून 2000 में ही बराक ने इस्रायल के मीडिया को ख़बर दी थी कि फिलस्तीनी अशांति का खतरा है, लगभग वैसा ही जैसा दक्षिणी लेबनन में हुआ था।

दूसरे इन्तिफ़दा के शुरू से ही इस्रायल ने अपनी पूरी सैन्यशक्ति को प्रतिरोध को रोकने के लिए इस्तेमाल किया। उसने उन हथियारों का भी इस्तेमाल किया जिनके ऊपर अंतर्राष्ट्रीय प्रतिबन्ध हैं कि उन्हें नागरिक आबादियों पर इस्तेमाल न किया जाये। इनमें तरह तरह की गोलियां, रबर चढ़ी हुई धातु की गोलियां, ऑटोमेटिक बन्दूकें, बमवर्षक हेलिकॉप्टर, टैंक और बख़्तरबन्द गाड़ियां, मिसाइलें, आंसू गैस और साइलेंसर लगी हुई राइफिलें शामिल थीं। इस विद्रोह में फिलस्तीनियों

ने भी हथियारों का इस्तेमाल किया। लेकिन प्रारम्भिक दिनों में छिटपुट गोलीबारी ही हुई। इस्रायल ने तो शांतिपूर्ण प्रदर्शनकारी जनाज़े के साथ जाने वाले, मातम मनाने वाले लोगों पर और पत्थर फेंकने वालों पर भी, अपनी ताकतवर सैन्यशक्ति का इस्तेमाल किया। इसका नतीजा यह हुआ कि फिलस्तीनियों ने भी बन्दूकों का इस्तेमाल करना शुरू किया। उन्होंने आत्मघाती हमले भी किये। लेकिन फिलस्तीनियों का हथियारों का इस्तेमाल करना भी एक तरह का आत्मघाती क़दम है वे इस्रायल की तुलना में बहुत कमज़ोर हैं और हथियार उठाना एक निराश और त्रस्त पीढ़ी के क्रोध की अभिव्यक्ति है।

हक़ीक़त यह है कि फिलस्तीनी जवान लोगों की एक पूरी पीढ़ी जेल की दीवारों के पीछे सड़ रही है और बाकी फिलस्तीनी समाज जिसमें औरतें, विद्यार्थी और सामान्य नागरिक शामिल हैं, इस संघर्ष से अलग होते जा रहे हैं। वे सशंकित और डरे हुये रहते हैं कि कब इस्रायल के आतंकवादी उन्हें फिर उन गुनाहों की सज़ा देने के लिए हमले करेंगे, जो गुनाह उन्होंने किये ही नहीं। 6 जनवरी 2002 के इस्रायल के अख़बार हारेत्ज़ में छपा, ''अगर तुम एक देश के लोगों पर 35 साल तक दमनचक्र चलाते रहो, उनके नेताओं को अपमानित करो, वहाँ की जनता को हर तरह की परेशानियों में डालो, और उन्हें आशा की एक हल्की किरण से भी महरूम कर दो तो उस समाज के लोग किसी भी तरह से अपने अस्तित्व को साबित करना चाहेंगे। अगर हम उस स्थिति में होते जिसमें कि आज फिलस्तीनी हैं तो हम क्या किसी दूसरी तरह से अपने अस्तित्व और अपनी तक़लीफ का इज़हार करते?... ब्रिटिश मेन्डेट के समय हमने जो हथियार जमा किये और हिंसा की जो वारदातें कीं तो उन्हें हमने आतंकवाद का नाम नहीं दिया। तब हम कहते थे कि यह उन लोगों के सही और उचित काम हैं जो अपने जीवन और अपनी स्वाधीनता के लिए लड़ रहे हैं। आज फिलस्तीनी वैसा करते हैं तो उससे वही साबित होता है जिसे बरसों तक हम अपने हक़ में साबित करने की कोशिश करते रहे।''

इन्तिफ़दा कैम्प डेविड के मध्य-पूर्व के शान्ति शिखर सम्मेलन के बाद की बात है। 11 से 25 जुलाई 2000 में यह शिखर वार्ता अमेरिका के राष्ट्रपति क्लिंटन, इस्रायल के प्रधानमंत्री एहुद बराक और फिलस्तीनी प्राधिकरण (अथॉरिटी) के प्रमुख यासिर अराफात के बीच हुई थी। वार्ता असफल रही थी। 27 सितम्बर को इस्रायली सुरक्षा सेना के सार्जेंट डेविड बीरी सांघातिक रूप से घायल हुए थे, एक बम के हमले में, गाज़ा पट्टी के क़रीब। दूसरे दिन उनकी मौत हो गई। इसके फलस्वरूप इस्राइलियों ने अन्धाधुन्ध हिंसा प्रारम्भ कर दी। फिलस्तीन की तरफ से यह प्रतिरोध सामूहिक विरोध प्रदर्शन और आम हड़ताल की तरह से ही शुरू हुआ था। बाद में फिलस्तीनी आंदोलनकारी आत्मघाती हमले भी करने लगे। इस्रायल ने फिलस्तीनियों के ऊपर अधिकृत क्षेत्र में तमाम बंदिशें लगाईं जिनमें चेकिंग की चौकियाँ और बहुत

से इलाकों में कर्फ़्यू लगा देना भी शामिल था।

अल्-अक़्सा (दूसरा) इन्तिफ़दा के सन्दर्भ में अमरीका की सक्रिय भूमिका और उसकी प्रतिक्रिया की पड़ताल करना ज़रूरी है। 2001 में अमरीकी राजदूत मार्टिन इन्डिक ने कहा, ''हम हिंसा को पुरस्कृत नहीं करते'' (जेरूसलेम पोस्ट, मार्च 5, 2001)। यह हिंसा 29 सितम्बर 2000 को शुरू हुई थी जब एरियल शेरोन हरम-अल्-शरीफ गये और पहली अक्टूबर को ही अमरीकी मिलिटरी हेलिकॉप्टर जिनके पायलट इस्रायली थे, गाज़ा के फिलस्तीनियों पर टूट पड़े। पहले दिन दो और दूसरे दिन दस लोग मरे, 35 घायल हुये। 3 अक्टूबर को हेलिकॉप्टरों ने रिहायशी संकुलों पर हमला किया एवं अन्य नागरिक ठिकानों पर निशाना साधा। नवम्बर के शुरू तक यह स्पष्ट हो गया कि हेलिकॉप्टरों का प्रयोग राजनैतिक हत्याओं के लिये हो रहा था। अमरीका की प्रतिक्रिया क्या थी? ये सभी हेलिकॉप्टर तो अमरीका से ही आये थे—वह भी सितम्बर के मध्य में ही। उसी महीने अमरीकी मेरीन सैनिकों ने इस्रायल की सेना के लड़ाकू दस्तों के साथ संयुक्त अभ्यास किया जिसका उद्देश्य था अधिकृत क्षेत्रों को दोबारा मुकम्मल तौर पर कब्ज़े में लेना। गर्ज़ यह कि 28-29 सितम्बर की शेरोन की जियारत से पहले ही हमले की पूरी तैयारी हो चुकी थी।

तब क्या यह सही है कि दूसरा इन्तिफ़दा फिलस्तीनियों ने शुरू किया? 3 अक्टूबर को ही इस्रायली प्रेस ने खुलासा किया कि अमरीका ने इस बार इस्रायल को इतने हेलिकॉप्टर दिये जो पिछले दस वर्ष में सबसे अधिक हैं। अन्तर्राष्ट्रीय प्रेस में भी यह समाचार दोहराया गया। 19 अक्टूबर को एमनेस्टी इन्टरनेशनल ने एक रिपोर्ट प्रकाशित की और अमरीका से कहा कि वह इस्राइल को हेलिकॉप्टर किसी क़ीमत पर न दे क्योंकि उनका इस्तेमाल ग़ैर-सैनिक—नागरिक आबादी को नष्ट करने में हो रहा है। उसी दिन अमरीका ने घोषणा की कि उसने इस्रायल के साथ सौ करोड़ डॉलर का सौदा किया है जिसके मुताबिक़ आधुनिक अपाची हेलिकॉप्टर सप्लाई किये जा रहे हैं। यह जानते हुए कि उनका प्रयोग नागरिक फिलस्तीनी आबादी के ख़िलाफ हो रहा है, अमरीका बराबर आपूर्ति बनाये रहा और उस महान प्रजातांत्रिक देश के मीडिया की मुख्य धारा खामोश रही। तो यह है, 'हम हिंसा को पुरस्कृत नहीं करते' की सच्चाई! (नोम चोम्स्की, पृ 207-208)।

यहाँ इस बात का उल्लेख करना प्रासंगिक होगा कि ओस्लो की शांति वार्ता पूरी तरह से निष्फल हो चुकी थी और उस वार्ता के दस्तावेज़ में जो क़दम उठाये जाने थे, उनमें से किसी का प्रारम्भ भी नहीं हुआ था। इसके फलस्वरूप निराशा दोनों तरफ थी। ओस्लो वार्ता के दस्तावेज़ पर हस्ताक्षर होने के बाद पाँच सालों के दौरान 405 फिलस्तीनी और 256 इस्रायली आपसी संघर्ष और हिंसा की छिटपुट घटनाओं में मारे गए थे। इस बीच इस्रायल द्वारा अधिकृत फिलस्तीनी क्षेत्रों में यहूदी बस्तियां बराबर बसाई जा रही थीं। 1994 से 1997 तक 7,410 नये रिहायशी यूनिट बने।

वेस्ट बैंक में तो 1998 में भी यहूदियों के तीन हज़ार नए घर बने। यह सब शांतिवार्ता की शर्तों के विरुद्ध था।

अत्यधिक और तर्कहीन एवं नृशंस शक्ति प्रयोग ने अरब जनमत को सुलगा दिया। 1990 के खाड़ी युद्ध के बाद पहली बार, सभी अरब देशों की राजधानियों में विशाल प्रदर्शन हुए जिनमें पश्चिमी यूरोप और अमरीका के पक्षधर भी शामिल थे। 1967 के युद्ध और फिलस्तीनी भूमि के ज़बरन कब्ज़े के बाद फिलस्तीन में इस पैमाने पर हिंसा पहली बार भड़की। इस्रायल के भीतर ही कई अरबों की सियोनवादी धर्मान्धों ने हत्या कर दी। प्रदर्शनकारियों के ख़िलाफ टैंक, हेलिकॉप्टर, तोपें इस्तेमाल की गईं जिनके हथियार सिर्फ़ पत्थर थे। बहुत से कम उम्र फिलस्तीनी पास से फायर की गई रबर की गोलियों से मारे गये। दरअसल ये प्राणघातक गोलियां हैं जिन पर नाममात्र रबर का मुलम्मा चढ़ा रहता है।

इस्रायली सरकार के अल्टीमेटम और चेतावनियों, धमकियों के बावजूद अल्-अक्सा इन्तिफ़दा मुसल्सल चलता रहा। प्रधानमंत्री एहुद बराक के राष्ट्रीय सुरक्षा सलाहकार लिज़ी दयान ने धमकी दी कि अगर हिंसा बढ़ी तो इस्रायल की सुरक्षा सेनायें फिलस्तीनी नेताओं को निशाना बनाएगी। 130 से अधिक लोग मारे गये जिनमें अधिकतर फिलस्तीनी ही थे। अक्टूबर के तीसरे हफ़्ते में फिलस्तीनी शासन की इमारतों को निशाना बनाया गया। इनमें राष्ट्रपति यासिर अराफात का आफिस, पुलिस मुख्यालय, टेलीविज़न और रेडियो स्टेशन शामिल थे।

गाज़ा पट्टी में अराफात के निवास और दतरों के आसपास की इमारतों पर हवाई बमबारी की गई। अराफात ने इस्रायली कार्रवाई को युद्ध की घोषणा कह कर पुकारा। 21/22 अक्टूबर के अरब शिखर सम्मेलन के बाद हिंसा बढ़ी। यह स्पष्ट है कि अरबों के लिये फिलस्तीन का मुद्दा सर्वोपरि है। यह इत्तिफाक़ नहीं है कि अदन में अमेरिका के नौसैनिक पोत पर ऐन तभी हमला हुआ जब सम्पूर्ण पश्चिम एशिया में खलबली मची हुई थी।

दूसरे दिन-जुमे के दिन-पत्थर फेंकने वाले फिर सक्रिय हो गये। उनका मुकाबला संगीनों, आंसू गैस, रबड़ में लिपटी इस्पाती गोलियों, यहाँ तक कि जिन्दा कारतूसों की फायरिंग द्वारा किया गया। फिर इस्रायली सैनिकों ने सिर और सीनों पर मारने के लिये गोलियां दागनी शुरू कर दी। प्रतिरोध आग की तरह पूरे क्षेत्र में फैल गया, जैसे कि इन्तिफ़दा का पुनर्जागरण हो गया हो। फिलस्तीनी दिनबदिन मरते गये और उनका गुस्सा बढ़ता गया। यह साफ हो गया कि इस्रायली सैनिक बच्चों और एम्बुलेंस ड्राइवरों को भी नहीं बख़्श रहे थे। सबसे भयावह घटना थी 12 साल के मोहम्मद अल् दुर्दा की हत्या जब वह भय से अपने पिता के पीछे छिप गया। प्रत्यक्षदर्शियों ने बताया कि फ़्लश के जिस टैंक के पीछे बाप बेटे थे उस पर वार नहीं किया जा सकता था।

यह थी भय, चिन्ता और क्षीण आशा की मिली-जुली विस्फोटक स्थिति जिसमें एरियल शेरोन ने माचिस की तीली सुलगा दी। फिलस्तीनी मुसलमानों को डर था कि जेरूसलेम में हरम-अल्-शरीफ पर उनका ऐकान्तिक अधिकार कहीं खत्म न हो जाए। शेरोन तो अरबों के संहार के लिये जिम्मेदार थे। 1982 में लेबनन के आक्रमण के दौरान साबरा और शतीला के शरणार्थी शिविरों में भीषण नरसंहार रक्षामंत्री के रूप में शेरोन की ही उपलब्धि थी। वही शेरोन हरम-अल्-शरीफ में घुस गये जिसे इस्रायली टेम्पल माउंट कहते हैं। सैनिक 45 मिनट तक गोलियां चलाते रहे। अक्टूबर के तीसरे सप्ताह तक सौ से अधिक मरने वाले फिलस्तीनियों में 25 बच्चे और किशोर थे। इस्राइलियों में 12 लोग मरे–सभी सिपाही या आवासी। ग़ौरतलब बात यह है कि उनमें से एक भी इस्रायली भूमि पर नहीं मरा। केवल एक घटना हुई जिसमें फिलस्तीनियों ने दो इस्रायली सैनिकों को मार डाला जो कि गलती से रामल्ला की तरफ भटक गये थे। दो अन्य घटनाओं में फिलस्तीनियों ने नब्लूस में एक पवित्र स्थल को ढहा दिया और जेरिको में एक साइनागोग में आग लगा दी। जवाबी कार्रवाई में इस्राइलियों ने टाइबेरियस की एक मस्जिद को नष्ट कर डाला।

प्रतिशोध के तौर पर पश्चिमी तट और गाज़ा पर रॉकेट हमले हुये और रामल्ला में पुलिस स्टेशन पर सिपाहियों की हत्या की गई। बराक की यह चेतावनी थी कि हम बहुत शक्तिशाली हैं हमसे मुक़ाबला मत करो। मगर ख़ास बात यह है कि सारी लड़ाई फिलस्तीन के अपने क्षेत्र में ही हुई। 29 सितम्बर से आपसी संघर्ष और हिंसा की जो घटनाऐं होनी शुरू हुईं तो फिर थमी नहीं। इसलिए मध्य-पूर्व के अनेक विशेषज्ञों की राय है कि दूसरे इन्तिफ़दा की शुरूआत इसी कारण हुई।

शुरूआत चाहे जिस दिन भी हुई हो, फिलस्तीनियों का यह दूसरा विरोध कई स्तरों पर उभरकर आया और इसके दर्मियान फिलस्तीनियों और इस्राइलियों, दोनों की ओर से बहुत-सी हिंसक घटनाऐं हुईं। मिसाल के तौर पर इस्रायल के भीतर ही अक्टूबर 2000 में वहां रहने वाले अरब नागरिकों और इस्रायल की पुलिस के बीच मारपीट और गोलीबारी की घटनाऐं हुईं। इनमें इस्रायल में रहने वाले तेरह अरब नागरिक और गाज़ा पट्टी का एक फिलस्तीनी पुलिस के हाथों मारे गए। तेल-अबीब से हैफा जाने वाली सड़क पर एक यहूदी नागरिक भी मारा गया। उत्तरी इस्रायल में एक आम हड़ताल पहली अक्टूबर को शुरू हुई। प्रदर्शन कई दिन चलते रहे। कई जगहों पर प्रदर्शनकारियों और पुलिस के बीच झड़पें और झगड़े भी हो गए। आठ अक्टूबर को हज़ारों इस्रायली यहूदियों ने नज़ारेथ और तेल-अबीब में हिंसक प्रदर्शन किये जिसमें अरबों के ऊपर पथराव हुआ और अरब सम्पत्ति को भारी क्षति पहुँचाई गई। इन सब घटनाओं के फलस्वरूप जो थोड़ा-बहुत आपसी विश्वास इस्रायल के अन्दर अरबों और यहूदियों के बीच था उसे भारी धक्का लगा।

12 अक्टूबर को फिलस्तीनियों के द्वारा एक ऐसा कृत्य हुआ जिसका आपसी

सम्बन्धों पर दूरगामी असर पड़ा। इस दिन फिलस्तीन की पुलिस ने दो इस्रायली अल्पकालीन (रिज़र्विस्ट) सैनिकों को गिरफ़्तार कर लिया। वे गलती से रामल्ला में घुस आए थे। फिलस्तीनियों ने सोचा कि वे जासूस हैं। फिर क्या था, भीड़ ने पुलिस स्टेशन पर हमला किया, उन्हें पीट-पीटकर मार डाला और उनके क्षत-विक्षत शरीर को एक इमारत की दूसरी मंजिल की खिड़की से सड़क पर फेंक दिया। एक इतालवी टेलीविजन चैनल ने पूरी घटना को वीडियो पर उतार लिया और उसका प्रसारण सारी दुनिया में कर दिया। हत्या की नृशंसता की इस वारदात ने फिलस्तीनियों के खिलाफ़ दुनिया में एक तरह का माहौल पैदा किया। जवाबी कार्रवाई में इस्रायल ने फिलस्तीन के इलाके पर हवाई हमले किये और पश्चिमी तट और गाज़ा पट्टी में जान-माल को भारी क्षति पहुँचाई। वह सब टेलीविज़न पर नहीं दिखाया गया।

उम्मीद की जाती थी कि 21/22 अक्टूबर के करीब शिखर वार्ता के बाद शायद शान्ति स्थायी हो जाये। किन्तु जैसा कि पिछले दशक में बार बार होता रहा है, अरब नेता गण किसी एक बात पर एकमत नहीं हो पाये, न उनके निर्णयों में उद्देश्यपरकता दिखाई दी। इस बार इराक़ तो वार्ता में शामिल था मगर लीबिया नहीं। मूल मुद्दों पर मतभेद रहा—एक तरफ नरमदल था जिसके घटक अराफात के हाथ मज़बूत करना चाहते थे जिससे वे इस्रायल से वार्ता के लिये अपेक्षाकृत अधिक आत्मविश्वास के साथ वापस जा सकें। दूसरी तरफ गरमदल के लोग जो जेहाद का नारा बुलन्द कर रहे थे। इन मतभेदों के चलते अरबों के एकमत प्रतिनिधित्व का तो सवाल ही नहीं उठता। किन्तु क्षीण-सी उम्मीद थी कि कम से कम फिलस्तीनियों के पक्ष में एक सशक्त बयान तो जारी हो सकेगा।

अरब शिखर सम्मेलन के समाप्त होते होते सुनने में आया कि अराफात अपनी सुरक्षा सेनाओं को इस्राइलियों पर गोली चलाने के लिये आदेश देंगे। तन्ज़ीम ने ऐसे इंगित दिये कि शायद वह विरोध को शान्तिपूर्ण ढंग से करेंगे। अक्टूबर के तीसरे हफ़्ते तक अराफात को सम्भवतः लगा कि उन्हें विरोध को दबाना चाहिये और शायद वह ऐसा कर सकेंगे। फिलस्तीनी जनता ने यह साबित कर दिया कि उनमें बुनियादी एकता है, वे अपने उद्देश्य के लिये लड़ने को तैयार हैं। उन्होंने इस्राइलियों को दिखा दिया कि जिस शान्ति की कामना वे करते हैं वह उन्हें यों ही नहीं मिल जाएगी। विद्रोह का नेतृत्व तन्ज़ीम के हाथ में आने से यह भी साबित हुआ कि नेतृत्व उनके हाथ में है और फिलस्तीनी पक्ष के वही एकमात्र अधिकारिक प्रवक्ता है। अब जो भी बातचीत होगी उसका उद्देश्य होगा उपनिवेशी ज़बरन कब्जे से मुक्ति—जो कि फिलस्तीनी संघर्ष का मुख्य उद्देश्य है।

अरब जनगण को उम्मीद थी कि उनके नेतृत्व में जो लोग हैं वे कुछ सार्थक और नियमित कार्रवाई करेंगे। लेकिन शिखर सम्मेलन से जो निकला वह एक तवील लफ़्फ़ाज़ी के सिवा कुछ नहीं था। राष्ट्रपति हुस्नी मुबारक ने पहले यह स्वीकार कर

लिया था कि सभी अरब देशों के निवासी नाराज़ हैं—उनके दिल में आक्रोश है किन्तु उन्होंने आगे कहा कि अरब नेताओं का यह कर्तव्य है कि वे अरबों को भड़काने वाले और सनसनीखेज़ कारनामों से महफूज़ रखें। मगर इस शब्दाडम्बर के पीछे कोई ठोस क़दम नहीं उठाये गये। लीबिया के राष्ट्रपति मुअम्मर गद्दाफ़ी तो शिखर सम्मेलन में शामिल भी नहीं हुये—उन्होंने कहा कि उन्हें यह सारी कार्रवाई कबूल है (यह कहकर कि इस सब से क्या हासिल!)

उदार और मध्यमार्गी अरब राष्ट्रों ने तो पहले ही तय कर लिया था कि इस्रायल के विरुद्ध कोई आर्थिक प्रतिबन्ध नहीं लगाये जायेंगे। मिस्र और जोर्डन जैसे देशों ने, जिनके इस्रायल से राजनयिक सम्बन्ध हैं, इन सम्बन्धों को तोड़ने के लिये कोई भी राय नहीं दी। सीरिया और इराक़ ने सख़्त कदम उठाने की बात कही मगर वे अल्पमत में थे। सीरिया ने तो मांग की कि इस्रायल का राजनैतिक बहिष्कार किया जाये। यहाँ तक कि सऊदी युवराज, प्रिंस अब्दुल्ला ने इस्रायल और उसके आका अमेरिका के विरुद्ध सख़्त बयानात भी दिये।

इससे पहले, अक्टूबर में सं.रा.सं. की सुरक्षा परिषद् ने फिलस्तीनी नागरिकों के विरुद्ध जरूरत से ज़्यादा शक्ति प्रयोग की भर्त्सना और निन्दा की। अमेरिका जो पारंपरिक रूप से इस्रायल का पक्षधर और उसकी ताक़त है, ने वोट नहीं दिया मगर दिलचस्प बात यह है कि उसने वीटो का इस्तेमाल भी नहीं किया। मगर वाशिंगटन ने इस भूल का निराकरण और सुधार इस्रायल की पक्षधरता से किया जब कि जनरल असेम्बली ने फिलस्तीनी नागरिकों के विरुद्ध इस्रायल के अनुचित शक्ति प्रयोग के खिलाफ़ बहुमत प्रदर्शित किया। यह प्रस्ताव अरब और अन्य इस्लामिक राष्ट्रों और क्यूबा के द्वारा 20 अक्टूबर को पेश किया गया था। भारत को मिलाकर 92 देशों ने प्रस्ताव के पक्ष में मत दिया। केवल अमेरिका और दक्षिण प्रशांत महासागर के द्वीपों ने इस्रायल का समर्थन किया। इस्रायल का अन्तर्राष्ट्रीय अलगाव इतने स्पष्ट रूप से कभी सामने नहीं आया था।

संयुक्त राष्ट्र के महासचिव कोफी अन्नान, अक्टूबर की शुरूआत में इस्रायल में थे। वे एक अघोषित युद्ध को टालने के लिये गठित अन्तर्राष्ट्रीय प्रतिनिधि मंडल का नेतृत्व कर रहे थे। अरब राष्ट्र तो चाहते ही हैं कि भविष्य के निर्णय, निर्धारण और बातचीत में सं.रा.सं. की भूमिका निर्णायक होनी चाहिये। यहाँ तक कि संयुक्त राज्य अमेरिका के मित्र राष्ट्र और उसके गठबन्धन के लोग जिनमें यूरोपीय संघ भी शामिल हैं, यह महसूस करते हैं कि संयुक्त राष्ट्र संघ के तत्वावधान में शान्ति की संभावनाऐं बेहतर हैं।

लेकिन हिज़बुल्ला द्वारा तीन इस्रायली सिपाहियों के अपहरण से स्थिति और भी उलझ गई। इन सिपाहियों का अपहरण इस्रायल-लेबनन की सीमा पर स्थित डिस्प्युटेड चेबा फार्म से किया गया था। बराक ने धमकी दी कि वह लेबनन और

सीरिया के ख़िलाफ सख़्त कार्रवाई करेगा। उसने इन दोनों पर हिज़बुल्ला की कार्रवाई की जिम्मेदारी का इल्ज़ाम लगाया। इस्रायल ने एक बयान जारी किया और इस बात पर ज़ोर दिया कि इस्रायली सिपाहियों की अदलाबदली केवल फिलस्तीनी और लेबनानी कैदियों से होगी जो इस्रायली जेलों की यातना भुगत रहे हैं। कहा जाता है कि जब भी इस्रायल किसी मुसीबत में होता है वह युद्ध शुरू कर देता है। उस समय शायद इस्रायल इस युद्ध के लिए ललचा रहा था क्योंकि अभी मिस्र, सीरिया, और इराक़, सैन्य के दृष्टिकोण से इस्रायल के साथ किसी निर्णायक युद्ध के लिये तैयार नहीं थे; वह भी इस्रायल के साथ, जो इस क्षेत्र का सबसे शक्ति सम्पन्न राष्ट्र है।

अमेरिका ने अब तक निरपेक्षता के सारे मुखौटे उतार फेंके थे। पिछली कैम्प डेविड शिखर वार्ता के बाद अराफात हर अमेरिकन कदम को शक की नज़र से देख रहे थे। वरिष्ठ फिलस्तीनी अधिकारियों के मुताबिक, शिखर वार्ता में राष्ट्रपति बिल क्लिंटन, एक ईमानदार बिचौलिये के लिबास में दरअसल कट्टरपन्थी इस्रायली तत्वों की पक्षधरता ही कर रहे थे जो फिलस्तीनी हितों के प्रतिकूल था। ओस्लो शांति प्रक्रिया को बचाने के आखिरी प्रयत्न के रूप में क्लिंटन ने एक और शिखर वार्ता की मेज़बानी की, मिस्र के सैलानी केन्द्र शर्म-अल्-शेख में अक्टूबर के तीसरे सप्ताह में। तब तक काफी बेगुनाह फिलस्तीनियों का खून बह चुका था। क्लिंटन जो हासिल कर सके वह था अराफात और बराक से यह आश्वासन कि ये दोनों ही शांति की दिशा में प्रयास करेंगे। लेकिन संयुक्त बयान पर हस्ताक्षर करने से दोनों नेताओं ने इन्कार कर दिया। इस्रायल ने फौरी तौर पर मांग की कि वर्तमान संघर्ष के लिये एक अन्तर्राष्ट्रीय जांच आयोग बिठाया जाये। यह ज़रूर तय हुआ कि तथ्यों की जानकारी हासिल करने के लिये एक कमेटी नियुक्त की जानी चाहिये। अधिकांश अरबों का खयाल है कि अमेरिका की निर्णायक भूमिका के कारण, सच कभी उभरकर ऊपर आयेगा ही नहीं। फिलस्तीनियों का अमेरिका के साथ मोह भंग अब अपनी निर्णायक स्थिति में पहुंच चुका था।

एक इस्रायली शांति संगठन ने सितम्बर 2000 में चेतावनी दी थी कि इस्रायल और फिलस्तीन के बीच संयुक्त राज्य अमेरिका की देखरेख में होने वाली वार्ता ही शायद आगे चल कर एक नये युद्ध का आधार बनेगी। शांति प्रक्रिया इसलिये कारगर नहीं हुई क्योंकि इस्रायली सरकार ने अपने इस लक्ष्य से डिगने से साफ इन्कार कर दिया कि फिलस्तीनियों को अपने देश वापस नहीं लौटने देगी। वह इस बात पर भी अड़ी हुई थी कि जेरूसलेम ही इस्रायल की राजधानी होगी और इस शहर पर फिलस्तीन को कोई भागीदारी नहीं दी जा सकती। उसने स्पष्ट कर दिया कि अधिकृत क्षेत्रों और जेरूसलेम में बसाई गई यहूदी बस्तियां भी यथावत् बनी रहेंगी। इस्रायल का मानना है कि ऐसा करना उसकी सुरक्षा को दृढ़तर बनाने के लिये बहुत

ज़रूरी है। इस्रायल की व्यापक योजना में बाह्य सुरक्षा, वैदेशिक मामले और पानी पूरी तरह इस्रायल के नियंत्रण में रहेंगे, एक स्वतंत्र फिलस्तीन राष्ट्र के अस्तित्व में आने के बावजूद।

फिलस्तीनी जनता यह भी महसूस करती है कि क़ाहिरा शिखर वार्ता ने उनके साथ न्याय नहीं किया। और इसलिये इन्तिफ़दा का संघर्ष चलता रहेगा। क़ाहिरा वार्ता ने एक बिलियन डॉलर अरब फंड स्थापित करने की मांग की है जिसमें से 800 मिलियन डॉलर जेरूसलेम के अरब और इस्लामिक स्वरूप की रक्षा के लिये और 200 मिलियन इन्तिफ़दा में मारे गये या घायल हुये फिलस्तीनियों के परिवारों के लिये होगा। वार्ता के अन्त में जारी किये गये संयुक्त दस्तावेज़ में इस्रायल के साथ न्यायपूर्ण, स्थायी और व्यापक शांति सम्बन्ध क़ायम करने के लिये प्रतिबद्धता दिखाई गई है। उन्होंने यहूदी राष्ट्र से भी उसी तरह की प्रतिबद्धता दिखाने की मांग की है।

संयुक्त वक्तव्य में इस बात पर ज़ोर दिया गया कि शांति तभी स्थापित होगी जब इस्रायल 1967 के युद्ध के बाद अधिकृत सम्पूर्ण क्षेत्र हस्तांतरित कर दे। अरब नेतृत्व ने सं.रा.सं. से भी मांग की कि फिलस्तीनियों की सुरक्षा के लिये सेना तैनात करे, और एक अन्तर्राष्ट्रीय ट्रिब्यूनल गठित करे जो इस्रायली युद्ध अपराधियों के मामलों पर विचार करे। इस्रायल के ओपिनियन मेकर्स ने हुस्नी मुबारक जैसे अरब नेताओं की नीति की तारीफ की। बराक ने कहा कि शिखर वार्ता की मेज़बानी दायित्वपूर्ण और समझदारी के ढंग से हुई और इससे उन्होंने जाना और समझा कि मध्यपूर्व में शांति और इस्रायल और फिलस्तीन के बीच समझौता इस क्षेत्र के सभी देशों का मुख्य उद्देश्य है। साथ ही अरब शिखर वार्ता में उभरी धमकी की भाषा की बराक ने भर्त्सना की।

व्यावहारिक धरातल पर इस्रायल की प्रतिक्रिया अधिकृत इलाकों में फिलस्तीनियों के खिलाफ हिंसा को बढ़ाने और तेज़ करने में अभिव्यक्त हुई। जिस दिन शिखर सम्मेलन खत्म हुआ, उसी दिन इस्रायल ने तोपधारी हेलिकॉप्टर और टैंकों से हमला कर दिया। इससे पहले बराक ने शांति प्रक्रिया को मोअत्तिल करने की घोषणा की। हेलिकॉप्टरों ने बेथलेहम के शहरी ठिकानों को अपना निशाना बनाया। बराक ने तो शांति की प्रक्रिया का व्यावहारिक तौर पर परित्याग ही कर दिया। उन्होंने इंगित किया कि वह एक राष्ट्रीय आपातकालीन सरकार का गठन करने वाले हैं जिसमें एरियल शेरोन भी शामिल होंगे। शेरोन तो शांति प्रक्रिया के कट्टर दुश्मन हैं। ताज़ातरीन घटनाक्रम पर अपनी प्रतिक्रिया व्यक्त करते हुये अराफात ने कहा कि बराक जायें जहन्नुम में, फिलस्तीनी जनगण तो जेरूसलेम को जाने वाले राजमार्ग पर बढ़ते ही रहेंगे जो कि स्वतंत्र फिलस्तीन राज्य की राजधानी बनेगा। बराक इसे स्वीकार करते हैं या अस्वीकार, इससे कोई फर्क नहीं पड़ता।

फिलस्तीनी काउंसिल के सदस्य हन्नान अशरावी ने जो लम्बे अर्से से शांति प्रक्रिया में मुब्तिला रहे हैं, कहा है कि बराक ने अपनी हालिया कारगुज़ारी से शांति प्रक्रिया की विश्वसनीयता, औचित्य, अर्थ और यथार्थ से उसके सम्बन्ध—सभी को ख़त्म करने में सफलता प्राप्त की है। क़ाहिरा शिखर वार्ता के समापन के समय अपने भाषण में उन्होंने कहा कि शांति प्रक्रिया कुछ लोगों के दिमाग़ में एक झूठे अफ़साने की तरह मौजूद है, सिर्फ़ अरब नेतृत्व के ज़ेहन में, जो अभी भी सोचते हैं कि हमारे विरुद्ध चल रहे युद्ध और विनाश के जबड़ों से वे शांति प्रक्रिया को निकाल कर उसे बहाल रख सकेंगे।

बराक ने जो उस भूभाग में व्यापक शांति की स्थापना के वादे के आधार पर चुने गये थे, अपने पूर्ववर्ती नेताओं की, जिनमें मेनाकेम बेगिन और नेतान्याहू भी शामिल हैं, शांति प्रक्रिया को आगे ले जाने की समस्त उपलब्धि पर पानी फेर दिया है। उसका मटियामेट कर दिया है। साईब अरेकत, प्रधान फिलस्तीनी प्रतिनिधि ने कहा है कि फिलस्तीनियों के खिलाफ एक सम्पूर्ण युद्ध चल रहा है और दुनिया देख रही है। ख़बर है कि इस्रायल शांति प्रक्रिया की असफलता की सूरत में इस्राइलियों और फिलस्तीनियों को पूरी तरह अलग करने की योजना लागू करने वाला है। भविष्य में अधिकृत क्षेत्रों में स्थित इस्रायली बस्तियों को इस्रायल से जोड़ने वाले सीधे गलियारे होंगे। इस्रायल की महती योजना फिलस्तीन को 'बंटूस्तान' बनाने की है।

घटनाक्रम में 18 मई 2001 को इस्रायल ने 1967 के युद्ध के बाद पहली बार लड़ाकू विमानों का इस्तेमाल किया और विमानों एवं हेलिकॉप्टरों से फिलस्तीनियों पर अन्धाधुन्ध हमले किए। 1 जून 2001 को एक इस्लामी जेहादी आत्मघाती आतंकवादी ने तेल-अबीब के समुद्री किनारे पर डॉल्फिनेरियम नाम के डांसिंग क्लब में कूदकर भयंकर विस्फोट किया जिसमें 21 इस्रायली नागरिक, जिनमें बच्चे भी शामिल थे, मारे गए। इसी तरह एक अन्य आत्मघाती हमले में पार्क होटल में 30 इस्रायली मारे गए। मार्च का महीना 2002 में शायद सबसे खूनी महीना था जिसमें 130 इस्रायली तरह-तरह के हमलों में मारे गए। संयुक्त राष्ट्र संघ के अनुसार मार्च और मई 2002 के बीच 497 फिलस्तीनी मारे गए और 1447 घायल हुए। इसके बाद वह क्षेत्र भी जो फिलस्तीनी अथॉरिटी के नियंत्रण में था, इस्रायल ने दुबारा अपने कब्ज़े में ले लिया। फिलस्तीनियों के जेनिन शरणार्थी कैम्प में इस्रायली हमले से जो घेरा पड़ा और जो भयानक लड़ाई 2 अप्रैल से 11 अप्रैल तक हुई उसके फलस्वरूप दोनों तरफ ही भयंकर हिंसा का वातावरण फैल गया। फिलस्तीनियों ने इल्ज़ाम लगाया कि इस हमले में सैकड़ों लोग मारे गए। एमनेस्टी इन्टरनैशनल ने इस्रायली सुरक्षा सेनाओं पर युद्ध के अपराधों का इल्ज़ाम लगाया। संयुक्त राष्ट्र के महासचिव की रिपोर्ट के मुताबिक इस घेराबंदी में 52 फिलस्तीनियों की मृत्यु हुई थी। फिलस्तीनियों के मुताबिक़ लगभग 500 लोग मारे गए।

दूसरे इन्तिफ़दा में बेथलेहम में नेटिविटी चर्च की घेराबंदी जो 2 अप्रैल से मई 10 तक रही, एक अन्य महत्वपूर्ण घटना है। इस गिरजाघर को इस्रायली सुरक्षा सेनाओं ने उस समय घेर लिया जब उसमें फिलस्तीनी नागरिक, क्रांतिकारी और पादरी लोग, सभी मौजूद थे। यह घेराबंदी 38 दिन बाद खत्म हुई। तब तक सुरक्षा सेनाओं ने चर्च के भीतर सात लोगों की गोली मारकर हत्या कर दी थी और 40 को घायल किया था। 2003 में अमेरिका द्वारा ज़ोर डालने पर 13 मार्च को अराफात ने महमूद अब्बास को फिलस्तीन का स्वतंत्र प्रधानमंत्री नियुक्त किया। एक बार फिर अमेरिका की पहल पर संघर्ष को समाप्त करने की प्रक्रिया शुरू हुई। ज़ाहिरा तौर पर, सभी पाक इरादों के बावजूद आतंकवादी हमले और गोरिल्ला टुकड़ियों की कार्रवाई रुकी नहीं। जून 2003 में हमास और इस्लामी जेहाद ने अपनी तरफ से 45 दिन का युद्ध विराम घोषित किया लेकिन उसका कुछ ख़ास असर पड़ा नहीं। 19 अगस्त को हमास ने जेरूसलेम में एक भीड़ भरी बस पर आत्मघाती हमले में 23 इस्रायली नागरिकों को मार डाला जिनमें 7 बच्चे भी शामिल थे। हमास ने जिम्मेदारी लेते हुए कहा कि यह एक प्रतिशोध की कार्रवाई थी। इसका प्रतिकूल प्रभाव तो पड़ना ही था। इस्रायली सुरक्षा सेनाओं को आदेश दिया गया कि वे हेब्रान और गाज़ा पट्टी के सभी हमास नेताओं को मार डालें या पकड़ लें। नब्लूस, जेनिन और तुल्काराम में अनिश्चितकालीन सख़्त कर्फ़्यू लगा दिया गया जो लगभग साढ़े तीन महीने चला। इस्रायली बुलडोज़रों ने फिलस्तीनियों की साठ दुकानें नष्ट कर दी। यह एक तरह का दण्ड था जो अपनी हिंसात्मक कार्रवाईयों के लिए फिलस्तीनियों को भुगतना पड़ा। इस बीच 4 अक्टूबर को हैफा के मक्सीम रेस्तरां पर एक आत्मघाती हमले में 21 इस्रायली मारे गए।

2004 में इस्राइलियों ने पता लगाने की कोशिश की कि रॉकेट और गोला-बारूद फिलस्तीनियों के हाथ कहाँ से लगते हैं। इस्रायली सुरक्षा सेनाओं ने खोजकर निकाला कि 2000 से 2004 के बीच मिस्र और गाज़ा पट्टी के बीच नब्बे सुरंगें बनाई गई थीं जिनके ज़रिये हथियार, गोला-बारूद, सिगरेट, कार के पुरज़े, बिज़ली का सामान, विदेशी मुद्रा, सोना, दवाईयाँ, और कपड़ा, मिस्र से बराबर आता रहता था। ये सुरंगें ज़्यादातर गाज़ा पट्टी के रफह इलाके में आकर खुलती थीं। इनको नष्ट करने की कार्रवाई में रफह में सैकड़ों परिवार बेघर हो गए। मानवाधिकार संगठनों के अनुसार इस्राइलियों ने 1500 घर इसलिए नष्ट कर दिये थे कि बीच में सुरक्षा के लिए खाली इलाका छोड़ा जा सके। इस्रायल की इस सैनिक कार्रवाई के फलस्वरूप सोलह हज़ार लोग बेघर हो गए।

2 फरवरी 2004 को एक महत्वपूर्ण घोषणा हुई। इस्रायली प्रधानमंत्री एरियल शेरोन ने घोषणा की कि वह गाज़ा पट्टी से सभी यहूदी बस्तियों को हटा लेंगे। इस्रायल की लेबर पार्टी ने, जो विपक्ष में थी, इस प्रस्ताव का समर्थन किया लेकिन शेरोन की

गठबंधन सरकार के दक्षिणपंथी घटक नेशनल रिलीजस पार्टी और नेशनल यूनियन ने इस योजना को अस्वीकार कर दिया और निश्चय किया कि, यदि इस पर अमल किया गया, तो वे सरकार छोड़ देंगे। ओस्लो और जेनेवा समझौते में भाग लेने वाले नेताओं का भी विचार था कि शांति के समझौते के बिना गाज़ा पट्टी को खाली कर देना आतंकवाद को न्यौता देना होगा।

इसी बीच बख्तरबंद गाड़ियों से एक हमले में इस्रायली सुरक्षा सेनाओं ने सत्तर हमास क्रांतिकारियों को मार डाला। 22 मार्च 2004 को एक हेलिकॉप्टर गनशिप ने हमास नेता शेख़ अहमद यासीन की हत्या कर दी। उनके उत्तराधिकारी अब्दल अज़ीज़ अल रनतीसी भी 17 अप्रैल को इसी तरह मारे गए। मई के महीने में लड़ाई घमासान पर आ गई और दोनों तरफ से लोग मारे जाने लगे। 11 और 12 मई को फिलस्तीनियों ने तेरह इस्रायली सिपाही मार डाले। बदले में इस्राइलियों ने लगभग 40 फिलस्तीनियों की हत्या कर दी। 18 मई को एक सैनिक कार्रवाई में 40 फिलस्तीनी उग्रवादी और 12 नागरिक मारे गए। 10 प्रदर्शनकारी फिलस्तीनियों की हत्या की निंदा सारी दुनिया में हुई। 29 सितम्बर को एक रॉकेट हमले में दो इस्रायली बच्चों की हत्या के प्रतिशोध में एक सैनिक कार्रवाई में 16 अक्टूबर तक इस्रायली सुरक्षा सेनाओं ने सौ फिलस्तीनियों को मार डाला जिनमें बीस, सोलह साल से कम उम्र के बच्चे थे। फिलस्तीनी डॉक्टरों के अनुसार इस्रायली सेनाओं ने 62 सक्रिय क्रांतिकारी और 42 अन्य लोगों को मारा। इन सभी सैनिक कार्रवाईयों में बाज़ारों और रिहायशी स्थानों की घोर क्षति हुई जिससे गाज़ा पट्टी और पश्चिमी तट में जनजीवन पूरी तरह अस्त-व्यस्त हो गया और ज़रूरत की चीज़ें मिलना भी दूभर हो गया।

11 नवम्बर 2004 को फिलस्तीनी मुक्ति संगठन के नेता यासिर अराफात का पेरिस में देहान्त हो गया। फिलस्तीन के इतिहास में यह एक महत्वपूर्ण घटना थी। लेकिन शायद अराफात राजनैतिक रूप से पहले ही तत्कालीन स्थिति से अप्रासंगिक हो गए थे। इसलिए इस क्षेत्र में होने वाले आगे के घटनाक्रम पर इसका कोई ज़ाहिरा असर नहीं पड़ा।

2005 में फिलस्तीन में चुनाव हुआ और महमूद अब्बास राष्ट्रपति चुने गए। उनका प्रस्ताव था कि इस्रायल के साथ शांतिपूर्ण बातचीत के द्वारा ही फिलस्तीन के उद्देश्यों को हासिल किया जा सकता है। इसलिए उन्होंने सभी हमले और हिंसा की कार्रवाई रोकने का आह्वान किया। लेकिन गाज़ा पट्टी में हिंसा की घटनाऐं होती ही रहीं। महमूद अब्बास ने खुद फिलस्तीनी पुलिस के द्वारा इन पर नियंत्रण करने का प्रयत्न किया जिससे इस्राइलियों पर हमलों में काफी कमी आई। 8 फरवरी 2005 को शर्म-अल-शेख़ की शिखर बैठक में शेरोन और अब्बास ने घोषणा की कि इस्रायल और फिलस्तीन के बीच सुलह और शांति का निर्णय लिया गया है। उन्होंने इस वार्ता

में, जिसमें जोर्डन और मिस्र भी शामिल थे, एक-दूसरे से हाथ मिलाया। लेकिन हमास और इस्लामी जेहाद ने चुनौती भरे स्वर में कहा कि यह संधि उन्हें स्वीकार नहीं थी। अब्बास ने हमास के रॉकेट हमलों और हथगोले फेंकने की वारदातों को रोकने की कोशिश की। उन्होंने फिलस्तीनी सुरक्षाबलों को भी आदेश दिया कि वे इस तरह की कार्रवाई से दूर रहें। फिर भी हिंसा की घटनाऐं होती ही रहीं।

इन्हीं हालात के दर्मियान 25 जनवरी 2006 को फिलस्तीन में आम चुनाव हुए, फिलस्तीनी लैजिस्लेटिव काउंसिल के लिए। इस चुनाव में इस्लामी दल हमास ने अप्रत्याशित बहुमत से जीत हासिल की। हमास को 74 सीटें मिलीं जबकि फतह को 45; 13 निर्दलीय और अन्य पार्टियों ने जीतीं। अन्तर्राष्ट्रीय स्तर पर अमेरिका और यूरोपियन यूनियन ने हमास को एक आतंकवादी दल क़रार दे रखा था, इसलिए हमास की विजय से यह महसूस किया गया कि अब फिलस्तीन में आतंकवाद का ही बोलबाला होगा। 2005 में जो शांति समझौता हुआ था, उसके अन्तर्गत छिटपुट घटनाओं के बावजूद एक प्रकार की शांति का वातावरण उभर रहा था।

लेकिन गाज़ा के समुद्र तट पर 9 जून को एक इस्रायली हमले में ग़ालिया परिवार के 7 सदस्यों के मारे जाने पर हमास ने घोषणा की कि 2005 के युद्ध विराम के प्रति उनकी प्रतिबद्धता का कोई अर्थ नहीं रहा। उसके बाद इस्राइलियों द्वारा बख़्तरबंद गाड़ियों के और हवाई हमलों के द्वारा गाज़ा का संघर्ष दुबारा ज़ोर पकड़ने लगा। लेकिन नवम्बर 26 को दुबारा इस्रायल और फिलस्तीनी अथॉरिटी के बीच शांति स्थापित करने के लिए समझौता हुआ। जनवरी 2007 तक यह स्थिति कायम रही।

दूसरा इन्तिफ़दा कब खत्म हुआ इस विषय में भी मतभेद है। कुछ विशेषज्ञों का विचार है कि नवम्बर 2006 में यह आंदोलन धीमा पड़ गया। फतह का आपसी कलह और महमूद अब्बास के नरम और समझौतावादी रुख ने भी इसे कमज़ोर किया।

आत्मघाती हमलों के अपराधी परिवारों के घर नेस्तनाबूद करना आम बात थी। वे फिलस्तीनियों को कभी भी, कहीं भी पकड़कर बन्द कर देते थे। अभी भी इस्रायली जेलों में लगभग 6000 फिलस्तीनी हैं जिनमें आधे से अधिक ऐसे हैं जिन पर अपराध क़ायम करने की कार्रवाई भी पूरी नहीं हुई है। सुरक्षा चौकियों के द्वारा अधिकांश फिलस्तीनी शहर टुकड़ों में बंट गये हैं। एक शहर से दूसरे शहर के रास्ते भी चौकियों द्वारा अवरूद्ध रहते हैं। इन सुरक्षा चौकियों के पक्ष में इस्रायल की कैफियत यह है कि इनके द्वारा उग्रवादियों की घुसपैठ और हथियारों की आमदरफ़्त रोकी जाती है। मगर यह बात सच नहीं है। ये चौकियां फिलस्तीनियों के लिये सामान्य ज़िन्दगी जीने तक में एक बड़ी रूकावट हैं। इस्रायली इलाके में मजदूरी और दूसरे काम करने के लिये जाने वाले फिलस्तीनियों को दर्जनों गेट और चौकियां पार करनी पड़ती हैं।

उनसे गुजरकर जाने में कई घंटे लग सकते हैं। बीच-बीच में इन नागरिक आबादियों पर इस्रायल कर्फ़्यू लगा देता है। नब्लूस तो एक बार लगातार 100 दिन कर्फ़्यू के अन्दर रहा जिसमें दिन में दो घंटे की मोहलत दी जाती थी जिससे लोग भोजन और ज़रूरियात का सामान खरीद सकें।

दूसरे इन्तिफ़दा में जान माल का भारी नुकसान हुआ। इस्रायली सूत्रों के अनुसार 30 अप्रैल 2008 तक फिलस्तीनी हमलों में 1035 इस्रायली मारे गए। लेकिन इस संघर्ष के दौरान मारे गए फिलस्तीनियों की संख्या बहुत ज़्यादा है। 30 अप्रैल 2008 तक इस्रायली सुरक्षा सेनाओं ने 4745 फिलस्तीनियों को मार डाला था जबकि 44 इस्रायली नागरिकों के द्वारा मारे गए थे। इस संघर्ष में बहुत से बच्चे भी मारे गए जिनमें 17 साल या उससे कम उम्र के 119 इस्रायली और 982 फिलस्तीनी बच्चों की जानें गईं। इस्राइलियों में असैनिक नागरिकों के मारे जाने की संख्या 719 थी। फिलस्तीन की तरफ मारे जाने वाले लोगों में 3000 ऐसे लोग थे जिन्होंने संघर्ष में सीधे-सीधे कोई हिस्सा नहीं लिया। 577 फिलस्तीनी फिलस्तीनियों द्वारा ही इस्रायल का समर्थन करने के कारण मारे गये।

गाज़ा की लड़ाई

ओस्लो की शांति वार्ता में 1967 के युद्ध में इस्रायल द्वारा बलपूर्वक अपने कब्ज़े में लिये गए फिलस्तीन के भूभागों को खाली करने का निर्णय लिया गया था। इस निर्णय को अमल में लाने की शुरूआत गाज़ा पट्टी से हुई।

2005 में इस्रायल ने गाज़ा पट्टी खाली कर दी। इस तरह 38 साल के कब्ज़े के बाद यह ऐतिहासिक प्रक्रिया शुरू हुई। वहाँ पर 21 इस्रायली बस्तियां थीं जिनमें 8500 यहूदी अधिवासी रहते थे। खाली करने के बाद यहूदियों की बस्तियां तोड़ डाली गईं और सारी दुनिया में ख़बर फैल गई कि शांति की प्रक्रिया के तहत इस्रायल ने गाज़ा पट्टी खाली कर दी है। महमूद अब्बास ने गाज़ा के खाली करने के इस्रायली कदम को एक ऐतिहासिक मील का पत्थर बताया। उन्होंने कहा, "हम इसे एक ऐतिहासिक क्षण के रूप में देखते हैं क्योंकि अरब-इस्रायली संघर्ष के शुरू होने के बाद यह पहली बार है कि इस्रायल ने बस्तियां खाली की हैं।"

फिलस्तीनियों के दल के दल मस्जिदों की तरफ सामूहिक प्रार्थना करने और अल्लाह को शुक्रिया अदा कराने के लिए चल पड़े। इबादत की ये मीटिंगें क्रांतिकारी हमास दलों ने बुलाई थीं। उस समय 7500 फिलस्तीनी सुरक्षाकर्मियों के दल बस्तियों के पास तैनात किए गए जिससे वहाँ पर रहने वाले यहूदियों पर कोई सशस्त्र हमला न हो, और फिलस्तीनियों को बस्तियों की तरफ बढ़ने से रोका जा सके।

बस्तियां खाली कराने के लिए 40,000 इस्रायली सैनिक और पुलिस के सिपाही खाली करने के नोटिस जारी करने के लिए भेजे गए। अधिवासियों को

सावधान किया गया था कि अगर उन्होंने बस्ती खाली करने की समय सीमा का अतिक्रमण किया तो उन्हें ज़बरन निकाल दिया जाएगा और उन्हें मुआवज़े की रकम का एक-तिहाई हिस्सा भी नहीं मिलेगा। मुआवज़े की रकम प्रति परिवार 1,50,000 डॉलर से 4,00,000 डॉलर तक निश्चित की गई थी।

इससे यह उम्मीद जागी कि यह अधिकृत क्षेत्र को खाली करने का आगाज़ था, कि इसके बाद वेस्ट बैंक में भी वैसा ही होगा। लेकिन यह उम्मीद गुज़रे ज़माने की हज़ारों उम्मीदों की तरह नाउम्मीदी में तब्दील हो गई। 25 जून 2006, फिलस्तीनी उग्रवादी दस्तों और इस्रायल की एक सैन्य चौकी के बीच गोलीबारी से कई इस्रायली सैनिक मारे गये और एक पकड़ लिया गया। इस मुठभेड़ में तीन फिलस्तीनी भी मारे गये। 28 जून को अलस्सुबह इस्रायली टैंक और सेना के दस्ते गाज़ा पट्टी में घुस गये। कुछ देर पहले ही इस्रायली हवाई सेना ने दो पुलों और एकमात्र बिजलीघर पर कब्ज़ा कर लिया था। इससे वहां के निवासियों को बिजली और पानी मिलना बन्द हो गया। गाज़ा-इस्रायल संघर्ष का पहला महत्वपूर्ण दौर शुरू हो चुका था। ग़ौरतलब बात यह है कि यह लड़ाई इन्तिफ़दा से अलग हमास और इस्रायल के बीच चल रही थी।

लड़ाई संगीन दौर में 27 दिसम्बर 2008 को पहुंची जब इस्रायल ने गाज़ा से होने वाले रॉकेट हमलों की जवाबी कार्रवाई के नाम पर पूरा सैन्य अभियान शुरू कर दिया। हमास नेताओं और अरब देशों ने इसे गाज़ा का क़त्लेआम कहा। 17 जनवरी को इस्रायल ने इकतरफा युद्धविराम घोषित किया और अगले कुछ दिनों तक यहाँ से अपनी सेनायें हटाने लगा। शर्त यह थी कि हमास राकेट हमले बन्द करे। हमास ने भी युद्ध विराम घोषित किया, कुछ दिन बाद ही सही। गाज़ा पट्टी और इस्रायल के बीच यह संघर्ष थमा नहीं। गाज़ा में हमास का वर्चस्व इस्रायल को बर्दाश्त नहीं है।

गाज़ा पट्टी खाली करने के बाद की घटनाओं के सन्दर्भ में यह बात आसानी से समझी जा सकती है कि फिलस्तीन क्षेत्र पर इस्रायली कब्ज़े के खत्म होने की यह शुरूआत नहीं थी, बल्कि उसकी सैन्य शक्ति और अधिकार के स्वरूप के पुनगर्ठन का आगाज़ था। ज़मीन खाली करने के बाद भी गाज़ा के समुद्र और उसकी सीमाओं पर, हवाई रास्तों पर, आर्थिक व्यवस्था, और यहाँ तक कि वहाँ की जनसंख्या की रजिस्ट्री पर भी इस्रायल का नियंत्रण बना रहा। इस्रायल की सेनाऐं गाज़ा में बेरोकटोक घुसकर क़त्ल और विध्वंस करती रहीं। 2006 के चुनाव में हमास की विजय के बाद अमेरिका और यूरोपियन यूनियन ने नई सरकार पर आर्थिक प्रतिबन्ध लगा दिए। इस्रायल ने गाज़ा में ज़रूरी वस्तुओं और माल के भेजे जाने पर प्रतिबन्ध लगाना शुरू कर दिया। जून 2007 में हमास और फतह के बीच होने वाले संघर्ष का फायदा उठाकर इस्रायल ने व्यापक रूप से गाज़ा की नाकेबंदी कर दी। उसने

पूरे क्षेत्र को ही एक तरह से घेरे में ले लिया। सितम्बर 2007 में इस्रायल के मंत्रिमंडल ने गाज़ा पट्टी को दुश्मन का इलाका घोषित कर दिया। 18 जनवरी को इस्रायल के तीन दिन के लगातार हमलों के बाद, जिनमें कम से कम 30 लोग मारे गए, और जॉर्ज बुश के इस इलाके के दौरे के एक दिन बाद, इस्रायल ने गाज़ा पट्टी पर पूरी तरह प्रतिबन्ध लगा दिया जिससे वहाँ न ईंधन पहुँच सकता था, न बिजली; न मेडिकल और मानवीय सहायता। इसके परिणामस्वरूप गाज़ा निवासियों ने मिस्र की तरफ की दीवार तोड़ दी जिससे वे ज़िन्दा रहने के लिए ज़रूरी चीज़े मुहैया कर सकें।

वेस्ट बैंक में फिलस्तीनियों के आने-जाने पर इस्रायली प्रतिबन्ध

2004 में यह सर्वसम्मति से तय हुआ था (जिसमें इस्रायल की सरकार भी शामिल थी) कि फिलस्तीनी आर्थिक व्यवस्था के पुनरुज्जीवन के लिए सभी प्रकार के प्रतिबन्धों को हटाना ज़रूरी था। इस नीति को अपनाने में विश्व-बैंक की भूमिका महत्वपूर्ण थी लेकिन विश्व-बैंक की टीम जब वेस्ट बैंक की स्थिति का अध्ययन करने के लिए वहाँ गई तो स्थिति आशा के एकदम विपरीत थी। 2007 में उन्होंने देखा कि फिलस्तीनियों के अपने ही क्षेत्र में, एक जगह से दूसरी जगह जाने, लोगों से मिलने इत्यादि पर इस्रायल द्वारा लगाए गए सब प्रतिबन्ध और भी बढ़ गए थे। ये प्रतिबन्ध न केवल वहाँ की आर्थिक व्यवस्था पर असर डाल रहे थे बल्कि लोगों की ज़िन्दगी में भी एक घेराबंदी जैसी भावना पैदा कर रहे थे।

अपनी रिपोर्ट में विश्व बैंक की टीम ने स्पष्ट कहा कि वेस्ट बैंक में फिलस्तीनियों के स्वतंत्रतापूर्वक एक जगह से दूसरी जगह जाने पर सख़्त प्रतिबन्ध लगे हैं। ये प्रतिबन्ध उन सभी समझौतों के खिलाफ़ हैं जो कि इस्रायली सरकार और फिलस्तीनी अथॉरिटी के बीच हुए। ज़ाहिरा तौर पर, उद्दंडता के साथ इस्रायल उन सभी वादों का उल्लंघन करता है जो इन समझौतों के मुताबिक उसे पालन करना चाहिए। ख़ासतौर पर फिलस्तीनी शांति समझौता और उसके बाद समझौते का रोड-मैप इस सिद्धांत पर आधारित थे कि फिलस्तीनियों का सामाजिक और आर्थिक जीवन निर्बाध और सामान्य रूप से चलता रहे।

वेस्ट बैंक में फिलस्तीनियों के ऊपर चलने-फिरने, आने-जाने और प्रवेश पर इस्रायल द्वारा लगाये गये प्रतिबन्धों के फलस्वरूप पूरा क्षेत्र ही तमाम छोटे-छोटे टुकड़ों में विभक्त हो गया है। इन सब का उद्देश्य यहूदियों की बस्तियों में फिलस्तीनियों के प्रवेश को नियंत्रित, प्रतिबंधित और निषिद्ध करना है। रोक-टोक के ज़ाहिरा प्रमाण जैसे कि सुरक्षा चौकियाँ, चैक-पोस्ट और गेट तो इस नीति के बहुत बुनियादी उपकरण हैं। वास्तव में आने-जाने को नियंत्रित करने वाले प्रशासनिक निर्देश और परमिट जारी करने का नियम विधि-निषेध की एक संश्लिष्ट प्रक्रिया का हिस्सा हैं

जो फिलस्तीनियों के जीवन पर गम्भीर और दूरगामी असर डालती है। मिसाल के तौर पर, फिलस्तीनियों द्वारा घर और रिहायश बदलना, कामकाज और नौकरी पाना, व्यापार या निर्माण कार्य में पूंजीनिवेश करना और अपनी म्युनिसिपैलिटी की सीमाओं से बाहर जाना, इन सभी पर तरह-तरह के प्रतिबन्ध लगे हैं; और नियमों की एक संहिता है जिसका पालन करना फिलस्तीनियों की मजबूरी है। दरहक़ीक़त ये प्रतिबंध इस्रायली सेना के उन आदेशों पर आधारित है जिनका ताल्लुक वेस्ट बैंक को अपने कब्ज़े में रखने की नीति का एक हिस्सा है। प्रतिबंधित क्षेत्र के आकार का हिसाब लगाना एक मुश्किल काम है। लेकिन मौजूदा आंकड़ों के आधार पर यह कहा जा सकता है कि वेस्ट बैंक का पचास प्रतिशत से अधिक भाग फिलस्तीनियों के लिए प्रतिबंधित है। प्रतिबंधों पर गहरी नज़र डालने से एक बात साफ नज़र आती है; सुरक्षा के बहाने अपनायी गई प्रतिबंधों की यह नीति दरअसल व्यवहारिक रूप में फिलस्तीनियों को बाँटकर रखने और उन्हें एकत्रित होनें की स्वतंत्रता न देने का ही माध्यम है।

इस्रायल की सरकार यह तो कहती है कि वह कुछ विशिष्ट प्रतिबंधों में ढील देने के लिए तैयार है, जैसे फिलस्तीनी व्यापारियों इत्यादि को परमिट का प्रावधान। लेकिन इस्रायल के इन आश्वासनों में कोई दम नहीं है क्योंकि वे किस तरह लागू होंगे और कितने दिन चलेंगे यह किसी को नहीं मालूम। वास्तविकता यह है कि इस्रायल अधिकृत भूभागों पर अपना नियंत्रण और अपना वर्चस्व हर कीमत पर क़ायम रखना चाहता है। अभी तक दर्जनों छोटे-बड़े समझौते हुए हैं जिनका व्यवहारिक तौर पर इस्रायल की नज़र में कोई महत्व नहीं है। इस्रायल न अन्तर्राष्ट्रीय आलोचना या दबाव की कोई परवाह करता है और न किसी भी समझौते का पालन।

वेस्ट बैंक में इस्रायली नियंत्रण के कुछ तथ्य

1. वेस्ट बैंक में और ईस्ट जेरूसलेम के बाहर के क्षेत्र में आवागमन पर लगाए गए प्रतिबन्ध पारम्परिक तौर पर चैक प्वाइंट, सड़क अवरोध और प्रवेश द्वारों के रूप में लगाए गए हैं। नवम्बर 2006 में संयुक्त राष्ट्र संघ के एक सर्वेक्षण के मुताबिक इन प्रतिरोधों की संख्या में 44 प्रतिशत की वृद्धि हुई है। मार्च 2007 में संयुक्त राष्ट्र संघ की निगरानी टीम ने 546 ऐसे अवरोधों की संख्या दी है।

2. इस्रायली सरकार फिलस्तीन की आबादी पर एक रजिस्ट्री के माध्यम से नियंत्रण रखती है। इसके मुताबिक पहचान-पत्र जारी किये जाते हैं जिनपर वेस्ट बैंक और गाज़ा के सोलह साल से ऊपर की उम्र वाले हर फिलस्तीनी के रिहायशी स्थान का निर्धारण रहता है। इस व्यवस्था के अनुसार किसी भी फिलस्तीनी के अपने गाँव या म्युनिसिपल क्षेत्र से बाहर जाने पर नियंत्रण रहता है। यह परमिट फिलस्तीनियों के वेस्ट बैंक के ही कई हिस्सों, पूर्वी जेरूसलेम, जोर्डन घाटी, यहूदी आवासीय क्षेत्र

आदि में भी प्रवेश पर नियंत्रण रखता है।

3. अधिकृत क्षेत्रों में आवागमन और प्रवेश पर प्रशासनिक प्रतिबंध वेस्ट बैंक के मिलिटरी कमांडर के आदेशों के अनुसार निर्धारित होते हैं और अमल में लाए जाते हैं। ये आदेश जो कानून का दर्जा रखते हैं और बाकायदा प्रकाशित किये जाते हैं, उन दर्जनों अतिरिक्त और पूरक तदर्थ आदेशों और फौरी कदमों के माध्यम से लागू किये जाते हैं जिनका इनकी इबारत में कोई ज़िक्र नहीं होता। गर्ज़ यह कि पूरी व्यवस्था अपारदर्शी और इकतरफा है, जिसका अमल में लाना भी अप्रत्याशित और अनियतकालीन है। वेस्ट बैंक को इस व्यवस्था के मुताबिक उत्तर, मध्य और दक्षिण तीन हिस्सों में बाँट दिया गया है। इसके अलावा दस और परिभाषित क्षेत्र या बस्तियां हैं जिनसे होकर फिलस्तीनियों को चौकियों से होकर गुज़रना पड़ता है। इन सब के फलस्वरूप किसी भी फिलस्तीनी का, किसी भी दिन अपने काम की जगह, स्कूल, बाज़ार, स्वास्थ्य केन्द्र और खेती की ज़मीन पर पहुँचना एकदम अनिश्चित रहता है। इसमें भी संदेह है कि वह वहाँ पहुँच भी सकेंगे या नहीं। नतीजा यह है कि फिलस्तीनियों की ज़िन्दगी एक ऐसी घेराबंदी में है जिसमें न वे कहीं आसानी से पहुँच सकते हैं और न आर्थिक व्यवस्था को मदद देने वाला कोई काम कर सकते हैं।

4. जनसंख्या रजिस्ट्री में जिन लोगों के नाम नहीं हैं, लेकिन जो कानूनी तौर पर अपने परिवारों में शामिल होना चाहते हैं और वेस्ट बैंक में मुस्तकि़ल तौर पर रहना चाहते हैं, उन्हें इस्रायल की सरकार का अनुमोदन लेना आवश्यक है। लेकिन इस्रायली कानून के मुताबिक वेस्ट बैंक में किसी फिलस्तीनी के लिए अपने परिवार में शामिल होना परिवार के मूल अधिकारों में शामिल नहीं है। अगर यह अनुमोदन मिलता है तो वह सरकार की दया के फलस्वरूप ही। दूसरे इन्तिफ़दा के शुरू होने के बाद इस तरह के आवेदनों पर विचार करना ही बन्द हो गया। फिलस्तीनी अथॉरिटी के नागरिक मामलों के मंत्रालय के आकलन के अनुसार लगभग एक लाख बीस हज़ार परिवार में शामिल होने के आवेदन पड़े हुए हैं जिनपर विचार नहीं किया गया। हज़ारों ऐसे मामले भी हैं जो रोक लगने से पहले के हैं। अक्सर इस तरह के आवेदनों पर फैसला होने में कई साल लगते हैं। लेकिन वेस्ट बैंक की यहूदी आवासीय बस्तियों में जाने के लिए या परिवार में शामिल होने के लिए इस तरह के कोई प्रतिबंध नहीं हैं। आवासीय बस्तियां केवल इस्रायली नागरिकों के लिए ही खुली नहीं हैं बल्कि उन विदेशी नागरिकों के लिए भी जो इस्रायल के लॉ ऑफ रिटर्न के अनुसार इस्रायल में नागरिकता पाने के हक़दार हैं।

5. इस्रायली सरकार ने परिवार में शामिल होने के लिए विचाराधीन आवेदनों की कोई सूची भी प्रकाशित नहीं की है। लेकिन हज़ारों ऐसे मामले हैं जिनमें कि परिवार के पहले दर्जे के सम्बन्धी जैसे माता-पिता, पति-पत्नी, भाई-बहन या

बेटा-बेटी, जिनके नाम जनसंख्या रजिस्ट्री में नहीं है, को पहचान-पत्र जारी नहीं किये जा सकते। ऐसे परिवारों की संख्या लगभग 17 प्रतिशत है। इस अवस्था में परिवार के सदस्यों और दूसरे फिलस्तीनियों को जो कि वेस्ट बैंक और गाज़ा वापस आना चाहते हैं, उन्हें तीन महीने का टूरिस्ट वीज़ा लेना पड़ता है, जिसका हर तीन महीने में नवीनीकरण कराना पड़ता है। 2006 के शुरू में इस प्रावधान में भी सख़्ती आ गई और इस तरह का वीज़ा देना लगभग बन्द हो गया। मार्च 2007 में इस्रायली सरकार ने कुछ नए नियम गढ़े जिनके मुताबिक परिवार के सदस्य अपने आगन्तुक परमिट को साल भर के लिए बढ़वा सकते हैं, अधिकतम 27 महीनों की अवधि के लिए। लेकिन इस बात का भी कोई भरोसा नहीं रहता कि सही आगन्तुक वीज़ा के बावजूद किसी व्यक्ति को इस क्षेत्र में प्रवेश मिल सकेगा। 11 फिलस्तीनी विश्वविद्यालयों ने बताया है कि फिलस्तीनी मूल के हज़ारों विदेशी पासपोर्टधारी जिनमें अध्यापक, ग़ैर-सरकारी संस्थानों के कार्यकर्ता, अन्तर्राष्ट्रीय विकास विशेषज्ञ शामिल हैं, इन प्रतिबन्धों से प्रभावित हुए हैं। उदाहरण के लिए मई से सितम्बर 2006 की अवधि में रामल्ला के बीर ज़ियत विश्वविद्यालय में पचास फीसदी विदेशी शिक्षकों को प्रवेश की अनुमति मिली। अमेरिका तक ने इस नीति के विरुद्ध अपना रोष व्यक्त किया है यदि फिलस्तीन में बाहरी पूंजी का निवेश होना है तो फिलस्तीनियों को अपने देश लौटने की स्वतंत्रता दी जानी चाहिए।

6. वेस्ट बैंक में कई प्रतिबन्धित क्षेत्र हैं, जिनमें फिलस्तीनियों को घुसने की खुली छूट नहीं है। उनमें यहूदी बस्तियों की म्युनिसिपल सीमायें, जोर्डन घाटी का अधिकांश, पूर्वी जेरूसलेम आदि शामिल हैं। इस समय वेस्ट बैंक में करीब 133 ऐसी आवासीय बस्तियां हैं जिनमें से बारह पूर्वी जेरूसलेम में है। इनके अतिरिक्त तक़रीबन 100 गैर-कानूनी बस्तियां हैं जो इस्रायली सरकार के पोशीदा समर्थन से बनी हैं। वेस्ट बैंक में लगभग 2,50,000 यहूदी अधिवासी हैं। ओस्लो समझौते के वक्त उनकी संख्या लगभग 1,27,000 ही थी। 2002 के रोडमैप फॉर पीस के मुताबिक इस्रायल को नई अधिवासी बस्तियां बसाने पर पूरी तरह रोक लगानी थी। यह मिशेल रिपोर्ट की एक अनुशंसा थी। इस्रायल की यह जिम्मेदारी भी थी कि वह मार्च 2000 के बाद बसी हुई इन अधिवासी बस्तियों को तोड़ दे। लेकिन सभी शांति समझौतों, रिपोर्टों आदि के बावजूद 2001 और 2005 के बीच अधिवासी यहूदियों की संख्या 5.5 की वार्षिक दर से बढ़ी। गैरकानूनी अस्थायी बस्तियों को भी हटाने की कोई योजना भी नहीं बनी।

7. अधिवासियों की बहुत सी बस्तियां फिलस्तीन की व्यक्तिगत ज़मीनों पर बनी हैं जो लगभग इन बस्तियों की ज़मीन का एक-तिहाई है। इन बस्तियों के यहूदियों द्वारा फिलस्तीनियों के विरुद्ध हिंसा और उनकी ज़मीन तथा सम्पत्ति हड़पने के मामले बराबर होते रहे हैं। वेस्ट बैंक में रहने वाले ये इस्रायली अधिवासी उन्हीं

नागरिक अधिकारों के हकदार हैं और वही सुरक्षा उन्हें मिलती है जो इस्रायल में रहने वाले इस्रायली नागरिकों को प्राप्त है। लेकिन वेस्ट बैंक के फिलस्तीनी निवासी वहाँ के मिलिटरी कमांडर के शासन में रहने को मजबूर हैं। उनके फैसले भी मिलिटरी के कोर्ट में ही होते हैं। अधिकतर फिलस्तीनी पुलिस स्टेशनों में जाने से डरते और हिचकिचाते हैं। अधिकतर पुलिस स्टेशन या तो यहूदी बस्तियों के अन्दर हैं, या फिर सैन्य ठिकानों पर, जहाँ कि फिलस्तीनी परमिट के बिना और पूरी सुरक्षा की कड़ी कार्रवाई के बगैर नहीं पहुँच सकते। पक्षपात इतना है कि अगर यहूदी अधिवासियों के ख़िलाफ केस दर्ज भी हुए तो उनमें से नब्बे फीसदी बिना किसी दोषारोपण के बन्द कर दिये जाते हैं।

कुल मिलाकर वेस्ट बैंक और गाज़ा में रहने वाले फिलस्तीनी एक अर्थ में बन्दियों की तरह हैं जिनके लिये इस कटी-फटी रिहायशी ज़मीन पर अपने लोगों से ही मिलना, उन तक पहुँचना एक मुश्किल काम है। उन्हें न व्यवसाय और कामकाज की सुविधाएें प्राप्त हैं, न खेती के लिए ज़मीन। उनकी ज़मीनें बराबर यहूदी अधिवासियों द्वारा हड़पी जा रही हैं, यहूदी आप्रवासी उनकी सम्पत्ति लूट लेते हैं, उनकी फसलों को नष्ट कर देते हैं, उनके पालतू पशुओं को मार डालते हैं और उनके कुँओं में ज़हर डाल देते हैं। फिलस्तीनी अथॉरिटी इन मामलों में कुछ भी करने में असमर्थ है क्योंकि यह वह क्षेत्र है जहाँ तक उनकी पहुँच नहीं है। इस तरह के हिंसक और गर्हित कारनामों की एक लम्बी फेहरिस्त मौजूद है लेकिन उस पर कोई कार्रवाई नहीं होती। ज़्यादातर फिलस्तीनी डर के कारण शिकायतें भी दर्ज नहीं कराते। इस्रायल की पुलिस इन मामलों की सही तरीके से कोई छानबीन भी नहीं करती।

8. वेस्ट बैंक की सड़कों पर इस्रायल द्वारा लगाए गए तरह-तरह के प्रतिबन्ध हैं। एक आकलन के अनुसार फिलस्तीनियों के लिए सड़कों के 41 खण्डों पर आने-जाने का निषेध है। इनकी कुल लम्बाई लगभग 700 किलोमीटर है। अधिकांश प्रतिबन्धित सड़कें उत्तर-दक्षिण और पूर्व-पश्चिम के गलियारों में परिवहन की मुख्य सड़कें हैं। इन्हें यहूदी अधिवासियों और अन्तर्राष्ट्रीय यातायात के लिए आरक्षित कर दिया गया है। फिलस्तीनी ड्राइवर और वाहनों के मालिक इन सड़कों पर आने-जाने के लिए परमिट की अर्ज़ी दे सकते हैं। लेकिन अगर उन्हें परमिट मिल भी गए, तो यहाँ से गुज़रते वक़्त कहीं पर भी उन्हें रोककर उनकी तलाशी ली जा सकती है। इन प्रतिबन्धों का लोगों की गतिशीलता पर तो असर पड़ता ही है, फिलस्तीन की आर्थिक व्यवस्था भी इनके कारण चौपट हो गई है। बाकी फिलस्तीनियों को सिर्फ़ छोटी-पतली चक्करदार और टूटी-फूटी सड़कों द्वारा ही आने-जाने की इज़ाज़त है। वेस्ट बैंक में बनी हुई नई सड़कें ज़्यादातर फिलस्तीनियों के लिए निषिद्ध हैं। इसके अलावा मिलिटरी कमांडर जब चाहें तब, जिस सड़क को चाहें उसे, सुरक्षा के नाम

पर निषिद्ध कर सकते हैं।

9. बैरियर और केन्द्रीय ज़ोन—सन् 2002 में इस्रायल की सरकार ने निर्णय लिया कि सुरक्षा की दृष्टि से 1967 की सन्धि रेखा से बिल्कुल अलग इस्रायली क्षेत्र को अलग करने वाला बैरियर लगाया जाएगा। अवरोधक दीवार के निर्माण के बाद इस्रायल ने 1967 की रेखा (ग्रीन लाइन) और इस दीवार के बीच के इलाके को मध्यवर्ती (सीमज़ोन) घोषित कर दिया। इस क्षेत्र में फिलस्तीनियों का आना-जाना मना है और न वे वहाँ रह सकते हैं। लेकिन वहाँ जो फिलस्तीनी बस्तियाँ पहले से थीं। उनके निवासियों को विशेष परमिट हासिल करने होते हैं। इस दीवार के पूर्वी किनारे पर 150 से 200 मीटर की पट्टी, बीच की खाली जगह या बफरज़ोन है जिसमें फिलस्तीनियों को कुछ भी बनाने की इज़ाज़त नहीं है। विडम्बना यह है कि 38 गाँवों में पचास हज़ार फिलस्तीनी इसी सीमज़ोन में रहते हैं। साथ ही 61000 फिलस्तीनी जो पूर्वी जेरूसलेम के निवासी हैं, इस बैरियर द्वारा अपने परिवारों और अन्य सामुदायिक सम्बन्धों से दूर रहने को मजबूर हैं। लगभग पांच लाख फिलस्तीनी बैरियर के पूर्वी किनारे पर एक किलोमीटर के भीतर की दूरी पर रहते हैं। उनकी इमारतें, उनकी सम्पत्ति और उनके व्यवसायिक प्रतिष्ठान तथा कामकाज़ी पारस्परिक सम्बन्ध इस बैरियर के कारण टुकड़ा-टुकड़ा हो गए हैं। अगर फिलस्तीनी सीमज़ोन में बिना परमिट रहने की ही नहीं बल्कि घुसने की भी कोशिश करते हैं तो उन्हें पांच साल की जेल और भारी जुर्माने की सज़ा भुगतनी पड़ती है। इस्राइलियों और यहाँ बसे यहूदियों पर इस तरह की कोई पाबंदी नहीं है।

फिलस्तीनियों को अगर इस क्षेत्र से गुज़रने का परमिट मिल भी जाए तो भी आने-जाने में इतनी रुकावटें हैं कि एक तरफ से दूसरी तरफ जाने में घंटों लग सकते हैं। इसकी वजह यह है कि प्रवेश और निकास केवल फाटकों के ज़रिये ही होता है जिन्हें इस्रायली सुरक्षाबल चलाता है। गेट भी चार तरह के हैं। 1. मौसमी खेतीबाड़ी से सम्बन्धित गेट जो सिर्फ़ साल में दो-चार दफ़ा खोले जाते हैं जिससे कृषि से सम्बन्धित यातायात, जैसे फसल काटना आदि हो सके। 2. खेतीबाड़ी से सम्बन्धित ऐसे गेट जो सिर्फ़ दिन के वक्त खोले जा सकते हैं। 3. वे गेट जिनसे होकर फिलस्तीनी वेस्ट बैंक के एक हिस्से से दूसरे हिस्से में जा सकते हैं। और 4. जिनसे होकर पूर्वी जेरूसलेम, मध्यवर्ती ज़ोन या इस्रायल में प्रवेश किया जा सकता है। बैरियर की दीवार में ये गेट दूर-दूर पर लगे हैं जिसके कारण फिलस्तीनियों को दूर-दूर तक पैदल या अन्य किन्हीं साधनों से (अगर सड़क हो) चलकर जाना पड़ता है। अक्सर ये रास्ते कच्चे, ऊबड़-खाबड़ और धूलभरे होते हैं। परमिट भी कुछ गेटों पर ही लागू होते हैं और खोलने और बन्द करने का समय हमेशा निश्चित नहीं होता। सामान्य रूप से गेट रात के वक्त बन्द रहते हैं। किसी आपातकालीन स्थिति में इससे सख़्त परेशानी पैदा होती है। संगीन रूप से बीमार लोग गेट बन्द होने के

कारण डॉक्टरी सहायता न मिलने से मर भी जाते हैं।

10.दरअसल विभाजित करने वाली यह दीवार वेस्ट बैंक में स्थित इस्रायली आवासीय बस्तियों से सीधे जुड़ी है। इसका मक़सद न केवल आगन्तुक यहूदी अधिवासियों की सुरक्षा है बल्कि उन्हें इन बस्तियों के प्रसार के लिए सुविधा और ज़मीन प्रदान करना है। पूर्वी जेरूसलेम की इस्रायली बस्तियों को मिलाकर इस अवरोधक दीवार के ज़रिये लगभग 87 प्रतिशत यहूदी अधिवासियों को न केवल सुरक्षा मिलती है बल्कि उन्हें निर्बाध एक जगह से दूसरी जगह जाने की सुविधा भी है। इस्रायल के सुप्रीम कोर्ट ने जहाँ हिदायत की है कि इस बैरियर से फिलस्तीनियों को होने वाली कठिनाई पर नज़र रखी जाए, वहीं हेग में स्थित अन्तर्राष्ट्रीय कोर्ट ऑफ जस्टिस ने कहा है कि विभाजन की यह अवरोधक दीवार अन्तर्राष्ट्रीय कानून का उल्लंघन है और वेस्ट बैंक में इस्राइलियों की बस्तियां भी गैर-कानूनी है। इसके बावजूद जनवरी 2007 में इस्रायल की सरकार ने निर्णय लिया कि विभाजन की दीवार को वेस्ट बैंक में पांच किलोमीटर और बढ़ाया जाए जिससे मोदीन के पास बनी दो इस्रायली बस्तियों को शामिल किया जा सके। इसके अलावा एक ऐसी सड़क बनाने की योजना भी है जो सभी इस्रायली बस्तियों को एक-दूसरे से जोड़ेगी।

संयुक्त राष्ट्र संघ के, इस्राइल-अधिकृत भूभागों में मानवीय समन्वय के आफिस के एक सर्वेक्षण के मुताबिक :–

(i) उत्तरी वेस्ट बैंक के मध्यवर्ती ज़ोन में 60 प्रतिशत ज़मीनों के मालिक अपनी ज़मीनों तक नहीं पहुँच सके क्योंकि उन्हें परमिट नहीं मिले।

(ii) फिलस्तीनियों के लगभग पचास प्रतिशत लोग अपनी ज़मीन पर सीधे नहीं पहुँच सकते।

(iii) 22 प्रतिशत ज़मीन तक केवल पैदल जाया जा सकता था। नतीज़तन वहाँ उगाई हुई फसल के परिवहन के लिए किसी गाड़ी का इस्तेमाल नहीं हो सकता। बैरियर पर 61 गेट हैं। इनमें सिर्फ़ 26 पूरे सालभर खुले रहे। बाकी गेट भी निर्धारित समय के अनुसार नहीं खुले।

(iv) 90 प्रतिशत फिलस्तीनियों के लिए आने-जाने के सामान्य रास्ते कट गए या बन्द हो गए।

अन्य गैर-सरकारी संगठनों ने भी इस मामले का सर्वेक्षण किया है। कुल मिलाकर सभी ने यही निष्कर्ष निकाला कि विभाजित करने वाली इस अवरोधक दीवार का मूल उद्देश्य इस्राइलियों की सुख सुविधा ही है। जहाँ तक फिलस्तीनियों का सवाल है, उनकी ज़िन्दगी आर्थिक व्यवस्था, शिक्षा, स्वास्थ्य संबंधी सुविधाऐं पूरी तरह से अस्त-व्यस्त हो गई है।

11.अगस्त 2006 से अधिकांश फिलस्तीनियों के लिए जोर्डन घाटी का रास्ता भी बन्द हो गया। परमिट जारी करने के लिए भी तरह-तरह की शर्तें लगाई गई हैं

जिनके फलस्वरूप सामान्य जीवन लगभग ठप हो गया है। वेस्ट बैंक के इस बहुत बड़े हिस्से में फिलस्तीनियों के ऊपर लगाए गए प्रतिबन्धों का कोई औचित्य नहीं है। इस्रायली अधिवासियों पर कोई प्रतिबन्ध नहीं है और वे न केवल बिना रोक-टोक एक जगह से दूसरी जगह जा सकते हैं बल्कि जोर्डन घाटी में अपनी कृषि सम्बन्धी बिज़नेस को फैला रहे हैं।

पूर्वी जेरूसलेम

पारम्परिक रूप से पूर्वी जेरूसलेम फिलस्तीनी आर्थिक और सामाजिक क्रियाकलाप का मुख्य क्षेत्र रहा है। लेकिन इस्रायली बस्तियों के विस्तार और अवरोधक दीवार के निर्माण के कारण यह क्षेत्र अब वेस्ट बैंक और गाज़ा से पूरी तरह कट गया है। अब अधिकतर फिलस्तीनी उद्योग पूर्वी जेरूसलेम में अपना माल नहीं पहुँचा सकते। पूर्वी जेरूसलेम के फिलस्तीनी निवासी वेस्ट बैंक के दूसरे फिलस्तीनियों से अलग तरह के प्रशासनिक नियमों और प्रतिबन्धों से पीड़ित हैं। ओस्लो संधि वार्ता में पूर्वी जेरूसलेम के बारे में कोई निर्णय नहीं लिया गया था। इसलिए यहाँ के फिलस्तीनी न तो इस्रायल के नागरिक माने जा सकते हैं और न ही वेस्ट बैंक और गाज़ा के निवासी। इस्रायली सरकार ने उन्हें जेरूसलेम के पहचान पत्र तो ज़रूर दिए हैं लेकिन न उन्हें इस्रायली पासपोर्ट मिल सकता है और न उनका फिलस्तीनी पासपोर्ट वैध माना जाता है। ये पहचान पत्र भी, जब चाहे तब, इस्रायली सरकार रद्द कर सकती है। एक रिपोर्ट के मुताबिक 2006 तक 8200 फिलस्तीनियों के पहचान पत्र, और केवल 2006 में 1360 पहचान पत्र निरस्त किए गए हैं। वेस्ट बैंक के फिलस्तीनियों को पूर्वी जेरूसलेम में प्रवेश पाने के लिए एक स्पेशल परमिट की ज़रूरत होती है जो केवल चार पारपथों पर लागू होता है। लेकिन आठ पारपथ इस्रायली नागरिकों के लिए हैं जिन्हें किसी परमिट की ज़रूरत नहीं होती।

कुल मिलाकर अधिकृत क्षेत्रों में जो कि न्यायसंगत दृष्टिकोण से फिलस्तीनियों का क्षेत्र है, इस्रायल का पूरा वर्चस्व है और वहाँ का जीवन पूरी तरह इस्रायल की सरकार द्वारा ही नियंत्रित होता है। फिलस्तीनी अपने ही क्षेत्र में छोटे-छोटे रिहायशी द्वीपों में बंट गए हैं जिनका एक-दूसरे से सम्पर्क बहुत मुश्किल और यंत्रणामय हो गया है। एक दमनचक्र की गिरफ़्त में हैं यहाँ के निवासी।

शान्ति-वार्ता का पाखंड और समझौतों का झूठ

इतिहासकार ई.पी. थॉम्पसन के पिता एडवर्ड थॉम्पसन ने, जो कि एक ब्रिटिश मिशनरी और बुद्धिजीवी थे, एक छोटी-सी किताब भारत में भारतीयों द्वारा अंग्रेज़ों के विरोध के बारे में लिखी है। इसका नाम है 'द अदर साइड ऑफ द मेडल' (1926)। पुस्तक में भारत में अंग्रेज़ों की औपनिवेशिक नीति की आलोचना और निन्दा की गई है। उनका कहना है कि अंग्रेज़ी में भारत के बारे में लिखा गया साहित्य—यहाँ तक कि ऑक्सफोर्ड हिस्ट्री ऑफ इंडिया भी इकतरफा हैं। उनमें भारतीय दृष्टिकोण या घटनाओं की निरपेक्ष समीक्षा एकदम नहीं है। थॉम्पसन का कहना है कि इसके फलस्वरूप दोनों के बीच समझ पैदा होना या आपसी सहयोग और सहअस्तित्व की बात ही निरर्थक है। मिसाल के तौर पर 1857 के सिपाही विद्रोह को अधिकतर अंग्रेज़ इतिहासकारों ने असहाय औरतों और बच्चों पर भारतीयों द्वारा बर्बर और आतंकवादी हमला बताया है। इस लेखन से यह निष्कर्ष निकलता है कि भारत के लोग जंगली और बर्बर लोग हैं जिनकी करतूतों का जवाब सिर्फ़ शक्ति प्रदर्शन हो सकता है। थॉम्पसन के मुताबिक भारतीयों के लिए यह सिपाही विद्रोह वास्तव में अंग्रेज़ों के ख़िलाफ एक व्यापक क्रांति थी जो भारत पर कब्ज़ा करने के सिलसिले में अंग्रेज़ों द्वारा किये गए अत्याचारों, उनकी जाति और रंगभेद की नीति और साम्राज्यवादी ताक़त द्वारा पाशविक दमन के विरोध में भड़क उठी थी।

फिलस्तीन के संदर्भ में थॉम्पसन का इतिहास का यह विवेचन बिलकुल सटीक लगता है। यह सही है कि 1857 के विद्रोह में विद्रोहियों द्वारा मासूम लोगों की हत्या और विध्वंस की घटनाऐं उचित नहीं मानी जा सकतीं। लेकिन शासक का दमनचक्र और भी हिंसक होता है। फिलस्तीन में भी ऐसा ही हो रहा है। फिलस्तीनियों द्वारा बम विस्फोट की एक घटना में साठ इस्रायली नागरिक मारे गए थे। बच्चों या बस के यात्रियों को अल्लाह के नाम पर बम से उड़ा देना ग़लत है, और उसकी निन्दा भी होनी चाहिए। उन लोगों की भी निन्दा की जानी चाहिए जो छोटी उम्र के लोगों को इस तरह के आत्मघाती हमलों के लिए भेजते हैं। इसका परिणाम भी ग़लत निकलता है। चारों तरफ से आतंकवाद, हमास, इस्लामिक रूढ़िवाद के ख़िलाफ़ आवाज़ें उठने लगीं। लेकिन अमेरिका और इस्रायल के विरुद्ध जो एक अर्से से

निहत्थे असहाय लोगों पर अपनी ज़ोर आजमाइश करते रहे हैं, इस तरह की घटनाओं के ख़िलाफ़ आवाज़ उठाना एक ऐसा पाखंड है जिसके बारे में विस्तार से कुछ भी बताना ज़रूरी नहीं समझा जाता।

हक़ीक़त यह है कि पूरी शांति प्रक्रिया फिलस्तीनियों की प्रवंचना है। यह उनके इतिहास को दुबारा लिखने और उसे ग़लत साबित करने की प्रक्रिया है। आतंकवाद, ग़रीबी, असफलता की निराशा, शक्तिहीनता और घोर यातना से पैदा होता है। इस तरह की आतंकवादी घटनाऐं जिनको सही नहीं ठहराया जा सकता, इस बात का प्रतीक हैं कि फिलस्तीनी राजनीति और उसके माध्यम से अपनी समस्याओं के समाधान में विश्वास खो बैठे हैं। इस्रायल तो बराबर ही एक खुला युद्ध चला रहा है। उसने तो ओस्लो वार्ता की भी धज्जियाँ उड़ा दी, जबकि उसमें फिलस्तीनियों को फायदा पहुँचाने वाला कुछ भी नहीं था। लेकिन इस्रायल से तो कोई कुछ नहीं कहता। इस्रायल तो फिलस्तीनियों का अस्तित्व ही स्वीकार नहीं करता, लेकिन फिर भी उनकी ज़िन्दगी में बराबर हस्तक्षेप करता है। वह जहाँ और जब चाहे उसके नेताओं का कत्ल कर देता है; वह अपनी सैनिक शक्ति का इस्तेमाल घरों को नष्ट करने और स्कूलों को बन्द करने के लिए करता है। यह तो इस्रायल ही है जिसने मध्यपूर्व में आतंकवाद की शुरूआत की। वह एक राज्य है जो ज़बरदस्ती बनाया गया है। उसने आसपास के देशों पर हमले किए हैं, बम गिराये हैं, विनाश किया है। उसके अधिकृत क्षेत्रों में फिलस्तीनी भूभाग ही नहीं, बल्कि लेबनन और सीरिया के हिस्से भी शामिल हैं। लेकिन अमेरिका के प्रचारतंत्र में उसका कोई ज़िक्र नहीं होता। उसके कारनामों की कोई पड़ताल नहीं होती; और जिसे इस्लामी आतंकवाद कहा जाता है, उसे भड़काने में इस्रायल की भूमिका क्या है, इस पर किसी की नज़र ही नहीं जाती।

शांति वार्ता और समझौते के तमाम सम्मेलनों के सच और झूठ-मिथक और तथ्य-की पड़ताल ज़रूरी है क्योंकि उसके बिना हम इस क्षेत्र के भविष्य का सही आकलन नहीं कर सकते। मिसाल के तौर पर कैम्प डेविड शिखर वार्ता (जुलाई 2000) को ही लीजिए। इस्रायल-फिलस्तीन सम्बन्धों में इसे एक नये दौर की शुरूआत माना जाता है। इस्राइलियों का खयाल था कि इस वार्ता में बराक ने फिलस्तीन को जो रियायतें पेश कीं, वे न कभी पहले किसी प्रधानमंत्री ने की थी और न शायद भविष्य में कोई करेगा। बराक ने पूरी गाज़ा पट्टी और वेस्ट बैंक के अधिकृत क्षेत्र का 90 प्रतिशत भाग फिलस्तीनियों को देने का प्रस्ताव दिया। उन्होंने बस 10 फीसदी ज़मीन मांगी थी जिसमें कि इस्राइलियों के बड़े रिहायशी केन्द्र थे और जहाँ 150,000 इस्रायली रह रहे थे। जेरूसलेम को विभाजित कर पूर्वी जेरूसलेम को फिलस्तीन के हाथों सौंप देना भी उन्हें अचरज की बात लगी। और फिलस्तीनियों को देखिये कि उन्होंने इतना विशाल-हृदयता का प्रस्ताव ठुकरा दिया! इस तरह से

उन्होंने न एक ऐतिहासिक अवसर गंवा दिया बल्कि यह भी साबित किया कि वे यहूदी राज्य का अस्तित्व स्वीकार नहीं करते और उसके साथ शांतिपूर्ण ढंग से नहीं रहना चाहते। तब इस्रायल के सामने अपनी सुरक्षा के संघर्ष के अलावा कोई विकल्प ही नहीं बचता। अमेरिका और पश्चिमी मीडिया ने इस वृत्तांत को इस कदर दोहराया कि वह सच जैसा लगने लगा।

लेकिन रॉबर्ट मैली ने, जो कि कैम्प डेविड समझौते में क्लिंटन की मदद कर रहे थे, बातचीत का खुलासा अपने आलेखों में किया है जो सिलसिलेवार न्यू-यार्क टाइम्स में प्रकाशित हुए थे। उनके मुताबिक फिलस्तीनियों ने इन शर्तों को स्वीकार कर लिया था। हालांकि वे शरणार्थियों की वापसी के अधिकार पर ज़ोर दे रहे थे लेकिन उन्होंने इसका कार्यान्वयन इस तरह से करना चाहा जिससे इस्रायल की सुरक्षा और आवासीय मामलों पर प्रतिकूल असर न पड़े। दरअसल पश्चिम की दुनिया को इस्रायल की मुश्क़िलात के प्रति कुछ ज़्यादा ही हमदर्दी है। इस्रायल अगर एक इंच ज़मीन भी छोड़ दे तो पश्चिम के देशों को यह एक बहुत बड़ा त्याग और बलिदान नज़र आता है। इसकी तुलना में फिलस्तीनी जनगण की तकलीफें और बलिदान की ज़्यादा क़ीमत नहीं है। इससे क्या हुआ कि 1948 तक वे उस पूरे देश में रहते थे जिसमें आज एक यहूदी राष्ट्र इस्रायल है। उनमें से बहुत से लोग जिनके ज़ेहन में बचपन के घरों की याद बाकी है, आज भी ज़िन्दा हैं। इसके बावजूद वे अपने पुरखों की 78 प्रतिशत ज़मीन देने को राज़ी हो गए। क्योंकि 1967 के युद्ध से पहले की सीमाओं को अगर हम विभाजन रेखा मानें तो फिलस्तीन का सिर्फ़ 22 प्रतिशत हिस्सा उन्हें मिलता है। बरसों वे इस 22 फीसदी ज़मीन की वापसी का इन्तज़ार करते रहे।

लेकिन यह बात भी बारीक़ी से जानना ज़रूरी है कि बराक ने जो कुछ देने की बात कही वह कितनी सही है। इसका कोई दस्तावेज़ नहीं है। किसी को मालूम नहीं है कि क्या समझौता हुआ था। अब ऐसी राजनैतिक वार्ता की क्या अहमियत है जिसका कोई लिखित दस्तावेज़ नहीं बना? मैली के मुताबिक दरहक़ीक़त कोई इस्रायली प्रस्ताव था ही नहीं, क्योंकि सारी बात ज़बानी थी। और ग़ौरतलब बात यह है कि ये सारे प्रस्ताव अमेरिकन धारणाओं के रूप में पेश किये गए न कि इस्रायली प्रस्ताव के रूप में। बराक ने कैम्प डेविड में अराफात के साथ कोई भी गम्भीर वार्ता करने से इन्कार कर दिया, इस डर से कि अराफात उसे लिखित रूप में चाहेंगे।

कैम्प डेविड की वार्ता एक दस्तावेज़ पर आधारित है जो बेलिन-अबू माज़िन (महमूद अब्बास) की गुप्त वार्ता पर आधारित है और जो अक्टूबर 1995 के आख़िरी हफ़्ते में दोनों के बीच हुई। यह बातचीत प्रधानमंत्री इत्ज़ाक राबिन की हत्या से कुछ दिन पहले की बात है। इसके बारे में इस्रायल में अफवाहें गर्म थीं कि इस दस्तावेज़ में इस्रायल द्वारा फिलस्तीन को दूरगामी रियायतें देनी पड़ेंगी। वास्तविकता यह है

कि बेलिन-अबू माज़िन प्लान एक शर्मनाक दस्तावेज़ है जिसमें समझौते के अन्तर्गत सभी इस्रायली-यहूदी बस्तियाँ अछूती छोड़ दी गई हैं। यह दस्तावेज़ इक्कीस जून 2000 को तत्कालीन न्यायमंत्री योसी बेलिन ने इस्रायल की काबीना की मीटिंग में पेश किया। यहूदियों के अख़बार हारित्ज़ में इसका संक्षिप्त रूप प्रकाशित हुआ जिसके मुताबिक इस्रायल द्वारा वेस्ट बैंक से 90 से 95 प्रतिशत ज़मीन को खाली कर देने का ज़िक्र था। ''लगभग 130 यहूदी बस्तियां इस्रायली प्रभुसत्ता के अन्दर रहेंगी और 50 फिलस्तीन राज्य के अन्दर। जोर्डन घाटी में, जो फिलस्तीनी प्रभुसत्ता के अन्दर होगी, इस्रायल की सेनाऐं नियुक्त की जाऐंगी। फिलस्तीन राज्य पश्चिमी जेरूसलेम को इस्रायल की राजधानी के रूप में मान्यता देगा। जबकि इस्रायल जेरूसलेम के उस हिस्से को, जो 1967 के युद्ध से पहले 'अल-कुद्स' कहलाता था, फिलस्तीन की राजधानी के रूप में मान्यता देगा.... टेम्पल माउंट (अल-अक्सा का क्षेत्र) फिलस्तीनी प्रभुसत्ता के अन्दर होगा।'' ज़ाहिरा तौर पर लगता है कि यह एक बड़ी रियायत है। लेकिन हक़ीकत कुछ और है। बेलिन ने खुद मार्च 1996 के एक इन्टरव्यू में कहा कि बातचीत के दौरान उन्हें पता लगा कि फिलस्तीनी कोई भी समझौता स्वीकार करने के लिए तैयार हैं। यहाँ तक कि यहूदी बस्तियों को खत्म करना तो दूर की बात है, वे 1967 की सीमा तक ज़मीन हासिल करने पर भी ज़्यादा दबाव नहीं डालते।

गहराई से देखें तो हमें यह सोचने पर विवश होना पड़ेगा कि क्या इस्रायल अपनी 50 यहूदी बस्तियों का फिलस्तीन के नए राज्य में, उसी के क़ानून के मुताबिक रहना स्वीकार करेगा। क्या इस्रायल उनकी सुरक्षा सम्बन्धी ज़रूरतों और उनकी ज़मीनों को छोड़ देगा? उन बाईपास सड़कों का क्या होगा जो फिलस्तीनी भूमि पर यहूदी बस्तियों को एक-दूसरे से जोड़ने और फिर इस्रायल से सीधे जोड़ने के लिए बनाई गई हैं? इन सबको अगर जोड़ें तो यह नए फिलस्तीन राज्य की भूमि का 40 से 50 प्रतिशत हिस्सा होगा। इसलिए सारा मीडिया प्रचार, सारे वादे और इस्रायल द्वारा भारी रियायतों की बात एक दम झूठी साबित होती है। कैम्प डेविड में बराक का प्रस्ताव बेलिन-अबू माज़िन योजना का एक बदतर स्वरूप था। यह भी कोई ताज्जुब की बात नहीं है कि अराफात ने इस शर्मनाक प्रस्ताव को स्वीकार कर लिया। अराफात के पतन और उनकी इस्रायल से साठ-गांठ की शुरूआत ओस्लो की बातचीत से पहले ही शुरू हो गई थी।

कैम्प डेविड का सबसे निर्णायक मुद्दा था बराक की मांग कि इस समझौते को एक अन्तिम समझौता मानकर फिलस्तीन यह घोषणा कर दे कि संघर्ष समाप्त हो गया है। अगर फिलस्तीनी इस तरह की घोषणा पर दस्तख़त कर देते तो वे संयुक्त राष्ट्र संघ के प्रस्तावों पर आधारित सभी वैध अधिकारों से हमेशा के लिए वंचित हो जाते। बराक की मांग, और उसके साथ यह धमकी कि अगर फिलस्तीनियों ने यह

बात नहीं मानी तो इसका विकल्प एक रक्तरंजित आपसी संघर्ष ही रहेगा जिससे उन्हें कुछ फायदा नहीं होने वाला, क्या साबित करता है? अभी तक सभी समझौतों का मूल आधार संयुक्त राष्ट्र संघ के प्रस्ताव और निर्णय ही थे; ख़ासतौर पर प्रस्ताव 242 जो 22 नवम्बर 1967 को पास हुआ था। इस प्रस्ताव के मुताबिक 1967 के युद्ध में इस्रायल द्वारा सारे क्षेत्रों को खाली करना आवश्यक था। इसके अलावा प्रस्ताव 194 जो 11 दिसम्बर 1948 को पास हुआ था, और भी अधिक महत्वपूर्ण था। संयुक्त राष्ट्र संघ के इस निर्णय के मुताबिक सभी फिलस्तीनी शरणार्थियों को अपने मूल निवास लौटने का अधिकार है। इस संदर्भ में अगर फिलस्तीनी यह घोषणा कर देते कि संघर्ष का अन्त हो गया है, और एक अन्तिम समझौते पर बराक की मांग के मुताबिक हस्ताक्षर कर देते तो इसके फलस्वरूप पहले के सभी संयुक्त राष्ट्र संघ के अनुमोदित प्रस्ताव निरस्त हो जाते। इसलिए यासिर अराफात की प्रशंसा कम से कम इसलिए तो की जानी चाहिए कि उन्होंने इसे नहीं स्वीकारा।

150,000 यहूदी आबादी वाली बस्तियों को लेकर भी प्रस्ताव में झूठा सच ही था। कैम्प डेविड के प्रस्ताव में इन बस्तियों के बीच की वे ज़मीनें भी शामिल थीं जिनपर लगभग 120,000 फिलस्तीनी निवासियों की बस्तियां हैं। इन फिलस्तीनियों को इस्रायल के कोई नागरिक अधिकार देने का प्रस्ताव नहीं था। इसी तरह पूर्वी जेरूसलेम की बात भी आधा सच ही थी। दरअसल प्रस्ताव में जेरूसलेम के नज़दीक के गाँव अबू-दीस और उसके पड़ोस के गाँव अल-अज़रिया को अल-कुद्स के नाम से फिलस्तीन की राजधानी बनाने का प्रस्ताव था जिसे, जानकार सूत्रों के अनुसार, यासिर अराफात ने भी स्वीकार कर लिया था। इस्रायल की शर्त थी कि सारी फिलस्तीनी संस्थाऐं पूर्वी जेरूसलेम खाली कर दें और अपनी सरकारी इमारतें अबू-दीस में बनाऐं। लेकिन ये गाँव भी बार-बार दिये गए आश्वासनों के बावजूद फिलस्तीन को स्थानांतरित नहीं किये गए। रिपोर्टों के मुताबिक अमरीका के राष्ट्रपति क्लिंटन यह जानकर बहुत नाराज़ हुए कि बराक ने इस विश्वासघात के माध्यम से उन्हें दुनिया की नज़रों में झूठा ठहराया। वास्तविकता यह थी कि बराक ने क्लिंटन को वचन दिया था कि वह अराफात को बता दें कि ये दोनों गाँव फिलस्तीन को स्थानांतरित कर दिये जाऐंगे। ज़ाहिर है कि इस्रायल का निश्चय कि पूरा जेरूसलेम इस्रायल की राजधानी बनेगा, क़ायम रहा। जेरूसलेम के विभाजन और पूर्वी जेरूसलेम फिलस्तीन को सौंप देने की बात आख़िरकार झूठी साबित हुई।

दिक्क़त यह है कि जेरूसलेम में दो लाख अरब रहते हैं। उनके नागरिक अधिकारों का स्वरूप क्या होगा? औपचारिक रूप से वे इस्रायल के नागरिक हैं और उनकी ज़मीन पर इस्रायल की प्रभुसत्ता रहेगी; लेकिन उनकी सुविधाओं और सेवाओं की जिम्मेदारी इस्रायल की नहीं होगी। नागरिकता की यह कौन-सी परिभाषा है?

वेस्ट बैंक और गाज़ा पट्टी के बारे में भी कैम्प डेविड के निर्णय उतने ही झूठे

और प्रपंचपूर्ण थे। वेस्ट बैंक में 20 लाख फिलस्तीनी चार रिहायशी इलाकों में रहते हैं जो एक-दूसरे से अलग-थलग हैं। यह लगभग पूरे भूभाग का पचास प्रतिशत क्षेत्र है। बाकी चालीस प्रतिशत क्षेत्र में 40,000 यहूदी अधिवासी और उनकी सुरक्षा की सुविधाऐं हैं। यहूदी बस्तियों के आसपास की ज़मीन जिनमें पहाड़ियाँ भी शामिल हैं, इस्रायल ने सरकारी ज़मीन के तौर पर हड़प ली हैं। कैम्प डेविड की वार्ता में जो वेस्ट बैंक का नक़्शा पेश किया गया था, उसमें भी फिलस्तीनियों के चार नागरिक इलाके एक-दूसरे से अलग-थलग हैं। वे चारों तरफ से यहूदी बस्तियों से, इस्रायली सुरक्षा सेनाओं और उनके ठिकानों से और इन सबको जोड़ने वाली सड़कों और बाईपास सड़कों से घिरे हुए हैं। फिलस्तीन को स्थानांतरित करने के प्रस्ताव में लगभग पचास से साठ प्रतिशत भूमि ही आती है। इस तहकीक़ात से हमें केवल यह पता नहीं चलता कि सारे प्रस्ताव झूठे आश्वासनों का और अव्यावहारिक योजनाओं का पाखंडपूर्ण राजनैतिक कारोबार था, बल्कि यह भी कि दुनिया को दिखाने के लिए बातचीत चलती रहे और उसके पीछे इस्रायल अपनी स्थिति मजबूत करता रहे। कैम्प डेविड में बराक द्वारा न किसी समझौते पर पहुँचने का कोई ईमानदार प्रस्ताव था और न इस आधी शताब्दी पुराने संघर्ष को ख़त्म करने की कोई पेशकश।

जहाँ तक जेरूसलेम का प्रश्न है, इस्रायल की योजनाऐं बाक़ायदा बराबर चल रही हैं। न्यू-यॉर्क टाइम्स की रिपोर्ट के मुताबिक 22 फरवरी 2010 को वेस्ट बैंक के शहर हेब्रॉन में इस्रायली सुरक्षा दस्तों और फिलस्तीनी आंदोलनकारियों के बीच झड़पें हुईं। एक दिन पहले इस्रायल के प्रधानमंत्री बेन्जामिन नेतान्हू ने एक योजना की घोषणा की कि हेब्रॉन का एक धार्मिक स्थान और वेस्ट बैंक के एक अन्य शहर में एक कब्र इस्रायल की राष्ट्रीय धरोहरों में शामिल की जा रही हैं। यह 'केव ऑफ द पैट्रिआर्क्स' जिसका दूसरा नाम इब्राहिमी मस्जिद भी है, हेब्रॉन का वह पवित्र स्थान है जिसे यहूदी, ईसाई और मुस्लिम तीनों ही अपना धार्मिक स्थान मानते हैं। यह एब्राहम के दफ़्न करने की जगह है जो 150 ऐतिहासिक स्थलों में से एक है। इसी तरह बैथलेहम में रैचल की कब्र भी है। इसके साथ ही जेरूसलेम लाइट रेलवे जिसका प्रयोगात्मक संचालन शुरू होने वाला है, जेरूसलेम की यातायात की समस्याओं को सुलझाने में मदद करेगी। फिलस्तीनियों को डर है कि इस रेल द्वारा इस्रायल पूर्वी जेरूसलेम पर अपना कब्ज़ा मज़बूत करना चाहता है।

वर्षों के भयंकर टकराव और संघर्ष के बाद दो सेमेटिक जातियों का मित्रतापूर्ण सहकारिता का युग-नार्वे की राजधानी ओस्लो में 1993 में उदय हुआ। उस नये समझौते से उन्हें संगीन धक्का लगा जिन्हें 1967 की युगान्तकारी अरब पराजय के कारण शक और अविश्वास की आदत-सी पड़ गई थी। वैसे तो ओस्लो में 'सिद्धांतों की घोषणा' काफी अस्पष्ट और गोलमोल थी। उसका एक ज़ाहिरा मक़सद था। प्रथम, उन अरब देशों को पुरस्कृत करना था जो अशोभन खुशी और जनता की भावनाओं

के प्रति स्पष्ट उदासीनता के साथ अमेरिका के 1991 के इराक के विनाश के युद्ध में शामिल हुये। दूसरे इस्रायल को भी यह याद दिलाने की ज़रूरत थी कि अस्तित्व में आने के लगभग 50 वर्ष बाद, उसे यह क़बूल करना पड़ा कि एक आधुनिक राज्यसत्ता को कम-अज़्-कम अपनी भौगोलिक सीमायें निर्धारित करने की ज़रूरत है।

फिलस्तीनियों के लिये एक बड़ी उपलब्धि थी कि आख़िर ओस्लो में उन्हें एक राष्ट्र के रूप में स्वीकृति मिली। शुरू में प्रतिनिधि मंडल की अगुवाई जोर्डन ने की जो इस्रायली धारणा के अनुकूल था कि फिलस्तीन राज्य की मांग एक गलत क़िस्म का शोरगुल था, क्योंकि जोर्डन यह भूमिका बख़ूबी निभा रहा था। यद्यपि अन्तिम समझौते में फिलस्तीनी मुक्ति संगठन को लम्बे अर्से से निष्कासित और बेघर लोगों का एकमात्र प्रतिनिधि माना गया। फिलस्तीनियों के फायदे की दूसरी बात यह थी कि इस्रायल और उसके अमेरिकी समर्थकों ने भी स्वीकार किया कि पश्चिमी किनारा और गाज़ा पट्टी जिन्हें इस्रायली सेना ने 1967 से अपने कब्ज़े में ले रखा था—उस पूरे भूभाग को अपनी सम्पूर्णता में देखा जाएगा और अन्तरिम काल में उसकी अभिन्नता अक्षुण्ण रखी जाएगी।

मगर बहुत जल्दी यह बात साफ़ हो गई कि डिक्लेरेशन ऑफ प्रिंसिपल्स में शिरक़त का इस्रायल का मक़्सद तो यह था कि इस बहाने एक पुख़्ता समय सीमा तय हो जाए जिससे वह 1967 में अधिकृत भूभाग पर अपना प्रवेश और उस क्षेत्र का उपनिवेशीकरण मुक़म्मल कर ले। और उसकी प्रच्छन्न प्रेरणा फिलस्तीनी राष्ट्र की धारणा को स्वीकार करने के पीछे यह थी कि वे अपने इस अधीनीकरण के सहअपराधी बन जायें। आख़िरकार 30 वर्षों से सेना के बूटों तले रौंदे जाने के बाद फिलस्तीनी जनगण-पीएलओ के प्रतिनिधित्व में अपनी सरकार बनाने का आश्वासन पा रहे थे; मगर सिर्फ इसलिये कि वे यहूदी उपनिवेशियों और आप्रवासियों के विशेष अधिकारों को महफूज़ रख सकें जिनको ज़ाहिरा तौर पर इस्रायल दांव पर लगा रहा था। चूंकि डीओपी यानी डिक्लेरेशन ऑफ प्रिंसिपल्स में इस बात का कोई ज़िक्र नहीं था, इसलिये इस समझौते के तहत उन यहूदी बस्तियों और कालोनियों को भी न केवल अपनी सुरक्षा का अधिकार मिल गया बल्कि उनके विस्तार की स्वतंत्रता भी।

ओस्लो शांति प्रक्रिया में भूमि और आबादी, दोनों के अलग अधिकार क्षेत्र का विचार अन्तर्निहित था। इसका अर्थ यह हुआ कि इस्रायल इस क्षेत्र में भूमि और संसाधनों पर अपने सभी अधिकार बरक़रार रखेगा। और वह यह भी निर्णय करने का अधिकार रखेगा कि इस क्षेत्र में फिलस्तीनी प्रभुसत्ता की निर्धारित सीमायें क्या हैं। वह सख़्ती से यहाँ के निवासियों को प्रदत्त अधिकारों की निगरानी भी करेगा; यहाँ तक कि जनगण का बुनियादी काम भी निषिद्ध रहेगा। सीधा सा कारण है कि फिलस्तीन में मानवीय समस्याओं के आयाम क्या हैं—यह बात दुनिया को मालूम

हो ऐसा इस्रायल के हित में नहीं है। जहाँ तक प्राकृतिक संसाधनों का ताल्लुक है, स्वाभाविक नियम होगा के सबसे अच्छे इलाके यहूदी आवासियों को मिलें।

जिस फिलस्तीनी राज्यसत्ता की बात की गई थी उसका उद्देश्य तो बस इतना था कि वह अपने शासन के ज़रिये विषमता की इस व्यवस्था के महान कार्य को सम्पन्न करने का साधन बने। इस्रायली विस्तारवाद की रक्षा के दुर्ग का यह आखिरी परकोटा था। दुर्ग की इस दीवार की दूसरी तरफ टैंक और हेलिकॉप्टर और बख़्तरबन्द यान खड़े हैं जिन्हें अब अधिकृत क्षेत्रों की उस शहरी आबादी के खिलाफ़ इस्तेमाल किया जाता है जो व्यवस्था से विरोध प्रकट करते हैं।

मई 1994 तक ओस्लो घोषणा के सिद्धांतों के उस प्रच्छन्न अर्थ और उद्देश्य का पर्दाफाश हो गया जिसे इसके निर्माताओं ने चतुराई से छिपा रखा था। जब अराफात को गाज़ा-जेरिको अनुबंध पर हस्ताक्षर करने के लिये क़ाहिरा बुलाया गया—और जब सारी दुनिया की नज़रें उन पर लगी थीं तो वह नाटकीय ढंग से एक लम्हे के लिये रुके और लगा कि वे इस दस्तावेज़ पर अपने अनुमोदन की मुहर लगाने के बजाय उसे फाड़ डालना पसन्द करेंगे। यह एक नाटकीय भंगिमा थी जिसमें फिलस्तीनी पक्ष की निराशा और मतिभंग का संकेत था; एक चालाकी भरे शब्दजाल के माध्यम से उनकी आशाओं पर पानी फेरना था। क़ाहिरा समझौते ने फिलस्तीन में दो तरह के अधिकारों की व्यवस्था पर औचित्य की मुहर लगा दी। समझौते ने इस्रायल के इस अनुचित अधिकार को मान्यता प्रदान कर दी कि वह गाज़ा और जेरिको में अपनी आप्रवासी बस्तियों की क़िलेबंदी और रक्षा करें, सड़कों और राजमार्गों को अपने ऐकान्तिक इस्तेमाल के लिये संरक्षित कर ले, और फिलस्तीनी आबादी को सख़्ती से परिभाषित इलाकों में सीमित रखे।

फिर भी उस समय तक इस बात का कोई इंगित नहीं था कि इस्रायल की मंशा कतई नहीं थी कि वह इस प्रतिबद्धता का पालन करेगा; कि परिवर्तनकाल जिसमें ये इलाके फिलस्तीन को हस्तांतरित कर दिये जायेंगे, ओस्लो वार्ता से पांच वर्ष से अधिक नहीं होगा। इस तरह की बात तब उठी जब हेब्रॉन को फिलस्तीनी नियंत्रण में हस्तांतरित करने का समय आया। 1994 में पश्चिमी तट के इस शहर ने अमेरिकी यहूदी आप्रवासी बरूच गोल्डस्टीन का धर्मान्धता का भयावह प्रदर्शन देखा जिसने एक मस्जिद में 29 फिलस्तीनियों की गोली मारकर हत्या कर दी और सारी दुनिया को संदेश दे दिया कि वह यहूदियों के प्रतिनिधि के रूप में शांति प्रक्रिया के बारे में क्या सोचता है। जैसे जैसे यहूदी आवासियों की तरफ से दबाव बढ़ता गया कि बाइबल के पुरखे अब्राहम की कब्रवाले इस शहर पर यहूदियों का कब्ज़ा रहे, इसाइली सरकार बार बार इस शहर के हस्तांतरण की समयरेखा का उल्लंघन करती रही।

1997 में, हेब्रान शहर के विभाजन के समझौते के मुताबिक अरब मूलनिवासियों

और आप्रवासी यहूदियों के बीच एक असमान समझौता हुआ। शहर के 20 प्रतिशत हिस्से पर यहूदियों को अप्रतिबन्धित नियंत्रण दिया गया, कुछ इस तरह जिससे कि इस्रायली सेनाओं की टुकड़ियां पूरे हेब्रान को घेरे रहें और फिलस्तीनियों को सिर्फ़ 400 की पुलिस रखने का हक हो; वह भी एक निश्चित हथियारों के साथ, और ये हथियार भी प्रतिदिन ड्यूटी पर आते समय उन्हें इस्रायली मालिक लोग ही देंगे।

सैद्धांतिक धरातल पर भारी रियायतें हासिल करने के बावजूद, इस्रायली पक्ष हस्तांतरण काल की सीमारेखा मानने को तैयार न था। इसके परिणामस्वरूप अमेरिकन संरक्षण में एक और ज़ोरदार सौदेबाजी का अध्याय रचा गया जिसके फलस्वरूप 'वाई रिवर मेमोरेंडम' का जन्म हुआ। इस दस्तावेज़ का ख़ास ज़ोर सुरक्षा के मुद्दे पर है। लिकुड पार्टी के कट्टरपंथी यहूदी जातिवादी बेंजामिन नेतान्याहू के नेतृत्व में, जिन्होंने 1996 का चुनाव इस वादे के आधार पर जीता था कि वे ओस्लो सिद्धांत के कागज़ों को फाड़कर उसकी चिन्दियां कर देंगे, इस्रायल इस बात पर तुला हुआ था कि सुरक्षा में गड़बड़ी होने की पूरी जिम्मेदारी फिलस्तीनियों पर ही थोपी जा सके।

यह परिपत्र इस कथन से शुरू होता है कि दोनों पक्ष इस हक़ीक़त को स्वीकार करते हैं कि आतंकवाद और हिंसा का सामना कर उसे समाप्त करना उनके हित में अत्यन्त आवश्यक है। लेकिन जब इस हक़ीक़त को कबूल करने के बाद व्यवहारिक धरातल पर कदम उठाने की बात आती है तो जिम्मेदारी के मामले में सन्तुलन बिगड़ जाता है। "फिलस्तीनी पक्ष इस बात को स्पष्ट स्वीकार करेगा कि वह आतंक और हिंसा क़तई बर्दाश्त नहीं करेगा। फिलस्तीनियों की तरफ से कार्रवाई की योजना तैयार की जायेगी जिसमें अमरीका भी शामिल होगा। इस कार्य योजना का उद्देश्य होगा आतंकवादी संगठनों के साथ सुनियोजित और कारगर मुक़ाबला। सुरक्षा की इस्रायली फिलस्तीनी द्विपक्षीय सहकारिता के साथ ही एक संयुक्त राज्य अमेरिका और फिलस्तीन की संयुक्त समिति आतंकवादी खेमों को नेस्तनाबूद करने के लिये उठाये गये कदमों का पुनरीक्षण करेगी।"

और जब ये आदर्शवादी बातें और क़रार हो रहे थे तो उस पूरे काल में इस्रायल के द्वारा फिलस्तीनियों की नज़रबन्दी, प्रताडना और गैरकानूनी मृत्युदंड बेरोकटोक चल रहे थे—निर्भय, दण्डविहीनता के माहौल में। वास्तविक और राजनैतिक दोनों ही धरातलों पर फिलस्तीन में एक ऐसी स्थिति पैदा होने के आसार नज़र आ रहे थे जिसमें 1988-92 के व्यापक आंदोलन और ओस्लो के छलपूर्ण वादों से उत्पन्न शांति के अन्तराल के बाद एक भयंकर विस्फोट फूट पड़ने की आशंका थी। बरूच गोल्डस्टीन द्वारा खेली गई खून की होली और नेतान्याहू की 1996 में अल-अक़्सा मस्जिद से लगी हुई पुरातत्व की सुरंग खोलने की भड़काऊ कार्रवाई-ओस्लो शांति प्रस्ताव को छिन्न-भिन्न करने की सुनियोजित साजिश में ये मील के पत्थर थे। जब

एरियल शेरोन ने 28 सितम्बर 2000 को अल अक्सा मस्जिद की शर्मनाक और निन्दनीय जियारत की तो उन्हें लिकुड पार्टी के नेतृत्व के लिये अपने प्रतिस्पर्धी के निर्णय के फलस्वरूप होने वाले उस ख़ून ख़राबे की जानकारी तो रही ही होगी जिसमें 56 फिलस्तीनी मारे गये थे।

एक लम्बे अर्से से जिस इलाके की विजय का दम्भ इस्रायल की उद्दंडता से परिलक्षित होता था वहां कब्ज़ा किये हुए क्षेत्र की घोर गरीबी और अकिंचनता की हालत में जीने वाली विशाल फिलस्तीनी आबादी के बारे में किसे परवाह थी! उनके अस्तित्व को स्वीकार करने को भी कोई तैयार नहीं था। फिलस्तीन की गलियों ने ओस्लो प्रक्रिया पर तो अपना फैसला सुना दिया है; उसे निर्णायक रूप से इतिहास के कूड़ेदान में फेंककर। इस्रायली सरकार ने शान्ति वार्ता में समयान्तर की घोषणा कर जगज़ाहिर तौर पर चैन की सांस ली है। और अब वह एक नया षड्यंत्र रच रहा है जिससे फिलस्तीन को निर्णायक रूप से ख़त्म किया जा सके।

इस्रायल एक ऐसा राज्य है जिसका आधार निष्कासन और जातीय शुद्धता है। उसकी पहचान एक ऐसे राष्ट्र के रूप में है जिसने दुनिया के सभी यहूदियों को इस्रायल लौटने का अधिकार दिया है। इसलिये इस्रायल अपनी सीमायें निर्धारित और परिभाषित नहीं करना चाहता। इस्रायली समाज आज विभिन्न प्रजातियों का, विभिन्न देशों, संस्कृतियों, भाषाई इलाकों से आये यहूदियों का, एक संक्रान्तिग्रस्त, विभिन्नता, पारस्परिक संघर्ष और घात प्रतिघात का ज्वलनशील जन समुदाय है। उनकी आपसी दुश्मनियां और विभेद तभी शान्त हो पाते हैं जब उन्हें अपने शत्रु फिलस्तीनियों के खिलाफ़ भड़काया जाता है।

जनवरी 2001 में मिस्र के शहर ताबा की वार्ता में फिलस्तीन के प्रतिनिधियों ने इस्रायल के अस्थायी नियंत्रण क्षेत्रों वाली शर्त को स्वीकार कर लिया। मगर बात आगे बढ़ी नहीं, और अगले महीने दक्षिणपंथी लिकुड पार्टी के उम्मीदवार एरियल शेरोन प्रधानमंत्री बन गए। कुछ दिनों बाद, सितम्बर 2002 में यूरोपियन यूनियन, रूस, संयुक्त राष्ट्र संघ और संयुक्त राज्य अमेरिका ने एक अन्य प्रस्ताव रखा जिसे 'रोड मैप फॉर पीस' के नाम से जाना जाता है। इस योजना ने जेरूसलेम का भविष्य और इस्रायली बस्तियों के मुश्किल सवालों को बाद में विचार करने के लिए छोड़ दिया। पहले दौर में नई इस्रायली बस्तियों के निर्माण को रोकने की पेशकश थी और हिंसा की वारदातों पर दोनों तरफ से नियंत्रण करने की सिफारिश थी; मगर दोनों ही पर कोई भी प्रगति नहीं हुई।

अरब राष्ट्रों द्वारा शांति की पहल का एक प्रस्ताव सऊदी अरब के क्राउन प्रिंस अब्दुल्ला ने 2002 में बेरूत शिखर सम्मेलन में पेश किया। 2007 में रियाद के शिखर सम्मेलन में इसकी पुष्टि भी हुई। शांति के इस प्रस्ताव को अरब लीग के सभी सदस्यों एवं हमास तथा फतह दोनों फिलस्तीनी दलों ने स्वीकार किया। इस

प्रस्ताव में 1967 के छह दिन के युद्ध से पहले संयुक्त राष्ट्र द्वारा निर्धारित सीमाओं के अनुसार फिलस्तीन और इस्रायल के क्षेत्रों का निर्धारण मुख्य शर्त थी। प्रस्ताव के अनुसार सभी अधिकृत क्षेत्रों से इस्रायली सेनाओं की वापसी और एक स्वतंत्र फिलस्तीनी राज्य की पूर्वी जेरूसलेम में राजधानी के साथ, सभी के द्वारा स्वीकृति-यही सही और अन्तिम समाधान था। इस्रायल ने 2002 में ही इस प्रस्ताव को पूरी तरह ठुकरा दिया था। लेकिन अरब लीग इस पर ज़ोर डालती रही। आज भी समस्या जहाँ थी, वहीं है। शांति की सारी प्रक्रिया एक झूठ की खेती जैसी लगती है क्योंकि किसी भी प्रस्ताव का कोई अर्थ नहीं है जब तक कि इस्रायल उसे स्वीकार न कर ले। और इस्रायल को ऐसा कोई भी प्रस्ताव मंजूर नहीं है जिसके अनुसार उसे अधिकृत क्षेत्रों से अपना नियंत्रण पूरी तरह हटाना पड़े।

दरअसल शांति की प्रक्रिया एक आशावादी कोशिश थी। ज़मीनी सच्चाइयों के संदर्भ में सम्मेलनों और शिखर वार्ताओं पर आधारित आशावाद एक छलना मात्र साबित हुई है। 1948 से चल रहे अरब-इस्रायली संघर्ष की बुनियाद है फिलस्तीन को काटकर एक यहूदी राज्य की स्थापना। इस्रायली नेतृत्व यह मानकर चलता है कि क़ायदे से पूरे फिलस्तीन पर ही उसका अधिकार होना चाहिए था।

इस विषय में सबसे महत्वपूर्ण बात है अमेरिका और पश्चिमी देशों द्वारा इस्रायल की अन्धी पक्षधरता। इसलिए संघर्ष या उसके निपटारे के बारे में इस्रायल के विचार, उसकी धारणा और उसका प्रचार, पश्चिम का मीडिया तोते की तरह दोहराता रहता है। मसलन, इस्रायल फिलस्तीनी संघर्ष और उसके इन्तिफदा जैसे विद्रोह को फिलस्तीन द्वारा इस्रायल के ख़िलाफ हिंसा और आतंकवाद की संज्ञा देता है। उसके मुताबिक फिलस्तीनी आतंकवादी हैं, वे हिंसा के पक्षधर हैं, अड़ियल हैं और समझौता नहीं करना चाहते। वे धर्मांध और कट्टरपंथी हैं और इस्रायल के दयापूर्ण शांति के प्रस्तावों को स्वीकार नहीं करते। इस्रायल का तर्क है कि उन्हें कुछ भी दो, वे सन्तुष्ट नहीं होते; हमेशा कुछ और अधिक मांगते हैं। वे इस तरह के चरमपंथी हैं कि उस ज़मीन के कुछ सेन्टीमीटर हिस्से को पाने के लिए, जिसे वे अपनी ज़मीन समझते हैं, अपने बच्चों की हत्या करने तक के लिए तैयार हैं। इस्रायल का प्रोपेगन्डा है कि अगर फिलस्तीनियों का बस चले तो वे इस्राइलियों को समुद्र में ढकेल दें।

हक़ीकत मगर इससे बिल्कुल अलग है। ये वही फिलस्तीनी हैं जिन्होंने 90 के दशक में इस्रायल की तरफ शांति के प्रस्ताव के साथ हाथ बढ़ाया। सितम्बर 1993 में ओस्लो शांति समझौते पर व्हाइट हाउस में एक औपचारिक अनुष्ठान के दौरान दस्तख़त हुए। लोगों ने समझा कि आपसी सुलह और समझौते के नए दौर का आगाज़ हुआ है। उन दिनों फिलस्तीन में एक अपूर्व ख़ुशी और आशावाद का माहौल था। पीएलओ के योद्धाओं ने अपने हथियार लौटा दिए और इस्रायल के

टेलीविज़न पर भी उन्होंने शांति के इस नए युग के उदय का स्वागत किया और इस्रायल के साथ अच्छे पड़ोसियों की तरह रहने की आशा व्यक्त की। फिलस्तीनी नज़रिये से इस्रायल और फिलस्तीन—दो राष्ट्रों के सहअस्तित्व की स्वीकृति एक बड़ा क़दम था। इस निर्णय का अर्थ था ऐतिहासिक परिप्रेक्ष्य में उनकी फिलस्तीनी मातृभूमि का 80 प्रतिशत हिस्सा इस्रायल को दे देना। आख़िरकार वेस्ट बैंक और गाज़ा पट्टी पुराने फिलस्तीन का केवल 22 प्रतिशत है। आज हम 1948 के संयुक्त राष्ट्र संघ के विभाजन के नक़्शे को भूल गए हैं और अब भविष्य के फिलस्तीनी राष्ट्र की बात केवल इस 22 फीसदी ज़मीन को लेकर होती है।

जहाँ तक इस्रायली जनता का सवाल है, 1987-1993 के पहले इन्तिफदा से उसकी समझ में आ गया था कि वेस्ट बैंक और गाज़ा पट्टी को एक युद्ध में जीता हुआ अधिकृत इलाका बनाये रखना मुश्क़िल है। 1993 के समझौते से इस्रायल की जनता ने भी चैन की सांस ली थी। उनका खयाल था कि अब संघर्ष के दिन खत्म हो जाऐंगे। उन्हें यक़ीन था कि इस क्षेत्र में बसाये गए यहूदियों की बस्तियां तोड़ दी जाऐंगी। अचानक इस्रायल में घरों और फ्लैटों की कीमत आसमान छूने लगी। चुनाव में दो-तिहाई इस्राइलियों ने ओस्लो समझौते का समर्थन किया।

लेकिन वह सब हुआ नहीं। सन् 2000 में, ओस्लो समझौते के सात बरस बाद—हालत पहले से बदतर हो गई। गाज़ा पट्टी की हालत तो बहुत ख़राब थी। घनी आबादी वाले ज़मीन के इस छोटे से टुकड़े पर दस लाख लोग रहते थे जो शायद संसार के सबसे गरीब लोगों का क्षेत्र है। वहाँ न पानी उपलब्ध है और न कोई अन्य प्राकृतिक साधन हैं। बरसों से इस्रायली यह सवाल करते आ रहे थे—आख़िर हमें गाज़ा की ज़रूरत किस लिये है। फिर भी ओस्लो वार्ता के दौरान इस्रायल ने गाज़ा से यहूदी बस्तियों को हटाने से बिलकुल मना कर दिया—कम से कम अगले पाँच बरस तक। इन बस्तियों के निवासी भी उस समय वहाँ से जाना चाहते थे और इसलिए उन्होंने सरकार से वैकल्पिक रिहायश के लिए मुआवज़े की माँग की। रेबिन ने यह माँग ठुकरा दी। बल्कि ताबा में होने वाली बातचीत के वक़्त इस्रायल ने गाज़ा का असली नक्शा पेश किया जिसके मुताबिक बस्तियों के अलावा भी बहुत सा क्षेत्र इस्रायली नियंत्रण में दिखाया गया था। इस्रायल इस बात पर अड़ा हुआ था कि ये बस्तियाँ तीन समूहों में संगठित की जायेंगी जिसमें बस्तियों के बीच की ज़मीन भी शामिल होगी। इनके साथ अगर बाईपास सड़कों का जाल भी जोड़ लिया जाये तो गाज़ा पट्टी की लगभग एक-तिहाई ज़मीन इस्रायली कब्ज़े में ही रहती। ज़ाहिर है कि फिलस्तीनी इस प्रस्ताव को स्वीकार नहीं कर सकते थे।

मगर ताज्जुब की बात है कि दो हफ़्ते बाद 18 नवम्बर 1993 को क़ाहिरा में होने वाली वार्ता में फिलस्तीनी प्रतिनिधियों ने इस्रायल की सभी मांगें स्वीकार कर लीं। यह फिलस्तीन का पहला आत्मसमर्पण था जिसके बाद इस्रायल ने जो भी कहा

उसे अराफात विरोध के बावजूद स्वीकार करते रहे। यह वह मुक़ाम था जब यासिर अराफात का फिलस्तीनी नेतृत्व कमज़ोर पड़ रहा था। लोग उन्हें इस्रायल के साथ मिलकर फिलस्तीनियों के प्रति दग़ाबाज़ी का दोषी ठहरा रहे थे। उन पर और उनके साथियों पर भ्रष्टाचार के आरोप भी लग रहे थे। गाज़ा पट्टी के समझौते पर अराफात के दस्तख़त फिलस्तीनियों के प्रति उनका सीधा विश्वासघात था।

अराफात की इस डांवाडोल स्थिति से इस्रायली नेतृत्व पूरी तरह वाकिफ़ था और वह इसका फ़ायदा उठा रहा था। सन् 2002 में गाज़ा की स्थिति यह थी कि 6000 इस्रायली अधिवासी एक-तिहाई भूमि पर काबिज़ थे जबकि दस लाख फिलस्तीनी बाकी दो-तिहाई ज़मीन पर भेड़-बकरियों की तरह रह रहे थे।

फिलस्तीनियों का लौटने का अधिकार

कैम्प डेविड की वार्ता से इस्राइलियों के दिमाग़ में यह बात बिलकुल साफ हो गई कि फिलस्तीनियों के साथ कोई भी शांति समझौता असम्भव है, और उसका मुख्य कारण है फिलस्तीनी शरणार्थियों का वापस लौटने का अधिकार। मीडिया के व्यापक प्रचार से इस्रायल के लोग यह समझ रहे हैं कि जब फिलस्तीन को अपना राज्य मिलने ही वाला है तो फिलस्तीनी शरणार्थियों की बाढ़ को इस्रायल में क्यों आने दिया जाए।

इस मुद्दे की पृष्ठभूमि पर नज़र डालें तो वास्तविकता यह है कि 1948 के युद्ध में 7,30,000 फिलस्तीनी जो कि फिलस्तीन की पूरी आबादी 13,80,000 के आधे से ज़्यादा थे, इस्रायली सेना द्वारा अपनी मातृभूमि से खदेड़ दिए गए। यह एक पुराना घाव है—एक नासूर, और इससे रूबरू होना ज़रूरी है। यह स्पष्ट है कि इस संघर्ष को समाप्त करने के लिए फिलस्तीनी शरणार्थियों की समस्या को हल करना अनिवार्य है।

ये शरणार्थी अधिकांश मध्यपूर्व के विभिन्न देशों में हैं। उनमें से 22 फीसदी गाज़ा पट्टी में रहते हैं। बहुत पहले अन्तर्राष्ट्रीय स्तर पर तय हुआ था कि या तो उन्हें लौटने का अधिकार मिले और जो न लौटें, उनको मुआवज़ा मिले। संयुक्त राष्ट्र संघ की आम सभा ने 11 दिसम्बर 1948 को प्रस्ताव न. 194 पास किया था। मुआवज़े के विकल्प पर नज़र डालें तो यह भी एक मुश्क़िल सवाल है। किसी को नहीं मालूम कितने शरणार्थी पचास साल के निर्वासन के बाद लौटना चाहेंगे। गौर से देखें तो हम पाते हैं कि इतने वर्षों के बाद दो बातें इस्रायल-फिलस्तीन संघर्ष के बारे में उभरकर आई हैं। एक मत यह है कि इस्रायल और फिलस्तीन सम्मिलित जातियों वाला एक राष्ट्र बन जाए जिसमें दोनों ही नागरिक हों और दोनों के समान अधिकार हों। दूसरा विकल्प है कि फिलस्तीन की ऐतिहासिक भूमि पर दोनों जातियों के अलग-अलग राज्य बनें। दूसरा विकल्प दोनों तरफ ही अधिकांश लोगों का समर्थन

हासिल करता है। दूसरे इन्तिफदा के शुरूआती दौर में जनमत की पड़ताल से मालूम पड़ा कि 80 फीसदी फिलस्तीनी दो राष्ट्रों वाला हल ही चाहते थे।

लेकिन दोनों विकल्पों को अमल में लाने की मुश्क़िलात भी हैं और उनमें सबसे अहम है वही शरणार्थियों के लौटने का अधिकार। पहले विकल्प के मुताबिक लौटने वाले फिलस्तीनी जहाँ चाहें बस जाएं, उन क्षेत्रों में भी जो प्रधान रूप से यहूदी हैं, ठीक उसी तरह जैसे यहूदी अप्रवासी उन क्षेत्रों में बस गये जो मुख्य रूप से फिलस्तीनी हैं। लेकिन इस प्रस्ताव के व्यवहारिक पक्षों को गहराई से समझना जरूरी होगा क्योंकि इसमें भावनाओं का नाजुक संवेदी तत्व भी शामिल हो जाएगा। दूसरे विकल्प में अधिकांश फिलस्तीनी शरणार्थी जो लौटेंगे, फिलस्तीनी राज्य में बसेंगे। उस स्थिति में यहूदी अधिवासी जिनकी बस्तियां इस इलाके में बनी है, उन्हें वहाँ से निकलकर इस्रायल जाना होगा। यह दूसरा विकल्प फिलस्तीनी कई साल से स्वीकार करते आए हैं। उसमें ख़ास बात यह है कि लौटने के अधिकार के मुताबिक अधिकतर शरणार्थी इस्रायल में वापस जायेंगे जहाँ के वे मूल निवासी थे और जहाँ से उन्हें खदेड़ा गया था। लेकिन यह निर्णय लेना, और अगर लिया भी गया, तो कितने लोगों को इस्रायल स्वीकार करेगा, पूरी तरह इस्रायल के हाथ में है। ओस्लो समझौता फिलस्तीनियों की नज़र में इस्रायल की प्रतिबद्धता का दस्तावेज़ है कि वह पांच साल में अधिकृत क्षेत्रों को खाली कर देगा। लेकिन गाज़ा खाली हुआ तो ओस्लो समझौते के बारह साल बाद—वह भी लड़ाई की चपेट में आ गया। फिलस्तीन वाले यह समझते हैं कि न लौटने वाले शरणार्थियों को मुआवज़ा देने के लिए अन्तर्राष्ट्रीय मदद भी मिलेगी।

बरस दर बरस गुज़रते चले गए और यह स्पष्ट हो गया कि इस्रायल की कोई प्रतिबद्धता नहीं है। वह ओस्लो समझौते की शर्तों पर अमल नहीं करना चाहता। वास्तव में जो हुआ उससे तो ऐसा लगता है कि फिलस्तीनियों से तो अपेक्षा की जाती है कि वे अपने वादे निभाऐं और रियायतें दें और इस्रायल को जैसे इस हस्ताक्षरित समझौते के कार्यान्वयन से छूट मिली हुई है। साथ ही उसे अधिकृत क्षेत्रों में अपनी बस्तियों का विस्तार करने का हक़ भी है। सन् 2000 तक, समझौते के सात साल बाद, फिलस्तीनियों के प्रतिवाद और प्रतिरोध में यह बात स्पष्ट हो गई थी। यही वह पटभूमि थी जिसपर बराक अराफात से इस समझौते पर दस्तख़त कराना चाहते थे कि 'संघर्ष का अंत' हो गया है।

लेकिन इस्रायल तो वेस्ट बैंक से हटना ही नहीं चाहता। वह तो चाहता है कि इस्रायली बस्तियां उसके ही कब्ज़े में रहे। फिलस्तीनी शरणार्थियों के इस्रायल लौटने की बात भी स्पष्ट नहीं है और न मुआवज़े की। हारेत्ज़ में प्रकाशित एक पत्र के आधार पर बराक ने शरणार्थियों के लौटने के अधिकार को लेकर कुछ भी स्वीकार नहीं किया। उन्होंने मांग की कि यह निर्णय पूरी तरह इस्रायल पर छोड़ दिया जाए।

किसी भी समय इस्रायल 10,000 से ज़्यादा शरणार्थियों को वापस लेने को तैयार नहीं हुआ।

यथार्थ के धरातल पर इस्रायली नेताओं की संघर्ष समाप्त करने में कोई दिलचस्पी नहीं है। भविष्य में कोई ऐसा जननायक वहाँ पैदा होगा जो ऐसा करे, यह भी सम्भव नहीं लगता। इस्रायल ने तो यह जिम्मेदारी अन्तर्राष्ट्रीय शक्तियों पर डाल दी है। वे ही इस समस्या का समाधान करें। उनके मुआवज़े का भी इन्तज़ाम वही करें। एक ऐसा फंड बनाया जाये जो मुआवज़े के रूप में शरणार्थियों की सहायता के लिए खर्च किया जाये। उसका खर्चा कुछ इस तरह हो–1. वह उन शरणार्थियों को दिया जाये और एक अनुदान के रूप में दिया जाये, उन देशों को जो कि इन शरणार्थियों को पुनर्वास देंगे। 2. शरणार्थियों को तीन विकल्प दिये जायेंगे:–फिलस्तीनी राज्य में बसना; वहाँ रहना जहाँ वे अभी हैं; या उन देशों में जाकर बस जाना जो स्वेच्छा से अपने दरवाज़े उनके लिए खोलेंगे जैसे कनाडा, ऑस्ट्रेलिया और नॉर्वे।

उधर फिलस्तीनियों की माँग है कि अन्तर्राष्ट्रीय फंड के अलावा उनके पुनर्वास से पहले इस्रायल को खुद फिलस्तीनी सम्पत्ति की हानि की भरपाई करने के लिए, प्रतीकात्मक रूप में ही सही, फंड देना चाहिए। बराक ने यह कहा तो ज़रूर कि अगर फिलस्तीनी लौटकर फिलस्तीन राज्य में बसना चाहें तो उनकी तरफ से कोई आपत्ति नहीं है। ऐसा क्यों? फिलस्तीन में बसने के लिए बराक की अनुमति की क्या ज़रूरत थी? लेकिन दया का यह प्रस्ताव भी झूठा था क्योंकि इस्रायल की माँग थी कि फिलस्तीन राज्य की मिस्र और जोर्डन की सीमाओं पर इस्रायल की निगरानी होनी चाहिए जिससे वह वहाँ आने वाले नए आप्रवासियों पर अंकुश लगा सके। इनके अलावा पूरे दस्तावेजों में और भी ऐसी बातें हैं, तथ्य हैं जो साफ ज़ाहिर करते हैं कि कैम्प डेविड का शांति समझौता एक जानी-बूझी साजिश के तहत तैयार की गई छलना थी और उसके तथ्य एक पौराणिक गाथा के मिथकों की तरह थे। कैम्प डेविड में इस्रायल के प्रतिनिधि के रूप में बराक न तो कोई समझौता चाहते थे और न ही संघर्ष का अन्त।

मौजूदा मतभेद के प्रमुख मुद्दे

इस्रायल और फिलस्तीन दोनों ही तरफ कट्टरपंथी और नरम दल के लोग हैं। दोनों ही तरफ बहुसंख्यक लोग ऐसे हैं जो शांति चाहते हैं। इस्रायल के नागरिक भी इस दीर्घकालीन संघर्ष से त्रस्त हैं। आतंकवादी और आत्मघाती हमलों से वे निरन्तर डरे रहते हैं। लेकिन इस्रायल का नेतृत्व चाहे दक्षिणपंथी हो या लेबर पार्टी का वामपंथी, अधिकृत भूभागों पर अपना नियंत्रण किसी न किसी बहाने क़ायम रखना चाहता है। परिणाम यह है कि हर शांति वार्ता और हर एक आश्वासन एक झूठा भरोसा साबित होता है और समय गुज़रता जाता है। उधर फिलस्तीन में भी मुक्ति संघर्ष की असफलता और उसके लगभग आधी शताब्दी तक चलते रहने के कारण अब फिलस्तीन में कट्टरपंथी धर्म और जातिवादी तत्वों का, जिनमें हमास प्रमुख हैं, प्रभाव बढ़ गया है। आज वहाँ धर्मनिरपेक्ष प्रगतिशील आंदोलन कमज़ोर पड़ गया है। इस स्थिति में किसी नए प्रस्ताव पर सहमति बनना बहुत मुश्किल हो जाता है।

आजकल अधिकांश फिलस्तीनी यह सोचते हैं कि इस्रायल की दिलचस्पी किसी समझौते या समस्या के हल में नहीं है। उसका उद्देश्य है भूमध्यसागर से जोर्डन नदी तक—पूरे भूभाग पर अपना नियंत्रण बनाए रखना। इस धारणा के सबूत के तौर पर वे इस्रायली बस्तियों के मुसल्सल विस्तार की मिसाल देते हैं। उसका इरादा 1967 के युद्ध में जीते गए फिलस्तीनी क्षेत्र को खाली करने का कतई नहीं है। दरअसल, इस्रायल के दक्षिणपंथी और धार्मिक नेताओं ने एक बृहत्तर इस्रायल के समर्थन की बात की है।

दूसरी तरफ बहुत से इस्रायली यह सोचते हैं कि फिलस्तीनियों का असली मक़्सद इस्रायल के बनने से पहले के पूरे फिलस्तीन को अपने अधिकार में ले लेना है। सबूत के तौर पर वे हमास के उदय की बात करते हैं जिन्होंने पूरे इस्रायल पर कब्ज़ा करने का नारा दिया है। फिलस्तीन के स्कूलों में उनकी पाठ्यपुस्तकों में इस्रायल के ख़िलाफ घृणा भड़काई जा रही है। ऐसी स्थिति में निकट भविष्य में कोई समझौता होगा, या इस समस्या का कोई अस्थायी हल भी निकलेगा—ऐसा सोचना मुश्किल है।

फिर भी अगर हम मुख्य मुद्दों की बात करें तो उनको मोटे तौर पर परिभाषित

किया जा सकता है।

1. जेरूसलेम—जेरूसलेम की सीमाऐं, उसका विभाजन और नियंत्रण एक बड़ी समस्या है। एब्राहम से शुरू होने वाले तीनों धर्मों की—यहूदी धर्म, ईसाई धर्म और इस्लाम—यह एक मुख्य भूमि है। इस्रायल का दावा है कि इसका विभाजन नहीं होना चाहिए और वह इस्रायल के राजनैतिक नियंत्रण में ही रहना चाहिए। फिलस्तीनियों का दावा है कि शहर का वह हिस्सा जो 1967 की लड़ाई से पहले इस्रायल में नहीं था, फिलस्तीन का अंग होना चाहिए। सन् 2005 में जेरूसलेम के निवासियों की संख्या 719,000 थी जिसमें 465,000 यहूदी थे और 232,000 मुसलमान। यहूदी ज़्यादातर पश्चिमी जेरूसलेम के निवासी हैं जबकि मुसलमान पूर्वी जेरूसलेम में रहते हैं। इस्रायल की सरकार जिसमें मंत्रिमंडल और सुप्रीम कोर्ट शामिल हैं, पश्चिमी जेरूसलेम के नए शहर में स्थित हैं। यह स्थिति शुरू से अर्थात् 1948 से है। 1967 के युद्ध में जब इस्रायल ने जोर्डन के नियंत्रण वाले पूर्वी जेरूसलेम पर कब्ज़ा कर लिया तो उसने पूरे शहर पर प्रशासनिक नियंत्रण स्थापित कर दिया। 1980 में उसने घोषणा की कि पूरा जेरूसलेम इस्रायल की राजधानी है। कैम्प डेविड की वार्ता और ताबा शिखर सम्मेलन में संयुक्त राज्य अमेरिका ने एक योजना प्रस्तुत की जिसके मुताबिक जेरूसलेम का अरब आबादी वाला हिस्सा प्रस्तावित फिलस्तीनी राज्य को दे दिया जायेगा और पश्चिमी जेरूसलेम जिसके अधिकांश निवासी यहूदी हैं, इस्रायल में रहेगा। इस प्रस्ताव के मुताबिक टेम्पल माउंट से सम्बन्धित सभी पुरातत्व की परिभाषा में आने वाले स्थान इस्रायल और फिलस्तीन की सरकारें संयुक्त रूप से नियंत्रित करेंगी। दोनों ने ही उसूलन यह प्रस्ताव स्वीकार कर लिया। लेकिन यह वार्ता ही फेल हो गई।

इस्रायल को इस बात का यकीन नहीं है कि यहूदियों के पवित्र स्थान और उनसे सम्बन्धित लोगों की सही देखभाल होगी, अगर वह हिस्सा फिलस्तीनी नियंत्रण में चला गया। उनका कहना है कि 1967 से पहले जब जेरूसलेम जोर्डन के नियंत्रण में था तो उस समय यहूदियों को 'वैस्टर्न वॉल' और अन्य पवित्र स्थानों को देखने की इज़ाज़त नहीं मिलती थी। यहाँ तक कि माउंट ऑफ ऑलिव्स पर बना यहूदी कब्रिस्तान भी अपवित्र कर दिया गया था। सन् 2000 में फिलस्तीनियों के एक दल ने जोज़िफ की कब्र पर कब्ज़ा कर लिया जिसे यहूदी और मुसलमान दोनों ही अपना पवित्र स्थान मानते हैं। उन्होंने लूटपाट की और इमारत को जला दिया तथा उसे एक मस्जिद में तब्दील कर दिया। इस्राइलियों का दावा है कि पिछले बीस वर्षों में उन्होंने इस्लामी पवित्र स्थानों पर यहूदी चरमपंथियों के हमले नहीं होने दिए और मुस्लिम वक्फ़ को टेम्पल माउंट पर जाने की खुली छूट रही। दूसरी तरफ उनकी शिकायत है कि अरबों द्वारा इस क्षेत्र में रहने वाले यहूदियों पर बराबर हमले होते रहे।

दूसरी तरफ, फिलस्तीनियों को संगीन ख़ौफ है कि ईसाइयों और मुसलमानों

के पवित्र स्थानों को यदि इस्रायली नियंत्रण में रखा गया तो न तो वहाँ लोग आजादी से जा सकेंगे और न उनकी सुरक्षा हो सकेगी। वे अल-अक़्सा मस्जिद पर कई हमलों का हवाला देते हैं। 1969 में आगज़नी की एक घटना में मस्जिद का दक्खिनी हिस्सा ध्वस्त हो गया। मस्जिद के नीचे एक प्राचीन सुरंग है जो उसकी सुरक्षा की दृष्टि से बन्द कर दी गई थी। इस्रायल ने इस सुरंग को फिर से खोला जिससे कि मस्जिद ढह जाए। इस तरह के आपसी दोषारोपण और वाद-प्रतिवाद बराबर चलते रहते हैं।

2. दूसरा प्रश्न फिलस्तीनी शरणार्थियों को लेकर है। 1948 में फिलस्तीनियों का ज़बरदस्ती भगाया जाना और आतंक के वातावरण में उनका सामूहिक पलायन; और उसके बाद 1967 में फिलस्तीनियों का बड़ी संख्या में दूसरे देशों में शरण लेना, इस मुद्दे का अहम् पहलू है। संयुक्त राष्ट्र संघ की फिलस्तीनी शरणार्थियों के लिए रिलीफ और वर्क एजेंसी (यूएनआरडब्ल्यूए) के अनुसार फिलस्तीनी शरणार्थी वह व्यक्ति है जिसका मूल निवास जून 1946 और मई 1948 के बीच अविभाजित फिलस्तीन में था, और 1948 के अरब-इस्रायली संघर्ष के फलस्वरूप जिसका घर और जीविका का साधन दोनों ही छिन गए। 1949 में उन फिलस्तीनियों की संख्या, जो स्वयं भागे या ज़बरदस्ती भगा दिए गए, 711,000 थी। इन मूल फिलस्तीनी शरणार्थियों की संतानें और बाद की पीढ़ियां भी यूएनआरडब्ल्यूए रजिस्ट्रेशन की हकदार हैं। 2009 में इस परिभाषा में आने वाले लोगों की संख्या 4,600,000 है। इनमें से एक-तिहाई शरणार्थी जोर्डन, लेबनान, सीरिया, वेस्ट बैंक और गाज़ा पट्टी में रहते हैं। बाक़ी इन पड़ोस के देशों के शहरों या उनके आसपास बसे हुए हैं। आज आधी शताब्दी से भी अधिक समय बीत जाने के बाद इनमें से अधिकांश ऐसे हैं जिनका जन्म फिलस्तीन के उस हिस्से में नहीं हुआ जो आज इस्रायल है। इसके बावजूद समझौते की बातचीत और सारी शांति वार्ताओं में फिलस्तीनी पक्ष का कहना है कि इन सभी को अपने मूल निवास पर लौटने का हक़ है। संयुक्त राष्ट्र संघ की आम सभा के प्रस्ताव नम्बर 194 में यह बात कही गई है।

शरणार्थियों के अपने घर लौटने की बात न्यायसंगत है। इसके पक्ष में सबसे सशक्त क़ानूनी आधार है संयुक्त राष्ट्र संघ का प्रस्ताव 194 जो 1948 में पारित हुआ। इसके अनुसार, "जो शरणार्थी अपने घरों को लौटना चाहते हैं और अपने पड़ोसियों के साथ शांतिपूर्वक रहना चाहते हैं, उन्हें व्यावहारिक रूप से जितनी जल्दी हो सके, लौटने की अनुमति दी जाए। जो लोग नहीं लौटना चाहते हैं, उनको अपनी सम्पत्ति के बदले में मुआवज़ा मिले और सम्पत्ति की क्षति और नुकसान की भरपाई अन्तर्राष्ट्रीय कानून के सिद्धांतों के आधार पर, उन सरकारों द्वारा की जानी चाहिए जो इसके लिए जिम्मेवार हैं।" संयुक्त राष्ट्र संघ का प्रस्ताव 3236 फिलस्तीनियों के वापस लौटने के अधिकार को दुबारा ज़ोर देकर घोषित करता है। संयुक्त राष्ट्र संघ का प्रस्ताव 242 शरणार्थी समस्या के न्यायपूर्ण समाधान की आवश्यकता पर

ज़ोर डालता है।

इस्रायल में बहुत से लोग इस विषय पर समझौता करने के लिए तैयार नज़र आते हैं। लेकिन जिनकी आवाज़ में ज़्यादा ताकत है और जिनका इस्रायल की नीति पर निर्णायक प्रभाव है, वे इसके विरुद्ध हैं। इस्रायली सरकार का मानना है कि अरब शरणार्थियों की समस्या का प्रमुख कारण जोर्डन के अलावा दूसरे अरब देशों द्वारा इन शरणार्थियों को अपने देश की नागरिकता देने से इनकार करने के कारण है। अगर ऐसा होता तो अधिकांश शरणार्थी इस स्थिति से उबर गए होते। इस्रायल का एक और इल्ज़ाम अरब देशों पर है जो ज़ाहिरा तौर पर निराधार और झूठा है। उसका कहना है कि 1948 में और उसके बाद युद्ध के दौरान अरब देशों ने फिलस्तीनियों को पलायन करने के लिए उकसाया जिससे कि वे आसानी से यहूदी राज्य को नेस्तनाबूद कर सकें। लेकिन ऐतिहासिक हक़ीक़त यह है कि 1948 के बहुत पहले से ही जब यहूदी आप्रवासी गैर-हाज़िर भूस्वामियों की ज़मीन खरीदकर फिलस्तीन में आ रहे थे, फिलस्तीनी जनगण की अपनी सम्पत्ति से बेदख़ल होने और ज़बरदस्ती उन्हें भगाने की प्रक्रिया शुरू हो गई थी। दरअसल उस ज़माने में इस्रायली आतंकवादी दस्ते, जैसे हगाना, लेही और इरगुन, ज़बरदस्ती फिलस्तीनियों को डरा-धमका कर, आगज़नी, हिंसा और हत्या की वारदातों से भागने पर मजबूर कर रहे थे।

शांति वार्ता और तमाम विफल समझौते की वार्ताओं में इस्रायल इस बात से मुत्तफिक़ है कि फिलस्तीनी शरणार्थी नये फिलस्तीन राज्य में लौटें लेकिन उनके इस्रायल राज्य में लौटने का सवाल ही नहीं उठता। अगर उन्हें आने दिया गया तो यहूदी राज्य की स्थिरता ही खतरे में नहीं पड़ेगी बल्कि इससे इस्रायल के विनाश का ख़तरा भी है।

3. वेस्ट बैंक और गाज़ा पट्टी में अधिवासी यहूदियों की बस्तियां समझौते के रास्ते में एक बहुत बड़ा अवरोध है। ये बस्तियां जो अधिकतर 1967 के युद्ध के बाद बनीं, आज लगभग 350,000 यहूदियों का निवास हैं। इनमें से अधिकांश वेस्ट बैंक के पश्चिमी हिस्से में है जबकि कुछ अन्य बस्तियां फिलस्तीनी भूभाग के बहुत अन्दर भी हैं। अमेरिका, इंग्लैण्ड, यूरोपियन यूनियन और अन्तर्राष्ट्रीय मीडिया ने इस बस्तियों को मध्यपूर्व की इस जटिल समस्या के समाधान की सबसे बड़ी रुकावट बताया है। अन्तर्राष्ट्रीय कानून के तहत ये बस्तियां ग़ैरकानूनी हैं। यहाँ तक कि इस्रायल के अपने मानवाधिकार संगठन भी इनके ख़िलाफ हैं। सन् 2006 में वेस्ट बैंक और पूर्वी जेरूसलेम में 2,76,163 इस्रायली रहते थे। यहूदियों का इन क्षेत्रों में बसाया जाना और बसना संयुक्त राष्ट्र संघ की सुरक्षा परिषद् के अनेक प्रस्तावों के विरुद्ध है और चौथे जेनेवा कन्वेंशन का उल्लंघन करता है। तर्कसम्मत दृष्टिकोण से 1967 में युद्ध के बाद अधिकार में लिए गए इन इलाकों को इस्रायल द्वारा ख़ाली

किया जाना उचित था। युद्ध में जीते गए इलाकों को अपने राज्य में मिला लेना पुरानी मध्यकालीन राजशाही की रिवायत थी। इस्रायल उसे संयुक्त राष्ट्र और सारी दुनिया के विरोध के बावजूद नहीं छोड़ना चाहता। इनमें इस्रायली बस्तियों का बसाना और उनके माध्यम से परोक्ष रूप से उन पर अपना नियंत्रण और कब्ज़ा कायम करना इस्रायल की निरंकुशता और सारी दुनिया के जनमत की अवहेलना है।

इस्रायल का सबसे बड़ा संरक्षक और पक्षधर संयुक्त राज्य अमेरिका भी इस विषय पर कोई स्पष्ट नीति इख़्तियार करने को तैयार नहीं है। जॉर्ज बुश प्रथम और बिल क्लिंटन के विचार से सभी बस्तियां तो नहीं हटाई जा सकतीं, फिर भी अमेरिका की वर्तमान सरकार का कहना है कि अब और अधिक बस्तियां न बसाई जायें। लेकिन वेस्ट बैंक की बात तो दूर, पूर्वी जेरूसलेम में इस्रायल ने 1600 नए आवास बनाने की योजना तैयार की है। 9 मार्च 2010 को अमेरिका के उप-राष्ट्रपति 'जो बिदेन' ने रामल्ला में महमूद अब्बास के साथ वार्ता और सम्मेलन में, साफ अल्फ़ाज़ में कहा कि अमेरिका न केवल नई बस्तियां बसाने के विरुद्ध है बल्कि इसके लिए इस्रायल की भर्त्सना भी करता है। पुराना इतिहास अगर ग़वाह है तो इस्रायल ने अभी तक किसी की कोई बात नहीं मानी है। लेकिन ताज्जुब यह है कि दुनिया की सारी शक्तियां उसके तमाम अन्तर्राष्ट्रीय कानूनों के उल्लंघन को केवल बर्दाश्त ही नहीं कर लेती, बल्कि समर्थन-सा करती नज़र आती है।

4. इस्रायल के अपने सुरक्षा के मसले हैं। उसके लिए फिलस्तीनी राजनैतिक हिंसा पूरे संघर्ष के दौरान चिंता का विषय रही है। दरहक़ीकत फिलस्तीनी हिंसा इस्रायल की तुलना में बहुत छोटे पैमाने की है। आत्मघाती हमले हों या गाज़ा पट्टी से कस्साम रॉकेटों का छोड़ा जाना, हिंसा की ऐसी वारदातें कमज़ोर का प्रतिरोध है। अधिकृत क्षेत्रों में इस्रायल की सुरक्षा सेनाऐं आधुनिक हथियारों, टैंकों, बमवर्षक विमानों और हेलिकॉप्टर गनशिप्स के साथ मौजूद हैं। वे पूरे क्षेत्र का नियंत्रण करती हैं। फिलस्तीनियों के ऊपर, उनके आने-जाने और हर दिन के कामकाज पर उनका पूरा नियंत्रण है। इस्राइलियों द्वारा फिलस्तीनियों की हत्याओं और उनकी सम्पत्ति को नष्ट करने की गम्भीर घटनाऐं रोज़-बरोज़ होती रहती हैं। यदि हम आतंकवाद शब्द का ही इस्तेमाल करना चाहें तो, जहाँ फिलस्तीन की तरफ से छोटे पैमाने का व्यक्तिगत आतंकवाद है, तो दूसरी तरफ इस्रायल का संगठित, शक्तिशाली, व्यापक शासन द्वारा और सुरक्षा सेनाओं द्वारा संचालित आतंकवाद है।

5. समस्या के समाधान और दो राष्ट्रों की नीति पर शांतिपूर्ण अमल के रास्ते में इस्रायल का अन्तर्राष्ट्रीय दृष्टिकोण भी एक जटिल प्रश्न है। मिसाल के तौर पर, इस्रायल की मांग है कि फिलस्तीनी क्षेत्र से जोर्डन और मिस्र की सीमा के आर पार आवाजाही और आयात-निर्यात इस्रायल द्वारा नियंत्रित हो, यह मानकर कि आर्थिक दृष्टिकोण से फिलस्तीनी क्षेत्र और इस्रायल एक ही भूभाग है। ओस्लो समझौते के

बाद फिलस्तीनी अथॉरिटी को शहरों का नियंत्रण तो मिल गया है लेकिन उनके आसपास का ग्रामीण इलाका इस्रायली सुरक्षा के अन्तर्गत फिलस्तीनी नागरिक प्रशासन में रखा गया है। इसके अलावा एक तीसरी श्रेणी का क्षेत्र भी है जो पूरी तरह इस्रायली नियंत्रण में है। फिलस्तीनी शहरों में बगैर प्रवेश किये हुए इस्रायल ने नई सड़कें भी बनाई हैं जिससे इस्रायली बस्तियों के लोग बेरोकटोक आना-जाना कर सकें। वेस्ट बैंक और गाज़ा में इन बस्तियों की सुरक्षा-व्यवस्था और सड़कों के जाल के बारे में हम पहले विस्तार से बात कर चुके हैं। वास्तविकता यह है कि इस्रायल की सारी सुरक्षा की चिन्ताओं की जड़ फिलस्तीनी क्षेत्र में यहूदी अधिवासियों की आवासीय बस्तियां हैं। इन बस्तियों का बनाना शुरू से ही गलत था और उन्हें यहाँ रहने का कोई अधिकार नहीं है। आख़िरकार ओस्लो समझौते के बारह बरस बाद इस्रायल ने गाज़ा पट्टी को खाली किया। यह बात अलग है कि खाली करने के बाद ही उसने हमास के ख़िलाफ लड़ाई छेड़ दी।

6. पानी, ज़मीन और आर्थिक संसाधनों एवं उद्योगों से ताल्लुक रखने वाले तमाम ऐसे मुद्दे हैं जिन पर सहमति होना सम्भावना के क्षेत्र में नज़र नहीं आता। सहमति दरअसल एक ग़लत शब्द है क्योंकि इस्रायल और फिलस्तीन के बीच संघर्ष के ख़ात्मे और शांति स्थापना के लिए इस्रायल का सहमत होना ही सहमति है। गर्ज़ यह कि इस्रायल जैसा चाहता है वैसा करो, इस्रायल जो दे दे, वह ले लो और पूरे क्षेत्र को एक व्यापक इस्रायली नियंत्रण में रहने दो। इस क्षेत्र से इस्रायल अपनी सेना हटाना नहीं चाहता, वेस्ट बैंक से वह यहूदी बस्तियां खत्म नहीं करता चाहता। तब इस निर्णय की क्या अहमियत है कि इस्रायल वेस्ट बैंक और गाज़ा पट्टी में एक स्वतंत्र फिलस्तीनी राज्य की स्थापना का पक्षधर है?

अब गाज़ा पट्टी की ही मिसाल लीजिए। अगस्त-सितम्बर 2005 में इस्रायल ने गाज़ा पट्टी तो ख़ाली तो कर दी लेकिन उसके बाद ही हमास के साथ उसका संघर्ष शुरू हो गया। 2007 में इस्रायल ने गाज़ा के आयात-निर्यात पर प्रतिबन्ध लगा दिया; गाज़ा का औद्योगिक कामकाज़ 95 प्रतिशत ठप हो गया। जून 2005 में 3900 फैक्ट्रियों में 35000 लोग काम करते थे। जून 2007 में 195 फैक्ट्रियों में सिर्फ़ 1750 लोग कार्यरत थे। औद्योगिक प्रक्रिया और स्वास्थ्य सेवाओं के ठप हो जाने के कारण गाज़ा का जनजीवन अस्तव्यस्त हो गया। इस्रायली सरकार ने ईंधन और बिजली की सप्लाई भी काट दी। यह एक तरह का दण्ड था जो शायद गाज़ा पट्टी को खाली करने के फलस्वरूप वहाँ की फिलस्तीनी आबादी को दिया गया। यह एक प्रकार का सामूहिक दण्ड था जो ब्रिटिश शासनकाल में और 1919 के बाद ब्रिटिश सरकार उन अरबों को देती थी जो यहूदियों पर हमला करते थे। कहते हैं कि अरबों पर हमला करने वाले यहूदियों पर भी इसी तरह की सज़ा लागू होती थी।

7. अजीब-सी बात है कि इस्रायल फिलस्तीन के द्वारा अपनी सेना गठित

करने के विरुद्ध है। उसकी दलील यह है कि आख़िरकार वह सेना इस्रायल के ख़िलाफ ही इस्तेमाल में आएगी। दयापूर्वक इस्रायल ने फिलस्तीन को अपनी पुलिस संगठित करने और उसे तैनात करने की इजाज़त दे दी है। फिलस्तीनियों का कहना है, जो वाजिब भी है कि इस्रायल की सुरक्षा सेनाऐं जो कि विशाल और आधुनिक अस्त्र-शस्त्रों से लैस, सशस्त्र सेनाऐं हैं, फिलस्तीन के लिए और उसकी प्रभुसत्ता के लिए हमेशा ही एक बड़ा ख़तरा बनी रहेंगी। इस्रायल का कहना है कि शांति की संधि पर हस्ताक्षर करते समय सेना के संगठन की बात करना फिलस्तीन की गैर-ईमानदारी और अविश्वास का द्योतक है।

वर्तमान स्थिति

आज फिलस्तीन के सामने राष्ट्रीय मुक्ति की सबसे बड़ी समस्या है एक स्पष्ट रणनीति का अभाव। ओस्लो के बाद इस्रायल का कूटनीतिक दर्जा पहले से बेहतर हो गया है। ओस्लो के बाद दूसरे अरब देश इस्रायल के साथ अपने सम्बन्धों को सामान्य बनाने में लग गए। आज अधिकतर इस्लामी और तीसरी दुनिया के देशों ने इस्रायल के विरुद्ध आर्थिक और राजनैतिक प्रतिबन्ध एवम् निषेधाज्ञाऐं हटा ली हैं। नतीजतन फिलस्तीन के राष्ट्रीय आंदोलन का अंतर्राष्ट्रीय समर्थन कमज़ोर हो गया है। फिलस्तीन राष्ट्र निर्माण की योजना का ध्वस्त हो जाना एक बड़ा हादसा है। अब्बास के नेतृत्व ने शरणार्थियों के अधिकार और उनके प्रतिनिधित्व को भी तवज्जो देना छोड़ दिया है। फिलस्तीनी अधोपतन का इससे बड़ा सबूत क्या हो सकता है? एक सवाल इस मुक़ाम पर बराबर सिर उठाता है। क्या फिलस्तीनी ऐसी सफल राष्ट्रीय मुक्ति की रणनीति बना सकेंगे जो एक तरफ तो इस्रायल के उपनिवेशी घेरे और शिकंजे को तोड़ सके, और दूसरी तरफ फिलस्तीनी अथॉरिटी की आत्मसमर्पण जैसी नीति को भी ख़त्म कर सके। क्या फिलस्तीन के सवाल को दुबारा व्यापक जन आन्दोलन के क्षेत्र में लाया जा सकता है?

जनवरी 2006 के चुनावों में हमास ने इस सवाल का एक जवाब पेश किया। हमास ने फिलस्तीनी जनगण के मौलिक अधिकारों की सुरक्षा की घोषणा की। इन मौलिक अधिकारों में वेस्ट बैंक और गाज़ा में आत्मनिर्णय का अधिकार और सभी फिलस्तीनी शरणार्थियों के लौटने का अधिकार शामिल है। हमास ने भ्रष्टाचार और अवसरवाद का उन्मूलन करने का प्रण किया और एकता पर बल दिया। हमास के धार्मिक एजेन्डे के बावजूद फिलस्तीनियों ने उसे एक राष्ट्रीय नेतृत्व के रूप में स्वीकार किया जो उन्हें विजय के रास्ते पर ले जा सके। सारे घटनाक्रम से ओस्लो समझौते पर प्रतिकूल असर पड़ा क्योंकि उसके मुताबिक किसी वास्तविक प्रजातंत्र के लिए कोई स्थान नहीं था।

इसलिए इस्रायल 2006 में चुनाव के ख़िलाफ था। अमरीका अपनी प्रजातंत्र की डींग हांकने के चक्कर में फंस गया। उसके लिए यह एक अजीब स्थिति थी। एक तरफ तो वह मध्यपूर्व में प्रजातांत्रिक परिवर्तन की बात कर रहा था, तो दूसरी

तरफ वह फिलस्तीनी राष्ट्रीयता और हमास के ख़िलाफ था। अमरीका ने चुनावों का जोख़िम उठाया, इस उम्मीद से कि फतह की जीत होगी। लेकिन जब हमास इस चुनाव में जीते तो अमरीकी साम्राज्यवाद की सारी ताक़त पूरी नृशंसता से फिलस्तीनियों के ऊपर टूट पड़ी। इस्रायल द्वारा सैनिक घेराबंदी तो पहले से ही थी। अब आर्थिक प्रतिबन्ध और कूटनयिक बहिष्कार भी लागू हो गया। फिलस्तीनियों ने गलत लोगों को वोट दिया इसलिए उन्हें भूखों मार देना चाहिए, ऐसा न्यू-यॉर्क टाइम्स ने कहा। और तब से इस्रायल और उसके दोस्त सत्ता परिवर्तन के हर सम्भव प्रयत्न में लगे हैं, जिनमें इस्रायली सेना के हमले और क़त्लेआम भी शामिल है। सक्रिय कार्यकर्ताओं की हत्या, नई चुनी गई पार्लियामेंट के एक-तिहाई लोगों की इस्रायल द्वारा गिरतारी, और अमरीका के पिट्ठू अब्बास के द्वारा दुबारा चुनाव कराने की मांग और धमकी—कुछ ऐसे तथ्य हैं जो न केवल अमरीकी नवसाम्राज्यवाद का पर्दाफाश करते हैं बल्कि फिलस्तीन की वर्तमान स्थिति की भी निराशाजनक तस्वीर प्रस्तुत करते हैं। अब्बास के सुरक्षा प्रमुख मोहम्मद दहलान धमकी देते हैं कि वह हमास को नेस्तनाबूद कर देंगे। वह हमास की सरकार गिराने की कोशिश करते हैं। नतीजा यह होता है कि विभिन्न गुटों में झड़पें होने लगती हैं जिससे दर्जनों फिलस्तीनी जान से हाथ धो बैठते हैं और गृह-युद्ध का ख़तरा सिर पर मंडराने लगता है। इस बात का ख़तरा है कि हमास एक व्यापक संघर्ष को संगठित करने के बजाय आपसी झगड़ों में ही फँसे रहेंगे।

चुनाव की तरफ लौटकर आएं तो हम देखते हैं कि हमास ने इस्रायल, अमरीका और स्थानीय फिलस्तीनी समझौतावादी दलों और अन्तर्राष्ट्रीय विरोध के बावजूद जीत हासिल की। इससे कुछ समय के लिए ही सही, गृह-युद्ध और आंतरिक बिखराव की प्रक्रिया तो थम गई लेकिन आर्थिक प्रतिबन्ध जैसे के तैसे बने रहे। इस्रायल और अमरीका ने हर सम्भव कोशिश की कि नई सरकार या तो गिर जाए या फिर सही तरीक़े से काम न कर सके। 14 जून 2007 को हमास और फतह का अंतर्विरोध ताक़त के इस्तेमाल से खत्म हुआ। हमास ने गाज़ा की आंतरिक सुरक्षा को संभाल लिया। अब्बास ने हमास के इस क़दम को अनुचित शक्ति प्रयोग क़रार देकर राष्ट्रीय आपातकाल घोषित कर दिया। इससे हमास अलग-थलग हो गए। वेस्ट बैंक और गाज़ा के बीच में यह एक तरह का राजनैतिक विभाजन है। गाज़ा में हमास की सरकार है लेकिन वेस्ट बैंक में फिलस्तीनी अथॉरिटी की। इस्रायल तो इस विभाजन की कोशिश 1991 से करता आ रहा था। अमरीका और इस्रायल अब्बास की पक्षधरता दिखाते हैं क्योंकि वह उनके साथ है। इस स्थिति में कोई विकल्प नज़र नहीं आता। फिलस्तीनी मौजूदा संकट के लिए हमास और फतह दोनों को ही जिम्मेदार ठहराते हैं। फिलस्तीन में अगर कोई सामूहिक संगठन नए सिरे से उभरकर आएगा तभी उसके भविष्य के बारे में कोई उम्मीद नज़र आ सकती है।

हमेशा की तरह इस सुलगते हुए सवाल पर बहस बराबर चलती रहती है। अमरीका और इस्रायल भड़कते हुये शोलों को हवा देते रहते हैं। इस दर्मियान कहीं कोई सुलह का प्रस्ताव दोहराता है तो कोई समस्या का नया समाधान पेश करता है। 1948 के बाद सं.रा.सं. ने दर्जनों सभाओं में, सुरक्षा परिषद की बैठकों में और आपातकालीन मीटिंगों में, अनेक प्रस्ताव पारित किये। अधिकृत क्षेत्रों को खाली करने के सं.रा.सं. के आदेश की ही इस्रायल बराबर अवहेलना करता रहा है। तब अन्य निर्णयों और मसौदों की कीमत ही क्या है? लेकिन क़वायद चलती रहती है। 22 मार्च 2010 की एक रिपोर्ट से बान की मून का यह कथन खूब प्रचार में आया कि "इस्रायल द्वारा गाज़ा की नाकेबंदी स्वीकार नहीं की जा सकती।" इस्रायल ने इसे अनसुना कर दिया और फिलस्तीनियों के ख़िलाफ कार्रवाई और भी तेज़ कर दी। बान की मून उस वक़्त गाज़ा आये हुये थे और उन्होंने सब-कुछ देखा, सुना और दुख प्रकट किया। संयुक्त राष्ट्र के महासचिव बराबर इस्रायल की भर्त्सना करते रहे हैं। उन्होंने यह भी कहा कि इस्रायल द्वारा पूर्वी जेरूसलेम को कब्ज़े में ले लेना सरासर ग़लत है। लेकिन सुनता कौन है?

आज स्थिति यह है कि गाज़ा की नाकेबंदी बदस्तूर चल रही है। तुर्की के एक ग़ैर-सरकारी मानवतावादी संगठन द्वारा विभिन्न राष्ट्रों और संगठनों के माध्यम से जो मानवीय सहायता गाज़ा पहुँचाई जा रही थी उस पर 31 मई 2010 को इस्रायली कमांडो दल ने हमला किया, उसे रोका और 19 लोगों को मार डाला। सारी दुनिया में इसकी निन्दा हुई और इस्रायल तुर्की के कूटनीतिक सम्बन्ध टूटने के कगार पर आ गये। लेकिन आख़िरकार हुआ क्या? बहुत शोरगुल हुआ लेकिन कुछ दिन बाद इस घटना का असर धूमिल पड़ने लगा।

गाज़ा के सच का सामना

एहुद बराक ने 2 फरवरी को एक बयान दिया जिसमें उन्होंने कहा कि अगर इस्रायल फिलस्तीनियों के साथ सुलह-समझौता नहीं करता तो वह अपना यहूदी बहुमत खो देगा और एक रंगभेदी राज्य बन जाएगा। एहुद बराक इस्रायल के सुरक्षामंत्री हैं और इससे पहले इस्रायल की सुरक्षा सेनाओं के प्रधान भी रह चुके हैं। उनके इस वक्तव्य का संदर्भ है, ऑपरेशन कास्ट लेड की सार्वजनिक जाँच के लिये राष्ट्रीय और अन्तर्राष्ट्रीय दबाव। इस्रायल के भीतर और दुनिया के अन्य देशों में ऑपरेशन कास्ट लेड के दर्मियान इस्रायल के द्वारा फिलस्तीनियों की नृशंस हत्याओं और विनाश के कारनामों की जाँच के लिये दबाव बराबर बढ़ रहा है। 2008-2009 में गाज़ा में हमास के लड़ाकू दस्तों के साथ तीन हफ़्तों के युद्ध में 1400 फिलस्तीनी और 13 इस्रायली मारे गए। यह युद्ध स्पष्ट रूप से इस्रायल के द्वारा युद्ध विराम को भंग करने के फलस्वरूप हुआ था। इस्रायली सिपाहियों ने देश के सबसे ज़्यादा बिकने वाले

समाचारपत्र 'येडिओथ ऐहरोनॉट' को बताया कि इस्रायली सुरक्षा सेनाओं ने कास्ट लेड के दौरान युद्ध के सारे नियमों का उल्लंघन किया। एक अर्थ में नियमों को बदल डाला गया जिसका उद्देश्य फिलस्तीनी नागरिकों की क़ीमत पर इस्रायली सिपाहियों की रक्षा करना था। तय यह हुआ था कि पहचाने हुए आतंकवादियों को निशाना बनाकर उनका सफाया किया जाएगा लेकिन यह नीति लागू इस तरह हुई कि 'पहले मार दो और बाद में पॉलिसी की बात पूछो।'

दूसरे, एक अन्तर्राष्ट्रीय बारूदी सुरंग की अन्वेषी टीम ने, जिसके साथ संयुक्त राष्ट्र संघ के तकनीकी स्टाफ भी थे, इस बात की पुष्टि की है कि उसने हवाई जहाज़ से गिराये गए 113 किलोग्राम के एमके 82 बम के कई हिस्से गाज़ा की एकमात्र आटा चक्की के ध्वंसावशेष में पाए। जज रिचर्ड गोल्डस्टन ने संयुक्त राष्ट्र को दी गई अपनी रिपोर्ट में यह निष्कर्ष निकाला है कि मिल पर हमला करने का उद्देश्य गाज़ा के फिलस्तीनियों की एकमात्र भोजन की आपूर्ति के स्थान को नष्ट करना था। यह पूरी तरह से युद्ध के नियमों के विरुद्ध अपराध था जो इस्रायल के इस दावे को झूठा साबित करता है कि उसने कास्ट लेड के दौरान अन्तर्राष्ट्रीय क़ानून का पालन किया था।

तीसरी बात यह है कि इस्रायल गाज़ा में दो वरिष्ठ अधिकारियों द्वारा सफेद फारफोरस के विस्फोटक पदार्थों को इस्तेमाल करने के ख़िलाफ़ अनुशासनिक कार्रवाई नहीं करना चाहता, हालांकि वह इस बात से इन्कार नहीं करता कि इन रासायनिक द्रव्यों का इस्तेमाल हुआ। एक बात और; 6 जनवरी 2010 को संयुक्त राष्ट्र संघ के एक परिसर पर हमले के द्वारा इस्रायली सुरक्षा सेनाओं ने 40 फिलस्तीनी नागरिकों को मार डाला, इस हक़ीक़त के बावजूद कि वहाँ से इस्रायल के सिपाहियों पर कोई गोली नहीं चलाई गई थी।

बराक की यह चेतावनी, फिर भी, आंशिक ही है। 1967 के अरब-इस्रायली युद्ध में जीत के बाद इस्रायल में पन्द्रह लाख फिलस्तीनी थे। इस्रायल न तो उन्हें निष्कासित करना चाहता है और न उन्हें पूरे अधिकारों के साथ देश का नागरिक बनाना चाहता है। अगर एक न्यायसम्मत फिलस्तीनी राज्य बन जाता है तो शायद इस्रायल के ऊपर लगने वाला जातिभेद का इल्ज़ाम हट सके। दूसरी बात यह है कि बराक साहब ने उन 5 लाख गैर-क़ानूनी इस्राइलियों का ज़िक्र ही नहीं किया जो कि वेस्ट बैंक में रह रहे हैं; और न वहाँ नयी इस्रायली रिहायशी बस्तियां बसने पर कोई रोक लगाई है। इतिहासकार अवी श्लेम ने इसकी तुलना दो व्यक्तियों के बीच एक पिज़ा के बंटवारे से की है जिसे बातचीत के दौरान एक व्यक्ति बराबर निगलता रहता है। सबसे बड़ी बात यह है कि बराक की अपनी सरकार ने ही वेस्ट बैंक में इस्रायली रिहायशी बस्तियों पर रोक लगाने की सारी मांगों को ठुकरा दिया है। इसका सीधा अर्थ है कि शांति समझौते से पहले की एक बड़ी शर्त उसे स्वीकार नहीं है।

तब क्या इसमें संदेह की ज़रा सी भी गुंजाइश है कि इस्रायल फिलस्तीनियों के साथ कोई भी न्यायसम्मत समझौता नहीं करना चाहता?

इधर पिछले दो-तीन बरस से इस्रायली और फिलस्तीनियों की संयुक्त नागरिकता की चर्चा भी होने लगी है। कहा जा रहा है कि दोनों की नियति एक-दूसरे से अविभाज्य रूप से जुड़ी हुई है; और यह भी कि सैनिक कार्रवाई के माध्यम से इस संघर्ष का हल सम्भव नहीं है। डेनियल बेरिनबोइम एक संगीतज्ञ हैं जो पियानो बजाते हैं और ऑर्केस्ट्रा के निर्देशक भी हैं। उन्होंने एडवर्ड सईद के साथ मिलकर संगीत और समाज के सम्बन्ध पर शोध भी की है। उनका परिवार 1950 में अर्जेन्टाइना से इस्रायल आया था। वह वहीं पले-बढ़े। उनका कहना है कि आज इस्रायल के सामने तीन समस्याऐं हैं। पहली है एक आधुनिक प्रजातांत्रिक यहूदी राज्य का स्वरूप और उसकी पहचान। दूसरी समस्या है इस्रायल में फिलस्तीनियों की पहचान और उनके अधिकार, और तीसरी बड़ी समस्या है इस्रायल के बाहर फिलस्तीनी राज्य का निर्माण। तीनों का ही हल आसान नहीं है। बड़ी ईमानदारी से उन्होंने इन समस्याओं का हल पेश किया है, जिसकी मौलिक धारणा है इस्रायलियों द्वारा फिलस्तीनियों के अधिकारों की स्वीकृति। आख़िर फिलस्तीनी कोई ऐसी चीज़ तो नहीं हैं जिन्हें जादू की छड़ी घुमाकर गायब किया जा सकता है। इस्रायल के अपने अस्तित्व की रक्षा के लिये यह निहायत ज़रूरी है कि नैतिक, सामाजिक और राजनैतिक धरातल पर समाज में उनका समन्वय हो। इसके लिये अधिकृत क्षेत्रों से कब्ज़ा हटाना भी आवश्यक है। यह एक ऐतिहासिक अवसर है जिसे इस्रायल को गँवाना नहीं चाहिये। इस्रायल के सच्चे नागरिकों को चाहिये कि खुले दिल से फिलस्तीनियों की तरफ वह अपना हाथ बढ़ाऐं और कम-अज़-कम यह समझने की कोशिश तो करें कि इस्रायल राज्य के निर्माण से उन पर क्या गुज़री है।

ये बहुत अच्छे विचार हैं। एक अन्य यहूदी विचारक उरी अवनेरी भी एक समन्वयवादी विचारधारा का प्रसार एक लम्बे अर्से से करते आये हैं। फिलस्तीनियों के वापस लौटने के अधिकार के वह पक्षधर हैं। उनका दृढ़ विश्वास है कि स्वदेश वापस लौटना एक बुनियादी मानव अधिकार है; हमारे ज़माने में किसी को भी इससे महरूम नहीं किया जा सकता। शरणार्थियों के वापस लौटने के अधिकार के साथ ही जुड़ा है अरबों की इस्रायली नागरिकता का प्रश्न और फिलस्तीन राज्य। इसी तरह इस्रायल में भी कई प्रगतिशील मानवतावादी संगठन हैं और मानवतावादी चिन्तक हैं जो शान्ति, सहयोग और समन्वय के प्रस्ताव लाते हैं और फिलस्तीनियों के अधिकारों की वकालत करते हैं। यह सिलसिला भी आधी शताब्दी से अधिक समय हुआ, बराबर चल रहा है। लेकिन क्या इसका इस्रायल और उसके संरक्षक अमरीका पर कोई असर पड़ा है?

फिलस्तीन की समस्या दस साल पहले जितनी मुश्किल थी उतनी ही आज

भी है। बल्कि अब और भी मुश्किल हो गई है। यासिर अराफात बदनाम हुए फिर नहीं रहे। महमूद अब्बास एक व्यवहारवादी नेता है लेकिन उनके इस गुण का इस्रायल ने कोई फायदा नहीं उठाया। पिछले बीस वर्षों में, ख़ासतौर पर 1991-93 से, तमाम फार्मूले बनाए गए हैं। दोनों देशों के प्रतिनिधि और अन्य राष्ट्रों के साथ मिलकर बहुत विचार-विमर्श हुआ है, लेकिन नतीज़ा कुछ नहीं निकला। आतंकवाद और शांति की प्रक्रिया को जोड़ना इस्रायल के अनुकूल है, लेकिन यह सही नहीं है। अन्तर्राष्ट्रीय शक्तियां इस्रायल की ही पक्षधर नज़र आती हैं। इस्रायल के लिए यह बहुत माकूल है कि वह फिलस्तीनियों को आपस में लड़ाता रहे। इसलिए उसे फतह और हमास का संयुक्त राजनैतिक प्रतिनिधित्व स्वीकार नहीं है। नतीजा यह है कि आज फिलस्तीनी जनगण के दो नेतृत्व हैं, गाज़ा में हमास हैं तो बाकी क्षेत्र में फतह। पिछले ढाई साल से गाज़ा की हालत नरक से भी बदतर है जो एक तरह से इस्रायल की घेराबंदी में है।

वेस्ट बैंक की हालत कुछ बेहतर है। वहाँ विदेशी सहायता भी मिली है। इस्रायल की रणनीति लगती है कि अगर वेस्ट बैंक के फिलस्तीनियों को अपेक्षाकृत खुश रखा जाए तो वे शायद कालांतर में एक स्वतंत्र राष्ट्र की लड़ाई और फिलस्तीन राज्य की मांग छोड़ दें। शायद यह सोचना गलत है। अगर यहूदियों ने 2000 साल के बाद भी इस ज़मीन से अपना नाता नहीं छोड़ा और ज़बर्दस्ती यहाँ अपना देश बनाकर ही रहे, तो वे फिलस्तीनियों से ऐसी उम्मीद कैसे कर सकते हैं? फिलस्तीन के लिए यह सम्भवतः सबसे कठिन और सबसे अधिक दुख और निराशा का समय है। समय उनके ख़िलाफ लगता है और बढ़ती हुई जनसंख्या भी। वह दिन दूर नहीं कि गाज़ा की आबादी फट पड़ेगी और अब से भी अधिक हिंसक हो जाएगी। वेस्ट बैंक उसके प्रभाव से महदूद नहीं रह सकता। और देखा जाए तो वेस्ट बैंक की हालत भी अच्छी नहीं है। इस्रायली बस्तियां, सड़कों का जाल, गेट और सुरक्षा चौकियां, कुल मिलाकर वेस्ट बैंक में भी ज़िन्दगी असाधारण तौर पर मुश्किल और यातनापूर्ण है।

हमें यह भी नहीं भूलना चाहिए कि इस्रायल में भी फिलस्तीनी रहते हैं जिन्हें वहाँ के लोग अरब कहकर पुकारते हैं। उनकी संख्या इस्रायल की जनसंख्या का 20 प्रतिशत है। ये अरब फिलस्तीनी राष्ट्रीय आंदोलन की मुख्यधारा के साथ दिन-ब-दिन पूरे साहस और सशक्त आवाज़ के साथ जुड़ते जा रहे हैं। जनवरी 2009 में एक लाख इस्रायली अरबों ने सरकार के ख़िलाफ विशाल प्रदर्शन में हिस्सा लिया और गाज़ा के निवासियों के ख़िलाफ इस्रायल के हिंसात्मक रवैये की खुलकर निन्दा की।

मौजूदा परिस्थितियों में एक और इन्तिफदा की सम्भावना से इन्कार नहीं किया जा सकता। हिंसा का समर्थन नहीं किया जा सकता। उसके हमेशा अच्छे परिणाम भी नहीं निकलते। लेकिन उदासीन और अन्याय की पक्षधरता करने वाली दुनिया की बड़ी ताकतों को सचेत करने के लिए हिंसा ज़रूरी भी हो जाती है। हमें यह नहीं

भूलना चाहिए कि पहले इन्तिफ़दा ने ओस्लो समझौते का रास्ता प्रशस्त किया। दूसरे इन्तिफदा ने एक बार फिर फिलस्तीनियों के वजूद से सारी दुनिया को आगाह किया। इस्रायल की प्रतिक्रिया कुछ भी हो, और पुराने एवम् नए साम्राज्यवादी जो भी सोचें, अन्याय और दमन की आख़िरी सीमाओं पर खड़े लोग अपनी आस्था और उद्देश्य के लिए कुछ भी कर सकते हैं।

नोम चोमस्की ने लिखा है कि 11 सितम्बर 2001 जिसे सभी अब 9/11 के नाम से जानते हैं, के बाद अमरीका उसी पटकथा को दोहरा रहा है जो रीगन और बुश-1 के समय में लिखी गई थी। इसलिये फिलस्तीन की समस्या के अहम् मुद्दे जैसे के तैसे ही हैं; उनका हल निकालने की बात तो दूर, उन पर सम्यक् रूप से विचार भी नहीं हुआ है। इसलिये इस्रायली यहूदियों और फिलस्तीनी अरबों के लिये मौजूदा परिस्थितियाँ अत्यन्त यन्त्रणामय और अनिष्टकारी हैं; द्वितीय विश्वयुद्ध के समय वे जिस विनाश की त्रासदी से होकर गुज़रे उससे कहीं ज़्यादा असहनीय और निराशाजनक। (नोम चोम्स्की, पेज 9)। लोग समझते हैं कि वाशिंगटन शान्ति का पैरोकार है। यह धारणा गलत ही नहीं, अर्थहीन भी है। उसकी भूमिका बदस्तूर फूट डालने वाली है। शान्ति और सुलह सभी चाहते हैं, सवाल है कि किस कीमत पर? अगर यह सब इतना आसान होता तो हुसैन आग़ा और रॉबर्ट मैली की बात मान ली जाती। उन्होंने लिखा है कि अन्तर्राष्ट्रीय स्तर पर स्वीकृत विभाजन की सीमा 1967 के युद्ध के पहले की है, जो कुछ तरमीम के साथ इस तरह है कि, ''इस्रायल वेस्ट बैंक में कम से कम भूमि ले ले और उसके बदले उतनी ही ज़मीन इस्रायल के अन्दर फिलस्तीनियों को दे दे।'' तीस साल से अधिक समय से इस विषय पर अन्तर्राष्ट्रीय सहमति रही है। 1970 के दशक में तो ज़ाहिरा तौर पर उन भूभागों को फिलस्तीन राज्य का दर्जा देने की सहमति भी हुई जो 1967 के युद्ध में इस्रायल ने अपने कब्ज़े में ले लिये थे। लेकिन अमरीका इसके ख़िलाफ रहा। और इस लम्बी अवधि में इन क्षेत्रों में इस्रायली बस्तियां बसाई जाती रहीं जिसके परिणामस्वरूप फिलस्तीनी दक्षिण अफ्रीका के 'बन्टूस्तान' जैसे टुकड़ों में क़ैद हो गये। पूर्वनियोजित प्रोग्राम के मुताबिक यह विस्तार होता रहा जिसे अमरीका ने भरपूर सैन्य, कूटनीतिक और आर्थिक सहायता प्रदान की। और दिसम्बर 2002 में तो पहली बार वाशिंगटन ने सं.रा.सं. की महासभा में इस्रायल द्वारा जेरूसलेम पर अधिकार कर लेने के ग़लत और अन्यायपूर्ण क़दम का खुला समर्थन किया।

कोई कुछ भी कहता रहे, कितनी भी शान्तिवार्तायें हों, लेकिन जब तक संयुक्त राज्य अमरीका अपनी नीति नहीं बदलता, तब तक कुछ नहीं होगा। अमरीका इस्रायल का पक्षधर ही नहीं, उसका संरक्षक भी है। मध्यपूर्व में इस्रायल अमरीकी नवसाम्राज्यवाद का प्रतिनिधि ही नहीं उसकी सशस्त्र चौकी भी है। अगर पिछली आधी शताब्दी का इतिहास हमें कोई सबक़ और दृष्टि देता है तो वह यह है कि

मौजूदा स्थिति आगे चलकर फिलस्तीनियों और इस्रायल दोनों के विनाश का कारण बन सकती है। ''दोनों के बीच की नफ़रत की दीवार पर हर दिन घटने वाली भयावह घटनायें, नये पत्थर लगा देती है। उनके बीच इन्तक़ाम की आग सुलग रही है, वहां भय भी है और अविश्वास भी। दीवारें कभी भी गिराई जा सकती हैं। लेकिन इस काम को अंजाम वही लोग दे सकते हैं जो हर दिन दर्द के साये में जीते हैं और एक बदतर कल की सम्भावना से दहशतज़दा रहते हैं।'' (नोम चोम्स्की XIII)

इस्रायल और फिलस्तीन का भविष्य निर्धारित करने वाला संघर्ष, स्थानीय, क्षेत्रीय और अन्तर्राष्ट्रीय तीनों धरातलों पर चल रहा है। स्थानीय धरातल पर यह इस्रायली यहूदियों और फिलस्तीनी अरबों के बीच है। बड़ी औद्योगिक शक्तियों के लिये इस क्षेत्र का यौद्धिक और आर्थिक महत्व एक बड़ी प्राथमिकता है। मशहूर बॉल्फोर घोषणा के कुछ दिन बाद ही लॉर्ड बॉल्फोर ने कहा था, ''मुझे इसकी परवाह नहीं है कि हम तेल पर किस तरह अपना अधिकार क़ायम रखते हैं, लेकिन मेरे ज़ेहन में यह बात बिलकुल साफ है और अत्यन्त महत्वपूर्ण है कि यह तेल हमें उपलब्ध हो।'' पच्चीस साल बाद अमरीका के सेक्रेटरी ऑफ स्टेट-हल ने ज़ोर देकर कहा, ''यह बात पूरी तरह समझी जानी चाहिये कि सऊदी अरब का तेल दुनिया का सबसे बड़ा पुरस्कार है।'' और यह एक ऐतिहासिक तथ्य है कि द्वितीय विश्वयुद्ध के दौरान और उसके बाद अमरीका ने ब्रिटेन को हटाकर इन संसाधनों पर नियंत्रण की कमान संभाल ली। हमें यह मानकर चलना चाहिए कि अमरीका वह हर सम्भव कोशिश करेगा कि यह तेल उसे अमरीकन कम्पनियों की मार्फत मिलता रहे।

इर्विंग क्रिस्टॉल ने 1973 में वॉलस्ट्रीट जर्नल में लिखा था, ''व्हेयर ऑल द गनबोट्स गॉन?—तुच्छ, नगण्य राष्ट्र, तुच्छ लोगों की तरह अचानक महत्ता और गुरुत्व की छलना के शिकार हो जाते हैं......ये छोटे राष्ट्र तब तक दूसरों के हितों, और महाशक्तियों के हितों का विनम्र आदर नहीं करते जब तक ऐसा असंगत व्यवहार उन्हें महंगा न पड़े। हमारा कर्त्तव्य है कि हम उन्हें यह नसीहत दें। दरअसल 'गन बोट डिप्लोमेसी' (जहाजी हमलों वाली) राजनीति के दिन कभी खत्म नहीं होते. ...जिस तरह आन्तरिक व्यवस्था के लिये पुलिस कारें ज़रूरी हैं वैसे ही अन्तर्राष्ट्रीय व्यवस्था के लिये गनबोट निहायत जरूरी हैं।'' (वॉल स्ट्रीट जर्नल दिसम्बर 13, 1973) अमरीका की नीति आज 37 साल बाद भी बदली नहीं है। मगर एक सस्ता और आसान विकल्प भी था। 1970 के रोजर प्लान को लागू करना, जिसके मुताबिक इस्रायली फौजों को 1967 की सीमाओं पर लौट जाना चाहिये था।

भविष्य में इस बात की सम्भावना कम नज़र आती है कि कोई शान्ति समझौता हो सकेगा। लड़ाई की प्रबल सम्भावनाऐं भी बराबर बनी रहेंगी। और सम्भव है कि अगली बार इस्रायल की शहरी आबादियां भी विनाश की गिरफ़्त में आ जायें। आणविक हथियारों के इस्तेमाल का भी डर है। आज नहीं तो कल, मौजूदा स्थिति

अगर न बदली तो, यह नामुमकिन नहीं है कि इस्रायल विनष्ट हो जाये और उसके साथ ही उसके आसपास का जगत भी। अगर क्षेत्रीय शान्ति मुस्तक़िल तौर पर स्थापित नहीं हुई तो यह अनुमान सही साबित भी हो सकता है। और इस्रायल के ज़बरन कब्ज़े की यह तवील दास्तान अगर अमन और समझौते के मुक़ाम पर नहीं पहुंची तो फिलस्तीनियों के मुस्तक़बिल में सिर्फ अंधेरा है। उनकी तक़दीर में तब होगा बिखराव, यंत्रणा और विनाश (नोम चोम्स्की 10)।

फिलस्तीनी कुछ भी सोचें और सं.रा.सं. जो चाहे प्रस्ताव पारित करता रहे; और अन्तर्राष्ट्रीय धारणायें जो भी हों, हक़ीक़त यह है कि इस्रायल एक यहूदी राज्य बना रहेगा; एक ऐसा राज्य जो जाति और धर्म के विभेद और विद्वेष पर आधारित है। मगर जहां ग़ैर-यहूदी भी हैं, वह शुद्ध यहूदी राष्ट्र कैसे हो सकता है? इसलिये इसे शुद्ध यहूदी बनाने के मक़सद से ग़ैर-यहूदियों के साथ वह सब होता रहेगा जो हो रहा है।

और अगर फिलस्तीन में धर्म और जेहाद का प्रसार देखें तो, अगर फिलस्तीन राज्य कभी बना तो वह भी इससे मुख़्तलिफ़ नहीं होगा। इस्लाम के कट्टर स्वरूप, हमास और लेबनन में हिजबुल्ला का वर्चस्व और सारी दुनिया में कट्टरपंथी आक्रामक इस्लामी पुनरुत्थान के सन्दर्भ में अब इस तरह के धर्मनिरपेक्ष मानवतावादी फिलस्तीन की कल्पना भी नहीं की जा सकती जिसका अभियान मुक्ति संग्राम का आगाज़ था। इस तरह इतिहास में रूपायित होंगी वे सब धारणायें, वे सभी भय और आशंकायें जो पिछली सदी के आरम्भ में सियोनवादियों के ज़ेहन में उभरी थीं। 1920 में उपनिवेश बनाने के काम के कर्णधार ऑर्थर स्विन ने कहा था, "दस लाख आबादी का (या पचास साल बाद कई मिलियन का) यहूदी राज्य एक नये मान्टेनेग्रो या लिथुआनिया की तरह होगा। उसने चेतावनी दी थी कि, 'हर्ज़्ल की यहूदी राज्य की धारणा का स्वरूप तभी सम्भव हो सकती है अगर उसकी तरह हम वहां अरबों की मौजूदगी को बर्ख़ास्त कर दें (अमोस एलोन, पृ. 178)।

1930 में डेविड बेन गुरियन ने पार्टी के एक आन्तरिक विचार-विमर्श में कहा था कि "फिलस्तीन के शासन में यहूदी और अरब दोनों को निर्बाध विकास और सम्पूर्ण राष्ट्रीय स्वाधीनता मिलनी चाहिये। वह एक फेडरल स्टेट होनी चाहिये जिसमें दोनों ही सहकारिता और सद्भाव की भावना का विकास करें। सरकार में दोनों का समान प्रतिनिधित्व होना चाहिये।" आज 80 वर्ष बाद यह कहना मुश्किल है कि ये विचार ईमानदार थे या पाखण्डपूर्ण। 1930 की सत्रहवीं पार्टी कांग्रेस में बेन-गुरियन ने कहा, 'हम दुनिया के सामने, मज़दूरों के आन्दोलन और अरब जगत के सामने, यह ऐलान करते हैं कि अभी या भविष्य में हम एक राष्ट्रीय दल द्वारा दूसरे का शासन स्वीकार नहीं करेंगे। और न हम यह स्वीकार करते हैं कि यहूदी राज्य की हमारी धारणा फिलस्तीन में यहूदियों द्वारा अरबों पर प्रभुत्व क़ायम करना होगा।' (नोम

चोम्स्की पृ.34)। 1937 के रॉयल कमीशन के सामने बेन-गुरियन ने कहा, 'अगर फिलस्तीन जनहीन होता तो हम यहूदी राज्य मांग सकते थे, क्योंकि तब इससे किसी का नुकसान नहीं होता। लेकिन फिलस्तीन में अन्य निवासी भी हैं, और जैसे हम किसी की दया पर निर्भर नहीं रहना चाहते, उन्हें भी अधिकार है कि वे यहूदियों की दया पर निर्भर न रहें।' लेकिन अरब इस्रायली संघर्ष के मद्देनज़र जो उस समय तक गम्भीर रूप ले चुका था, इस घोषणा में कितना सच था, यह इतिहास के पन्नों में कहीं खो गया है।

आज की स्थिति का मूल्यांकन करने पर यह बात स्पष्ट रूप से उभरकर आती है कि पिछले साठ वर्षों में सभी प्रयत्नों के बावजूद अरब-इस्रायली समस्या का कोई व्यावहारिक हल नहीं निकला। यह बात भी अब साफ समझ में आने लगी है कि शांति वार्ताओं का लम्बा सिलसिला जो 70 के दशक में मिस्र के साथ द्विपक्षीय समझौते के साथ शुरू हुआ था और जो अभी तक चल रहा है, एक ग़ैर-ईमानदार और प्रपंचपूर्ण प्रक्रिया है। इस दीर्घ अवधि में इस्रायल ने न केवल अपनी स्थिति मज़बूत की है बल्कि अधिकृत क्षेत्रों को लगभग बृहत्तर इस्राइल में शामिल कर लिया है। फिलस्तीनियों की इस स्थिति की चिन्ता अमरीका और पश्चिम के विकसित देशों को पहले भी नहीं थी, तो अब क्या होगी! एक ज़माना था कि अरब देश एक व्यापक अरब अस्मिता को लेकर आगे बढ़े थे लेकिन वे भी न केवल उदासीन हो गये हैं बल्कि अपने हितों की ही चिन्ता करने लगे हैं।

खतरनाक आंतरिक गृहयुद्ध

फतह और हमास के फिलस्तीनी गुटों में बराबर चलती हुई और संगीन होती हुई भीतरी लड़ाई इस साठ साल पुराने संघर्ष के समाधान की उम्मीदों को कमज़ोर कर रही है। जून 2007 से फिलस्तीनी संघर्षरत योद्धाओं की ताकत और उनका ध्यान आपसी संघर्ष में नष्ट हो रहा है। स्वाभाविक है कि इससे निराशा और क्रोध वेस्ट बैंक और गाज़ा दोनों के निवासियों में ही बढ़ रहा है। इसका खतरनाक अंजाम आज कट्टरपंथी और अल-क़ायदा से प्रेरणा पाने वाले गुटों में हिंसा के भड़क उठने की वारदातें हैं। अब तक फिलस्तीनी संघर्ष और प्रतिरोध में इन इस्लामपंथी गुटों के लिए कोई जगह नहीं थी।

अल-कायदा से प्रभावित गुट अभी भी छोटे और बिखरे हुए हैं। उनमें से बहुत से आधारहीन हैं और उनका कोई वैकल्पिक नेतृत्व भी नहीं है। इस स्थिति ने हमास के लिए परेशानी में डालने वाली समस्याऐं पैदा कर दी हैं। पिछले कुछ हफ़्तों में यह संघर्ष के छोरों पर उभरते हुए समुदाय इस्राइल के ऊपर रॉकेटों से हमला कर रहे हैं, और इस तरह भड़काने वाली कार्रवाई में मशगूल हैं। लगभग एक साल से हमास इस्राइल के ऊपर रॉकेट के हमलों पर नियंत्रण करने की कोशिश कर रहे हैं। यह

एक प्रकार का अनौपचारिक युद्ध-विराम रहा है। लेकिन इस्राइल का कहना है कि अगर गाज़ा पट्टी से रॉकेटों का हमला हुआ तो वह हमास को ही जिम्मेदार ठहराएगा; और ऐसा हुआ भी। इन हमलों का जवाब इस्राइल की सेना ने अपने सैनिक और टैंक गाज़ा में भेजकर दिया, और इस प्रक्रिया में बहुत से घर नष्ट कर डाले। हमास ने इन गुटों को नियंत्रित करने की कोशिश ज़रूर की है। ये लोग मोटे तौर पर जेहादी सलाफी कहलाते हैं। इनमें कुछ की गिरफ़्तारी भी हुई है और कई हमास के हाथों मारे भी गए हैं। हमास के प्रतिनिधि के मुताबिक तकरीबन 150 सलाफी लड़ाकू, जो पहले हमास के सदस्य थे, गिरफ़्तार किये गए हैं।

अगस्त 2009 में जुन्द अन्सार अल्लाह (अल्लाह के समर्थकों के सिपाही) नाम के गुट ने गाज़ा की एक मस्जिद में हमास को भी चुनौती दे डाली। उसके नेता अब्दुल लतीफ मूसा ने गाज़ा को एक इस्लामी राज्य घोषित कर दिया। उसने यह भी साफ अल्फाज़ में कहा कि वह इस्राइल के ख़िलाफ हिंसात्मक प्रतिरोध करता रहेगा और हमास में अगर हिम्मत हो तो उसे रोकें। हमास ने प्रत्युत्तर में उसके नेता और 26 अन्य सदस्यों को मार डाला। हमास ने यह जताने की कोशिश की कि यह एक अलग-थलग घटना थी और उसका कोई व्यापक प्रभाव नहीं था। लेकिन इसके बाद सलाफी गुटों की संख्या बढ़ी है। उनके कई नाम हैं जैसे एकेश्वरवादी ब्रिगेड के सिपाही, रोलिंग थन्डर और अल्लाह की फौज।

ये गुट हमास से नाराज़ हैं। वे उन्हें इस्लाम के मूल सिद्धांतों के प्रति गैर-वफ़ादार होने का अपराधी ठहराते हैं। गाज़ा में हमास ने, जिसका अर्थ अरबी में फिलस्तीन का इस्लामी प्रतिरोध दल है, इस्लामी क़ानूनों को लागू नहीं किया है। मिसाल के तौर पर गाज़ा की औरतें पर्दा नहीं करतीं और पुरुष दाढ़ी नहीं रखते। इस बात से सलाफी नाराज़ हैं क्योंकि वे गाज़ा में तालिबानी क़ानून लागू करना चाहते हैं। इन्टरनेट कैफे और म्यूज़िक के स्टोरों पर हमले हुए हैं क्योंकि जेहादी सलाफी इन्हें हराम या धर्मविरुद्ध मानते हैं। मुस्लिम जगत में सलाफी इस्लामी कानूनों के बड़े कट्टर और अपरिवर्तनशील अर्थ लगाने के लिए जाने जाते हैं। वे ज़्यादातर धार्मिक शिक्षा और समाजसेवा में मसरूफ रहते हैं लेकिन उनमें से कुछ सलाफियों ने अल-क़ायदा के प्रभाव में आकर हथियार उठा लिए हैं, और पश्चिमी जगत और नरमपंथी अरब नेताओं के विरुद्ध धर्मयुद्ध या जेहाद का फ़तवा दिया है।

हमास प्रधानमंत्री इस्माइल हनिएह ने हाल में स्वीकार किया है कि जेहादी सलाफी गुट गाज़ा के निवासियों के एक छोटे वर्ग पर प्रभाव डालने में सफल हुए हैं। उन्होंने विश्वास जताया कि उन लोगों को चरमपंथी विचार त्यागने के लिए समझाया जा सकता है। यह एक विरोधाभास है कि हमास, जिन्हें मीडिया, इस्राइल और अमेरिका तथा यूरोप के अधिकांश देश खुद कट्टरपंथी मानते हैं, वे आज की तारीख़ में अपनी विचारधारा और आस्थाओं में नरमपंथी रुख़ अपना रहे हैं। यह सही

है कि हमास ने इस्राइल के अस्तित्व को स्वीकार नहीं किया है। इसलिए पश्चिम और इस्राइल की नज़र में उनकी शुमार दुश्मनों में है। यही वजह है कि अमेरिका उन पर आतंकवादी का ठप्पा लगाता है।

अक्सर हमास का नेतृत्व यह बात साफ अल्फाज़ में कहता है कि उसका उद्देश्य एक स्वाधीन फिलस्तीनी राज्य है और उसका एकमात्र दुश्मन इस्राइल है। उसकी हिंसात्मक कारगुज़ारियाँ फिलस्तीन के क्षेत्र तक सीमित हैं। उसने अलक़ायदा से दूरी बनाकर रखी है और वह हिंसा में एकमात्र साधन के रूप में विश्वास नहीं करता। वह दुनिया के दूसरे क्षेत्रों में भी हिंसा का समर्थक नहीं है; चाहे वह हिंसा फिलस्तीनी प्रतिरोध के समर्थन में ही क्यों न हो।

हमास के फ़तह से सम्बन्ध टूटने का एकमात्र कारण इस्राइल के अस्तित्व को स्वीकार करना है। परिणामस्वरूप फिलस्तीनी प्रतिरोध में ही विभाजन हो गया है, और यह विभाजन वेस्ट बैंक और गाज़ा पट्टी के बीच है। जहाँ तक फ़तह का सवाल है, उसने इस्राइल के अस्तित्व को एक लम्बे अर्से से स्वीकार कर रखा है। उसे इस्राइल के साथ वार्ता और संवाद में कोई परेशानी नहीं होती। महमूद अब्बास के नेतृत्व वाली फ़तह पार्टी हमास के ऊपर यह इल्ज़ाम लगाती है कि उसने फिलस्तीनियों के द्वारा हासिल की गई सफलताओं को खटाई में डाला है और वह खुद संघर्ष के किसी सम्भव हल के रास्ते में एक बड़ी रुकावट है। उधर हमास फ़तह के ऊपर फिलस्तीनी उद्देश्यों को नज़रअंदाज़ करते हुए इस्राइल और अमेरिका के साथ सांठ-गांठ करने और उनसे रियायतें हासिल करने का इल्ज़ाम लगाते हैं। फ़तह और हमास के बीच अरब देशों, खासकर मिस्र की मध्यस्थता से कई बार बातचीत हुई है। लेकिन उसका कोई परिणाम नहीं निकला। साठ वर्ष के प्रतिरोध और संघर्ष और इस्राइल द्वारा फिलस्तीनी क्षेत्रों पर ज़बरन आधिपत्य के लम्बे इतिहास में आज इस मुक़ाम पर फिलस्तीनियों के दिमाग़ में यह स्पष्ट नहीं है कि उनका दुश्मन कौन है। इस निराशा के दौर में जेहादी सलाफी और भी ज़्यादा मतिभ्रम पैदा कर रहे हैं।

गाज़ा में हमास ने जेहादी सलाफी गुटों की कारगुज़ारियों का क्रूरता से दमन किया है जिससे अपने शासन को महफूज़ रखा जा सके। लेकिन एक व्यापक परिप्रेक्ष्य में अनियन्त्रित हिंसा के कारण अलक़ायदा शैली की इस्लामिक कट्टरता में फिसलन की सम्भावना हमेशा बनी रहती है। एक स्वाधीन फिलस्तीन राष्ट्र की लड़ाई के समर्थक सारी दुनिया में हैं। लेकिन अगर प्रतिरोध और संघर्ष की डोर अलक़ायदा से प्रेरणा प्राप्त करने वाले गुटों के हाथ में चली गई तो यह समर्थन काफूर हो जाएगा। अगर ऐसा हुआ तो फिलस्तीन अकेला और असहाय छूट जाएगा। दूसरी तरफ, अगर वेस्ट बैंक फ़तह के नियन्त्रण में रहे और गाज़ा जेहादी सलाफियों के हाथ में चला जाए, तो दोनों का अलगाव मुकम्मल हो जाएगा। तब गाज़ा के फिलस्तीनी इस्राइल की दया पर निर्भर रहेंगे। इससे वेस्ट बैंक में फ़तह की इस्राइल

के साथ बातचीत में मोल-तोल करने की ताकत भी कमज़ोर पड़ेगी। उसे भी वही स्वीकार करना पड़ेगा जो इस्राइल दया की भीख के तौर पर उसे दे दे।

फिलस्तीन में इस फूट और विभाजन के नतीजे सब के सामने हैं। इस्राइल तो अपने आका और समर्थक अमेरिका पर भी दबाव डाल रहा है कि वह पूर्वी जेरूसलेम के अधिकृत क्षेत्र में यहूदी आवास बस्तियाँ बनाने की योजना का समर्थन करे। फरवरी के महीने में हमास के प्रमुख नेता महमूद अल महबूह की इस्राइली एजेंटों ने दुबई में हत्या कर दी। ऐसी ख़बर है कि इन हत्याओं के मामले में विरोधी दल के फिलस्तीनियों ने ही हत्यारों को महत्वपूर्ण जानकारी दी।

इस बात के स्पष्ट और दस्तावेजी सबूत हैं कि 1987 में इस्राइल ने हमास दल के गठन में महत्वपूर्ण भूमिका अदा की। इसका उद्देश्य फ़तह के नेतृत्व वाले पीएलओ का प्रभाव निष्क्रिय करना था। तब से लेकर, ख़ासतौर पर फ़तह के प्रमुख यासिर अराफात की 2004 में मृत्यु के बाद, हमास ने फ़तह के प्रभाव को गम्भीर नुकसान पहुँचाया है। इसका जीता-जागता प्रमाण 2006 के चुनाव में उसकी विजय है। अभी तक तो जेहादी सलाफियों को इस्राइल से गुप्त रूप से समर्थन मिलने के प्रमाण नहीं हैं। लेकिन जैसे फ़तह के नेतृत्व को कमज़ोर करने के लिए इस्राइल ने हमास को संगठित होने में मदद की, उसी तरह हमास के प्रभाव को खत्म करने के लिए जेहादी सलाफी को इस्राइल की शह मिलना कोई ताज्जुब की बात नहीं होगी। अगर हमास और फ़तह एक नहीं हुए तो फिलस्तीन के अस्तित्व का भविष्य ही खतरे में है।

31 मई 2010 के दिन इस्राइल की आर्थिक नाकेबंदी के शिकार गाज़ा के निवासियों के लिए मानवीय सहायता ले जाने वाले जहाजी बेड़े पर हमला दुनिया को एक बार फिर याद दिलाता है कि इस्राइल कितना उद्दंड और मानवताविरोधी राज्य है। इस बेड़े पर सहायता की सामग्री के साथ अन्तर्राष्ट्रीय स्वयंसेवी दलों के लोग भी थे। कम से कम दस लोग मारे गए जब इस्राइल की सुरक्षा सेनाओं के कमांडो अन्तर्राष्ट्रीय सामुद्रिक सीमाओं में इन जहाजों पर टूट पड़े और बड़े कमज़ोर प्रतिरोध के जवाब में भारी सैन्यशक्ति का इस्तेमाल किया। ये जहाज़ और उनके यात्री तथा सामान गैरकानूनी तौर पर बन्धक बना लिए गए। गिरफ़्तार किए गए लोगों में दुनिया के बहुत से पत्रकार भी थे जो इस सहायता को पीड़ित गाज़ा निवासियों तक पहुँचाने के समाचार को कवर कर रहे थे। फिलस्तीनी जनगण के प्रति सहानुभूति और समर्थन के इस गांधीवादी काम के विरुद्ध यह आपराधिक दुष्कृत्य यह बात साबित करता है कि अन्तर्राष्ट्रीय समाज इस्रायल के ग़ैरक़ानूनी और अनैतिक प्रतिबन्ध और घेराबंदी को रोकने में पूरी तरह नाकाम हुआ है। जून 2007 में इस्राइल ने गाज़ा की नाकेबंदी की और बाकी दुनिया से उसको एकदम अलग कर दिया। उसका उद्देश्य इस क्षेत्र पर हमास के राजनैतिक नियंत्रण को

कमज़ोर करना था। गाज़ा पट्टी से रॉकेटों का हमला तो नाकेबंदी का एक बहाना था, एक ऐसी नाकेबंदी जो पलक झपकते ही एक पूरे युद्ध में बदल गई। वह भी उस क्षेत्र के ख़िलाफ जिसके निवासी 1967 से गैरकानूनी ज़बरन अधिकार से 2005 तक पीड़ित रहे, जिस साल शांति के अन्तर्राष्ट्रीय समझौतों के मुताबिक इस्राइल को गाज़ा पट्टी खाली करनी पड़ी।

2008-2009 में इस्राइली हमला और उसके युद्ध से सम्बन्धित अपराध संयुक्त राष्ट्र संघ के द्वारा नियुक्त ग्लैडस्टन कमीशन ने अपनी रिपोर्ट में क़लमबंद किये हैं। गाज़ा की नाकेबंदी वहाँ के नागरिकों पर एक तरह का सामूहिक दंड है जो कि अंतर्राष्ट्रीय मानवाधिकार कानूनों का गम्भीर और खुला उल्लंघन है। कोई दूसरा देश होता तो संयुक्त राष्ट्र की सुरक्षा परिषद् ऐसे दुष्टतापूर्ण कृत्य के ख़िलाफ उसकी बुरी तरह ख़बर लेती। लेकिन इस्राइल से कोई कुछ नहीं कहता क्योंकि उसकी पीठ पर संयुक्त राज्य अमेरिका का हाथ है। राष्ट्रपति पद के उम्मीदवार बराक ओबामा ने एक कमज़ोर सी उम्मीद जगाई थी कि शायद पश्चिम एशिया की समस्याओं के प्रति न्यायसम्मत नीति अपनाई जाएगी। लेकिन राष्ट्रपति बनने के बाद वह उस तरह का दबाव डालने में पूरी तरह नाकाम रहे जिसकी सख़्त ज़रूरत थी। 31 मई को अन्तर्राष्ट्रीय समुद्र की छाती पर जो अपराध के दुष्कृत्य का नाटक इस्राइल ने खेला, संयुक्त राष्ट्र सुरक्षा परिषद् द्वारा उसकी जांच करवाने का ऐलान बिलकुल बेमानी है। इस्राइल के पिछले तमाम कृत्यों की जांच की रिपोर्टें—जिनमें ग्लैडस्टन की रिपोर्ट भी शामिल है—कूड़ेदान में फेंक दी गई हैं। अन्तर्राष्ट्रीय मानव समाज से कम-से-कम यह उम्मीद तो की जाती थी कि वह गाज़ा पर इस्राइल द्वारा लगाए गए प्रतिबन्धों को तुरन्त हटवाए।

इस्रायली मीडिया पर सैन्सर के कड़े नियमों की पाबंदी है। यह पाबंदी इस सियोनवादी राज्य के तमाम युद्धों के परिप्रेक्ष्य में और भी सख़्त हो जाती है। दुर्भाग्य से इस क्षेत्र के बाहर अधिकतर लोगों को इसकी जानकारी नहीं है। साठ साल से ऊपर हुए, इस्रायल अपने पड़ोसी देशों से एक मुसल्सल जंग में मुब्तिला है। साठ साल से ही इस्रायल ने प्रेस पर सख्त पाबंदी लगा रखी है। पिछले साल इन्हीं दिनों, जब गाज़ा पट्टी में इस्रायली रॉकेटों ने सैंकड़ों फिलस्तीनियों की हत्या कर दी, जब उसके बमों और मिसाइलों ने तीन संयुक्त राष्ट्र संघ के स्कूलों को ज़मींदोज़ कर दिया तो अधिकांश इस्रायली जनता इन तथ्यों से अनभिज्ञ रही। इस्रायल के अखबारों ने उनकी कोई भी खबर प्रकाशित नहीं की। इस्रायल के नागरिकों को तो इस हिंसात्मक घटनाक्रम की जानकारी इंटरनेट, बीबीसी और सीएनएन से मिली।

इस्रायल के लोगों को अपने प्रजातंत्र पर बड़ा अभिमान है। उनके लिए यह बात दीगर है कि जज रिचर्ड ग्लैडस्टन के नेतृत्व वाली संयुक्त राष्ट्र संघ की कमेटी ने इस देश की युद्ध की शैली को लेकर उस पर युद्ध के अपराधों का दोषारोपण

किया। जिस तरह भारत के राजनैतिक नेता और शासक स्वयं को दुनिया का विशालतम जनतंत्र कहकर शेखी बघारते हैं, उसी तरह इस्रायल में भी लोगों को अक्सर यह कहते सुना जा सकता है, "मध्यपूर्व में इस्रायल एकमात्र देश है जहाँ पश्चिमी शैली का जनतांत्रिक राजनैतिक संगठन है।"

इस्रायल में विविधदलीय व्यवस्था है जैसी कि भारत में; उसका आधार सानुपातिक प्रतिनिधित्व है और लम्बे अर्से से गठबंधन सरकार यहाँ की परम्परा ही बन गई है। लगभग तीस राजनैतिक दल विभिन्न और विरोधी विचारधाराओं का प्रतिनिधित्व करते हैं। प्रेस और मीडिया को स्वतंत्रता है कि वह विभिन्न राजनैतिक दृष्टिकोणों पर रिपोर्ट प्रकाशित करे और उन विचारों को भी अभिव्यक्ति दे जो सरकार की नीतियों की आलोचना करते हैं। यहाँ तक कि, एक सीमा तक गैरकानूनी तौर पर अधिकृत क्षेत्रों और पड़ोसियों से संघर्ष के संवेदनशील विषयों पर भी रिपोर्ट दी जा सकती है। लेकिन जब संघर्ष से ताल्लुक रखने वाली 'स्पॉट न्यूज़' या 'फौरी खबर' का वक्त आता है तो प्रेस को उसकी रिपोर्ट देने की आज़ादी नहीं है। यह अलग बात है कि अन्तर्राष्ट्रीय प्रेस और अन्य मीडिया माध्यमों में ये खबरें हेडलाइन्स—सुर्खियों के रूप में प्रकाशित होती है। ऐसे में उन्हें सरकार द्वारा निर्धारित आचार संहिता का पालन करना पड़ता है। लेकिन ऐसे समाचारपत्र और स्तम्भ लेखक भी हैं जो अपनी सरकार की नीति के कड़े आलोचक हैं और वे प्रकाशित भी होते हैं। मगर हक़ीक़त यह है कि इस्रायली सरकार अपनी सैनिक कार्रवाईयों के खूनी कारनामों से अपनी जनता को अनभिज्ञ रखना चाहती है। वह नहीं चाहती कि सीमा के उस पार ही इस्रायल की सेना द्वारा विनाश की घृणित और अमानवीय लीला की जानकारी इस्रायली जनता को मिले।

2006 के 34 दिन के लेबनन युद्ध के बारे में इस्रायली स्तम्भकार गिडियन लेवी ने हारेत्ज़ अखबार में लिखा, "लेबनन में हुआ ध्वंस और विनाश इस्रायल में कोई महसूस नहीं करता, वह यहाँ दिखाया भी नहीं जाता। वे लोग जो यह जानना चाहते हैं कि तबाही के बाद टायर शहर कैसा नज़र आता है, उन्हें विदेशी चैनलों की शरण लेनी पड़ती है। बीबीसी के रिपोर्टर ऐसी दहला देने वाली तस्वीरें लेकर आते हैं जो यहाँ कभी नहीं देखी जा सकती।"

और जब इस्रायल ने दिसम्बर 2008 में गाज़ा पट्टी पर एक के बाद एक हवाई हमले किए, तो इस्राइलियों को इस बात का कुछ भी पता नहीं चला कि वहाँ रहने वाले जवान या बूढ़े, औरतें या बच्चे किस क़त्लेआम का शिकार हुए। 1000 से कहीं ज़्यादा फिलस्तीनी उस युद्ध में मारे गए जिसमें 13 इस्रायली भी मरे। गाज़ा में संयुक्त राष्ट्र संघ के तीन स्कूलों पर इस साल के शुरू में जो बमबारी हुई, वह सारी दुनिया के समाचारों में मुखपृष्ठ की बड़ी खबर बनी। बस इस्रायल में उसका संक्षिप्त ज़िक्र भर था, दो-एक जगह।

यहाँ के प्रजातंत्र में प्रेस का यह सेन्सर दिल के छेद जैसा है। इस सेन्सर के क़ानून में चौदह विषय शामिल हैं। यह बात भारतीय पत्रकारों के एक दल से 'एडियोट ऐहरोनॉट' के सम्पादक ने कही। पत्रकारों के इस दल ने, जो इस्रायली सरकार के निमंत्रण पर वहाँ गया था, बहुत से लोगों से मुलाकात की और उनके विचार जानने चाहे। इनमें सामान्य जन भी थे और राजनयिक लेखक, फिल्म निर्देशक, कुछ पत्रकार और किबुट्ज़ के कुछ निवासी। ज़्यादातर लोगों की राय थी कि फिलस्तीनियों को जो मिल रहा है वे इसी के क़ाबिल हैं। वे तो आपस में भी लड़ रहे हैं। फिलस्तीनी अथॉरिटी और हमास के बीच में विचारों की कोई एकता नहीं है। इस्रायल शांति चाहता है; लेकिन जब हमास इस्रायल पर रॉकेट दागते हैं तो उसका बदला देना ही पड़ता है। इस्रायली समझते हैं कि वे दुश्मनी के वातावरण में अपने अस्तित्व की रक्षा के लिए लड़ रहे हैं। इस्रायल में कार्यरत बाहरी समाचार एजेंसियाँ भी इन प्रतिबन्धों से पूरी तरह आज़ाद नहीं है। एसोसिएटेड प्रेस, जो अमेरिका की एक न्यूज़ एजेंसी है, इस्रायल के सेन्सर के नियमों को एक समझौते के तहत मानती है। बीबीसी के एक रिपोर्टर हूनाम को इस अपराध के लिए माफी माँगनी पड़ी कि उसने एक 18 साल के कैदी की रिहाई के टेप इस्रायली मिलिटरी सेंसर को क्यों सुपुर्द नहीं किये। शर्त यह थी कि यदि वह खेद प्रकट न करे और माफी न मांगे तो उसे इस्रायल में घुसने नहीं दिया जाएगा। इस्रायल में पत्रकार जेल में डाले जा सकते हैं और समाचारपत्रों का प्रकाशन बन्द किया जा सकता है, यदि वे सेंसर के नियमों का उल्लंघन करें।

एक बातचीत के दौरान इस्रायल के सबसे पुराने और सबसे ज़्यादा बिकने वाले अखबार 'एडियोट ऐहरोनॉट' के संवाददाता नोअह क्लीगर ने कहा, "अगर हम चाहें तो न गाज़ा रहेगा और न फिलस्तीनी अथॉरिटी। हम गाज़ा एक घंटे में नेस्तनाबूत कर सकते हैं और यही बात फिलस्तीनी अथॉरिटी के अन्तर्गत दूसरे क्षेत्रों पर भी लागू होती है। और मैं यह बात 'ऑन रिकॉर्ड' कह रहा हूँ।"

वर्तमान स्थिति में ऐसा कुछ नहीं है जो फिलस्तीन के भविष्य के बारे में कोई आशा जगाए। इस्रायल का अपनी शक्तिमत्ता का दम्भ, अरब जगत की खामोशी और अमरीका एवम् उसके समर्थक पश्चिमी देशों द्वारा इस्रायल की पक्षधरता और उसका समर्थन—यह स्थिति पिछले कई दशकों से चल रही है और उसमें कोई बुनियादी परिवर्तन होने की सम्भावना कहीं नज़र नहीं आती। फिलस्तीनी अथॉरिटी और इस्रायल के बीच बातचीत और सुलह का नाटक बराबर चलता रहता है। इस नाटक का सूत्रधार अमरीका है; संयुक्त राष्ट्र संघ इस्रायल के सामने असमर्थ और कमज़ोर नज़र आता है। उसकी कोई बात इस्रायल ने कभी नहीं मानी। इसलिये सं.रा.सं. की इस संघर्ष में कोई प्रासंगिकता रह गई है ऐसा नहीं लगता। अभी सितम्बर में बातचीत के विराट नाटक का नया दृश्य शुरू ही हुआ था कि इस्रायल ने जेरूसलेम

में मकान बनाने का रुका हुआ काम बदस्तूर चालू कर दिया। वेस्ट बैंक में भी धीमा पड़ा हुआ रिहायशी बस्तियों का काम निश्चय ही ज़ोर पकड़ेगा। अब तो स्थिति यह है कि मिस्र के विदेश मंत्री ने पिछले हते यह कहा कि अगर इस्रायल ने बस्तियों का निर्माण चालू रखा तो अरब राष्ट्र, सं.रा.सं. से फिलस्तीनी राज्य की औपचारिक स्वीकृति इस्रायल के अनुमोदन के बिना ही मांगेंगे। अरब राष्ट्र फिलस्तीन राज्य के अस्तित्व के बारे में अगर इस्रायल के अनुमोदन की बात करें तो भविष्य निराशापूर्ण ही लगता है। मगर एक बात तय है; यह संघर्ष खत्म होने वाला नहीं है।

❑❑

अरब देशों के यहूदी

विभाजन के बाद सियोनवादियों के सामने एक नई समस्या दरपेश आई। जब बेन गुरियन ने यहूदी जाति को नवोदित इस्रायल में बसाने के लिये आवाज़ दी तो वह मुख्य रूप से यूरोपवालों को ही सम्बोधित थी। विभाजन के कुछ दिनों बाद से ही आप्रवासियों का यह स्रोत सूख चला था। इसलिये पूरब के यहूदियों को इस्रायल में 'एकत्र' करना आवश्यक हो गया। किन्तु अरब देशों में रहने वाले यहूदियों की इस्रायल-प्रवास में कोई दिलचस्पी नहीं थी। इन लोगों के साथ न तो यूरोप के यहूदियों जैसी बदसलूकी हुई थी, न उन्हें यातना दी गई थी। सियोनवादियों ने इनके दिल में अरबों के प्रति आशंका और भय पैदा करने के लिये भड़काने वाली आतंकवादी कार्रवाई इराक़ और मिस्र जैसे देशों में शुरू कर दी। अप्रैल 1950 के एक दिन बग़दाद में टाइग्रिस यानी दजला नदी के किनारे 1,30,000 यहूदी 'पास्का' के अन्तिम दिन का त्यौहार मनाने के लिए एकत्र हुए थे। रात के नौ बजे एक भयानक विस्फोट से खुशी का माहौल एक शीशे की तरह टूट गया। एक बम चलती कार से फेंका गया था। प्रचार किया गया कि अरब अतिक्रांतिवादी यहूदियों को मार डालेंगे। यही कहानी मिस्र में भी दोहराई गई—क़ाहिरा और इन्कन्दरिया में कई विस्फोट हुये। एक प्रच्छन्न इस्रायली संगठन को पकड़ भी लिया गया। नतीजा वही हुआ जो होना था—हज़ारों यहूदी इस्रायल की ओर भाग चले। उनकी इस्रायल में क्या ज़रूरत थी? यूरोप ने यहूदियों को दिया सियोनवाद और इस्रायल को दिये शिक्षित, होशियार, तकनीकी ज्ञानसम्पन्न और पाश्चात्य सामाजिक और सांस्कृतिक पृष्ठभूमि वाले यहूदी। किन्तु मेहनत मज़दूरी और तोपों के दहानों पर क़ुर्बान होने के लिए दूसरे तरह के यहूदियों की ज़रूरत थी। ये लोग अरब देशों से आये।

पश्चिम के देशों में और कमोबेश दुनिया के अन्य देशों में भी एशिया और अफ्रीका के यहूदियों के बारे में जानकारी बहुत कम है। यहूदी तो मध्यपूर्व के ही मूल निवासी थे इसलिए उनमें से कुछ हमेशा इस क्षेत्र में बने रहे, फलेफूले और इन देशों की सामाजिक, आर्थिक एवं सांस्कृतिक उन्नति में महत्वपूर्ण योगदान किया। उनकी संख्या भले ही कम रही हो लेकिन वे उन अरब देशों की आबादी का अभिन्न अंग थे। सामुदायिक जीवन में उनकी बराबर की हिस्सेदारी थी। उनकी भाषा एक

[illegible] जीवन की शैली भी। अपने दीर्घकालीन इतिहास में ऐसा जीवन उन्हें कहीं भी और कभी भी नसीब नहीं हुआ था। इसलिए अरब देशों के यहूदियों के बारे में जानना मौजूदा अरब-इस्रायली संघर्ष के सन्दर्भ में बहुत जरूरी है। यहाँ हम पुराकालीन इतिहास की बात नहीं करेंगे। पिछली कुछ शताब्दियों में वे कहां से आकर अरब देशों में बसे और उनका जीवन कैसा रहा इसी की चर्चा हम करेंगे।

अरब देशों के अधिकांश यहूदी दुनिया के दूसरे देशों से आये हुए आप्रवासियों की सन्तान हैं। आप्रवासियों की सबसे बड़ी लहर थी अरब राज्य के पतन के बाद स्पेन से यहूदियों का सामूहिक पलायन। वे 'सेफार्डिम' कहलाते हैं। और उनकी बोली है 'लाडिनो'। बहुत से 'गार्नेइम' सत्रहवीं सदी में इटली से आये। वे इन देशों के मूल निवासी यहूदियों से एक बात में भिन्न थे, वे शिक्षित और धनी थे। आप्रवासियों के इन दो दलों के वंशधर अरब देशों का उच्च मध्यवर्ग बन गए—व्यापारी और प्रोफेशनल। वे उन्नीसवीं सदी के उत्तरकाल तक 'लादिनो' भाषा ही बोलते रहे। उसके बाद उन्होंने फ्रेंच भाषा अपना ली जैसा कि दूसरे लेवेन्टाइन व्यापारियों ने किया; लेकिन अरबी, स्थानीय यहूदियों की तरह उनकी भी आम भाषा बन गई।

उन्नीसवीं सदी के प्रारम्भ में, खासकर क्रीमिया के युद्ध के बाद अश्केनाज़िम यहूदियों का पूर्वी यूरोप से प्रव्रजन शुरू हुआ। उन्नीसवीं सदी के अन्त तक ये यहूदी आते रहे और उनकी ज़्यादा तादाद फिलस्तीन में थी, वहाँ तब तक 10,000 यहूदी निवास करते थे और 'यिदिश' भाषा बोलते थे।

बहुलांश यहूदी रेबिनाइट्स हैं। लेकिन दो अन्य वर्ग भी हैं, कैरेराइट्स और सेमेरिटन्स। कैरेराइट्स आठवीं सदी में यहूदियों की मुख्य धारा से पृथक् हो गये थे। वे स्क्रिप्चर्स की परम्परा के तरफदार थे। ताल्मुद और मौखिक धार्मिक परम्पराओं को वे नकारते थे। सेमेरिटन्स केवल पेन्टाटेन्श को स्वीकार करते थे। उनके धार्मिक संस्कार और अनुष्ठान मेसेइक लॉ पर आधारित थे। वे दूसरे यहूदियों से एकदम अलग थे। वे ऐरेमाइक और अरबी दोनों भाषाऐं बोलते थे। हिब्रू भाषा का प्रयोग उनके लिए धार्मिक अध्ययन तक सीमित था।

अरब देशों में, उस ज़माने में कितने यहूदी थे इसका लेखा-जोखा कहीं नहीं है। 1948 तक अधिकतर क्षेत्रों में कोई मर्दुमशुमारी ही नहीं हुई। जनगणना में भी उन लोगों को शामिल नहीं किया गया जो रह तो मुस्तकिल तौर पर रहे थे पर जिनके पास विदेशी पासपोर्ट थे।

1950 का एक तख्मीना है जो सच्चाई के सबसे करीब लगता है। इसके अनुसार अरब देशों में यहूदियों की जनसंख्या इस प्रकार थी :-

देश	यहूदी जनसंख्या	प्रतिशत
मिस्र	75000	0.4
इराक	120,000	2.4

लेबनन	67000	0.8
सीरिया	6000	0.3
यमन	8000	2
अदन	1200	2.5
लीबिया	14000	15
ट्यूनिशिया	100,000	2.9
अल्जीरिया	120,000	1.7
मोरक्को	2,25,000	2.6
इस्पानी मोरक्को	14700 (1947)	21

इसका अर्थ यह हुआ कि 1950 में लगभग आठ लाख यहूदी अरब देशों के निवासी थे। उस समय पूरी दुनिया में यहूदियों की संख्या 16 से 17 मिलियन यानी एक करोड़ साठ से सत्तर लाख थी।

अरबों और यहूदियों का एक ही मूल उद्गम है। लेकिन इस्लाम धर्म से पहले के काल में अरब-यहूदी सम्बन्धों के बारे में जानकारी लगभग नहीं के बराबर है। इस्लाम के उदय के बाद सम्बन्धों के नये आधार बने। ग़ैर मुस्लिम समुदायों को अपना आन्तरिक जीवन, अपने धर्म के नियमों, क़ानूनों और सामाजिक रीति-रिवाज़ के अनुसार संगठित करने की आज़ादी थी। मुस्लिम शासकों द्वारा इन धर्मों के नेताओं को अपने समुदायों के आन्तरिक मामलों के प्रशासन-प्रबन्धन का दायित्व दिया गया था। इस व्यवस्था के तहत ग़ैर-मुस्लिम सम्प्रदाय न केवल पूजा आराधना बल्कि यातायात, आवागमन, विचार और शिक्षा के क्षेत्र में भी पूरी तरह स्वतंत्र थे। इस व्यवस्था का नाम था अहलअलूथिम्मा। ऑटोमन साम्राज्य के उदय के बाद भी यही व्यवस्था चलती रही, केवल उसका नाम बदलकर मिल्लह या मिल्लत हो गया।

इस अनुकूल वातावरण में यहाँ के यहूदी खूब फले-फूले। वे काफी समृद्ध हुये। अरब साम्राज्य के स्वर्णयुग में—अब्बासीद ख़लीफाओं के शासनकाल में यहूदी और ईसाई विद्वानों ने अपने योगदान से अरब सभ्यता के स्वरूप को बेहतर बनाया। राजधानी बग़दाद के यहूदी विक्रेता और धन सम्पत्ति से ताल्लुक रखने वाले यहूदियों का वहां की आर्थिक व्यवस्था में महत्वपूर्ण स्थान था। यहूदियों पर भी अरब संस्कृति का प्रभाव पड़ा। तातारों के हमले से होने वाले विध्वंस और विनाश के बावजूद पन्द्रहवीं सदी में यहाँ के यहूदी अन्य देशों की अपेक्षा अधिक खुशहाल थे। यही कारण था कि उस काल में यहूदी बड़ी संख्या में स्पेन और यूरोप के अन्य देशों से ऑटोमन साम्राज्य क्षेत्र में आकर बस गये। लगभग एक लाख यहूदी तो तुर्की में ही बस गये। उत्तरी अफ्रीका, मिस्र, फिलस्तीन और सीरिया में भी वे बड़ी संख्या में पहुँचे। स्पेन के यहूदी तो अपने साथ एक समृद्ध संस्कृति और दौलत लेकर आये।

उनके व्यापारिक सम्बन्धों और कई भाषाओं के ज्ञान की बदौलत कूटनीतिक वार्ता और अन्तर्राष्ट्रीय सम्बन्धों में उनसे बहुत मदद मिली।

अरब यहूदी सम्बन्धों का एक दूसरा पहलू भी था। पूरब में ऑटोमन शासन के समय ही अन्तर्राष्ट्रीय व्यापार का पुनरोदय और तेज़ी से विकास हुआ। यूरोप के उद्योगों को नये बाज़ारों की ज़रूरत थी। इस व्यापार से खेतिहर रियाया का सामन्ती शोषण बढ़ा और गांवों की आबादी विनाश के कगार पर पहुँच गई। इस व्यापार में मुख्य भूमिका विदेशी विक्रेताओं की थी। अपने व्यापार के अधिकारों का फायदा उठाकर उन्होंने स्थानीय यहूदी ठेकेदारों और व्यापारियों से साठ-गांठ की। फलस्वरूप उन्हें बड़ी संख्या में विदेशी पासपोर्ट मिलने लगे।

यूरोप के माल की बेरोकटोक आमद से स्थानीय उद्योग, हस्तशिल्प और दस्तकारी बर्बादी की राह पर चल पड़े। नतीजा यह हुआ कि कम्प्राडोर बोजुर्वावर्ग की व्यापार पर पकड़ सख्त हो गई। उभरते राष्ट्रीय बोर्जुवा वर्ग के ज़ोर देने पर आर्थिक सुधार हुए। 1839-56 के पहले तन्ज़ीमात में नये धर्मनिरपेक्ष स्कूल खुले, धर्म से निरपेक्ष सभी नागरिकों को सम्पत्ति के अधिकार मिले। बोर्जुवावर्ग के पास धन सम्पत्ति इकट्ठी होने लगी। लेकिन सामन्तयुगीन सामाजिक और राजनैतिक पिछड़ापन जैसे का तैसा बना रहा। नतीजा यह हुआ कि विदेशी पूंजी का आर्थिक संक्रमण बढ़ता ही गया।

मिशनरी और यहूदी जनकल्याणवादी संस्थाओं और व्यक्तियों के माध्यम से भी अरब जगत् में विदेशी घुसपैठ हुई। यूरोपीय शक्तियों के दबाव में तंज़ीमात यानी सुधार का दूसरा दौर शुरू हुआ। इससे भी ग़ैर-मुस्लिम व्यापारी वर्ग को लाभ हुआ। यूरोप के पूंजीवादियों को, बैंक, रेलवे और ज़मीन खरीदने की रियायत मिली। गर्ज़ यह कि सामाजिक, आर्थिक और राजनैतिक सुधार जो ज़रूरी तो थे मगर विदेशियों के हाथों नियन्त्रित होने लगे। मिस्र तो विदेशी पूंजी के हाथों विनाश के कगार पर आ गया। वैसा ही अन्य देशों में हुआ। यूरोप से बड़ी संख्या में लोग आये। उनमें कितने यहूदी थे, यह कहना कठिन है। लेकिन इन आने वालों में कृषिविज्ञानी, मैकेनिक, डॉक्टर, शिक्षक, वर्कर आदि बहुत कम थे। उनमें अधिसंख्य थे विक्रेता, सट्टेबाज, सूदखोर, तस्कर, चकलों के मालिक, धोखेबाज लुटेरे, चोर, भ्रष्ट पत्रकार, वेश्यायें वगैरह। उन्होंने मिस्र के शहरों में ज़हर घोल दिया और अलेक्ज़ेन्ड्रिया जैसे खूबसूरत शहरों को बर्बाद कर डाला। 1840 में मिस्र में केवल 6150 यूरोपवाले थे, 1861 में उनकी संख्या 80,000 हो गई। उनमें 34000 सूदखोर यूनानी, 17,000 फ्रेंच, 14000 इतालवी, 6000 ब्रिटिश और 7000 जर्मन थे। 50,000 विदेशी तो केवल अलेक्ज़ेन्ड्रिया में रहते थे जो शहरी आबादी का चौथाई था।

बदक़िस्मती से अरब इतिहास के इस अंधकार युग में स्थानीय यहूदी पश्चिमी संस्कृति के करीब आते गये। अल्जीरिया में तो यहूदी फ्रेंच उपनिवेशियों से मिल

गये। जहां तक फिलस्तीन का सवाल है वह यहूदियों की धार्मिक धरोहर थी। इसलिये अपनी मानसिकता में वे हमेशा उससे जुड़े रहे। उन्नीसवीं सदी में ही ब्रिटेन ने पूर्व के संकटकाल 1839-41 के दौरान बोनापार्ट की जेरूसलेम में यहूदी राज्य की स्थापना की योजना की बात छेड़ी। फिलस्तीन में लॉर्ड शेफ़्ट्सबरी और फिलस्तीन में ब्रिटिश राज्यप्रतिनिधि जेम्स फ़िम ने यहूदियों के फिलस्तीन में स्थानान्तरण और वहां ब्रिटिश संरक्षण में यहूदी राज्य के निर्माण की गई परियोजनाऐं प्रस्तुत कीं। एक ब्रिटिश बैंकर मॉज़ेज़ मॉन्टफियोर ने, जो रॉथ्सचाइल्ड के परिवार का रिश्तेदार था, इन योजनाओं का समर्थन किया। परवर्तीकाल में जब सियोनवादी आंदोलन ने ज़ोर पकड़ा और फिलस्तीन में यहूदियों का प्रव्रजन संगठित रूप से शुरू हुआ तो आंदोलन के नेताओं ने पूरब के यहूदियों पर ख़ास ध्यान नहीं दिया। महत्वपूर्ण बात यह है कि अरब देशों के यहूदियों ने भी सियोनवादी आंदोलन को नज़रअंदाज़ किया और उनके प्रचार से प्रभावित नहीं हुए।

दूसरे विश्वयुद्ध तक अरब देशों में सियोनवादियों की कारगुज़ारियाँ सीमित थीं। 1919-1948 के काल में 4,60,000 यहूदी दुनिया के विभिन्न हिस्सों से फिलस्तीन में आए। उनमें केवल 42,000 या 9 प्रतिशत यहूदी ही ऐसे थे जो अरब और इस्लामी देशों से यहाँ पहुँचे। लेकिन इस्रायल के विधिवत एक राज्य बनने के बाद कुछ ऐसे नये तत्व उभरे जिनके कारण अरब देशों की यहूदी बिरादरी इस्रायल में आप्रवास का मुख्य स्रोत बन गई। हक़ीक़त यह है कि यूरोप से आने वाले अधिकांश यहूदी मध्यवर्ग के पढ़े-लिखे शहरी लोग थे। वे श्रम और सेना में सिपाहियों की भूमिका अदा करने के या तो नाक़ाबिल थे या अनिच्छुक। एशियाई अफ्रीकी यहूदियों ने इस्रायल की यह कमी पूरी की। इस्रायल के नेता शुरू से ही मज़दूरों और हुनरमंद कामगारों की कमी की शिकायत करते रहे। उनकी शिकायत हमेशा से ही रही कि दुनिया में बिखरे हुए यहूदी धन तो देते हैं लेकिन प्रशिक्षित श्रमिक और कारीगर नहीं।

अरब देशों के यहूदियों को इस्रायल में लाने के लिए सियोनवादियों ने तरह-तरह के षड्यंत्र किये। कई आतंकवादी कारनामों के द्वारा उन्होंने इन यहूदियों के मन में भय पैदा किया कि उनका जीवन अरब देशों में सुरक्षित नहीं है। प्रचार के द्वारा इन आतंकवादी घटनाओं का दोषारोपण अरबों पर किया गया। जबकि हक़ीक़त यह थी कि ये काम इस्रायल के एजेंटों ने ही भड़काने के उद्देश्य से किये थे। वे अपनी इस नीति में सफल हुए। अरब देशों से लगभग पांच लाख यहूदी इस्रायल में जाकर बसे। 1949 में उनकी संख्या आप्रवासियों की कुल संख्या का 47 प्रतिशत थी। 1956 में वह 86 प्रतिशत हो गई।

इराक़ में यहूदियों का इतिहास ईसा पूर्व 586 से शुरू होता है जब वे बंदी बनाकर बेबिलोन लाये गये। कालांतर में वे इराक़ के निवासियों का एक अविभाज्य

हिस्सा बन गए उन्होंने प्रथम विश्वयुद्ध में तुर्कों के विरुद्ध अरबों के संघर्ष में पूरा योगदान किया। 1947 में उनकी अनुमानित संख्या 1,18,000 थी। वे अन्य इराक़ियों से अलग-थलग भी नहीं रहते थे। ऑटोमन साम्राज्य के ज़माने में उन्हें धार्मिक मामलों में पूरी आज़ादी थी। उनके मुख्य रब्बी यहूदी समुदाय का पूरा प्रशासन ही सम्भालते थे। तीस के दशक के प्रारम्भ में जब इराक आज़ाद हुआ तो एक नये क़ानून के तहत वे तीन भागों में बंट गए, बगदाद, मूसल और बसरा के निवासी। बाद में दियाला भी उस एक वर्ग के रूप में जोड़ा गया। नए क़ानून में भी यहूदियों को अपनी अदालतें अलग रखने का अधिकार था।

आर्थिक दृष्टि से भी इराक़ में यहूदियों की भूमिका काफी महत्वपूर्ण रही। छोटी वित्तीय कम्पनी, उधार देने वाले सूदखोर, और बड़ी बैंकों के मालिक अधिकतर यहूदी थे। भूमध्यसागर और हिन्द महासागर से अपने पुराने सम्बन्धों के कारण उन्होंने व्यापार को भी बहुत आगे बढ़ाया। आयात-निर्यात और खुदरा व्यापार के क्षेत्र में भी वे दूसरों से आगे थे। द्वितीय विश्वयुद्ध से पहले इराक का 95 प्रतिशत आयात, 90 प्रतिशत ठेकेदारी के काम और 10 प्रतिशत निर्यात उन्हीं के हाथों में थे। विभिन्न प्रशासनिक और प्रबन्धन के कार्यों और सरकारी नौकरियों में भी यहूदी मध्यवर्ग दूसरों से आगे था। वे सामाजिक धरातल पर भी प्रतिष्ठित नागरिक थे। तीस हज़ार यहूदी परिवार इराक़ में बड़े-बड़े घर और सम्पत्तियों के मालिक थे।

ग़ौरतलब है कि इराक़ का यहूदी समुदाय, समाज का एक अविभाज्य हिस्सा था। उनकी मातृभाषा अरबी थी। उनके ऊपर पाश्चात्य जगत का विशेष प्रभाव भी नहीं पड़ा था। गर्ज़ यह कि सामाजिक, सांस्कृतिक और राजनैतिक जीवन में वे बराबर के हिस्सेदार थे। शिक्षा के क्षेत्र में भी उनका वर्चस्व था जो 1932 में इराक़ के स्वाधीन होने के बाद भी क़ायम रहा। सियोनवादी आंदोलन के प्रति उनमें कोई भी सहानुभूति की भावना नहीं थी। सच तो यह है कि 1946 से पहले इराक़ के युवा यहूदियों ने सियोनवादी विरोधी लीग (एंटी ज़ायोनिस्ट लीग) की स्थापना की थी। उन्होंने साफ अल्फाज़ में सियोनवादी आंदोलन के नेतृत्व को बताया कि वे इराक़ में सुखी थे, वहाँ अन्य नागरिकों के साथ समान रूप से आर्थिक उन्नति के हक़दार थे वहाँ उनका भविष्य किसी ख़तरे में नहीं था।

1948 के इस्रायल-फिलस्तीनी युद्ध के बाद स्थिति बदली। इराक़ ने मार्शल लॉ लागू कर दिया। सियोनवाद पर प्रतिबन्ध लगा दिया गया और उसके समर्थक कई यहूदी सरकारी पदों से हटा दिये गए। लेकिन इन सियोनवाद समर्थकों के प्रति सामान्य यहूदियों का रुख़ सहानुभूति का नहीं था। इस सब के बावजूद 1950 में पास्का के त्यौहार के समय जब बगदाद के हज़ारों यहूदी दजला के किनारे इकट्ठे हुए थे, एक कार से बम फेंकने की आतंकवादी घटना हुई। यह काम यहूदी एजेंटों का था लेकिन अरबी में प्रचार किया गया कि, 'यहूदियो तुम यहाँ से भागो'। इस वारदात

की सच्चाई बाद में सामने आई लेकिन तब तक बहुत देर हो चुकी थी। 1950-51 के बीच इराक़ से हज़ारों की संख्या में यहूदी इस्रायल की तरफ भागे। ऐसा नहीं है कि यहूदियों के इराक़ से इस्रायल प्रव्रजन का कारण सिर्फ़ यही था। बहुत से लोग आर्थिक दृष्टि से नये राष्ट्र में, नए अवसरों की तलाश में भी इस्रायल की तरफ भाग रहे थे। बहुत से लोग सियोनवादी प्रोपेगंडा से प्रभावित होकर भविष्य के बारे में सशंकित थे और इस्रायल से बड़ी उम्मीदें बाँध रहे थे। 1950-51 में लगभग 1,14,000 यहूदी इराक़ से भागकर इस्रायल चले गए।

इराक के बाद यहूदियों की आबादी सबसे अधिक मिस्र में थी। वे वहाँ ई.पू. छठी शताब्दी से बसे हुए थे। अरब जगत के अन्य देशों की तरह, ख़ासतौर पर इराक़ी यहूदियों की तरह, मिस्र में भी यहूदी खुशहाल थे। 1948 में उनकी अनुमानित संख्या लगभग 80,000 थी। उनमें 30,000 इटली, फ्रांस, ग्रीस और ब्रिटेन के रहने वाले थे। 40,000 ऐसे थे जिनकी कोई नागरिकता नहीं थी। केवल 5,000 मिस्र के वैध नागरिक थे। यहाँ भी उन्हें धार्मिक और कानूनी मामलों में अपेक्षाकृत आज़ादी मिली हुई थी। 19वीं सदी के मध्य से ही आर्थिक क्षेत्र में भी उनका वर्चस्व था। 1942 में मिस्र की 308 कम्पनियों में यहूदी पूंजीपतियों के नियंत्रण में 103 कम्पनियाँ थीं। यहूदियों की पूंजी, वित्तीय निवेश के तौर पर चीनी और कपास के उद्योगों में लगी हुई थी।

1936 में अपेक्षाकृत अधिक स्वाधीनता मिलने पर राष्ट्रीय चेतना बढ़ने लगी। इसके फलस्वरूप विदेशी नागरिकता वाले यहूदियों और विशेषकर ब्रिटेन के समर्थक यहूदियों के ख़िलाफ राष्ट्रीय भावना विरोधपूर्ण होने लगी। नए क़ानून भी बने जिनके मुताबिक किसी भी संयंत्र या उद्यम में 75 प्रतिशत कर्मचारी और 90 प्रतिशत श्रमिक अनिवार्य रूप से मिस्र के नागरिक होने चाहिए। मिस्र की नागरिकता स्वीकार करने वाले यहूदी तो कुल पांच हज़ार थे इसलिए इन क़ानूनों का यहूदियों पर प्रतिकूल प्रभाव पड़ा। फिर भी मिस्र के आर्थिक क्षेत्र में 1947 में भी उनका वर्चस्व बना रहा।

मिस्र में यहूदियों का सामाजिक जीवन भी अरब आबादी से भिन्न था क्योंकि वे अधिकतर विदेशी नागरिकता धारण करने वाले बोर्जुआ और धनी वर्ग के लोग थे। मूल निवासी तो सिर्फ़ मुट्ठीभर थे। आर्थिक दृष्टि से निम्न वर्गों वाले और मेहनतकश यहूदी लगभग 10,000 थे जो क़ाहिरा में ही रहते थे। अधिकांश छोटे दस्तकार या फेरीवाले विक्रेता थे। वे अरबी बोलते थे और शिक्षित भी नहीं थे। इनमें लगभग 4,000 यहूदियों को यहूदी दानदाता संस्थाओं से सहायता भी मिलती थी।

उच्च वर्ग के यहूदी सियोनवादी आंदोलन के प्रभाव में आए और फिलस्तीन में उनकी दिलचस्पी बढ़ी। उन्होंने हिब्रू संस्कृति को पुनजीर्वित करने और उसे आगे बढ़ाने के लिए कई संस्थाऐं भी स्थापित कीं। मिस्र के यहूदी वहाँ के राजनैतिक क्षेत्र

में सक्रिय नहीं थे क्योंकि वे यहाँ के नागरिक नहीं थे और उनकी स्थिति भी अच्छी थी। प्रथम विश्वयुद्ध के बाद कुछ यहूदी मिस्र के राष्ट्रीय आंदोलन में शरीक़ ज़रूर हुए लेकिन उनकी भूमिका सीमित थी। राष्ट्रीय आंदोलन के ज़ोर पकड़ने के साथ-साथ यहूदियों के प्रति अरब जनता का रुख़ बदलने लगा। प्राचीनकाल से ही मिस्र के यहूदी फिलस्तीन के साथ धार्मिक और व्यापारिक स्तर पर जुड़े हुए थे। सियोनवादी आंदोलन मिस्र के यहूदियों को प्रभावित करने की कोशिश कर रहा था। वीज़मान और जेबोतिन्स्की प्रचार के उद्देश्य से मिस्र की यात्रा पर भी आए। लेकिन 1948 तक, इस सब के बावजूद, केवल 1,845 यहूदी फिलस्तीन गए।

इधर सियोनवादियों के ख़िलाफ मिस्र में भी अरबों की प्रतिक्रिया उभर रही थी। 1948 में जब फिलस्तीन का युद्ध हुआ तो मार्शल लॉ लागू कर दिया गया। इस कानून के अन्तर्गत मिस्र में सियोनवादियों पर एक प्रकार का प्रतिबन्ध लग गया। मिस्र के प्रमुख यहूदी नागरिकों ने राष्ट्रीय आंदोलन का समर्थन किया। फिलस्तीन के अरबों की मदद करने के लिए क़ाहिरा के यहूदियों ने 1,60,000 डॉलर और एलेक्ज़ेड्रिया के यहूदियों ने 80,000 डॉलर दान में दिए। यह ख़बर 18 मई 1948 के न्यू-यॉर्क टाइम्स में छपी। फिर भी 1949 में जब यात्रा के प्रतिबन्ध हटे तो मिस्र के यहूदी देश छोड़ने लगे। लेकिन यह बात ध्यान देने योग्य है कि 27,000 से अधिक देश छोड़ने वाले यहूदियों में केवल 7,268 इस्रायल गए, बाकी फ्रांस और इटली चले गए।

1952 में मिस्र में क्रांति हुई। नये राजनेताओं ने सभी नागरिकों की समानता पर ज़ोर दिया। 1953 में जब नया संविधान बनाने के लिए एक समिति नियुक्त की गई तो यहूदी विधिवेत्ता ज़की-अल-उरैबी इस समिति के सदस्य बने। नया संविधान 1956 में अनुमोदित हुआ जिसके अनुसार क़ानून के अंतर्गत सभी को धार्मिक, व्यक्तिगत और राजनैतिक स्वतंत्रता प्राप्त थी। उन दिनों भी लगभग 50,000 यहूदी मिस्र में अपेक्षाकृत अनुकूल परिस्थितियों में रह रहे थे। उधर सियोनवादी आंदोलन का दबाव भी बढ़ रहा था। 1956 में इस्रायल, फ्रांस और ब्रिटेन ने मिस्र के ऊपर इल्ज़ाम लगाया कि वहाँ यहूदियों को सताया जा रहा है। दरहक़ीकत यह इल्ज़ाम सही नहीं था बल्कि प्रचार का एक हथकंडा था। वास्तविक स्थिति यह थी कि मिस्र में रहने वाले विदेशी यहूदी पोर्ट सईद पर हमला करने वाली सेनाओं की चोरी-छिपे मदद कर रहे थे। जब वहाँ पर कब्ज़ा करने वाली सेनाऐं वापस हुईं तो सियोनवाद समर्थक यहूदियों को या तो देश निकाला दिया गया या उन्हें नज़रबन्द किया गया। साथ ही उनकी चल और अचल सम्पत्ति सरकार के संरक्षण में रखी गई जिससे वे उसे ग़ैरकानूनी तौर पर विदेश न भेज सकें। 1956 के संकट के बाद लगभग 25,000 लोग मिस्र छोड़ गए। इनमें 14,000 फ्रांस के नागरिक थे, 8,000 ब्रिटिश और बाकी 3,000 नागरिकता विहीन थे।

1956 के बाद भी यहूदियों के प्रति कोई ख़ास वैमनस्य की भावना नहीं थी। फिर भी आर्थिक प्रतिबन्धों के कारण यहूदी देश छोड़ रहे थे। उनमें से ज़्यादातर पेरिस के रास्ते अमेरिका की शरण में चले गए। मिस्र में यहूदियों की बड़ी संख्या होने के कारण ही इस्रायल और सियोनवादी आंदोलन से उनका सम्पर्क किसी भी समय, और किसी भी स्तर पर निर्णायक नहीं था। वे सभी अधिकतर विदेशी नागरिकता वाले यहूदी थे और उनकी स्थानीय समस्याओं या राष्ट्रीय आंदोलन में कोई ख़ास दिलचस्पी नहीं थी।

इराक और मिस्र की तरह सीरिया, लेबनन, अरब प्रायद्वीप के अन्य देश, लीबिया, ट्यूनिशिया, अल्जीरिया और मोरक्को में भी यहूदी थे जो सैकड़ों साल से वहाँ रहते आ रहे थे।

सीरिया में यहूदी प्राचीनकाल से ही रहते थे। इस्लाम के उदय के बाद भी मुस्लिम समुदायों में उनका विशिष्ट स्थान रहा और उन्हें अपने धार्मिक और सामाजिक मामलों में अपेक्षाकृत स्वाधीनता मिलती रही। 1943 की जनगणना के अनुसार सीरिया में 29,770 यहूदी थे जिनमें से 17,000 एलेप्पो और 11,000 दमिश्क में थे। सीरिया के यहूदी उतने ही धनवान थे जितने कि इराक़ और मिस्र के निवासी। उनका कामकाज अधिकतर वित्त से सम्बन्धित था और बीटन के अनुसार 1856 में दमिश्क में यहूदी सूदखोर थे जो 24 प्रतिशत या कानूनी रेट का दो गुने से ज़्यादा ब्याज़ लेते थे। वे किसानों को पैसा उधार देते थे। 20वीं सदी के प्रारम्भ में उनकी आर्थिक स्थिति कमज़ोर होने लगी। ऑटोमन साम्राज्य के अन्तिम दिनों में बहुत से यहूदी सीरिया छोड़कर अन्यत्र चले गए। फ्रांसीसी मेन्डेट के दौरान उनकी दशा कुछ सुधरी लेकिन ज़्यादा दिन नहीं। अपना सामुदायिक जीवन अलग होने के बावजूद यहाँ के यहूदी सामाजिक और राजनैतिक क्षेत्र में दूसरों के साथ मिलकर चलते थे। 1948 के इस्रायल-फिलस्तीनी युद्ध में उन्होंने इस्रायल की पक्षधरता नहीं की बल्कि फिलस्तीन के लोगों की सहायता के लिए एलेप्पो और दमिश्क के यहूदियों ने 40,000 पौंड का चन्दा भी दिया। और जब सीरिया से उन्होंने पलायन शुरू किया तो उनमें से अधिकतर अमेरिका और ब्राज़ील गए। उनमें से कुछ शंघाई, मिस्र, मुम्बई और लेबनन भी गए। यह प्रव्रजन दो विश्व-युद्धों के दौरान हुआ जिसमें 27,000 यहूदी सीरिया छोड़कर चले गए। 1930 के बाद सीरिया के यहूदियों ने सियोनवादियों के आह्वान पर भी ध्यान दिया और वे यहूदियों के किबुट्ज़ में जाने लगे। 1945 में भी कुछ यहूदी चोरी-छिपे भागकर नए बनने वाले देश इस्रायल में बसने के लिए चले गए। 1948 के बाद भी सीरिया में पांच से छह हज़ार यहूदी मौजूद थे और सामान्य जीवन बिता रहे थे। सीरिया की सरकार ने भी उनके ख़िलाफ कोई भेदभाव या यातना देने का व्यवहार नहीं किया। पीयरे डेमेरॉन ने फरवरी 1970 में दमिश्क की अपनी एक यात्र के बाद लिखा कि वहाँ यहूदी मर्चेन्ट, वकील, डॉक्टर

और यूनिवर्सिटी के विद्यार्थी सामान्य रूप से रह रहे थे। 1970 के दशक तक के आंकड़ें उपलब्ध हैं जिनके मुताबिक उस समय सीरिया में यहूदियों की संख्या लगभग 3500 थी और वे पुराने ऑटोमन साम्राज्य की मिल्लह की नीति के अनुसार शांतिपूर्वक रहते थे।

लेबनन में यहूदी, फिलस्तीन की तरह बाइबल के ज़माने से ही बसे हुए थे। सोलहवीं सदी में स्पेन से बहुत से यहूदी आए और माउंट लेबनन, और बाद में सिडोन और बेरूत के इलाके में बस गए। 19वीं सदी में यहाँ के यहूदी डूज़, मरूनी ईसाइयों और शिया मुसलमानों से भिन्न नज़र नहीं आते थे। 1944 में लेबनन में 6261 यहूदी रहते थे। 1947 के बाद सीरिया से भी कुछ यहूदी आकर वहाँ रहने लगे। उनकी कानूनी और धार्मिक संगठन की स्थिति ऑटोमन साम्राज्य के अन्य यहूदियों की तरह थी और वे मिल्लह प्रणाली के मुताबिक ही अपनी ज़िन्दगी बसर कर रहे थे। 1926 के लेबनन के संविधान के अन्तर्गत सभी नागरिकों के अधिकार और कर्त्तव्य समान थे। आर्थिक धरातल पर भी वे खुशहाल थे। उनमें 70 फीसदी मर्चेन्ट और वित्त सम्बन्धी कारोबार करते थे। 25 फीसदी दस्तकारी में लगे थे और 5 फीसदी नौकरी करते थे। उनका सामाजिक जीवन मध्यवर्ग का था। उनका सांस्कृतिक जीवन अरबों जैसा ही था यद्यपि कुछ प्रभाव फ्रांस का भी देखा जा सकता था। उनके अपने स्कूल थे जिनका पाठ्यक्रम फ्रेंच और अमेरिकी पाठ्यक्रम के अनुसार था।

1948 की घटनाओं का लेबनन के यहूदियों पर पड़ने वाला प्रभाव क़ाबिले गौर है। 1945 में लेबनन में सियोनवादी आंदोलन के बावजूद स्थानीय यहूदियों के प्रति कोई विद्वेष नहीं था। 1948 का युद्ध भड़क उठने के बाद अन्य अरब देशों की तरह लेबनन की सरकार ने भी विदेशियों के प्रति एक विशिष्ट नीति अपनाई। उस दौरान कुछ विदेशी यहूदी देशनिकाले के शिकार हुए और लगभग 200 गिरफ़्तार भी हुए। लेबनन के यहूदियों ने अपने देश के प्रति वफ़ादारी का ऐलान किया और फिलस्तीनियों के खिलाफ़ सियोनवादियों के अपराधों की निन्दा की। 1948 या 1967 के युद्धों का भी लेबनन के यहूदियों पर कोई भिन्न प्रभाव नहीं पड़ा। जनवरी 1970 में एक डायनामाइट के विस्फोट की भड़काने वाली कार्रवाई भी हुई जिसे सियोनवादियों की करतूत माना जा रहा था। धनी यहूदियों ने बहुत सी ज़मीनें भी खरीदीं। 1965 के बाद लेबनन में आए कुछ विदेशी यहूदियों ने वहाँ की नागरिकता भी प्राप्त कर ली। 1958 तक सीरिया और इराक़ तथा ईरान से बहुत से यहूदी लेबनन में आप्रवास करते रहे। लेबनन की आर्थिक स्थिति में गिरावट आने के बाद उनमें से बहुत से लोग मैक्सिको, ब्राज़ील, कनाडा और ऑस्ट्रेलिया चले गए। लेबनन के अधिकतर यहूदी इस्रायल नहीं गए।

अरब प्रायद्वीप के अन्य देशों, जैसे यमन, अदन, बहरीन आदि में भी यहूदी

प्राचीनकाल से ही रह रहे थे। यमन में तो ईसा की तीसरी सदी में यहूदियों की बड़ी आबादी थी। उनके बारे में कुछ ज़्यादा मालूमात नहीं है। उनकी आबादी के बारे में भी अलग-अलग आंकड़े मिलते हैं। 1949 में बहुत से यहूदी यमन छोड़कर भागे। किसी के मुताबिक वहाँ 12,000 यहूदी थे तो एक अन्य सूत्र के अनुसार 100,000। कुछ लोगों का अनुमान है कि वहाँ साठ से सत्तर हज़ार यहूदी रहे होंगे। यमन के यहूदी दूसरे यहूदियों से अलग दिखते थे यानी कमज़ोर बदन, काला रंग और काले बालों वाले। वहाँ के अन्य निवासियों से वे बिलकुल भिन्न नहीं थे। वे ख़ासकर शहरों में रहते थे और भीतरी पठार के कुछ गाँवों में भी। वे अपने मुस्लिम पड़ोसियों से अलग अपने मोहल्ले में ही अधिकतर सीमित थे। उनका धार्मिक जीवन और संगठन मुस्लिम शरिया के मुताबिक मुकर्रर किया जाता था। किन्तु उनकी स्थिति अहल-अल-थिम्मा के समय से ज़्यादा बदली नहीं। ज़्यादातर यहूदी दस्तकार थे और कई उद्योगों पर ख़ासतौर पर सोने के गहने बनाना, बर्तन बनाना, कशीदाकारी, साबुन, बन्दूकें इत्यादि बनाने पर उनका एकाधिकार था। आयात-निर्यात में भी उनकी प्रधानता थी। 1947 की एक एंग्लो-अमेरिकन कमेटी की रिपोर्ट में कहा गया था कि यमन की सरकार ने कुशल यहूदी दस्तकारों को आदेश दिया कि वे साबुन और कपड़ों की फैक्ट्रियाँ लगाकर उनको ये हुनर सिखाऐं। लेकिन हकीकत यह है कि 1949-50 के पलायन से पहले यमन की आर्थिक व्यवस्था के अधिकांश पहलू उन्हीं के नियंत्रण में थे। वे अगर भागे तो सियोनवादियों के दबाव और प्रचार के कारण। हक़ीक़त तो यह है कि धार्मिक उत्साह और कट्टर आस्था के कारण 1880 के दशक में ही यमन से यहूदियों का फिलस्तीन के लिए प्रव्रजन शुरू हो गया था। 1908 में ही सियोनवादियों ने यमन के यहूदियों को बुलावा भेजा था जिससे कि वे सियोनवादी बस्तियों में अरब खेतिहर मज़दूरों के स्थान पर उन्हें इस्तेमाल कर सकें। नतीजतन 1917 से 1948 के बीच 15,000 से ऊपर यहूदी यमन से फिलस्तीन पहुँचे। इस्रायल बनने के बाद यमन के शासक इमाम अहमद ने यहूदियों को फिलस्तीन जाने की इजाज़त दे दी। उस वक्त यमन से 47,000 से ऊपर यहूदी इस्रायल ले जाए गए। इस बड़ी संख्या के प्रव्रजन को ऑपरेशन मैजिक कारपेट कहा जाता है। 1949-50 के दौरान 430 हवाई उड़ानों से यह कार्य सम्पन्न हुआ।

अदन में भी यहूदी रहते थे, जो कि एक ब्रिटिश कॉलोनी थी। ऐतिहासिक प्रमाण तो नहीं है लेकिन यह निश्चित है कि यहाँ कम से कम पांचवी सदी ई. से यहूदी निवास करते थे। यहाँ भी आर्थिक और वित्तीय संस्थाओं के संचालन में उनकी प्रधानता थी। लेकिन अधिकांश बहुत गरीब थे और छोटे-मोटे दस्तकारी के कामों से अपना निर्वाह करते थे। अदन से आए हुए यहूदी अधिकतर माल ढोने वाले और इमारतें बनाने के कामों में मजदूरी करते थे। दिसम्बर 1947 में बड़ी दुर्भाग्यपूर्ण घटनाऐं हुई जबकि फिलस्तीन के अरबों के समर्थन में एक आम हड़ताल हुई।

हड़ताल और जुलूस में हिस्सा लेने वाले लोग बाद में हिंसा पर उतर आए जिसमें 82 यहूदी मारे गए और 76 घायल हुए। इन दंगों में 38 मुसलमानों की भी हत्या हुई और 87 घायल हुए। 1967 तक अदन से सारे यहूदी भाग चुके थे।

इसी तरह बहरीन में भी रहने वाले यहूदी 1967 के अरब-इस्रायली युद्ध के बाद वहाँ से चले गए। वैसे भी वहाँ 1947 में लगभग 70 परिवार ही रहते थे।

लीबिया में, 15वीं और 16वीं सदी में, स्पेन की यंत्रणा से सताए हुए यहूदी आकर बस गए। 1835 में यह ऑटोमन साम्राज्य का हिस्सा बन गया और यहूदी यहाँ मिल्लह के मुताबिक ही रहते रहे। 1885 में उनकी संख्या 7,500 थी जो 1909 में 14,000 तक पहुँच गई। 1931 में 25,000 और 1938 में 30,000 यहूदी लीबिया में रहते थे। उनकी रिहायश मुख्य रूप से त्रिपोली और बेन-गाज़ी में थी। 1911 में लीबिया पर इटली का अधिकार हो गया। द्वितीय विश्वयुद्ध के दौरान इटली ने यहूदियों के प्रति अपनी नीति बदल दी। उनके ऊपर मित्र राष्ट्रों के साथ साठ-गांठ करने का आरोप लगाया गया। यह सही भी है कि लीबिया के यहूदियों ने मित्र राष्ट्रों की सेनाओं का 1943 में स्वागत किया। उन्होंने देखा कि ब्रिटिश सेना के साथ फिलस्तीन से यहूदी सिपाही भी आए थे। यहाँ सियोनवादी प्रभाव फैलने लगा। आक्रामक सियोनवादी प्रभाव के कारण यहूदियों और लीबिया के मुसलमानों के बीच संघर्ष शुरू हो गया। लीबिया के यहूदी नेता तो सियोनवाद के विरुद्ध थे और वे शांतिपूर्वक वहाँ रहना चाहते थे। 1951 की स्वतंत्रता प्राप्ति के बाद लीबिया के संविधान में सारे नागरिकों को समानता के अधिकार और कर्त्तव्य दिये गए। परिणामस्वरूप बाद में भी वहाँ यहूदियों का प्रभाव बना रहा और व्यापार और वाणिज्य के क्षेत्र में 90 प्रतिशत व्यवसाय उन्हीं के नियंत्रण में बना रहा। इस सब के बावजूद 1958 तक लीबिया से 35,142 यहूदी भागकर इस्रायल आ गए।

ट्यूनिशिया में भी यहूदी पुराने वक्त से वहाँ के निवासी थे। वहाँ की आर्थिक व्यवस्था में उनकी हिस्सेदारी थी और वे सरकार के ऊँचे ओहदों पर भी थे। ट्यूनिशिया के 1857 और 1861 के संविधान में यहूदियों को मुसलमानों के बराबर ही अधिकार मिले थे। इसके साथ ही मिल्लह व्यवस्था के तहत उन्हें कई और रियायतें भी मिली हुई थीं। 1881 से 1934 के फ्रेंच प्रोटेक्ट्रेट के युग में भी वैसी ही स्थिति बनी रही। पहले विश्वयुद्ध में हिस्सा लेने के कारण 1923 में ट्यूनिशिया के कुछ यहूदियों को फ्रांस की नागरिकता भी मिल गई।

1921 की मर्दुमशुमारी में यहूदियों की संख्या इस देश में 48,436 थी जो 1951 में 1,05,000 तक पहुँच गई। 20 फीसदी यहूदी नौकरियों में थे और 9 फीसदी दूसरे धंधों में, 12 फीसदी सरकारी नौकरी करते थे। आधे से अधिक यहूदी औद्योगिक मजदूर थे। यहूदियों के कुछ परिवार पहाड़ी इलाकों में खेती भी करते थे। अधिकांश यहूदी शहरों में रहते थे, 61 फीसदी तो ट्यूनिस में ही थे। उन्हें शिक्षा

की अच्छी सुविधाऐं प्राप्त थीं। सन् 1946 में लगभग 19,000 यहूदी बच्चे स्कूलों में पढ़ते थे। ट्यूनिशिया में उन्हें धार्मिक शिक्षा भी दी जाती थी। 1956 के बाद यहाँ के यहूदी बराबर बाहर प्रवास करने लगे। 1959 तक लगभग 40,000 यानी जनसंख्या का लगभग 40 प्रतिशत ट्यूनिशिया छोड़कर चले गए। 1963 में उनकी संख्या घटकर 32,000 हो गई और 1967 में 20,000। पर उनमें से ज़्यादातर यानी लगभग 60,000 फ्रांस में जाकर बसे। इस्रायल तो बहुत थोड़े यहूदी ही गए।

अल्जीरिया में यहूदी प्राचीनकाल से ही रहते आ रहे थे लेकिन उनके बारे में ज़्यादा जानकारी उपलब्ध नहीं है। पन्द्रहवीं सदी में बाहर से बहुत से यहूदी इस देश में आए जिनमें अधिकांश स्पेन से आए थे। 19वीं सदी में यूरोप से भी कुछ यहूदी यहाँ आए। 1851 में उनकी संख्या 21,000 थी। 1930 में यह बढ़कर 74,000 हो गई और 1951 में 1,40,000। 1830 में जब फ्रांस ने अल्जीरिया पर कब्जा किया तो यहूदियों को बहुत सी सुविधाऐं मिली। उन्हें अपने सामुदायिक प्रशासन की आज़ादी थी। 1870 में अल्जीरिया के सभी यहूदियों को फ्रांस की नागरिकता बख़्श दी गई। इससे एक अन्तर्विरोध पैदा हुआ। अल्जीरिया में रहने वाले मुसलमान तो फ्रांस की आधीन प्रजा थे जबकि वहाँ के यहूदी फ्रांस के नागरिकों के समकक्ष थे। सरकारी नौकरियों में उनका वर्चस्व था, उनकी आर्थिक स्थिति सुदृढ़ थी। लेकिन अजीब बात है कि यूरोप से आने वाले लोग यहूदियों की ख़िलाफत करते रहे। स्थानीय मुसलमानों से उनका खास विरोध नहीं था। शिक्षा के क्षेत्र में भी वे आगे थे। उनकी सामाजिक स्थिति मध्यपूर्व और उत्तरी अफ्रीका के यहूदियों की तुलना में बेहतर थी। देश की अर्थव्यवस्था में उनकी महत्वपूर्ण भूमिका थी। 1941 की जनगणना के मुताबिक 85 प्रतिशत यहूदियों को रोज़गार प्राप्त था जिनमें 30 फीसदी व्यापार करते थे। फ्रेंच और अरबी दोनों भाषाओं का ज्ञान उनके लिए बहुत फायदेमंद साबित हुआ। लेकिन अल्जीरिया के स्वाधीनता आंदोलन में उनकी भूमिका संदिग्ध थी। उन्हें अपनी स्थिति के बारे में कोई निश्चित भविष्य नज़र नहीं आ रहा था। राष्ट्रीय स्वाधीनता आंदोलन उन्हें अल्जीरियाई राष्ट्र का हिस्सा मानता था जबकि यहूदियों की 90 फीसदी आबादी अल्जीरिया में फ्रांस के राज्य की पक्षधर थी।

1955 में जब अल्जीरिया में स्वतंत्रता आंदोलन ने ज़ोर पकड़ा और विद्रोह हो गया तो वहाँ बसे हुए फ्रांसीसी देश छोड़कर भागने लगे। दिसम्बर 1961 और स्वाधीनता दिवस (जुलाई 1962) के काल में लगभग पांच लाख फ्रांसीसी जो यहाँ बसे हुए थे, देश छोड़कर चले गए। इन देश छोड़कर जाने वाले यहूदियों में एक चौथाई तो यूरोप से आकर बसे हुए यहूदी थे जबकि यहाँ की आबादी के पचास प्रतिशत थे। इन संख्याओं का सही आकलन मुश्किल है क्योंकि फ्रांस की नागरिकता के कारण वे फ्रांस किसी सरकारी दस्तावेज़ के बिना जा सकते थे।

सियोनवादी यहाँ के यहूदियों को इस्रायल जाने के लिए आकर्षित करने की

भरसक कोशिश करते रहे लेकिन अल्जीरिया के 1,30,000 यहूदियों में केवल मुट्ठीभर ही इस्रायल जाने को राज़ी हुए। सत्तर के दशक तक लगभग 4,000 यहूदी अल्जीरिया में बाकी थे जो विभिन्न कामों में लगे थे।

मोरक्को में यहूदियों का इतिहास काफी पुराना है। ईसा पूर्व तीसरी शताब्दी में यहूदी आप्रवासियों के दस्ते यहाँ एक के बाद एक आते रहे। प्रारम्भ में सोलोमन के मन्दिर के विध्वंस के बाद कुछ यहाँ शरणार्थी बनकर आए। बाद में बर्बर कबीलों के कुछ लोगों ने रोम और बाइज़ेन्टाइन साम्राज्य के समय यहूदी धर्म स्वीकार कर लिया। परवर्ती काल में स्पेन में अरबों के राज्य के पतन के बाद वहाँ से यहूदी भागकर मोरक्को आए। फ्रांस, इटली और मध्य-यूरोप से भी कुछ यहूदी यहाँ आकर बस गए। उनकी आबादियाँ अधिकतर उत्तरी मोरक्को के शहरों में थी और उनके व्यापारिक सम्बन्ध दुनिया के अन्य हिस्सों से क़ायम रहे।

1912-1956 के फ्रांस के प्रोटेक्ट्रेट काल में उन्हें अल्जीरियाई यहूदियों की तरह फ्रांस की नागरिकता नहीं मिली किन्तु उन्हें कई विशेष अधिकार प्राप्त हुए। फ्रांस के लगभग पचास साल के शासन के अन्त में यहूदियों ने स्वयं को स्थानीय मुस्लिम आबादी से अलग-थलग पाया। यहूदियों की संख्या का 1947 से पहले का ब्यौरा उपलब्ध नहीं है। मोरक्को तीन प्रांतों में विभाजित था, स्पेनीय खंड, अंतर्राष्ट्रीय खंड और फ्रांसीसी खंड। 1947 में फ्रांसीसी खंड में उनकी संख्या 2,03,839 थी और 1951 में 2,25,000। 80 प्रतिशत यहूदी शहरों में रहते थे और वहाँ की आबादी का 9 प्रतिशत कासाब्लांका शहर में और एक चौथाई माराकेश में रहते थे। 45 प्रतिशत यहूदी मूल रूप से अरब-बर्बर जाति के थे, केवल 13 प्रतिशत का मूल उद्‌गम हिब्रू था। 17 प्रतिशत लातीनी आप्रवासी थे और 4 प्रतिशत जर्मन।

17वीं सदी से मोरक्को के यहूदी वाणिज्य और उद्योग के मुख्य कर्णधार थे। 1947 की जनगणना के मुताबिक 61 हज़ार यहूदी रोज़गार प्राप्त थे यानी अपनी आबादी का लगभग 30 प्रतिशत। इसके बावजूद बहुसंख्यक यहूदियों की आर्थिक स्थिति अच्छी नहीं थी। वे ज़्यादातर यहूदियों की अलहदा बस्तियों में रहते थे जिनकी आबादी बहुत घनी थी और साफ-सफाई की स्थिति बहुत ख़राब। उन्हें आधुनिक शिक्षा की सुविधा प्राप्त थी और अरबों की तुलना में वे अधिक शिक्षित थे। 1947 की जनगणना के मुताबिक मोरक्को में 25,560 यहूदी विद्यार्थी थे जो यहूदी आबादी का 12.53 प्रतिशत थे। मुस्लिम विद्यार्थियों की संख्या एक प्रतिशत से कुछ ज़्यादा थी। 1956 से 1967 के दौरान मोरक्को में यहूदियों को राजनैतिक धरातल पर महत्वपूर्ण स्थान प्राप्त था। वे सरकारी नौकरियों में ऊँचे पदों पर 15 प्रतिशत थे और न्यायालयों में जज भी थे। नये शासन के अन्तर्गत उन्हें स्वतंत्र नागरिकों के रूप में वोट देने का अधिकार था। 1960 के चुनाव में कासाब्लांका के यहूदियों ने नेशनल फेडरेशन ऑफ पॉपुलर फोर्सेज़ का साथ दिया जिन्हें पार्लियमेंट में 51 में से 43 सीटें

मिली। यहूदियों और मुसलमानों के बीच काफी सहकारिता थी।

मगर धीरे-धीरे सियोनवादी घुसपैठ होने लगी और उन्हें इस्रायल जाने के लिए उकसाया जाने लगा। फ्रांस का शासन समाप्त होने के बाद बहुत से यहूदी देश छोड़कर जाने लगे। उन्हें अपने भविष्य की चिन्ता थी। उधर सियोनवादी भी उनकी स्थिति का फायदा उठाना चाहते थे। फलस्वरूप बड़ी संख्या में यहूदियों का पलायन होने लगा। 1948 और 1958 के दस वर्ष के काल में लगभग 45,000 यहूदी मोरक्को से चले गए जिनमें अधिकांश इस्रायल गए और बाकी लातीनी अमेरिका।

1967 में अरब-इस्रायल युद्ध हुआ। उस समय मोरक्को में 55,000 यहूदी रहते थे। युद्ध के बाद भी न्यू-यॉर्क टाइम्स की 30 जून 1969 की ख़बर के मुताबिक 45,000 यहूदी मोरक्को में बाकी थे। इसका कारण शायद यह था कि इस देश में यहूदियों और अरब मुसलमानों के बीच भेदभाव बहुत कम था।

सन्दर्भ-ग्रन्थ

1. द डिकाडेन्स ऑफ जूडाइज़्म इन अवर टाइम, मोशे मेनुहिन, द इन्स्टीट्यूट ऑफ पेलेस्टीनियन स्टडीज, बेरूत, 1969
2. इस्रायल एंड द अरब्स, मक्सीम रोदिन्सन, पेन्विन बुक्स, 1970
3. हूज लैंड? अ हिस्ट्री ऑफ द पीपुल ऑफ पेलेस्टाइन, जेम्स पार्क्स, पेन्विन बुक्स, 1970
4. क्रॉस रॉड्स टु इस्रायल 1917-1948, क्रिस्टोफर साइक्स, इन्डियाना
5. ज्यूज़ ऑफ द अरब कन्ट्रीज़, डॉ. अली इब्राहीम अब्दो एंड खैरीह कस्मीह, पीएलओ रिसर्च सैन्टर, बेरूत, 1971
6. द ट्रुथ अबाउट ज़ायोनिज़म, रोमां ब्रॉड्स्की, नोवोस्ती प्रेस एजेंसी पब्लिशिंग हाउस, मॉस्को, 1974
7. द अरब्स अन्डर इस्रायली ऑक्यूपेशन-1966-77, इन्स्टीट्यूट ऑफ पेलेस्टीनियन स्टडीज़, बेरूत, लेबनन
8. द क्वेश्चन ऑफ पेलेस्टाइन, एडवर्ड डब्ल्यू सईद, राउटलेज एंड कीगनपॉल, लन्दन, 1980
9. द पॉलिटिक्स ऑफ डिस्पज़ेशन 1969-1994, एडवर्ड डब्ल्यू सईद, विन्टेज बुक्स, न्यूयॉर्क, 1994
10. द एंड ऑफ पीस प्रोसेस, एडवर्ड डब्ल्यू सईद, ग्रान्टा बुक्स, लन्दन, 2000
11. पेलेस्टाइन एंड द पेलेस्टीनियन्स 1876-1983, पामेला आन स्मिथ, ग्रूम हेलेन लिमिटेड, लन्दन एंड सिडनी, 1984
12. मिडल ईस्ट इल्यूज़न्स, नोम चोम्सकी, पेन्विन बुक्स, 2003
13. द गन एंड द ऑलिव ब्रान्च, डेविड हर्स्ट, फेबर एंड फेबर लन्दन, 1984
14. ऑनिजिन्स ऑफ द इन्तिफदा—द पेलेस्टीनियन अपराइज़िंग, डॉन पेरेट्ज़, वेस्टर्न प्रेस, 1990
15. जर्नी ऑफ द जिहादिस्ट—इनसाइड मुस्लिम मिलिटेन्सी, फवाज़ ए जर्जेस, हारकोर्ट इनकॉरपोरेटेड, ऑरलेन्डो फ्लोरिडा, 2006

16. इस्रायल/पेलेस्टाइन–हाउ टु ऐंड द वॉर ऑफ 1948, तानिया राएनहार्ट, सेवन स्टोरीस प्रेस, यूएसए, 2002 (लेफ्टवर्ड बुक्स इंडिया, 2003)
17. डाइनिंग विद द टेररिस्ट, फिल रीस, मैक्मिलन, 2005
18. द इजिप्शियन इस्रायली ट्रीटी, इन्स्टीट्यूट ऑफ पेलेस्टीनियन स्टडीज़, बेरूत
19. ग्लोबल फ्लैशप्वाइंट्स–सोशलिस्ट रजिस्टर 2008, लिओ पेनिच एंड कॉलिन लेज़ (एडिट), मर्लिन प्रेस, लन्दन, लेफ्टवर्ड बुक्स, नई दिल्ली-2007
20. इस्रायल्स क्लोसर पॉलिसीः जर्नल ऑफ पेलेस्टीनियन स्टडीज़ 31 (3) स्प्रिंग 2002
21. द अदर साइड ऑफ द मेडल, एडवर्ड जॉन थॉम्पसन, स्टर्लिंग पब्लिशर्स, नई दिल्ली-1989
22. विद माइ ओन आईज़ः इस्राइल एंड द ऑक्यूपाइड टेरिटिरीज़ 1967-1973, फेलेशिया लेंगर, इथाका प्रेस लन्दन, 1975